임동석중국사상100

전국책

戰國策

1/4

劉向 編 / 林東錫 譯註

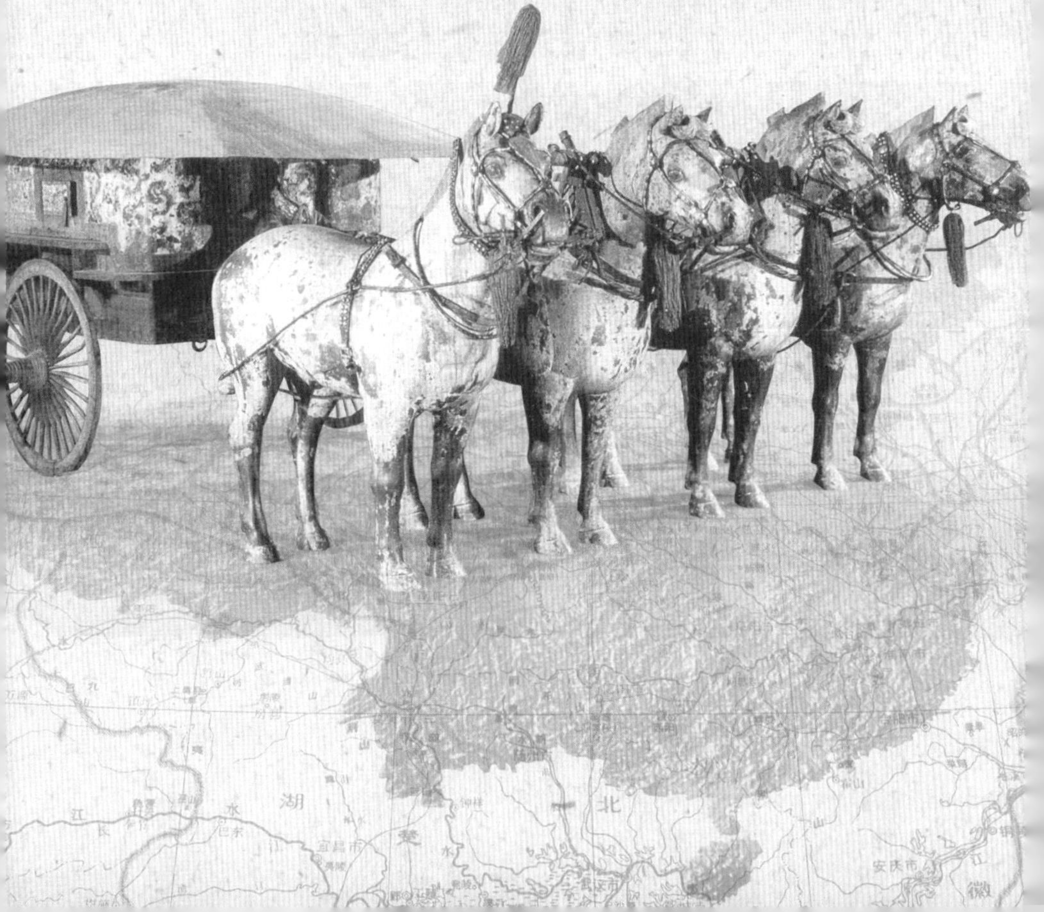

"상아, 물소 뿔, 진주, 옥. 진괴한 이런 물건들은 사람의 이목은 즐겁게 하지만 쓰임에는 적절하지 않다. 그런가 하면 금석이나 초목, 실, 삼베, 오곡, 육재는 쓰임에는 적절하나 이를 사용하면 닳아지고 취하면 고갈된다. 그렇다면 사람의 이목을 즐겁게 하면서 이를 사용하기에도 적절하며, 써도 닳지 아니하고 취하여도 고갈되지 않고, 똑똑한 자나 불초한 자라도 그를 통해 얻는 바가 각기 그 자신의 재능에 따라주고, 어진 사람이나 지혜로운 사람이나 그를 통해 보는 바가 각기 그 자신의 분수에 따라주되 무엇이든지 구하여 얻지 못할 것이 없는 것은 오직 책뿐이로다!"

《소동파전집》(34) 〈이씨산방장서기〉에서 구당(丘堂) 여원구(呂元九) 선생의 글씨

책 머리에

내가 《전국책》에 관심을 가지고 자료를 모으고 손을 대기 시작한 지는 이미 30년 가까이 된다.

70년대 중반 유학을 떠나기 전 국내 자료를 모으다가 대만臺灣에 이르러보니 그 원본을 쉽게 볼 수 있을 뿐 아니라 백화어 초역본抄譯本이 책방마다 즐비한 것을 보고 놀라움과 흥분을 감추지 못하였던 기억이 새롭다.

그리하여 박사과정 학업 중 틈틈이 이를 번역하고 정리하여 학위취득 후 귀국하여 《전국책》이라는 이름으로 출간한 적이 있다.

그러나 그 책은 전체의 반 정도 분량이었고 나아가 재미있고 널리 알려진 문장만을 대충 간추려 역주한 것으로 학문적 성과나 본격적 연구에는 너무나 미흡하였다. 그리하여 다시 국내외 자료를 모으기 시작하여 일찍이 이미 작업을 마쳤으나 여러 사정으로 인하여 이를 출간하지 못한 채 미루고 있었다. 나아가 다른 역주작업에 매달려 일찍이 손으로 원고지에 작성한 방대한 분량의 뭉치는 먼지를 뒤집어쓴 채 어디엔가 방치되어 세월을 삭이고 있었다.

이를 근래 총서로 내기로 하고 찾아내어 다시 정리하며 보았더니 시대가 변하여 문체가 달라지고 내용 표현 또한 오류와 미진함이 이루 말할 수 없었다. 이에 이를 고치고 조정하였으나 역시 누조漏粗하고 소략疏略하기는 마찬가지일 것이다. 무엇보다 연구자나 독자들께서 편달과 질책 있기를 바란다.

《전국책》은 중국 전국시대 나라별 사료의 총집으로 중국뿐 아니라 우리나라에도 널리 알려진 중국고전 연구의 필수적인 자료이다. 서한西漢 성제成帝 때 유향劉向이 정리하여 12개국 역사 고사를 33권으로 편정하였다. 대체로 전국 말기까지의 각 나라 책사策士의 유세 기록, 역사 고사와 국별 흥망의 대사, 천자로부터 서인에 이르기까지의 일사逸事 등이 총망라된 500여 장의,

비교적 방대한 잡저이다. 동한東漢의 고유高誘가 이 책에 대하여 주를 붙인 후, 북송北宋에 이르러 유향의 정리본과 고유의 주가 잔실殘失되자 증공曾鞏이 이를 교정하여 새로운 연구와 정리가 시작되었고, 남송南宋 초에 드디어 요굉姚宏이 증공의 교보校補를 근거로 《전국책교주戰國策校注》가 간행되었으며, 동시에 포표鮑彪가 교주를, 다시 원대元代에 이르러 오사도吳師道가 중교重校를 거쳐 지금의 면모를 갖추게 되었다.

〈사고전서四庫全書〉에는 『사학史學』의 잡사류雜史類에 소속시켰으며, 《전국책주戰國策注》(33권7책), (한漢)고유주高誘注, 그리고 《포씨전국책주鮑氏戰國策注》 4책冊, 원元, 포표찬鮑彪撰, 《전국책교주戰國策校注》, 10권8책, 원元, 오사도찬吳師道撰 등 3종이 들어 있다. 그리고 《한서漢書》 예문지藝文志 제자학諸子學 종횡가縱橫家에는 소진蘇秦과 장의張儀 등 본 《전국책》의 주요 활동인물의 저작이 서명 명칭만 전하고 있다.

《전국책》의 주된 내용은 전국시대 모신, 책사들의 논쟁과 정치주장, 국제간의 분쟁해결과 부국강병의 약육강식의 처절한 현실을 그대로 반영한 것으로서 역사기록 못지않게 처세술과 논리적 논쟁의 문제를 일깨워주는 교양서로서도 가치를 지니고 있다.

한편 학술적인 면에서는 본 내용이 《사기》의 전국시대 부분에 거의 모두 반영되었으며 이후 각 학술과 문학면에 끊임없이 인용되어 그 활용도와 중국 고전 산문 연구에 귀중한 자료가 되고 있다.

한문학에서도 본 《전국책》 내용이 한대 이후 시, 산문, 희곡 등 각 방면에 주제로 재창조되고 각색되어 중국학의 중요한 전거로 광범위하게 인용되고 있어 국내에서의 원전에 대한 완벽한 역주와 정리는 실로 시급한 상황이었다.

이처럼 《전국책》은 후대 문학에 심원한 영향을 주고 있으며, 특히 한초漢初의

가의賈誼, 조착晁錯과 사마천司馬遷은 모두 이의 영향을 받았고, 사마천은 직접 이 사료를 《사기》에 반영하여 그 가치를 인정하고 있다. 더구나 송대 소순蘇洵, 소식蘇軾, 소철蘇轍을 위시한 당송팔대가의 "고문운동"은 직접 이 《전국책》의 문체를 본받고자 하였다.

한편 1973년 호남성湖南省 장사長沙 마왕퇴馬王堆 3호 한묘漢墓에서 출토된 백서帛書 중에 전국종횡가의 저작 27편이 나타났다. 그 중 11편은 지금의 《전국책》과 거의 비슷하나 나머지 16편은 전혀 새로운 기록으로 학계에서는 《전국책》의 일문逸文으로 보고 있다. 이에 이를 흔히 《백서전국책帛書戰國策》, 혹은 《전국종횡가서戰國縱橫家書》라 하여 이 방면의 연구에 귀중한 자료로 평가받고 있다.

우리 한국에서는 《전국책》을 원전으로 한 고사와 일화의 원문이 중고등학교 한문교과서는 물론 대학의 한문교재 등에 널리 실려 있고, 일상 언어생활에서도 《전국책》 출전의 고사(蛇足, 狐假虎威 등)를 사용하고 있어, 이에 대한 원전의 번역과 주석은 매우 가치있는 작업이라 할 수 있다. 이처럼 고한문의 해독에 필수적인 활용서인 이 《전국책》은 당송산문이 한국의 한문 해독의 기본 단계인 현실에 맞추어 기본 한학교재로서 그 가치는 널리 알려져 있었다. 이렇게 보면 이 《전국책》은 정확한 판본과 누락됨이 없는 번역과 상주는 반드시 선행되어야 한다.

이에 역자는 일찍이 급한 대로 《전국책》을 낸 적이 있지만 그 번역서는 이미 20년 전의 일이며 그 당시 국내 여러 가지 사정으로 평역본에 가깝게 단순하게 출판한 것이다. 더구나 총 500여 장의 내용 중에 200여 장의 초략본으로 번역 형식도 원문, 역문 외에 간단한 주석으로 학술적 면모를 충분히 반영하지 못하였으며, 지금 살펴보면 오역과 누소함에 부끄러움을 감출 수 없었다.

게다가 당시의 대본도 일정하게 고정시킨 것이 아니라 국내에 알려진 일화를 알리기 위한 조략粗略한 상태로 출간되었다. 이에 금번 역주는 전체 완역을 기본으로 고유 주까지 참작하여 축자축구식으로 완정본으로 출간함을 기본으로 하였다.

특히 고전 전적은 완역과 주의 적확한 처리, 기존 연구서의 적극적인 반영 등이 필수불가결이다. 아울러 국내 각 도서관에 소장된 고장서 중에 《전국책》(15종 이상)을 점검하여 중국판본과의 차이점, 조선시대 국내 연구 동향까지도 자료를 제시하고자 하였다.

그러다가 근년에 전통문화연구회의 도움으로 강독본講讀本 교재로써 《역주 전국책譯註戰國策》(Ⅰ. Ⅱ. 각 2002년과 2004년)을 내기도 하였다. 그 책은 순전히 고문학습을 위한 원전 해독용으로 원문과 원문에 대한 간단한 역주, 그리고 해석 중심으로 이루어졌으며, 지면 관계로 그 동안 심혈을 기울여 작업해 두었던 세주細註와 「참고 및 관련 자료」, 그리고 「부록」의 중요한 각종 학술 자료는 싣지 못하여 안타까움을 이루 말할 수 없었다. 그러나 그나마 실제 큰 성과였던 셈이며 지금도 전통문화연구원 여러분들께 감사함을 느끼고 있다.

한편 《전국책》의 원출전의 여러 가지 고사성어(蛇足, 漁父之利, 鷄鳴狗盜, 戰國四公子, 狡兎三窟, 奇貨, 徙木, 狐假虎威 등)와 주요 어휘는 물론, 역사적 연관관계를 정확한 고증과 전거를 밝힘으로써 이를 인용한 한문 교학에 이바지할 수 있게 될 것이며, 무엇보다 참고란에 관련 자료를 원문으로 제시함으로써 한학계와 중국문학계의 원전 활용에 도움을 줄 수 있지 않을까 기대한다.

苗浦 林東錫이 負郭齋에서 적다

일러두기

1. 이 책은 《전국책戰國策》 고유高誘 주 및 문연각文淵閣 사고전서四庫全書 《전국책》과 기타 현대 백화어 역본 등을 널리 참고하여 전체를 모두 역주한 것이다.

2. 구체적으로 《전국책고씨주戰國策高氏注》(四部刊要本 3책, 世界書局 印本 臺灣)을 저본底本으로 삼고, 요굉본姚宏本과 포표본鮑彪本의 주注 등을 모두 모은 황비열黃丕烈의 〈사례거총서본士禮居叢書本〉을 점교點校하여 활자본으로 정리한 《전국책戰國策》(上海古籍出版社, 1998)을 대조하여 참고하였다.

3. 번역은 원의에 충실하도록 노력하였다. 그러나 문장이 워낙 난해하고 역사적 배경이 복잡한 부분은 의역, 또는 보충역을 가하였다.

4. 중국 현대 백화어 번역문을 참조하되 서로 다른 부분은 기존 연구가들의 주석을 참고하는 것으로 기준을 삼았다.

5. 원문의 표점은 현대 중국의 문장 부호법을 원용하였으며 번역문의 문장부호는 우리의 한글표기법을 따랐다.

6. 전체 일련번호(001~500)를 부여하고 다시 ( ) 안에 33책의 책장번호와 그 책 내의 일련번호를 넣어 찾아보기 쉽게 하였다.

7. 각 장의 제목은 우선 전체 내용을 알 수 있도록 하였으나 일부는 그 문장 내의 주된 표현이나 중요한 문장 일부를 제시한 것도 있다.

8. 한글 제목 다음의 한문제목은 중국 고판본의 일반적인 장 명칭名稱으로 널리 인용되고 있으므로 본서에서도 역시 원문의 첫머리 한 구句를 내세웠다.

9. 한글 역문 다음에 주요 어휘, 인명, 지명, 구절, 역사적 내용 등을 주註로 처리하였다.

10. '참고 및 관련자료' 난을 설정하여 본문 해석에서 충분히 다루지 못한 내용을 보충 설명하였으며, 이어 다른 전적典籍이나 기록의 관련 자료 원문으로 실어 연구와 비교에 도움이 되도록 하였다.

11. 부록에는 전국시대 상황과 《전국책》 전체에 대한 해제, 그리고 《전국책》의 서지적書誌的 문제 등을 다루었다. 아울러 마왕퇴馬王堆 출토의 《전국종횡가서戰國從橫家書》(일명 帛書戰國策)의 원문과 설명 등을 실었으며 우리나라 조선시대 《전국책》 관련 기록을 제시하였다. 그리고 자료편에는 인본류印本類와 중국 역대 《전국책》에 대한 서문序文, 식어識語, 해제解題, 발문跋文, 제요提要 등 관련 자료를 폭넓게 실어 이 방면의 연구자에게 도움이 되도록 하였다.

참고문헌

1. 《戰國策注》四庫全書本 (文淵閣)

2. 《鮑氏戰國策注》四庫全書本 (文淵閣)

3. 《戰國策校注》四庫全書本 (文淵閣)

4. 《戰國策高氏注》四部備要本

5. 《戰國策》廣文書局本

6. 《帛書戰國策》馬王堆出土本

7. 《戰國策》士禮居本

8. 《戰國策》中華書局聚珍倣宋版印本

9. 《戰國策》惜陰軒叢書本

10. 《戰國策正解》河洛圖書印本

11. 《戰國策高氏注》四部刊要本(上中下) 世界書局(印本) 1975 臺北

12. 《白話戰國策》(上中下) 馮作民譯註 星光出版社 1981 臺北

13. 《新譯戰國策》(上下) 溫興隆 三民書局 1996 臺北

14. 《戰國策全譯》王守謙, 喩芳葵, 王鳳春, 李燁 貴州人民出版社 1992 貴州

15. 《戰國策》明, 閔齊伋(裁注) 烏程閔氏刊朱墨藍三色套印本 中國子學名著集成 78

16. 《帛書戰國策》馬王堆出土本 河洛圖書出版社 1977 臺北

17. 《戰國策》高誘(注) 廣文書局(印本) 1972 臺北

18. 《戰國策注釋》(上中下) 何建章 中華書局 1990 北京

19. 《戰國策新校注》(上下) 繆文遠 巴蜀書社 1987 四川(成都)

20. 《戰國策校釋二種》王念孫, 金正煒 首都師範大學出版社 1994 北京

21. 《讀書雜志(戰國策)》王念孫 首都師範大學出版社 1994 北京

22. 《戰國策補釋》金正煒 首都師範大學出版社 1994 北京

23. 《戰國策》陳鍼 1982 正言出版社 臺南

24. 《戰國策硏究》 鄭良樹 臺灣學生書局 1975 臺灣

25. 《國策精華》 秦同培 世界書局 1975 臺北

26. 《戰國策詳註》 吳縣 郭希汾(輯注) 臺灣時代書局(印本) 1975 臺北

27. 《戰國策》 葉玉麟 北一出版社 1976 臺南

28. 《戰國策初探》 張正男 臺灣商務印書館 1984 臺北

29. 《戰國人物》 余宗瑜 興豐印刷廠 1978 臺北

30. 《戰國策正解》 橫田雄孝 河洛圖書(印本) 1976 臺北

31. 《戰國策》(上中下) 全釋漢文大系 近藤光男 集英社 소화57(1982) 東京

32. 《Intrigues(戰國策)》 Studies of the Chan-kuo Ts'e. J.I.Crump, Jr. The University of Michigan. 1964

33. 《戰國策》 林東錫 1986 敎學硏究社 서울

34. 《戰國策》 劉向(漢)編, 鮑彪(宋)校注, 吳師道(元)重校, 肅宗11年(1685) 7册(零本), 活字(戊申字) 34.4×22.2cm. 跋: 至順四年(1333)……吳師道. 所藏本: 卷3(1册)缺. 奎章閣 中國본 1698

35. 《戰國策》(漢)劉向 定著, (宋)鮑彪校注. 中國木板本. 10卷8册, 24.8×15.6cm 標題紙書名: 宋鮑彪先生戰國策全註. 序: 萬曆九年辛巳(1581) ……(明)張一鯤. 紹興十七年丁卯(1147) ……(宋)鮑彪. 國立圖書館 일산 古 2225-9

36. 《戰國策》(漢)劉向撰, (宋)鮑彪校注, (元)吳師道重校, 戊申字本(肅宗末年) 10卷7册, 33.2×21.8cm. 序: 萬曆九年辛巳(1581) ……(明)張一鯤. 校注序: 至正十五年(1355)……(元)陳祖仁. 國立圖書館 일산 古 2225-8.

37. 《戰國策》(漢)劉向撰. 中國木板本. 光緖23(1897) 5册. 24.5×15.1cm. 國立圖書館 古 2225-13.

38. 《戰國策》(漢)劉向著, (宋)鮑彪校注, (元)吳師道重校. 中國木板本, (1581). 33卷8册, 26×16cm. 國立圖書館 승계 古 2225-14.

39.《戰國策》(漢)劉向著, 朝鮮 張維(編) 寫本 46張, 30.5×18.5㎝. 國立圖書館
　　한 31-487.

40.《戰國策》(漢)劉向著, (宋)鮑彪校注, (元)吳師道重校. 古活字本(戊申字),
　　10卷 6冊, 33×21.3㎝. 刻序: 萬曆九年辛巳(1581) ……張一鯤. 序: 紹興
　　十七年丁卯(1147) ……鮑彪. 國立圖書館 한-56-다3.

41.《戰國策》(南宋)鮑彪校注, 庚子字本. 1卷. 35㎜, 마이크로필름(포지티브),
　　序: 紹興十七年丁卯(1147)……(南宋)鮑彪. 國立圖書館 古 M2225-4.

42.《戰國策》第5. (漢)劉向著, 中國木板本刊, 1冊, 25.5×16.5㎝. 國立圖書館
　　승계, 古 2225-15.

43.《戰國策》卷7-8. (漢)劉向撰, 戊申字本(肅宗年間), 21冊. 31.5×20.7㎝.
　　國立圖書館 일산 古 2225-7.

44.《戰國策》鮑彪(宋)校注, 吳師道(元)重校, 戊申字板(肅宗年間, 1675-1720),
　　10卷 8冊, 33.5×21.5㎝. 線裝. 序: 嘉靖改元(1522)鼠日儀封王廷相子
　　衡序. 藏書閣 2-331.

45.《戰國策詳註》(漢)劉向著, 新活字本, 上海文明書局, 1冊(卷19-23),
　　19.5×13.0㎝. 國立圖書館 古 2225-34.

46.《戰國策抄》劉向(漢)編. 1冊(50張), 寫本. 28.7×17㎝. 古320. 952-Y91j.

47.《戰國策抄選》(漢)劉向撰, 筆寫本, 100張, 30.8×21.5㎝. 國立圖書館
　　한56-다8)

48.《戰國策》劉向著, 寫者未詳, 寫年未詳, 1冊, 筆寫本. 25.5×16.5㎝. 四周無邊,
　　無郭無界, 行字數否定, 無魚尾. 古 222.037 建國大 圖書館所藏.

49.《戰國策》劉向著(年紀未詳), 零本1冊(76張), 木板本, 15×25㎝. 左右雙邊,
　　半匡, 12×17.8㎝. 9行20字. 版心: 上黑魚尾. 古 222.037 建國大 圖書館所藏.

50. 《戰國策》文盛堂, 1746(乾隆11年) 33卷10冊, 中國木板本, 16×25㎝. 四周單邊, 半匡, 20.3×13㎝. 9行19字, 版心: 上黑魚尾. 印: 朴漢益印. 古 222.037. 建國大圖書館所藏.

51. 《戰國策》鮑彪注, 吳師道校, 年紀未詳, 零本3冊, 木板本. 25×15㎝. 四周單邊, 半匡, 17.8×11.6㎝. 9行20字. 版心: 上黑魚尾. 222.037. 建國大圖書館所藏.

52. 《戰國策詳解》劉向著, 郭希汾輯註, 王懋校訂, 上海文明書局, 刊年未詳, 3冊, 石版本(中國本). 20×13.4㎝. 四周單邊. 半郭, 16.5×11㎝. 有界. 14行 字數否定, 上黑魚尾. 222.037. 建國大圖書館所藏.

54. 文淵閣 四庫全書 406: 臺灣商務印書館影印
   ①《戰國策》漢 高誘 注, 宋 姚宏續注(1. 東周)
   ②《鮑氏戰國策注》宋 鮑彪 注(1. 西周)

55. 文淵閣 四庫全書 407: 臺灣商務印書館影印《戰國策校注》(卷首) 宋 鮑彪 原注, 原 吳師道 補正(1. 西周)

56. 四部備要本(史部)《戰國策》上海中華書局據士禮居黃氏覆剡川姚氏本校刊, 中華書局印本, 1989 北京. (1. 東周)

57. 高誘주《戰國策》上海書店(國學基本叢書選印, 1934년 商務印書館本 復印) 1987, 상해

58. 《國語, 戰國策》(古典名著普及文庫) 岳麓書社 1988 長沙

59. 《戰國策校注》(吳師道重校) 四部叢刊初編史部(46) 商務印書館 1926년本 重印. 上海書店, 1989, 上海

60. 《國策精華》(四部精華, p27-53) 北京古籍出版社 1988, 北京

61. 《戰國策》(상중하) 西漢 劉向集錄, 上海古籍出版社. (編著者 표시없음) 1988 上海.

62. 林東錫(譯)《戰國策》敎學硏究社 1986

63. 李相玉(譯)《戰國策》明文堂 2000

64.《戰國策》劉向(漢)編, 鮑彪(宋)校注, 吳師道(元)重校, 肅宗11年(1685) 7册(零本), 活字(戊申字). 奎章閣, 中國本(1698)

65.《戰國策》(漢)劉向 定著, (宋)鮑彪校注. 中國木板本. 10卷8册. 1581), 國立圖書館 일산 古 2225-9

66.《戰國策》(漢)劉向撰, (宋)鮑彪校注, (元)吳師道重校, 戊申字本(肅宗末年) 10卷7册, 國立圖書館 일산 古 2225-8.

67.《戰國策》(漢)劉向撰. 中國木板本. 光緒23(1897) 5册. 國立圖書館 古 2225-13.

68.《戰國策》(漢)劉向著, (宋)鮑彪校注, (元)吳師道重校. 中國木板本, (1581). 33卷8册, 國立圖書館 승계 古 2225-14.

69.《戰國策》(漢)劉向著, 朝鮮 張維(編) 寫本 國立圖書館 한 31-487.

70.《戰國策》(漢)劉向著, (宋)鮑彪校注, (元)吳師道重校. 古活字本(戊申字), 10卷 6册, 國立圖書館 한-56-다3.

71.《戰國策》(南宋)鮑彪校注, 庚子字本. 1卷. 國立圖書館 古 M2225-4.

72.《戰國策》第5. (漢)劉向著, 中國木板本刊, 1册, 國立圖書館 승계, 古 2225-15.

73.《戰國策》卷7-8. (漢)劉向撰, 戊申字本(肅宗年間), 21册. 國立圖書館 일산 古 2225-7.

74.《戰國策》鮑彪(宋)校注, 吳師道(元)重校, 戊申字板(肅宗年間, 1675- 1720), 10卷 8册, 藏書閣 2-331.

75.《戰國策詳註》(漢)劉向著, 新活字本, 上海文明書局, 1册(卷19-23), 國立圖書館 古 2225-34.

76.《戰國策抄》劉向(漢)編. 1册(50張), 寫本. 古320. 952-Y91j.

77. 《戰國策抄選》(漢)劉向撰, 筆寫本, 100張, 國立圖書館 한56-다8)

78. 《戰國策》劉向著, 寫者·寫年未詳, 1册, 筆寫本. 古 222.037 建國大 圖書館 所藏.

79. 《戰國策》劉向著(年紀未詳), 零本1册(76張), 木板本, 古 222.037 建國大 圖書館所藏.

80. 惜陰軒叢書本 《戰國策》

81. 司馬遷 《史記》 鼎文書局(活字本) 1972 臺北

82. 王延棟(編) 《戰國策詞典》 南開大學出版社 2002 天津

83. 點校本 《戰國策》(上下) 上海古籍出版社 1998

84. 陳鈹 《戰國策》 1982 正言出版社 臺南

85. 鄭良樹 《戰國策研究》 臺灣學生書局 1975 臺灣

86. 秦同培 《國策精華》 世界書局 1975 臺北

87. 吳縣 郭希汾(輯注) 《戰國策詳註》 臺灣時代書局(印本) 1975 臺北

88. 葉玉麟 《戰國策》 北一出版社 1976 臺南

89. 張正男 《戰國策初探》 臺灣商務印書館 1984 臺北

90. 余宗瑜 《戰國人物》 興豐印刷廠 1978 臺北

91. 近藤光男 《戰國策》(上中下) 全釋漢文大系 集英社 昭和57(1982) 東京

92. 林秀一 《戰國策》(上中下) 新釋漢文大系 明治書院 平成13. 東京

93. 元, 曾先之 《十八史略》

기타 二十五史, 十三經 및 辭典類, 工具類 서적은 생략함.

〈고대 수레 모습〉(漢, 畵像磚)

온갖 영웅과 민초들의 활동 무대였던 중국대륙

〈전국칠웅 개념도〉

차 례

◈ 책머리에
◈ 일러두기
◈ 참고문헌
◈ 부록

戰國策 上

권1. 동주책東周策 (총28장)

권2. 서주책西周策 (총17장)

권3.　진책秦策(一) (총13장)

권6.　진책秦策(四)　(총10장)

권7.　진책秦策(五)　(총8장)

권8.　제책齊策(一)　(총17장)

戰國策 上

권15. 초책楚策(二) (총9장)

권16. 초책楚策(三) (총10장)

권17. 초책楚策(四) (총13장)

권18.　조책趙策(一)　(총17장)

戰國策 二

권21. 조책趙策(四) (총19장)

권22.　위책魏策(一) (총27장)

권23.　위책魏策(二)　(총18장)

권24. 위책魏策(三) (총11장)

권25. 위책魏策 (四) (총27장)

권26. 한책韓策(一) (총25장)

戰國策 下

권27. 한책韓策(二) (총22장)

권31. 연책燕策(三) (총5장)

권32. 송宋·위책衛策 (총15장)

권33. 중산책中山策 (총10장)

부록

戰國策

유향(劉向)

권1 동주책 東周策

총28장(001~028)

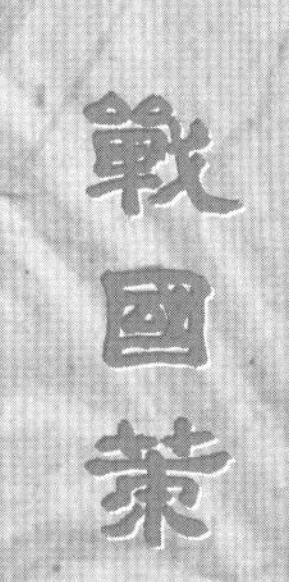

동주東周

주(周, B.C. 1027~256)의 무왕武王이 은(殷, B.C. 1600?~1028)의 주紂를 벌한 후, 도읍을 호경(鎬京; 지금의 陝西省 長安縣 서쪽)에 정하고 발전을 거듭하다가 뒤에 이왕夷王·여왕厲王 때에 이르러 서융西戎 등 서방 신흥세력에 의해 크게 위축되었다. 특히 유왕幽王 때에는 소위 〈포사褒姒〉라는 여자의 일로 인해 끝내 나라를 망치고 만다. 역사적으로 이때까지를 〈서주西周〉(B.C. 1027~771)라 칭한다.

이에 호경이 포사의 아버지 신후申侯와 그의 연합세력인 견융족犬戎族에 의해 함락되고, 유왕이 여산驪山에서 추살追殺당하자 여러 신하들은 태자였던 의구宜臼를 세워 왕으로 삼고, 이듬해 동쪽의 낙읍(洛邑; 지금의 河南省 洛陽市)으로 수도를 옮겨 주실周室의 명맥을 잇게 된다. 이가 곧 평왕平王이며, 이때부터 주실의 완전 멸망까지를 〈동주東周〉(B.C. 770~256)라 한다. 이는 낙읍의 위치가 호경보다 동쪽이었기 때문이다.

한편 이 동주 시기로부터 주실은 겨우 낙읍 주위에만 통치권이 미쳐 명목상의 천자天子일 뿐, 각 제후국諸侯國에 대한 통제권을 완전히 상실한 채, 곧 춘추시대 (春秋時代, B.C. 770~475)에는 패자(霸者; 즉, 春秋五霸), 전국시대(戰國時代, B.C. 475~222) 에는 강국(强國; 즉, 戰國七雄)에 의해 좌지우지당하는 하찮은 존재로 전락하고 만다. 그러나 이조차도 전국 말기에 이르면 다시 양분兩分된다. 즉, 고왕考王 때에 그의 동생 게揭를 공(鞏; 지금의 河南省 鞏縣)에 보내어 뒤에 하남河南 환공桓公으로 추존하였다. 그러다가 위공威公을 지나 혜공惠公 때에 자신의 아들 반班을 정식으로 공 땅에 봉하면서 〈동주東周〉라 부르게 하였다. 그리고 혜공 자신은 〈서주〉라 칭하였고, 동주에 가 있던 아들 반이 죽자 그 시호를 역시 혜공惠公이라 하고, 반의 아들 소문군昭文君으로 하여금 뒤를 잇도록 하였다. 이때 마침 조趙나라와 한韓나라는 그 사이를 점령하여 지리적으로 분리시키고 만다.

왕은 비록 동주에 있었지만 〈왕군王君〉이라 할 때에는 동서왕東西王을 합하여 부르는 말이다. 난왕赧王 때에 이르러서는 왕은 다시 〈서주西周〉, 즉 낙읍洛邑에 머물게 된다. 따라서 이《전국책》의 〈동주〉·〈서주〉는 전국 말기의 동주·서주를 일컫는 말이다. 한편, 이 동주는 B.C. 249년에 진秦나라에게 완전히 망하게 된다.

포본(鮑本: 宋, 鮑彪)에는 다음과 같이 고증하고 있다.

"東周:《漢志》: 河南鞏, 東周君所居. 正曰: '東周'當從舊, 居卷首, 說見前. 《大事記》云, 東周惠公班秉政洛陽, 采邑在鞏.《漢志》說非. 餘見前."

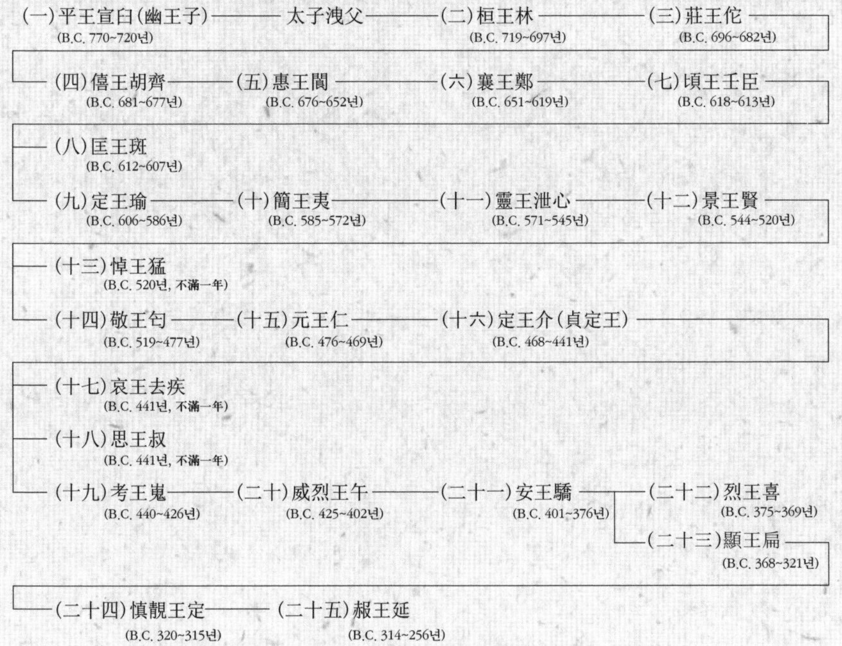

〈동주(춘추·전국) 주나라 世系表〉

001(1-1) 秦興師臨周而求九鼎
구정을 내 놓으시오

진秦나라가 군사를 일으켜
주周나라에 다가와 구정九鼎을
요구하였다. 주나라 임금이 걱정
끝에 대부 안율顔率에게 대책을
묻자 안율은 이렇게 일러주었다.

"대왕께서는 걱정하지 마십
시오. 제가 동쪽 제齊나라에게
구원을 청하겠습니다."

안율이 제나라에 이르러 제왕
齊王에게 말하였다.

"무릇 진나라는 무도한 나라
입니다. 군대를 일으켜 우리 주
나라에 몰려와서는 구정을 달
라고 요구하고 있습니다. 우리

〈毛公鼎〉清 道光 연간 陝西 岐山縣 周原 출토

주나라 군신들은 온갖 계책을 다한 끝에 차라리 진나라처럼 무도한 나라에
주느니 이를 대국 그대 제나라에게 주느니만 못하다고 결정을 보았습니다.
위태로운 나라를 보존시켜 주는 것은 아름다운 명분이요, 그로 인해
구정까지 얻으시면 이는 후한 실리가 되는 것입니다. 왕께서는 잘 헤아려
주시기 바랍니다."

제왕은 매우 기뻐하며 병사 5만 명을 일으켜 진신사陳臣思로 하여금
나서서 주나라를 구해 주도록 하였다. 그러자 진나라도 군사를 풀고
철수하고 말았다.

그러자 이번에는 제나라가 도와 준 공을 내세워 주나라에게 약속대로
구정을 내놓을 것을 요구하였다. 주왕은 또 근심이었다. 안율이 다시 나섰다.

"걱정 마십시오. 제가 동쪽 제나라에 가서 이를 해결하겠습니다."

안율이 다시 제나라에 이르러 제왕에게 말하였다.

"우리 주나라는 대국 제나라의 의義를 힘입어 군신과 부자父子들이 안녕을 얻었습니다. 약속대로 구정을 헌납코자 하오나, 모르겠습니다. 어느 길로 와야 이것을 제나라로 옮겨올 수 있을는지요?"

제왕은 이렇게 말하였다.

"나는 장차 양(梁, 魏)나라의 길을 빌려 옮길 것이오."

그러자 안율이 이렇게 말하였다.

"안 됩니다. 양나라의 군신들도 구정을 얻으면 휘대궁暉臺宮 아래 둘까, 소해少海 옆에 둘까 하고 생각한 지 오래입니다. 구정이 양나라로 들어가면 빼내 올 수 없을 것입니다."

제왕은 다시 말하였다.

"그러면 초楚나라의 길을 빌릴 것이오."

안율이 다시 말하였다.

"그것도 안 됩니다. 초나라 군신들도 구정을 얻으면 섭정궁葉庭宮에다 두겠다고 벼른 지 오래입니다. 만약 초나라 손에 구정이 들어가면 나올 수가 없습니다."

제왕이 말하였다.

"그렇다면 과인은 끝내 어느 길로 이것을 옮겨 제나라로 가져올 수 있을까?"

이에 안율은 얼른 이렇게 대답하였다.

"우리나라가 대왕의 그러한 근심을 대신해 드리겠습니다. 무릇 정鼎이라고 하는 것은 술병이나 간장 병 따위처럼 쉽게 품거나 끼거나 들고 제나라로 훌쩍 옮겨올 수 있는 것이 아닙니다. 또한 새가 모이듯, 까마귀가 날듯, 토끼가 뛰듯, 말이 달리듯, 그렇게 훌쩍 스스로 제나라로 올 수 있는 물건도 아닙니다.

옛날 주나라가 은殷을 벌하고 구정을 얻어 주실로 옮겨올 때, 무릇 하나의 정마다 9만 명이 끌었습니다. 결국 구정이니, 구구는 81, 81만 명이 필요하였던 것입니다. 그뿐 아니라 그 사졸과 사도, 그리고 기구와 옷과 보급을 여기에 맞게 갖추어야 합니다. 왕께서 지금 비록 그만한 사람 수가 있다 할지라도 어느 길로 이를 옮겨올 수가 있겠습니까? 그래서 제가 대왕을 위해 사사로이 근심을 해드리고 있는 것입니다."

제왕이 말하였다.

"그대가 자주 내게 오는 것은 구정을 줄 수 없다는 것과 같은 뜻이군."

안율이 이렇게 둘러댔다.

"감히 대국을 속일 수는 없습니다. 어떻게 옮겨갈까만 빨리 결정하십시오. 우리나라에서는 구정을 옮길 명령을 기다리겠습니다."

제왕도 결국 포기하고 말았다.

秦興師臨周而求九鼎, 周君患之, 以告顔率. 顔率曰:「大王勿憂, 臣請東借救於齊.」顔率至齊, 謂齊王曰:「夫秦之爲無道也, 欲興兵臨周而求九鼎, 周之君臣, 內自盡計, 與秦, 不若歸之大國. 夫存危國, 美名也; 得九鼎, 厚寶(實)也. 願大王圖之.」齊王大悅, 發師五萬人, 使陳臣思將以救周, 而秦兵罷.

齊將求九鼎, 周君又患之. 顔率曰:「大王勿憂, 臣請東解之.」顔率至齊, 謂齊王曰:「周賴大國之義, 得君臣父子相保也, 願獻九鼎, 不識大國何塗之從而致之齊?」齊王曰:「寡人將寄徑於梁.」顔率曰:「不可. 夫梁之君臣欲得九鼎, 謀之暉臺之下, 少海之上, 其日久矣. 鼎入梁, 必不出.」齊王曰:「寡人將寄徑於楚.」對曰:「不可. 楚之君臣欲得九鼎, 謀之於葉庭之中, 其日久矣. 若入楚, 鼎必不出.」王曰:「寡人終何塗之從而致之齊?」顔率曰:「弊邑固竊爲大王患之. 夫鼎者, 非效醯壺醬甀耳, 可懷挾提挈以至齊者; 非效鳥集烏飛, 兔興馬逝, 灕然止於齊者. 昔周之伐殷, 得九鼎, 凡一鼎而九萬人輓之, 九九八十一萬人, 士卒師徒, 器械被具, 所以備者稱此. 今大王縱有其人, 何塗之從而出? 臣竊爲大王私憂之.」齊王曰:「子之數來者, 猶無與耳.」顔率曰:「不敢欺大國, 疾定所從出, 弊邑遷鼎以待命.」齊王乃止.

【九鼎】夏禹 때 九州로부터 구리를 바치게 하여 주조한 솥으로 天子의 권위를 상징한다. 아홉 개라고 하며 모양은 '三足兩耳'로써 九州를 본뜬 것이다. 傳國之寶로서 3대(夏·殷·周)를 거쳐 전해내려 왔으며 전국시대에 이르러 周室이 쇠약해지자 제후국들이 차지하려 들었다. 《左傳》 宣公 3년에 "昔夏之方有德也, 遠方圖物, 貢金九牧, 鑄鼎象物, 百物而爲之備, 使民知神姦"이라 하였다.

【周王】주나라 顯王 33년(B.C. 336년)의 사건.

【顔率】周나라 대부. 중국의 고대 인명은 흔히 쌍성 첩운으로 되어있어 ‘안율’로 읽는 것이 맞을 듯하다.

【齊王】즉 齊宣王. 姓은 田이며 이름은 辟彊이다.

【大國】齊나라를 가리킴. 齊나라는 지금의 山東省을 중심으로 발전한 춘추 전국시대의 大國. 수도는 臨淄(지금의 山東省 淄博市 臨淄鎭)였다.

【厚寶】黃丕烈은 ‘厚實’로 보아야 한다고 하였다. 앞의 ‘美名’에 대응하여 쓴 말로 봄이 마땅하다.

【陳臣思】‘田臣思’라고도 쓰며, ‘田期思’라고도 한다. 제나라 田忌將軍을 말한다고도 한다. 제나라 田氏의 선조가 陳公子完(田完)이었기에 흔히 ‘田’과 ‘陳’을 혼용하여 표기한다.

【梁】魏나라의 별칭. 서쪽 秦나라에 밀려 도읍을 大梁(지금의 河南省 開封市)으로 옮겨 梁이라고도 부른다.

【暉臺】魏나라 수도 大梁에 있는 궁궐 이름.

【少海】‘沙海’라고도 하며 지명·水名, 大梁 근처.

【楚】당시 전국시대 長江 근처의 강대국. 수도는 郢. 춘추오패(楚莊王)와 전국칠웅의 반열에 들었음.

【葉庭宮】초나라의 葉邑에 있던 궁. 章華宮이라고 한다.

【周之伐殷】주나라 武王이 呂尙(姜太公望)·周公과 더불어 殷(商)의 紂를 쳐 없앰. 商은 湯이 세운 처음의 국호이며 盤庚이 박(亳)을 다스린 이후를 殷이라 한다.

【弊邑】敝邑으로도 표기하며 자신의 나라를 낮추어 부른 겸칭이다.

1. 이 일은 B.C. 314년(혹은 B.C. 255년이라고도 함)에 일어난 사건이라고도 본다. 高誘 注에는 아마도 周顯王 때의 일일 것으로 여기고 있다. 그렇다면 여기서의 제왕은 桓公威王·宣王·湣王(閔王)일 수도 있다.

2. 이 이야기가 ≪戰國策≫의 제일 앞머리에 놓인 것은 ‘奇謀’ 때문이며 실제 이런 일이 있었던 것은 아니라고 보고 있다.

3. 鮑本(鮑彪)의 評語

結言:『補曰: 洪氏邁, 原「策」首載此, 以爲奇謀, 此特兒童之見爾, 疑必無是事,

而好事者飾之. 愚按: ≪左氏≫嘗載楚子問鼎事, 當時爭欲得鼎, 以見其强,
不可以爲無.』

4. 한편 周나라 제도 중에 '士'와 '卒'에 대해서는 鮑本에 이렇게 풀이하고
있다.『士, 一人也, 二千五百人爲師. 徒, 步行者. 正曰: ≪左傳≫注, 步卒七十二人,
甲士三人. 又百人爲卒. 徒, 衆也. 此「士卒師徒」, 亦大槪言之耳.』

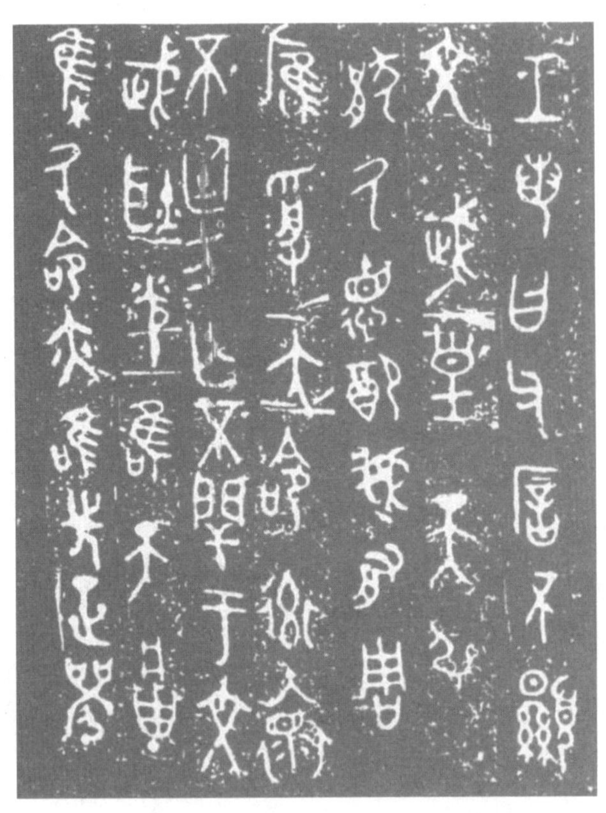

〈毛公鼎〉 銘文

002(1-2) 秦攻宜陽
의양 땅을 공격하다

진秦나라가 의양宜陽 땅을 공격해오자 주군周君이 조루趙累에게 물었다.

"그대는 어떻게 생각하오?"

조루가 대답하였다.

"의양은 반드시 진나라에게 **빼앗길** 것입니다."

임금이 다시 물었다.

"의양성宜陽城은 사방 8리나 되고 재사材士가 10만 명이나 되며 군량軍糧도 몇 년은 버틸 수 있소. 게다가 한韓나라 공중公仲이 거느린 20만과 초나라 경취景翠가 초나라의 많은 무리를 이끌고 산에 의지하여 진영을 설치하고 의양을 구원하고 있으니 진나라도 별 수 없을 것이오."

조루가 말하였다.

"감무甘茂는 진나라에 있어서 기려지신羈旅之臣입니다. 그가 의양을 쳐서 공을 세우면 주공周公 단旦과 견줄 만한 인물이 될 것이나 공을 세우지 못하면 공적이 삭탈당하고 말 것입니다. 또 진왕秦王도 군신부형群臣父兄의 의견을 듣지 않고 의양을 공격하고 있습니다. 만약 의양을 빼앗지 못하면 진왕은 이를 치욕으로 여길 것입니다. 그래서 빼앗길 것이라고 한 것입니다."

이에 주군이 이렇게 말하였다.

"그대는 나를 위해 계책을 세워 주시오. 어찌하면 좋겠소?"

조루는 이렇게 일러주었다.

"왕께서는 경취景翠, 楚將에게 이렇게 말하십시오. '그대의 작위는 이미 집규執圭에 해당하고, 관직은 주국柱國에 해당한다. 이번 전쟁에 이기더라도 더 높여 줄 게 없다. 그러나 만약 패한다면 사형을 면치 못할 것이다. 그러니 만약 진나라를 배반하고 의양을 도와 군대를 그 진나라 쪽으로 진격시킨다면 진나라는 그대가 자신들의 피폐한 틈을 탈까 두려워 틀림없이 그대에게 보물을 주며 받들겠다고 나설 것이다. 한편 한韓나라 공중公仲도 그대가 자신을 위해 진나라의 피폐한 틈을 타는 모습에 감동하여 틀림없이 재보財寶로 사례할 것이다'라고요."

진나라가 결국 의양을 점거해오자 경취는 과연 군사를 배후로 진격시켰다. 진나라는 두려워 급히 자조煮棗 땅을 주었다. 한나라도 역시 중한 보물을 주어 사례하였다. 이리하여 경취는 진나라에게는 땅을 얻고 한나라로부터는 보물을 얻었으며 동주에게는 은덕을 베푼 셈이 되었다.

秦攻宜陽, 周君謂趙累曰:「子以爲何如?」對曰:「宜陽必拔也.」君曰: 「宜陽城方八里, 材士十萬, 粟支數年, 公仲之軍二十萬, 景翠以楚之衆, 臨山而救之, 秦必無功.」對曰:「甘茂, 羈旅也, 攻宜陽而有功, 則周公旦也; 無功, 則削迹於秦. 秦王不聽羣臣父兄之義而攻宜陽, 宜陽不拔, 秦王恥之. 臣故曰拔.」君曰:「子爲寡人謀, 且奈何?」對曰:「君謂景翠曰:『公爵爲執圭, 官爲柱國, 戰而勝, 則無加焉矣; 不勝, 則死. 不如背秦援宜陽. 公進兵, 秦恐 公之乘其弊也, 必以寶事公; 公中慕公之爲己乘秦也, 亦必盡其寶.』」秦拔 宜陽, 景翠果進兵. 秦懼, 遽效煮棗; 韓氏果亦效重寶. 景翠得城於秦, 受寶 於韓, 而德東周.

【宜陽】 地名. 지금의 河南省 宜陽縣. 혹 洛陽市 서남쪽의 熊耳山 북단이라고도 함. 동주와 인접한 지역이다. 周赧王 8년(B.C. 307년) 秦武王이 甘茂를 시켜 韓나라 영토인 宜陽을 정벌하게 한 일.
【趙累】 周赧王의 신하. '周累'라고도 표기함.
【公仲】 韓의 公族 성씨. 姓은 公仲이며 이름은 侈. 당시 韓나라 相國이었다.
【景翠】 楚의 公族이며, 大夫·將軍.
【甘茂】 전국시대 下蔡 사람. 처음 秦惠王을 섬겨 장군이 되었다가 秦武王 때 左丞相이 되어 의양을 정벌하였다. 그 후 齊나라로 도망하였다가 魏나라에서 죽었다.(≪史記≫ 甘茂傳 참조)
【羈旅之臣】 '羈'는 '寄', '旅'는 '客'. 다른 나라 출신으로 임시로 와서 벼슬하는 사람. '나그네로서 말을 매어 놓은 채 벼슬하는 신하'라는 뜻. ≪左傳≫ 莊公 22년에 "齊侯使敬仲爲卿, 辭曰: 羈旅之臣也"라 하였다.
【周公旦】 周武王의 아우로 成王을 보필하였음. 武王을 도와 문물제도를 완비한 儒家의 聖人. 자신의 封地인 魯 땅에는 아들 伯禽을 대신 보냄.

【削迹】 관직과 공이 모두 삭탈됨을 말함.

【執圭】 楚나라의 벼슬이름으로 功臣에게 주는 칭호.

【柱國】 楚나라 官名. 上柱國이라고도 한다. 破軍殺將한 자에게 주는 최고 벼슬.

【煮棗】 땅 이름. 지금의 山東省 河澤縣 서남. 혹은 산동성 東明縣 남쪽이라고도 한다.

1. 관련 내용 068 · 107 · 234 · 384 · 385 · 386장.

2. B.C. 314년 齊나라가 燕나라의 내란을 틈타 이를 제압하자 秦나라가 中原의 혼란을 이용, 韓·魏를 위협하여 동맹을 맺고 齊·楚의 중원 진출을 막고자 하였다. 그리고 B.C. 308년 韓나라를 치고 다시 이듬해 의양을 공격하였다.

3. 한편 趙累가 임금에게 한 말 중 "경취로 하여금 진나라 배후를 끊고 의양을 돕도록 하라(背秦援宜陽)"에 대해 鮑本에서는 이렇게 그 배경을 설명하고 있다. 『翠時蓋援宜而有秦私, 故說之云. 補曰: 〈秦策〉: 馮章許楚漢中, 楚懼而不進, 所說有秦私者. 竊謂, 此〈策〉上旣言秦之必拔, 翠之不勝則死, 而又曰: 「不如背秦援宜陽」, 意殊不類. 恐此句有缺誤, 〈背〉下或有〈之〉字, 或〈秦〉下復有〈秦〉字, 〈援〉字或作〈拔〉. 勸之避秦兵, 待秦旣拔, 然後進兵乘其敝, 當秦懼之, 韓德之, 而交得賂以爲利. 下文秦拔宜陽, 景翠果進兵, 〈果〉字可見. 又〈秦策〉, 〈楚畔秦而合於韓〉句, 意似與此同. 然彼指翠未救時言之爾. 其後韓, 楚雖合, 楚不爲韓氏; 謂先戰, 固已預知之矣.』

4. 《史記》 周本紀

八年, 秦攻宜陽, 楚救之. 而楚以周爲秦故, 將伐之. 蘇代爲周說楚王曰: 「何以周爲秦之禍也? 言周之爲秦甚於楚者, 欲令周入秦也, 故謂周秦也. 周知其不可解, 必入於秦, 此爲秦取周之精者也. 爲王計者, 周於秦因善之, 不於秦亦言善之, 以疏之於秦. 周絶於秦, 必入於郢矣.」

003(1-3) 東周與西周戰
동주와 서주의 싸움

동주東周와 서주西周의 싸움에서 한韓나라는 서주를 구해주려고 나섰다. 어떤 이가 동주를 위해 한나라 왕에게 이렇게 말하였다.

"서주는 천자天子의 나라였기 때문에 명기名器와 중보重寶가 많습니다. 그러니 생각건대 대왕께서는 서주를 돕지 말아 보십시오. 그러면 동주는 대왕 한나라를 크게 고맙게 여길 것이며, 서주의 보물도 다 차지할 수 있을 것입니다."

　

東周與西周戰, 韓救西周. 爲東周謂韓王曰:「西周者, 故天子之國也, 多名器重寶. 案兵而勿出, 可以德東周, 西周之寶可盡矣.」

　

【案】按과 같다. "止兵不動"·"按兵不動"의 뜻.
【可以德東周】西周는 다급한 나머지 자신의 보물을 한나라에게 바칠 것이라는 뜻. 혹은 東周가 싸움에 이기게 되면 그때 西周의 재물과 보배로 보답할 것이라는 뜻으로도 해석한다.

　

참고 및 관련 자료

1. B.C. 307년의 일이며 038장의 뒤와 연결된다.
2. ≪史記≫ 周本紀

〈戰鬪圖〉
安徽 六安 東三十鋪 출토

004(1-4) 東周與西周爭
동주와 서주의 다툼

동주東周와 서주西周의 싸움에서 서주는 초楚·한韓 두 나라와 연합하고자
하였다. 그러자 제명齊明이 동주 임금에게 이렇게 말하였다.

"저는 서주가 초·한 두 나라에게 미리 보물을 주고, 대신 연합해서
싸움에 이기게 한 다음, 동주의 땅을 차지하는 것으로 그 대가를 삼을까
두렵습니다. 그러니 초와 한 두 나라에게 이렇게 이유를 붙여 보십시오.
'서주가 초·한 두 나라에게 보물을 주고자 하지만 이는 우리가 그 양
끝을 다 쥐고 있다. 다시 말해서 우리 동주가 지금 급히 서주를 치지
않는 한, 서주는 보물이 초·한 두 나라에게 줄 리가 없다'라고요. 지금
초와 한 두 나라가 보물을 얻고 싶어하는 때에 우리가 장차 서둘러
서주를 공격한다면 서주는 즉시 보물을 그들에게 내주고 말 것입니다.
그렇게 되면 이는 우리가 초·한 두 나라에게 보물을 주도록 하는 셈이
됩니다. 서주가 보물을 내놓으면 이는 곧 우리가 초·한 두 나라를 위하여
보물을 취하여 그들에게 주어 그들로 하여금 우리에게 고맙게 느끼게
하는 것이 될 뿐더러 서주는 서주대로 약해지고 말 것입니다."

東周與西周爭, 西周欲和於楚·韓. 齊明謂東周君曰:「臣恐西周之與楚·
韓實, 令之爲己求地於東周也. 不如謂楚·韓曰:『西周之欲入實, 持二端.
今東周之兵不急西周, 西周之實不入楚·韓.』楚·韓欲得實, 卽且趣我攻
西周. 西周實出, 是我爲楚·韓取實以德之也, 西周弱矣.」

【齊明】人名. 鮑本에는 楚나라 사람이라고 하였다. 그러나 성씨가 齊인
  것으로 보아 제나라 변사일 가능성이 있다. 한편 당시 東周君은 武公이다.
  ≪史記≫에는 西周 武公으로 되어 있으며 赧王 8년의 일이다. 鮑本에는
  "楚人. 兩見〈楚策〉. 正曰: 無明徵. 注例, 以國姓者, 皆其國人, 齊明豈不可爲
  齊人邪? 故≪大事記≫止云當時之辯士也"라 하였다.
【持二端】양 끝을 쥐고 있음. '결정을 하지 못하게 하다'의 뜻이다. 이는 서주가

망설이고 있다는 뜻도 되지만 그 결정을 재촉하는 것은 우리에게 있다는 뜻이다. 鮑注에 "言東兵急則入, 不急則已"라 하였도.

1. 高氏(高誘)注本, 즉 ≪戰國策高氏注≫(四部刊要)에는 003장과 004장이 서로 연결되어 있다.
2. ≪史記≫ 周本紀 (003장 참조)

〈屯墾圖〉 魏晉 磚畫 嘉峪關 戈壁灘 출토

005(1-5) 東周欲爲稻
동주의 벼농사

동주東周가 벼농사를 지으려 하자 상류 쪽의 서주西周가 물길을 끊어 버렸다. 동주는 걱정스러웠다. 그러자 소자蘇子가 동주 임금에게 말하였다.

"제가 서주로 가서 물을 내려보내 주도록 청하겠습니다. 그렇게만 해드리면 됩니까?"

그리고는 가서 서주 임금을 만나 뵙고는 이렇게 말하였다.

"임금의 모책은 잘못되었군요! 지금 물을 끊어 버렸기 때문에 동주는 부유해지고 있습니다. 지금 동주 사람들은 모두 보리만 심고 다른 작물은 아예 심지도 않습니다. 임금께서 정말로 해코지를 하고 싶다면 지금 곧 물을 내려보내어 이미 심은 것들이 모두 물에 잠겨 병들게 하느니만 못합니다. 그렇게 물을 내려보내시면 동주는 틀림없이 다시 벼로 바꿔 심을 것입니다. 벼를 심거든 다시 물길을 끊으시면 됩니다. 이렇게만 하면 동주의 백성들을 한결같이 서주를 쳐다보게 하여 서주 임금으로부터 나오는 모든 명령을 들을 수밖에 없게 될 것입니다."

이 말을 듣자 서주 임금이 말하였다.

"좋소."

그리고는 물을 내려보냈다. 소자는 이리하여 두 나라의 사례금을 한꺼번에 받았다.

東周欲爲稻, 西周不下水, 東周患之. 蘇子謂東周君曰:「臣請使西周下水, 可乎?」乃往見西周之君曰:「君之謀過矣! 今不下水, 所以富東周也. 今其民皆種麥, 無他種矣. 君若欲害之, 不若一爲下水, 以病其所種. 下水, 東周必復種稻; 種稻而復奪之. 若是, 則東周之民可令一仰西周, 而受命於君矣.」西周君曰:「善.」遂下水. 蘇子亦得兩國之金也.

【不下水】 서주가 河洛의 상류에 위치하였으므로 물을 내려 주지 않았음을 말함.

【蘇子】 여기서는 蘇代, 혹 蘇厲를 가리킨다. 전국시대 縱橫遊說로 유명한 蘇秦의 동생이며, 소자 3형제(蘇秦·蘇代·蘇厲) 모두 鬼谷선생에게 縱橫學을 배워 제후들에게 이름을 날렸다. 合縱說은 蘇秦의 주장으로 전국시대 서쪽 秦나라의 東進을 막기 위해 동쪽 6국(楚·燕·齊·韓·魏·趙)이 縱으로 남북 연합관계를 맺어 대항해야 한다는 說이다. 그 후 張儀에 의해 秦나라에게 橫으로 東西外交 관계를 맺어 親交歸屬해야 한다는 連衡說(連橫說)이 대두되었다.(≪史記≫ 蘇秦張儀列傳 참조.)

【可令一仰西周】 직역은 "가히 한결같이 서주를 우러러보게 할 수 있다"의 뜻이다.

1. ≪水經注≫ 伊水

伊水自闕東北流, 枝津右出焉. 東北旣溉, 東會合水, 同注公路澗, 入于洛. 今無水. 戰國策西周不下水, 卽是水之故渠也.

2. 鮑本에서는 이 사건이 논리적으로 맞지 않는다고 하였다.

『彪謂: 此〈策〉不可行. 東·西周壤地相接, 豈不能候其所種? 蘇子, 東人也, 爲東游說而豈得不疑? 且今下水, 安能保其不奪? 雖一爲下, 何補哉! 正曰: 據此〈策〉, 則西人可以制周, 必不疑於其說. 蘇子公爲反覆以得金, 豈顧其復奪哉? ≪大事記≫ 云, 其微如此, 其所爭又如此, 可不哀哉! 然則又何足深辨也?』

3. 기타 참고 자료

≪太平御覽≫ 460

006(1-6) 昭獻在陽翟
더 높은 고관이 온다면

소헌昭獻이 양적陽翟에 머무르고 있었다. 동주 임금이 상국相國을 시켜 소헌을 예방해 보도록 하였으나 상국은 가기를 꺼려하였다. 이를 안 소려蘇厲가 상국을 위해 주나라 임금에게 아뢰었다.

"초왕楚王과 위왕魏王이 회면할 때 폐하께서는 초나라에는 진봉陳封을, 위나라에는 상공向公을 예방시키셨습니다. 또 초나라와 한나라가 회면할 때는 초나라에는 허공許公을, 한나라에는 상공을 보내셨습니다. 그런데 지금 소헌은 임금도 아니요, 초나라의 공족 대부에 불과함에도 오히려 동주의 가장 높은 관직인 상국(재상)을 보내신다고 하니 만약 정말 타국의 왕이 양적에 왔다면 그땐 누구를 보내실 작정이십니까?"

왕은 이 말을 듣고 말하였다.

"알았습니다."

이리하여 상국을 보낼 것을 그만 두었다.

昭獻在陽翟, 周君將令相國往, 相國將不欲. 蘇厲爲之謂周君曰:「楚王與魏王遇也, 主君令陳封之楚, 令向公之魏; 楚·韓之遇也, 主君令許公之楚, 令向公之韓. 今昭獻非人主也, 而主君令相國往; 若其王在陽翟, 主君將令誰往?」周君曰:「善.」乃止其行.

【昭獻】 楚의 公族大夫. 당시 楚나라 相國이었으며 韓나라의 재상도 역임하였다. ≪史記≫ 韓世家에는 '昭魚'로 되어 있으며 '昭奚恤'을 가리킨다. 379·382·397장을 볼 것.
【陽翟】 韓나라의 도읍. 지금의 河南省 禹縣.
【周王】 周赧王.
【相國】 관직 이름. 丞相·宰相과 같다.
【蘇厲】 蘇秦의 막내 동생. 018·034·451·457장을 참조할 것.
【陳封·向公·許公】 모두 周나라 신하. '向'은 성씨일 경우 '상'으로 읽는다.

1. 382장의 사건으로 보아 이 이야기는 B.C. 300년의 일이다.

2. 이때는 楚는 懷王, 魏는 惠王(즉 ≪孟子≫에 나오는 梁惠王. ≪史記≫에는 襄王으로 되어있음). 韓나라는 襄王이 재위하던 시절이다.

007(1-7) 秦假道於周以伐韓
길을 빌려 달라

　진秦나라가 한韓나라를 치겠다고 주周나라에게 길을 빌려줄 것을 요구하였다. 주나라는 길을 빌려주면 한나라에게 미움을 살 것이요, 거절하면 진나라에게 미움을 받지 않을까 두려웠다. 그러자 신하 사염史黶이 계책을 일러주었다.

　"임금께서는 어찌하여 한나라 공숙公叔에게 사신을 보내어 이렇게 말하지 않습니까? '진나라가 감히 절험絶險한 요새를 넘어서 먼 한나라를 치려고 하는 것은 우리 동주東周를 믿기 때문이다. 그대는 어찌하여 우리에게 땅을 떼어 주고 중신을 사신으로 초楚나라로 보내지 않는가? 진나라는 틀림없이 우리 주나라가 미덥지 못하다고 의심할 것이다. 이렇게 되면 한나라는 진나라의 침벌을 면할 수 있게 될 것이다'라고요.

　그리고 그 다음에는 진나라에게 다음과 같이 말하십시오.

　'한나라는 억지로 우리 주나라에게 땅을 주어 귀국 진나라에게 의심을 받게 하고 있습니다. 과인은 감히 받을 수 없습니다'라고 말입니다. 그러면 진나라는 틀림없이 우리에게 받지 말라고는 못할 것입니다. 이는 한나라에게는 땅을 얻고 진나라에게는 청을 들어 준 셈이 되는 것입니다."

　秦假道於周以伐韓, 周恐假之而惡於韓, 不假而惡於秦. 史黶謂周君曰:「君何不令人謂韓公叔曰:『秦敢絶塞而伐韓者, 信東周也. 公何不與周地, 發重使使之楚? 秦必疑, 不信周, 是韓不伐也.』又謂秦王曰:『韓强與周地, 將以疑周於秦, 寡人不敢弗受.』秦必無辭而令周弗受, 是得地於韓而聽於秦也.」

【秦假道於周】≪史記≫ 周本紀에 "秦借道兩周之間, 將以伐韓"이라 하였다.
【史黶】≪史記≫에는 '史厭'으로 되어 있다. 307장 참조.
【周君】동주의 임금. ≪史記≫ 周本紀 索隱에 "周君, 西周武公也, 時王叔微弱, 不主盟會, 寄居西周耳"라 하였다.

【韓公叔】公仲侈. 韓나라 공족대부이며 襄王의 아들. 183·308장 참조.
【秦王】즉 秦나라 昭襄王.

1. 이 일은 ≪史記≫ 周本紀에도 실려 있으며 시기는 대략 B.C. 307～281년
사이로 추측된다.

2. ≪**史記**≫ 周本紀

秦借道兩周之閒, 將以伐韓, 周恐借之畏於韓, 不借畏於秦. 史厭謂周君曰:「何不
令人謂韓公叔曰:『秦之敢絶周而伐韓者, 信東周也. 公何不與周地, 發質使之楚?』
秦必疑楚不信周, 是韓不伐也. 又謂秦曰:『韓彊與周地, 將以疑周於秦也, 周不敢
不受.』秦必無辭而令周不受, 是受地於韓而聽於秦.」

3. 鮑本의 평어

『彪謂: 戰國之士, 設心措辭, 無不出於詐, 若此者君子之所恕也. 下章次之. 正曰:
鮑意尊周, 故謂行詐免難所可恕. 與前注爲伍得章失同.』

〈騎車圖〉(漢, 畫像磚)

008(1-8) 楚攻雍氏
초나라가 옹씨 땅을 공격하다

초楚나라가 한韓나라 옹씨雍氏 땅을 공격하자 주나라는 연합국 진秦·한韓
두 나라에게 군량을 대어 주었다. 초나라는 이 일로 주나라에게 화를
내자 주나라 임금은 걱정스러웠다. 이때 주나라를 위해 초나라에게 이렇게
말해주는 자가 있었다.

"초나라 같은 강대국이 주나라에게 화를 냈으니 주나라는 두려워
틀림없이 식량을 대어준 진·한 두 나라와 연합해 버릴 것입니다. 이렇게
되면 적을 더 강하게 해주는 셈이 됩니다. 그러므로 주나라의 두려워하는
바를 어서 풀어 주시느니만 못합니다. 그렇게 되면 저 주나라는 먼저
초나라에게 잘못을 하였는데도 나중에 이를 용서해 주었다는 고마움에
틀림없이 초나라를 후히 섬길 것입니다."

楚攻雍氏, 周粮秦·韓, 楚王怒周, 周之君患之. 爲周謂楚王曰:「以王之
强而怒周, 周恐, 必以國合於所與粟之國, 則是勁王之敵也. 故王不如速解
周恐. 彼前得罪而後得解, 必厚事王矣.」

【雍氏】地名. 韓나라 도읍 陽翟. 지금의 河南省 禹縣 동북.
【粮】'식량, 군량미를 대어주다'의 뜻.
【楚王】楚懷王.
【爲周謂楚王】周나라를 위해 楚나라에게 말해 주는 자. 蘇代가 아닌가 한다.
【不以速解周恐】"不如速解周恐"과 같다. '以'는 '如'와 같다.

참고 및 관련 자료

1. 이 사건은 "雍氏之役"과 관련된 것으로 B.C. 312년의 일이다. 032·389·396·
397장 등을 참조.

2. B.C. 314년 齊나라가 燕나라의 내란을 틈타 燕나라를 공격하자 秦나라는
다시 중원의 동란을 이용, 韓·魏 두 나라를 협박하여 자신의 편으로 삼았다.
이에 남쪽의 楚나라가 크게 노하여 韓나라를 공격한 사건이다.

009(1-9) 周最謂石禮
주최와 석례

주최周最가 위魏나라에 있을 때 진秦나라 장수 석례石禮에게 말하였다.
"그대는 어찌하여 진나라의 힘을 빌어 제齊나라를 치지 않습니까? 그렇게
되면 저는 즉시 그대를 제나라의 재상이 되도록 일을 꾸미겠습니다. 그때
그대는 제나라의 재상으로써 진나라를 섬기기만 하면 틀림없이 큰 염려
없는 앞날을 누릴 텐 데요. 그리고 나 주최로 하여금 이 위나라에 머물게
하면서 함께 일을 도모하면 천하는 모두 그대에게 통제를 받게 될 것입니다.
그렇게 되면 그대는 동쪽으로는 제나라에게 중함을 받고 서쪽으로는
진나라에 귀함을 받아 이렇게 진나라와 제나라를 함께 갖게 되어 영원히
중히 쓰일 것인데요."

周最謂石禮曰:「子何不以秦攻齊? 臣請令齊相子, 子以齊事秦, 必無處矣.
子因令周最居魏以共之, 是天下制於子也. 子東重於齊, 西貴於秦, 秦·齊合,
則子常重矣.」

【周最】'周寂', '周聚'로도 표기된다. 원래 周나라의 公子이다. 016·017장에
의하면 周最는 齊나라에서 쫓겨나 魏나라로 도망 간 인물이다.
【石禮】원래 秦나라 장수였으나 이때 魏나라로 도망 가 있었다. 秦昭王 13년의
일이다. 다른 본에는 '呂禮'로 되어 있다. 鮑注에 "'石'作'呂'. 凡呂皆齊人.
禮以秦昭十三年奔魏, 十九年復歸秦, 其相齊在薛公歸薛後, 見〈孟嘗傳〉, 蓋赧
王二十一年後也"라 하였다.
【無處矣】'더 이상 좋은 자리가 없다'라는 뜻. 다른 本에는 "無慮矣", 즉 '근심할
것이 없다'로 되어있어 이를 따랐다.

> 참고 및 관련 자료

1. 이 사건은 B.C. 286년의 일이다. 013·014·021장 참조.
2. 《史記》 周本紀
八年, 秦攻宜陽, 楚救之. 而楚以周爲秦故, 將伐之.

010(1-10) 周相呂倉見客於周君
주나라 재상 여창

　주周나라 상국相國 여창呂倉이 자신의 문하 식객 하나를 임금에게 추천해 알현시켰다. 이때 전의 재상이었던 공사자工師藉란 자가 그 식객이 임금 앞에서 자신을 비방하지나 않을까 걱정을 하였다. 이에 공사자는 먼저 사람을 임금에게 보내어 이렇게 말하도록 공작을 꾸몄다.

　"여창의 식객이라는 자는 말재주가 뛰어난 변사입니다. 그를 등용해서는 안 됩니다. 그는 사람을 헐뜯기를 좋아합니다."

　周相呂倉見客於周君. 前相工師藉恐客之傷己也, 因令人謂周君曰: 「客者, 辯士也, 然而所以不可者, 好毀人.」

【相國呂倉】呂倉이 아직 相國이 되지 않았을 때의 일이다. 相國이라 쓴 것은 追文이기 때문이다.
【周君】당시 임금은 동주의 文君(昭文君).
【工師藉】'工師籍'이라고도 쓴다. 工師는 원래 工官之長으로 姓이 아니다. 공사를 역임한 적이 있어 붙인 것이다. 뒤에는 성씨로 굳어졌다.

참고 및 관련 자료

1. 이 일은 다음의 011장과 연결된 것으로 본다.(四部刊要 ≪高氏注戰國策≫) 그리고 사건의 발생은 B.C. 333년의 일이다.
2. 한편 鮑注에는 工師籍에 대해 이렇게 평하고 있다.
"彪謂: 工師籍, 非端人也. 德義不愆, 何恤人之言?"

011(1-11) 周文君免士工師藉
비방과 칭송

주周 문군文君이 상국 공사자工師藉를 면직시키고, 대신 여창呂倉을 상국으로 삼았다. 이 일로 해서 백성들이 좋지 않게 여기자 임금은 걱정스러웠다. 그러자 여창의 문객이 이렇게 말하였다.

"나라 일이란 하다보면 비방도 듣고 칭송도 듣게 마련입니다. 그러나 충신은 비방은 자기가 짊어지고 명예는 임금에게 돌리는 법입니다. 송宋나라 임금이 농사철에 사람을 징집해서 누대를 짓고 있을 때 백성들이 모두 비방하였지만 누구 하나 이를 엄호해 주는 신하가 없었습니다. 그러자 자한子罕은 상국자리를 버리고 사공司空이 되어 사람들이 자한 자신을 그른 사람으로 여기고 대신 임금을 칭송하도록 하였습니다. 또 제齊 환공桓公이 궁중에 일곱 개의 시장을 개설하고, 전국에 7백 군데 기녀원妓女院을 차리자 백성들의 비방이 높았습니다. 이를 보자 관중管仲이 일부러 그보다 사치스러운 삼귀지가三歸之家를 지어 환공의 잘못을 엄호해 주고자 백성의 비방을 자신이 받았습니다.

《춘추春秋》에 신하가 임금을 시해한 기록이 수백 군데 있는데 이는 모두 신하가 명예를 얻으려 한 때문입니다. 따라서 대신이 명예를 얻는다고 해서 국가에 이로울 것은 하나도 없습니다. 그러므로 무리가 많아지면 세력이 강해지고 불어나고 쌓이면 산을 이루게 되는 것입니다."

임금은 드디어 여창을 파면하지 않고 그대로 재상으로 확정하였다.

周文君免士工師藉, 相呂倉, 國人不說也. 君有閔閔之心. 謂周文君曰: 「國必有誹譽, 忠臣令誹在己, 譽在上. 宋君奪民時以爲臺, 而民非之, 無忠臣以掩蓋之也; 子罕釋相爲司空, 民非子罕而善其君; 齊桓公宮中七市, 女閭七百, 國人非之. 管仲故爲三歸之家, 以掩桓公, 非自傷於民也. 春秋記臣弒君者以百數, 皆大臣見譽者也. 故大臣得譽, 非國家之美也. 故衆庶成彊, 增積成山.」周君遂不免.

【周文君免士工師藉】다른 본에는 '士'가 없으며, '藉'는 '籍'으로 되어 있다.

【宋君奪民時以爲臺】宋君은 춘추시대 宋平公(재위 B.C. 575~517년) 이름은 成, 共公의 막내아들이었으며 당시 재상은 司城子罕이었다. 이 사건은 《左傳》 襄公 17년에 실려있다.

【樓臺】宋平王이 지은 '靑陵臺'를 말한다. 한편 이 누대는 韓憑과 얽힌 고사로도 유명하다. 《古樂府》에 "宋康王欲奪舍人韓憑之妻, 乃築靑陵臺望之, 憑妻作詩曰: '南山有鳥, 北山張羅, 鳥自高飛, 羅將奈何?'"라 하였고, 《搜神記》 등에도 자세히 실려있다. 《明一統志》에는 그 위치를 "靑陵臺, 在開封府封丘縣界"라 하였다.

【子罕釋相爲司空】子罕은 宋나라의 훌륭한 신하 司城子罕을 가리킨다. 이름은 樂喜이다. 司城은 司空과 같으며 재상 다음의 직위로 올라 토목공사의 업무를 담당하는 직책이다. 이 사건은 《左傳》 襄公 17년 참조.

【齊桓公】春秋五霸의 수장인 齊나라 桓公. 이름은 小白. 管仲을 재상에 임용하였다.(《史記》 齊世家 및 管子列傳 참조.)

【宮中七市】宮苑 내에 설치하는 시장. 《金樓子》 箴戒에 "漢靈帝時, 作列肆於後宮, 使采女販賣, 帝著商賈服, 飮宴於其間"이라 하였다.

【女閭三百】公娼制度. 도시에 女閭를 설치해서 여객에게 이용시켰다. 목적은 천하의 豪客·行商을 끌어들이기 위한 것이라 한다. 鮑本에 "閭, 里中門也. 爲門爲市於宮中, 使女子居之. 正曰: 宮中爲七市, 女閭此七百也"라 하였다.

【三歸之家】'三歸'에 대한 설은 여러 가지가 있다. 첫째, '歸'는 '嫁'로 보아 성이 다른 세 여자에게 장가들고 그 여자들이 있게 집을 지어 주었다는 설.(包咸說) 둘째, 三公의 권력을 독점하고 호화사치를 부렸다는 설. 셋째, 호화스러운 臺 셋을 지었다는 설. 즉, 民人歸臺·諸侯歸臺·四夷歸臺.(朱子說) 《論語》 八佾篇에 "……或曰管仲儉乎? 曰管氏有三歸, 官事不攝, 焉得儉乎?"라 하였고, 또 《漢書 地理志》에 "身在陪臣而聚三歸"라 하였다. 여기서는 세 번 째의 뜻으로 보인다.

【春秋記臣弒】《春秋》는 六經의 하나. 魯나라 史에 의거해서 魯隱公부터 哀公까지 12公 242년의 사실을 褒貶해서 썼다. 《孟子》 滕文公(下)》에 "孔子成春秋而亂臣賊子懼"라 하였고 또 "孔子懼, 作春秋, 春秋天子之事也. 是故孔子曰: '知我者, 其惟春秋乎; 罪我者, 其惟春秋乎!'"라 하였다.

【大臣得譽, 非國家之美】鮑本에 "彪謂: 此言掩君之非可耳! 而齒見譽者於殺君之列, 則後世名卿賢相, 何道而可以安於朝廷之上? 不仁哉此言也! 補曰:

漢高帝繫治, 蕭何曰: ‘吾聞李斯相秦, 有善歸主, 有惡自與’云云. 王衛尉曰: ‘秦以不聞其過, 亡天下.’ 李斯之分過, 又何足法哉?”라 하였다.

【衆庶成彊, 增積成山】 대신이 민중의 세력을 얻어 너무 커지면 제어할 수 없다는 뜻. 《韓非子》 外儲說右上에 “凡姦者, 行久而成積, 積成而力多, 多力而能殺”이라 하였다.

1. 본장은 앞장(010)에 연결된 것으로 보는 편이 타당하다.(010장 〈참고〉란을 볼 것.)

2. 《左傳》 襄公 17년

宋皇國父爲大宰, 爲平公築臺, 妨於農收. 子罕請俟農功之畢, 公弗許. 築者謳曰: 「澤門之皙, 實興我役. 邑中之黔, 實慰我心.」 子罕聞之, 親執扑, 以行築者, 而抶其不勉者, 曰: 「吾儕小人皆有闔廬以辟燥濕寒暑. 今君爲一臺, 而不速成, 何以爲役?」 謳者乃止. 或問其故. 子罕曰: 「宋國區區, 而有詛有祝, 禍之本也.」

〈車馬圖〉(漢, 畫像磚)

012(1-12) 溫人之周
천하 백성

온溫 땅 사람이 주周나라로 들어가려 하자 주나라에서 입국을 허락하지
않았다.

"객(客, 외국인)이냐?"

그가 대답하였다.

"이 나라 사람이다."

그리하여 사는 곳을 물었으나 바르게 대답을 하지 못하는 것이었다.
관리가 그를 옥에 가두어버렸다. 임금이 사람을 시켜 물어보게 하였다.

"그대는 주나라 사람도 아니면서 스스로 객도 아니라고 하였으니
웬일이냐?"

그러자 그는 이렇게 대답하였다.

"제가 어려서 《시詩》를 암송하였는데 시에 '하늘 아래 두루 왕의 땅이
아닌 곳이 없으며, 그 땅 끝까지 다 거느려 왕의 신하 아닌 자가 없도다'라
하였습니다. 그러니 지금 주나라가 천하를 가지고 있으니 나는 그 천자의
신민인 셈입니다. 그러니 내가 어찌 객이겠습니까? 그 까닭으로 내가
주인이라고 말하였던 것입니다."

임금이 이 말을 듣고 관리로 하여금 풀어주도록 하였다.

溫人之周, 周不納.「客卽?」對曰:「主人也.」問其巷而不知也, 吏因囚之.
君使人問之曰:「子非周人, 而自謂非客, 何也?」對曰:「臣少而誦詩, 詩曰:
『普天之下, 莫非王土; 率土之濱, 莫非王臣.』今周君天下, 則我天子之臣,
而又爲客哉? 故曰主人.」君乃使吏出之.

【溫】魏나라 읍 이름. 이곳 사람이 周나라 서울 洛陽에 들어가려 하였다.
【客卽】이 부분은 탈락된 것으로 보인다. 일부 본에는 "問曰客耶, 客卽對曰"의
　8글자가 더 있다.
【詩】《詩經》 小雅 北山의 구절. 그 疏에 "言率土之濱, 擧其四方所至之內,
　見其廣也"라 하였다.

【巷】골목, 주소. 그가 주나라에 살고 있다면 그 주소를 밝히라는 뜻이다.

1. 이 사건의 구체적인 시기는 알 수 없으며 주나라의 권위 상실을 풍자한 것으로 보인다.

2. ≪韓非子≫ 說林上

溫人之周, 周不納客. 問之曰:「客耶?」 對曰:「主人.」 問其巷而不知也, 吏因囚之. 君使人問之曰:「子非周人也, 而自謂非客, 何也?」 對曰:「臣少也誦詩曰:『普天之下, 莫非王土; 率土之濱, 莫非王臣.』 今君, 天子, 則我天子之臣也. 豈有爲人之臣而又爲之客哉? 故曰: 主人也.」 君使出之.

013(1-13) 或爲周最謂金投
보물과 땅

어떤 사람이 주최周最가 위魏
나라에 있을 때, 이 주최를 대신
하여 조趙나라 장수 금투金投
에게 이렇게 말하였다.

"지금 주최가 제齊나라로 가려
하자 진秦나라는 천하가 합종
하지나 않을까 크게 의심하여
심기가 좋지 않습니다. 또 당신은
당신의 조국 조나라가 제나라와
싸워서는 이길 수 없다는 것을
알고 있습니다. 따라서 제齊
나라가 한韓나라와 연합하기에
앞서, 반드시 먼저 제나라가
진나라와 연합하게 될 것을 염려
하셔야 합니다. 진나라와 제나
라가 연합하는 날이면 그대의

진시황상

조국 조나라는 약해지고 맙니다. 그러니 그대는 무엇보다 제나라를 구원
하셔야 합니다. 그리고 그 형세에 따라 진나라를 도와 다시 한·위 두
나라를 치는 것입니다. 그렇게 되면 상당上黨과 장자長子 땅은 곧 당신
조나라가 갖게 될 것입니다. 그러면 그대는 동쪽으로는 진나라의 힘을
빌어 보물을 얻게 되고 남쪽으로는 한나라 땅을 차지하게 됩니다. 위나라는
이로 인해 곤경에 처해 힘을 못쓰게 됩니다. 그때 서서히 동쪽으로 눈을
돌려 그대 조국을 제나라와 연합시키면 되는 것입니다."

或爲周最謂金投曰:「秦以周最之齊疑天下, 而又知趙之難子齊人戰,
恐齊·韓之合, 必先合於秦. 秦·齊合, 則公之國虛矣. 公不如救齊, 因佐秦

而伐韓·魏, 上黨·長子趙之有. 公東收實於秦, 南取地於韓, 魏因以因,
徐爲之東, 則有合矣.」

【周最】周寂, 원래 周나라의 公子. 이때 魏에 머물고 있었다.
【金投】趙나라 장수. 014장 참조.
【上黨】지명, 韓나라 땅. 지금의 山西省 동남지역 일대.
【長子】地名, 韓나라 땅. 지금의 山西省 長子縣 서남지역.
【東收實於秦】金正煒는 ‘東’은 ‘西’의 잘못이라 하였다.
【魏因以因】이는 "魏因以困"의 오기이다.

1. 이 사건의 발생시기는 B.C. 286년경이다. 009·014·021장 등 참조.
2. 鮑注의 評語
『齊合趙也. 始時趙與齊隙, 無合理. 今得秦·韓, 故齊懼而合. 其實, 最時相齊,
慮有趙患, 故爲最謀者, 侈之韓·魏也.』

〈宴樂水陸攻戰紋銅壺〉 四川 成都 출토

014(1-14) 周最謂金投
옳은 계책이란

주최周最가 조趙나라 장수 금투金投에게 말하였다.

"그대는 진나라와의 연합을 믿고 강한 제나라와 전쟁을 벌이고 있습니다. 그러나 싸움에 이긴다 해도 진나라는 그 제나라 땅을 거두어 자기 마음대로 봉해 주면서 제나라로 하여금 조나라에게는 많은 땅을 할양하지 못하게 할 것입니다. 그리고는 '천하 여러 나라에게는 요구를 들어 싸워주었다'라 할 것입니다. 또 싸움에 졌다고 가정합시다. 그렇게 되면 그대 조국 조나라는 크게 상처를 받고, 힘센 진나라에 복종하지 않을 수 없게 됩니다. 그리하여 만약 진나라가 한·위 두 나라의 상당上黨·태원太原을 점령하게 되면 서쪽의 땅이 모두 진나라가 차지하고 말 것입니다.

이처럼 진나라가 천하의 반을 차지하고 제齊·초楚 두 나라, 그리고 삼진三晉을 제압하게 되면 나라는 엎어지고 게다가 당신 자신도 위험해지고 말 것입니다. 그런데 이것이 어찌 계책으로 여길 도리이겠습니까?"

周最謂金投曰:「公負令秦與強齊戰. 戰勝, 秦且收齊而封之, 使無多割, 而聽天下之戰; 不勝, 國大傷, 不得不聽秦. 秦盡韓·魏之上黨·太原, 西止秦之有已. 秦地, 天下之半也, 制齊·楚·三晉之命, 復國且身危, 是何計之道也?」

【聽天下之戰】鮑本에 "諸國求地於齊, 齊不多割, 則必戰, 如秦弱齊之計. 正曰: 此秦制齊之命"라 하였다.
【不勝, 國大傷】역시 포본에 "趙傷也. 時趙令秦與齊戰, 戰不勝, 則秦必咎趙, 能無傷乎? 正曰: 趙恃合於秦以與齊戰, 不勝, 則國大傷而聽命於秦矣"라 하였다.
【上黨】지명. 앞장 참조.
【太原】지명. 魏地. 安邑의 동쪽.
【西止】'西土'의 오기이다.
【三晉】춘추시대의 晉나라가 6명의 大夫(韓·魏·趙·范·中行·知氏)의 쟁탈을 거쳐 韓·魏·趙로 瓜分되어 굳어졌으므로 이 세 나라를 묶어 흔히 '三晉'이라 한다.

1. 이 장은 009·012와 관련이 있는 것으로 보인다.

〈神木〉
柳蒼墓 石柱 畵像

015(1-15) 石行秦謂大梁造
말솜씨 뛰어난 선비들

주周나라 신하 석행진石行秦이 진秦나라 대량조大梁造에게 말하였다.
"만약 진나라가 패왕霸王의 이름을 얻고 싶으면 우선 먼저 동서 양주兩周의 뛰어난 말솜씨와 재주가 있는 선비들을 불러모으느니만 못합니다."
그리고 석행진은 다시 주나라 임금에게 가서 이렇게 일렀다.
"임금께서는 어서 이 나라의 재주꾼들을 진나라에 보내어 임금을 위해 다투어 변론을 펼 수 있도록 해 주시느니만 못합니다."

石行秦謂大梁造曰:「欲決霸王之名, 不如備兩周辯知之士.」謂周君曰:「君不如令辯知之士, 爲君爭於秦.」

【石行秦】周나라 신하. '右行秦', '右作楚', '右行楚' 등 표기가 일정하지 않다. 右行은 원래 秦나라의 관직이다. 姚注에 "劉本作右作楚"라 하였고, 鮑本에는 "周人. 正曰: 無考. 一本'石'作'右'. 右行, 秦官也"라 하였다.
【大梁造】'大良造'라고도 쓰며 秦나라 장수. 곧 秦나라 장수 白起가 아닌가 한다. '대량조'는 진나라 20급 중 제16급의 작위. ≪漢書≫ 百官志에는 '大上造'라는 관직이 있다.

참고 및 관련 자료

1. 자기 자신이 秦으로 가고 싶은 계략이다.

2. 鮑本의 評語
『秦欲卑周, 爭者爭此也. 旣謹待之, 則爭必得矣. 補曰: 王應麟云: 周赧王卒于乙巳. 明年丙午, 秦遷西周君, 而東周君猶存. 壬子, 秦遷東周君, 而周遂不祀. 作史者當自丙午至壬子係周統於七國之上, 乃得≪春秋≫存陳之義. ≪大事記≫, 周赧後卽係秦, 朱子以爲未當. 〈綱目〉以七國如楚, 漢竝書之. 今按〈解題〉云, 自赧王降, 周統已絶, 東周雖未亡, 特邾・莒附庸之類耳. 所以存而未論也. 朱子雖以七國竝書, 而赧王之後, 亦不以東周係統者, 其意亦不異. 〈綱目〉之成, 在乾道壬辰, 而淳熙辛丑呂子卒, ≪大事記≫始出, 非矯之也.』

016(1-16) 謂薛公
왕의 신임을 얻는 법

어떤 이가 설공薛公에게 말하였다.

"주최周最가 제왕齊王에게 후한 대접을 받았으나 얼마 후 도리어 쫓겨나고 말았습니다. 게다가 제왕은 축불祝弗의 말을 듣고 진秦나라 장수 여례呂禮를 제나라 재상에 앉혔는데, 이는 바로 진秦나라의 세력을 끌어들이고자 함입니다. 만약 진나라와 제나라가 연합하게 된다면 축불과 여례는 중용되겠지요. 그러나 주최가 다시 제나라에 중용된다면 진나라는 틀림없이 그대 설공을 깎아 내리려 할 것입니다. 이에 그대에게 권고하오니 군대를 몰아 북쪽의 조趙나라를 공격하여 급하게 하십시오. 그리고 조나라로 하여금 진·위 두 나라와 결합되도록 만드는 것입니다. 그리고는 주최를 불러 후하게 대접하면서 제나라로 끌어들여 다시 제왕의 신임을 회복하도록 하십시오. 그리하여 천하로 하여금 제나라에 대한 관심을 없애버리십시오. 제나라가 진나라와 관계가 없어지게 되면 모든 나라들은 제나라로 모여들게 되고, 축불의 세력들은 틀림없이 도망가고 말 것입니다. 그렇게 되고 나면 제왕은 누구와 더불어 나라를 다스리겠습니까?"

謂薛公曰:「周最於齊王也而逐之, 聽祝弗, 相呂禮者, 欲取秦. 秦·齊合, 弗與禮重矣. 有周齊, 秦必輕君. 君弗如急北兵, 趨趙以秦·魏, 收周最以爲後行, 且反齊王之信, 又禁天下之率. 齊無秦, 天下果, 弗必走, 齊王誰與爲其國?」

【謂薛公曰】主語가 생략되었으나 ≪史記≫에는 '蘇代'로 되어 있다.
【薛公】전국 4공자의 하나인 齊나라 孟嘗君 田文. ≪史記≫ 孟嘗君傳 참조. 薛 땅에 봉해져서 薛公이라고 부른 것이다.
【齊王】齊의 閔王(湣王).
【祝弗】유세객. ≪史記≫ 孟嘗君列傳에는 '親弗'로 되어 있다.
【呂禮】秦나라 장수. '石禮'로 표기되기도 한다.
【以爲後行】後는 厚로 보며 行은 擧, 즉 거용·등용의 뜻이다.

【禁天下之率】率은 제후국들이 齊나라의 변화에 관심을 갖고 '엿보다'의 뜻이다.
【天下果】'天下集'의 오기로 본다. '천하가 모두 齊나라로 모여들다'라는 뜻.
【齊王誰與爲其國】'당신 설공과 국사를 논하게 되어 당신이 중용된다'의 뜻.

참고 및 관련 자료

1. 이는 B.C. 293년 伊闕之役(030장) 이전의 일로 여기고 있다. 관련된 내용은
017·020장 등.

2. ≪史記≫ 孟嘗君列傳

其後, 秦亡將呂禮相齊, 欲困蘇代. 代乃謂孟嘗君曰:「周最於齊, 至厚也, 而齊王
逐之, 而聽親弗相呂禮者, 欲取秦也. 齊·秦合, 則親弗與呂禮重矣. 有用, 齊·秦必
輕君. 君不如急北兵, 趨趙以和秦·魏, 收周最以厚行, 且反齊王之信, 又禁天下
之變. 齊無秦, 則天下集齊, 親弗必走, 則齊王孰與爲其國也!」於是孟嘗君從其計,
而呂禮嫉害於孟嘗君.

3. 鮑本의 평어

『正曰: 以章參之,「史」可以互正. 如弗乃祝弗名, 易知, 而注乃釋以他說, 其誤甚矣.』

재상을 교체하다

제齊나라가 축불祝弗의 건의에 따라 주최周最를 내쫓아 버렸다. 이때에 어떤 이가 제왕齊王에게 일렀다.

"주최를 쫓아내고 축불의 말을 듣고 여례呂禮를 재상으로 삼은 일, 이 모두는 진秦나라의 환심을 사기 위함이겠지요. 그러나 진나라로서는 천하의 힘을 얻고 나면 결국 이 제나라를 깊숙이 쳐들어올 것입니다. 무릇 진나라와 제나라가 연합하면 조趙나라는 공격을 받을까 두려워 즉시 군대를 일으켜 (제나라를 공격하여) 그 위세를 진나라에게 과시할 것이며 그 사실은 모두가 같은 이유라 여겨 전혀 개입하지 않을 것입니다. 따라서 축불을 등용하는 것은 곧 천하가 진나라고 귀속된다는 이치입니다."

　　齊聽祝弗, 外周最. 謂齊王曰:「逐周最·聽祝弗·相呂禮者, 欲深取秦也. 秦得天下, 則伐齊深矣. 夫齊合, 則趙恐伐, 故急兵以示秦. 秦以趙攻, 與之齊伐趙, 其實同理 必不處矣. 故用祝弗, 卽天下之理也.」

【齊王】齊의 閔王(湣王).
【必不處矣】'秦나라가 전혀 도와주지 않을 것이다'라는 뜻으로도 새긴다. 鮑注에 "處, 猶據也. 秦不據齊, 理同. 而獨不據齊, 齊無兵而趙已出兵故也"라 하였다.
【天下之理】吳師道는 "言天下必將歸秦"이라 하였다.

> 참고 및 관련 자료

1. 이 장의 사실은 016장의 異傳이 아닌가 한다.

018(1-18) 蘇厲爲周最謂蘇秦
실언의 책임

소려蘇厲가 주최周最를 위해 소진蘇秦에게 말하였다.

"형蘇秦은 어서 임금에게 주최의 건의를 들어, 이 주나라가 위魏나라에게 땅을 떼어 주면서 연합을 맺으라고 권하십시오. 조나라는 고립을 두려워하여 제나라와 연합해 버릴 것입니다. 그렇게 되면 형은 제나라로 하여금 강한 초나라와 연합할 수 있게 해주는 셈이 됩니다. 이 일은 형에게서 비롯된 것입니다. 또 형께서 이 주최의 일을 잘 이용하고자 한다면 제나라를 연합시킨 공로는 형의 것이 되고 땅을 떼어 주자는 실언失言의 책임은 주최에게 씌워질 것입니다."

蘇厲爲周最謂蘇秦曰:「君不如令王聽最, 以地合於魏, 趙故必怒, 合於齊, 是君以合齊與强楚, 吏産子君, 若欲因最之事, 則合齊者, 君也; 割地者, 最也.」

【蘇厲】蘇秦의 동생. 역시 뛰어난 유세가. 006·034·451·457장 참조.
【周最】이때 周最는 周나라에 와 있었던 것으로 보인다.
【蘇秦】전국시대 최고의 유세가. 그의 두 동생(蘇厲·蘇代)과 함께 三蘇로 이름을 날렸다. 六國合縱을 완성하였다. ≪史記≫ 蘇秦張儀列傳 참조.
【吏産子君】이 부분의 해석은 의견이 분분하다. 金正煒는 "事産於君"의 訛記로 여겼으며 '이 일은 당신에게서 생겨난 것이다'라고 보았다. 이를 따랐다.

參考 및 關聯 資料

1. 蘇秦은 B.C. 317년에 죽은 것으로 알려져 있다. 그렇다면 이 이야기는 와전된 것이다. 때문에 鮑本에는 '蘇子'로 되어 있다. 그리고 내용이 함축성이 지나치고 시대배경이 정확하지 않아 그 뜻을 알기가 매우 어렵다.

019(1-19) 謂周最曰仇赫之相宋
자신들끼리 속이도록

어떤 이가 주최周最에게 일러주었다.

"구혁仇赫이 송나라의 재상이 되었습니다. 장차 이를 관망하건대 진나라 입장에서 보면 조趙·송宋 두 나라와 연합해서 삼국三國을 공격하는 계기가 되지 않을까 하는 것입니다. 만약 삼국이 패하지 않으면 조·송 두 나라를 일으켜 동방과 연합하여 진秦나라를 고립시킬 것입니다. 또 한韓·위魏 두 나라와 제齊나라의 관계로 보건대, 이들의 연합이 견고하지 못하면 송나라가 삼국에게 패하는 결과를 안겨 줄 것입니다. 이들의 연합이 견고하면 결국 진나라는 조·송 두 나라를 삼국에 속여 팔아먹는 꼴이 될 것입니다. 이런 상황에서 그대는 어찌하여 한·위의 두 나라 왕에게 이렇게 말하지 않습니까? '진나라와 조나라가 서로 속이기를 원합니까? 그렇다면 어찌하여 주최를 한·위 두 나라의 재상을 겸하도록 하여, 한·위 두 나라가 서로 떨어질 수 없는 관계임을 드러내 보이지 않습니까? 그리하면 진나라와 조나라는 서로 다투어 자기들끼리 속이면서 왕께 연합하자고 달려들 것입니다'라고요."

謂周最曰:「仇赫之相宋, 將以觀秦之應趙·宋, 敗三國. 三國不敗, 將興趙·宋合於東方以孤秦. 亦將觀韓·魏之於齊也. 不固, 則將與宋敗三國, 則賣趙·宋於三國. 公何不令人謂韓·魏之王曰:『欲秦·趙之相賣乎? 何不合周最兼相, 視之不可離? 則秦·趙必相賣以合於王也.』」

【仇赫】《史記》趙世家에는 '仇液'으로, 또 다른 책에는 '仇郝·朹郝' 등으로도 되어 있다. 247·276·284장 등 참조.
【三國】韓·魏·齊, 세 나라.
【不固】秦·趙·宋의 연합관계가 공고하지 못함을 가리킨다.
【韓魏之王】韓은 襄王, 魏는 哀王이었다.

1. 당시 周最는 역시 周나라에 와 있을 때의 일로 여겨진다.

2. ≪史記≫ 趙世家

二十年, 王略中山地, 至寧葭; 西略胡地, 至楡中. 林胡王獻馬. 歸, 使樓緩之秦, 仇液之韓, 王賁之楚, 富丁之魏, 趙爵之齊. 代相趙固主胡, 致其兵.

〈宴樂水陸攻戰紋銅壺〉 四川 成都 출토

020(1-20) 爲周最謂魏王
버릴 수 없는 인물

어떤 이가 주최周最를 위하여 위왕魏王에게 일렀다.

"진秦나라는 조趙나라가 제齊나라와 싸우기 어렵다는 것을 잘 알고 있습니다. 그러면서 도리어 제나라와 조나라가 연합하지 않을까 두려워하고 있습니다. 이 때문에 몰래 조나라를 강하게 해줄 것입니다. 그러나 조나라는 그래도 제나라와 감히 싸우려들지 않을 것입니다. 이는 진나라가 끝까지 자기를 돕지는 않을 것임을 두려워하기 때문입니다. 그래서 조나라는 차라리 먼저 제나라와 연합하려 할 것입니다. 이처럼 진나라와 조나라가 제나라를 자기편으로 끌어드리려고 다투고 있는 마당에, 이 위나라 임금께서는 보낼만한 사람도 없으니 불가한 일입니다. 대왕께서 주최를 버림으로써 제나라를 위나라에 합치도록 거두어들이지도 못하면서 도리어 진나라 병사가 급하다고 해서 제나라를 치려고 하시니 이는 해결될 수 없는 일입니다."

爲周最謂魏王曰:「秦知趙之難與齊戰也, 將恐齊·趙之合也, 必陰勁之. 趙不敢戰, 恐秦不己收也, 先合於齊. 秦·趙爭齊, 而王無人焉, 不可. 王不去周最, 合與收齊, 而以兵之急則伐齊, 無因事也.」

【周最】 이때 주최는 魏나라에 있었을 것으로 여겨진다.
【魏王】 魏의 昭王.
【無因事】 '의지할 수 없는 일. 해서는 안 되는 일. 해결될 수 없는 일.' 吳師道는 ≪戰國策補正≫에서 "因, 猶依也"라 하였다.

[참고 및 관련 자료]

1. 이는 016·017장과 관련이 있으며, B.C. 286년쯤의 일이다.

2. 鮑本의 結語
『言秦見齊有魏兵必伐之. 有此有彼曰'因', 猶言無他事矣. 齊敗魏馬陵, 宜爲魏雦, 因此言'合與', 蓋其國形宜相依也. 正曰: '而以'止'伐齊', 句. 因, 猶依也. 言今不合與收齊, 而以秦兵之急則伐齊(下章秦欲合魏伐齊, 可見), 是無可依之事矣.』

021(1-21) 謂周最曰魏王以國與先生
강한 나라의 분노

어떤 이가 주최周最에게 말하였다.

"위왕魏王이 선생에게 국정을 맡긴 것은 진秦나라와 연합하여 제齊나라를 치기 위함입니다. 제나라는 설공薛公이 비록 아직 버티고는 있지만 그는 스스로 자기 근거지 설薛 땅을 가볍게 여기고, 심지어 자신의 부친 묘소조차도 돌보지 않고 있습니다. 그런데 그대께서는 홀로 그릇된 신임만 믿고 이를 실행하면서, 나아가 이 위나라 여러 신하들에게 옛 주인인 설공을 그대로 인정한다고 밝히면서 제나라 치는 일에는 활동을 아니하고 있습니다. 이 때문에 결국 강한 진나라의 분노까지 사고 말았으니 이는 안 될 일입니다. 그러니 그대께서는 어서 위왕과 설공에게 이렇게 말하십시오.

즉, '청컨대 왕魏王을 위해 제나라로 가겠습니다. 천하가 능히 제나라에게 상처를 주지 않도록 교섭하겠습니다. 그리고 진나라가 위나라에게 제나라를 치려는 변란이 생기면 제가 위나라를 대신하여 구원을 얻어내겠습니다. 또 아무 문제가 없다면 왕께서는 (제나라와 연합해서 진나라를) 치시면 됩니다. 게다가 저는 결국 제나라의 은혜를 입은 제나라 노예인 셈입니다. 그러나 대왕께서 천하와 교섭하는 일에 그 어떤 누를 끼쳐서도 안 된다고 알고 있습니다. 대왕께서는 저에게 많은 은사를 베풀어 주셨습니다. 제가 제나라로 들어가게 되면 대왕께서는 제나라 일로 더 이상 걱정하지 않으셔도 될 것입니다'라고요."

謂周最曰:「魏王以國與先生, 貴合於秦以伐齊. 薛公故主, 輕忘其薛, 不顧其先君之丘墓, 而公獨脩虛信, 爲茂行, 明羣臣, 據故主, 不與伐齊者産, 以忿强秦, 不可. 公不如謂魏王·薛公曰:『請爲王入齊, 天下不能傷齊. 而有變, 臣請爲救之; 無變, 王遂伐之. 且臣爲齊奴也, 如累王之交於天下, 不可. 王爲臣賜厚矣, 臣入齊, 則王亦無齊之累也.』」

【周最】 이때 周最는 魏나라의 재상이 되어 있었다.

【魏王】 역시 魏의 昭王.

【薛公】 전국 四公子의 하나인 孟嘗君 田文. 그의 아버지는 靖郭君 田嬰. ≪史記≫
 孟嘗君列傳 및 본 ≪戰國策≫ 139·148장 참조. 鮑本에 "謂齊王, 田文欲去國以
避秦兵. 正曰: 此田文相魏時也, 下文'謂魏王·薛公可見. 文激於祝弗·呂禮之故,
勸秦伐齊. 蓋言文猶背齊, 以起下文'最不與伐齊'之意"라 하였다.

【據故主】 周最가 본래 齊나라의 은혜를 입었었기 때문에 이렇게 말한 것임.

【以産强秦】 秦나라는 魏나라로 하여금 齊나라를 공격할 것을 종용하였다.
 鮑注에 "産, 猶生也. 魏欲伐齊, 己獨不與, 獨生此節目也. 違秦不伐齊, 故秦忿"
이라 하였다.

1. 이는 009·013·014장과 연관되며 周最가 魏나라로부터 齊나라로 돌아온
B.C. 286년쯤의 일이다.

2. 鮑本의 結語

『正曰: 按「魏策」, 周最入齊, 秦王怒, 令姚賈讓魏王, 魏王爲之謂秦王曰, 「魏之所
以爲王通天下者, 以周最也. 今最遁寡人入齊, 齊無通於天下矣. 敝邑之事, 王亦
無齊累矣.」 最入齊, 則正與此章相首尾. 所謂「敝邑之事, 王亦無齊累」語, 又與此合.
曰「請爲王入齊, 天下不能傷齊」者, 最自許其足以全齊.「有變」, 謂秦伐齊, 齊急
則請魏之救;「無變」, 謂秦不能伐, 則王遂伐之. 此厚齊之說也.「且臣爲齊奴」以下,
以爲魏言之.「爲齊奴」, 爲齊奴隸也. 交, 指秦也. 累, 連及也. 不可以最故, 使魏惡
於秦. 王使最得入齊爲賜厚矣. 最入齊, 則秦無疑於魏, 是魏不爲齊所累也.』

022(1-22) 趙取周之祭地
남의 땅을 빼앗은 화근

조趙나라가 주周나라 제전祭田을 빼앗아 버렸다. 주군周君은 걱정이었다. 그리하여 신하 정조鄭朝와 상의하였다. 정조가 말하였다.

"임금께서는 걱정하지 마십시오. 제가 30금의 적은 돈으로 다시 찾아오겠습니다."

임금이 그에게 30금을 주자 정조는 조나라로 가서 점복관占卜官의 장長을 만나 30금을 주면서 제전을 빼앗아간 사실을 말하고 해결해 달라고 하였다. 마침 왕이 병이 들자 그 점복관을 시켜 점을 치게 하였다. 점복관이 짐짓 이렇게 견책하였다.

"주나라 제전을 빼앗은 일이 빌미祟가 되었습니다."

그러자 조나라는 그 땅을 돌려주고 말았다.

趙取周之祭地, 周君患之, 告於鄭朝. 鄭朝曰:「君勿患也, 臣請以三十金復取之.」周君予之, 鄭朝獻之趙太卜, 因告以祭地事. 及王病, 使卜之. 太卜譴之曰:「周之祭地爲祟.」趙乃還之.

【祭地】 자손에게 대대로 물려서 祖宗의 祭祀用으로 쓰는 公田.
【鄭朝】 周나라 신하.
【金】 고대 화폐 수량의 단위. 《史記》 平準書 索隱에 "秦以一鎰爲一金, 漢以一斤爲一金"라 하였고, 鮑本에는 "一斤爲一金. 正曰: 正義云: 秦以一鎰爲一金. 孟康云: 二十四兩. 《國語》注同. 趙岐云: 二十兩"라 하였다.
【太卜】 관명. 卜官의 長. 궁중의 卜筮를 관장하였다.
【祟】 빌미·원인·재앙의 원인. 음은 '수'이다.

023(1-23) 杜赫欲重景翠於周
새 잡는 그물

두혁杜赫이 경취景翠를 주周나라에 중용되도록 하기 위하여 임금에게
아뢰었다.

"지금 주나라는 작은 나라인데, 게다가 나라의 중보주옥重寶珠玉을
제후에게 다 주면서 그들을 섬기기에 바쁩니다. 그러나 그 재물은 그
줄 상대를 잘 살피지 않을 수 없습니다. 비유컨대 새 잡는 그물을 치는
자가 새 없는 곳에 그물을 쳐 봤자 종일토록 한 마리도 잡지 못하는
것은 뻔한 일입니다.

그렇다고 새가 이미 많이 모인 곳에 치려 덤비면 새는 놀라 모두
날아가 버릴 것입니다. 반드시 새가 많이 모이는 곳에 아직 새가 다다르지
않았을 때 쳐두어야 하는 것입니다.

임금께서는 지금 이 나라 대신들에게 주어 봤자 그들은 임금을 경시만
할 뿐입니다. 그렇다고 권력 없는 소인들에게 주어 봤자 그들을 써먹을
것도 없으니 재물만 손해납니다. 임금께서는 반드시 지금 궁해 있는
선비에게 베푸십시오. 지금 반드시 그가 꼭 그런 것은 아닐지라도 장차
그 자가 대신중역大臣重役이 되면 임금께서는 능히 하고 싶은 대로 할
수 있을 것입니다."

杜赫欲重景翠於周, 謂周君曰:「君之國小, 盡君子重寶珠玉以事諸侯,
不可不察也. 譬之如張羅者, 張於無鳥之所, 則終日無所得矣; 張於多鳥處,
則又駭鳥矣; 必張於有鳥無鳥之際, 然後能多得鳥矣. 今君將施於大人,
大人輕君; 施於小人, 小人無可以求, 又費財焉. 君必施於今之窮士, 不必且
爲大人者, 故能得欲矣.」

【杜赫】 周나라 사람. 120·184·205장 참조.
【景翠】 당시 楚나라 장군. 002·191장 참조.
【張羅】 '羅'는 새 잡는 그물을 가리킨다.

【不必】‘꼭 그렇게 된다고 期必할 수는 없지만’의 뜻.

1. 이는 B.C. 333년 두혁이 周文君에게 말한 것이다.

2. 鮑本의 평어

『齊策·楚策皆有杜赫. 在齊則威王時, 於周顯王背也. 自顯·威至是八十年矣, 疑‘赫’字誤. 景翠實此時人. 正曰: 按齊策, 田忌亡齊之楚, 鄒忌代相, 恐其以楚權復齊, 杜赫曰: ‘臣請爲留楚.’ 忌出奔, 實宣王時. 宣王二年, 忌有馬陵之戰, 其奔必後此(史以爲威王時者誤, 說見齊策).』

〈陶鶴〉 동한 명기. 四川 成都 출토

024(1-24) 周共太子死
주나라 태자의 죽음

주周나라 공태자共太子가 죽었다. 주나라 무공武公에게는 다섯 서자가 있었는데 임금은 이들을 모두 지극히 사랑하여 과연 누구를 태자로 삼아야 할지 망설이고 있었다. 이때 초楚나라 사마전司馬翦이 초왕楚王에게 일렀다.

"어찌하여 공자公子 구咎를 봉하여 그가 태자가 되도록 서두르지 않습니까?"

그러자 유세객 좌성左成이 사마전에게 말하였다.

"만약 주나라 임금이 그의 의견을 받아들이지 않게 되면 그대는 곤경에 처할 뿐 아니라 주나라로부터 절교를 당하게 됩니다. 그러니 이렇게 하느니만 못합니다. '누구를 태자로 삼으시렵니까? 저에게 몰래 일러주시면 제가 초나라 임금에게 그 태자 될 왕자에게 땅을 떼어 축하하도록 하겠습니다'라고요. 그리고 나서 그대가 정말 태자를 돕고 싶다면 다시 초나라의 상국의 마부 전자展子와 색부공廧夫空에게 이렇게 말하십시오. '초나라 임금께서는 이 일을 그대 두 분에게 맡긴 것 같습니다'라고요. 이 두 사람은 건장한 무사들로써 나라 안에 이들이 있는 것이 상국에게는 일을 하는데 오히려 불리한 존재들입니다."

과연 상국은 그 두 사람을 주나라 태자의 일을 처리하도록 보낼 수밖에 없었다.

周共太子死, 有五庶子, 皆愛之, 而無適立也. 司馬翦謂楚王曰:「何不封公子咎, 而爲之請太子?」左成謂司馬翦曰:「周君不聽, 是公之知困而交絶於周也. 不如謂周君曰:『孰欲立也? 微告翦, 翦令楚王資之以地.』公若欲爲太子, 因令人謂相國御展子·廧夫空曰:『王類欲令若爲之.』此健士也, 居中不便於相國.」相國令之爲太子.

【周】東周의 武公.
【共太子】東周 武公의 아들. 共은 시호.

【司馬翦】초나라의 신하. 초나라에서 卿의 벼슬로 있었다.

【楚王】당시 초왕은 懷王.

【公子咎】동주 무공의 다섯 아들 중의 하나.

【左成】초나라의 說客. 043·051·067장 참조. 鮑本에 "楚人. 正曰: 此類當因舊注, 凡有明徵者可定. 其生地不可考而仕國可見者, 則當曰'某國臣'. 正義注此正作 '楚臣'. 高注亦多作臣. 後放此"라 하였다.

【御展子·廝夫空】御는 재상의 마부. 展은 성씨. 혹은 展은 庶의 잘못이 아닌가 한다. 御庶子는 宰相의 家臣. 廝夫는 낮은 관리(卑官). 空은 그의 이름. 廝은 '색(嗇)'으로 읽는다. 鮑彪 注에 "楚相之御, 姓展; 廝·嗇同字, 小臣也. 空, 其名"이라 하였다.

【居中不便於相國】相國은 재상. 이 구절에 대해 鮑注에는 "二士居中與國, 以其悍, 故相國不之便. 若出而使周, 則不居中用事, 相國之所欲也. 故以此說之. 相國必從"이라 하였다.

1. ≪史記≫ 周本紀에도 실려 있으며 赧王 초기 B.C. 315년의 일이다. 관련 부분은 043장.

2. ≪史記≫ 周本紀

西周武公之共太子死, 有五庶子, 毋適立. 司馬翦謂楚王曰:「不如以地資公子咎, 爲請太子.」左成曰:「不可. 周不聽, 是公之知困而交疏於周也. 不如請周君孰欲立, 以微告翦, 翦請令楚(賀)(資)之以地.」果立公子咎爲太子.

〈車馬出行圖〉
安徽 六安 東三十鋪 출토

025(1-25) 三國隘秦
세 나라가 진나라와 절교하다

한韓·위魏·조趙 세 나라가 진秦나라와 절교하자 주周나라에서는 재상을 시켜 진나라에 가게 하였다. 그러나 재상은 진나라가 자기를 업신여기려니 하고 출발을 늦추고 있었다. 이때 어떤 사람이 재상에게 이렇게 일러주었다.

"진나라가 당신을 업신여길지 중히 여길지 아직 알 수 없습니다. 게다가 진나라는 삼국의 정보를 얻으려고 애쓰는 판이니 상국께서는 진나라에 가서 이렇게 말해 보십시오. '청컨대 진왕秦王께서는 저희 주나라를 동쪽의 정보처로 써주십시오'라고요. 그러면 진나라는 틀림없이 그대를 중히 여길 것입니다. 이는 그대가 주나라를 중히 여기도록 하는 것이며, 주나라가 중함을 받으면 곧 진나라를 주나라 편에 끌어들이는 셈이 됩니다. 또 동쪽의 대국 제齊나라도 주나라를 중히 여기고 있는 터이니 이윽고 제나라도 주나라의 편이 되는 것입니다. 이렇게 되면 주나라는 언제나 외교에 있어서 중요한 위치를 잃지 않는 나라가 될 것입니다."

三國隘秦, 周令其相之秦, 以秦之輕也, 留其行. 有人謂相國曰:「秦之輕重, 未可知也. 秦欲知三國之情, 公不如遂見秦王曰:『請謂王聽東方之處.』秦必重公. 是公重周, 重周以取秦也. 齊重故有周, 而已取齊, 是周常不失重國之交也.」

【三國】 韓·魏·趙 춘추시대. 원래 晉나라였으나 세 나라로 분립되면서 전국 시대가 된다. 모두 戰國七雄에 들며 '三晉'이라고도 한다.
【秦王】 즉 昭襄王을 가리킨다.
【重國之交】 다른 나라로부터 중함을 받는 외교 위치.

참고 및 관련 자료

1. B.C. 257년경의 일이다. 관련 부분은 029·089·091·095·256·258·366장 등이다.

2. ≪史記≫ 周本紀

五十八年, 三晉距秦. 周令其相國之秦, 以秦之輕也, 還其行. 客謂相國曰: 「秦之輕重未可知也. 秦欲知三國之情. 公不如急見秦王曰: 『請爲王聽東方之變』, 秦王必重公. 重公, 是秦重周, 周以取秦也; 齊重, 則固有周聚以收齊: 是周常不失重國之交也.」秦信周, 發兵攻三晉.

026(1-26) 昌他亡西周之東周
편지를 들고 오는 자

창타昌他가 서주西周를 도망하여 동주東周로 와서는 가지고 온 정보를 모두 동주에게 털어놓았다. 동주는 크게 기뻐한 반면 서주는 크게 노하였다. 이때 서주의 풍저馮且가 임금에게 계략을 내놓았다.

"제가 능히 그 자를 죽여 버릴 수 있습니다."

서주 임금이 금 30근을 주자 풍저는 사람을 시켜 금과 편지를 가지고 창타에게 전하게 하였다. 그 편지에는 이렇게 씌어있었다.

"창타에게 고한다. 공작이 이루어질 만하면 힘써 하라. 만약 힘들거든 빨리 도망쳐 되돌아 오라. 일은 시간을 끌면 누설되는 법, 누설되거든 자살해 버려라."

그리고는 한편 또 다른 사람을 시켜 동주의 문지기에게 이렇게 말하였다.

"오늘 저녁에 간특한 놈이 들어 올 것이다."

문지기가 정말 밤에 편지를 들고 오는 자를 잡아서 동주 임금에게 바쳤다. 임금은 창타를 그 자리에서 죽여버렸다.

昌他亡西周, 之東周, 盡輸西周之情於東周. 東周大喜, 西周大怒. 馮且曰:「臣能殺之.」君予金三十斤. 馮且使人操金與書, 間遺昌他書曰:「告昌他, 事可成, 勉成之; 不可成, 亟亡來亡來. 事久且泄, 自令身死.」因使人告東周之候曰:「今夕有姦人當入者矣.」候得而獻東周, 東周立殺昌他.

【昌他】 서주의 신하. '宮他'로도 씀. 042·362장 참조.
【馮且】 서주의 신하. 且는 '저'로 읽는다. 혹 馮雎·馮且으로도 쓴다. 鮑注에는 "'且'作'雎'. 元作'且', '雎'之省也, 猶'趙'作'肖', '齊'作'立'. 故後唐且, '史'作'雎'. 裴駰亦曰: '唐雎以華顚悟秦也'. 此西人, 下同. 正曰: 且當依本文"이라 하였고, 黃丕烈 注에는 "今本'且'作'雎', 下同, 乃誤涉鮑也"라 하였다.
【亡來亡來】 겹친 '亡來'는 衍文으로 보고 있다.
【候】 探候, 정찰의 임무를 맡은 자. 여기서는 문지기로 풀이하였다.

027(1-27) 昭翦與東周惡
화해의 방법

소전昭翦, 照翦과 동주東周의 관계가 악화되자 어떤 이가 소전에게
말하였다.

"제가 그대를 위하여 남모르는 계책을 일러드리지요."

소전이 물었다.

"어떤 계책이오?"

그는 이렇게 대답하였다.

"서주西周는 동주를 아주 미워합니다. 항상 그 동주와 초楚나라와의
관계가 험악해지기를 기원해 왔습니다. 서주는 이에 늘 자객을 보내어
그대를 해치려 꿈꾸고 있습니다. 이 일이 이루어지면 서주 쪽에서는
그대를 암살한 것이 동주의 짓이라고 주장하여 초왕楚王으로 하여금
동주를 미워하게 하려는 속셈입니다."

놀란 소전은 이렇게 말하였다.

"맞습니다. 나는 동주 역시 나를 그런 방법으로 해칠까 두려웠소.
서주를 깔보아 그들이 우리 초나라에게 미움을 받고 있다고 여기게
해야겠군요."

그리고는 즉시 동주와 화해를 서둘렀다.

昭翦與東周惡, 或謂照翦曰:「爲公畫陰計.」照翦曰:「何也?」「西周甚憎
東周, 嘗欲東周與楚惡, 西周必令賊賊公, 因宣言東周也, 以西周之於王也.」
照翦曰:「善. 吾又恐東周之賊己, 而以輕西周惡之於楚.」遽和東周.

【昭翦】 '照翦'으로도 쓰며 이는 바로 024장의 초나라 신하인 司馬翦을 가리킨다.
【輕西周惡之於楚】 鮑注에는 "翦惡東必善西, 西善翦, 則楚亦因重西矣. 東欲壞
　　其交. 故賊翦. 翦死則西無內主於楚. 東因得使楚惡之"라 하였다.
【楚王】 楚懷王.

1. 鮑注의 結語

『彪謂: 周衰, 君臣唯貪利而畏禍, 故一切趨避變亂於游談之口, 而無有持操. 翦之慮死如此, 其能復固其所守乎?』

028(1-28) 嚴氏爲賊
엄수의 난

엄씨嚴氏가 한韓나라에게 역적逆賊의 일을 저질렀을 때 양수陽竪도 참여한 것이 드러났다. 양수가 도망치던 길에 주周나라에 이르자 주군周君이 14일이나 머무르게 해주고는, 승거사마乘車駟馬까지 갖추어 보내 주었다. 한나라가 사신을 보내어 주나라에게 이 책임을 묻자 주군은 걱정스러웠다. 그때 한 빈객이 주군에게 이렇게 일러주었다.

"임금께서는 정면으로 이렇게 말하십시오. '과인도 엄씨가 역적 짓을 할 때 양수가 참여한 것을 알고 있었습니다. 그래서 이를 붙잡아 놓고 14일이나 귀국貴國의 명령이 떨어지기를 기다렸던 것입니다. 우리 주나라는 소국이므로 역적을 용납할 수도 없습니다. 게다가 귀국의 사신도 오지 않으니 그래서 기다리다 못해 떠나보낼 수밖에 없었던 것입니다'라고요."

嚴氏爲賊, 而陽竪與焉. 道周, 周君留之十四日, 載以乘車駟馬而遣之. 韓使人讓周, 周君患之. 客謂周君曰:「正語之曰:『寡人知嚴氏之爲賊, 而陽竪與之, 故留之十四日以待命也. 小國不足亦以容賊, 君之使又不至, 是以遣之也.』」

【嚴氏爲賊】嚴氏는 嚴遂, 자는 仲子. 戰國時代 濮陽 사람. 일찍이 韓나라 哀侯를 섬길 때 당시 재상 俠累와 사이가 나빠 망명하였다. 그리고 망명처에서 자객인 聶政을 알게 되어 그에게 1백 금을 주고 협루를 찔러 죽이도록 하였다. 이때 陽竪도 참여하였다.(≪史記≫ 刺客列傳 및 韓策 417장 참조)
【陽竪】聶政을 따라 俠累를 찌른 후에 周나라로 도망하였다. '陽堅'으로도 쓴다.

1. 嚴仲子(嚴遂)가 韓의 재상 俠累를 죽인 것은 B.C. 397년이다. 연관된 기록은 ≪史記≫ 刺客列傳 및 ≪韓非子≫ 說林上, 그리고 본 ≪戰國策≫ 417장이다.

2. ≪史記≫ 刺客列傳

聶政者, 軹深井里人也. 殺人避仇, 與母·姊如齊, 以屠爲事. 久之, 濮陽嚴仲子事
韓哀侯, 與韓相俠累有郤. 嚴仲子恐誅, 亡去, 游求人可以報俠累者. 至齊, 齊人或
言聶政勇敢士也, 避仇隱於屠者之閒. 嚴仲子至門請, 數反, 然後具酒自暢聶政母前.
酒酣, 嚴仲子奉黃金百溢, 前爲聶政母壽. 聶政驚怪其厚, 固謝嚴仲子. 嚴仲子固進,
而聶政謝曰:「臣幸有老母, 家貧, 客游以爲狗屠, 可以旦夕得甘毳以養親. 親供養備,
不敢當仲子之賜.」嚴仲子辟人, 因爲聶政言曰:「臣有仇, 而行游諸侯衆矣; 然至齊,
竊聞足下義甚高, 故進百金者, 將用爲大人麤糲之費, 得以交足下之驩, 豈敢以有
求望邪!」聶政曰:「臣所以降志辱身居市井屠者, 徒幸以養老母; 老母在, 政身未
敢以許人也.」嚴仲子固讓, 聶政竟不肯受也. 然嚴仲子卒備賓主之禮而去. 久之,
聶政母死. 旣已葬, 除服, 聶政曰:「嗟乎! 政乃市井之人, 鼓刀以屠; 而嚴仲子乃諸
侯之卿相也, 不遠千里, 枉車騎而交臣. 臣之所以待之, 至淺鮮矣, 未有大功可以
稱者, 而嚴仲子奉百金爲親壽, 我雖不受, 然是者徒深知政也. 夫賢者以感忿睚眦
之意而親信窮僻之人, 而政獨安得嘿然而已乎! 且前日要政, 政徒以老母; 老母
今以天年終, 政將爲知己者用.」乃遂西至濮陽, 見嚴仲子曰:「前日所以不許仲
子者, 徒以親在; 今不幸而母以天年終. 仲子所欲報仇者爲誰? 請得從事焉!」
嚴仲子具告曰:「臣之仇韓相俠累, 俠累又韓君之季父也, 宗族盛多, 居處兵衛甚設,
臣欲使人刺之, 終莫能就. 今足下幸而不棄, 請益其車騎壯士可爲足下輔翼者.」
聶政曰:「韓之與衛, 相去中閒不甚遠, 今殺人之相, 相又國君之親, 此其勢不可以
多人, 多人不能無生得失, 生得失則語泄, 語泄是韓擧國而與仲子爲讎, 豈不殆哉!」
遂謝車騎人徒, 聶政乃辭獨行. 杖劍至韓, 韓相俠累方坐府上, 持兵戟而衛侍者甚衆.
聶政直入, 上階刺殺俠累, 左右大亂. 聶政大呼, 所擊殺者數十人, 因自皮面決眼,
自屠出腸, 遂以死. 韓取聶政屍暴於市, 購問莫知誰子. 於是韓(購)縣(購)之,
有能言殺相俠累者予千金. 久之莫知也. 政姊榮聞人有刺殺韓相者, 賊不得, 國不
知其名姓, 暴其尸而縣之千金, 乃於邑曰:「其是吾弟與? 嗟乎, 嚴仲子知吾弟!」
立起, 如韓, 之市, 而死者果政也, 伏尸哭極哀, 曰:「是軹深井里所謂聶政者也.」
市行者諸衆人皆曰:「此人暴虐吾國相, 王縣購其名姓千金, 夫人不聞與? 何敢來
識之也?」榮應之曰:「聞之. 然政所以蒙汚辱自棄於市販之閒者, 爲老母幸無恙,
妾未嫁也. 親旣以天年下世, 妾已嫁夫, 嚴仲子乃察擧吾弟困汚之中而交之, 澤厚矣,
可奈何! 士固爲知己者死, 今乃以妾尙在之故, 重自刑以絶從, 妾其奈何畏歿身
之誅, 終滅賢弟之名!」大驚韓市人. 乃大呼天者三, 卒於邑悲哀而死政之旁. 晉·
楚·齊·衛聞之, 皆曰:「非獨政能也, 乃其姊亦烈女也. 鄕使政誠知其姊無濡忍

之志, 不重暴骸之難, 必絶險千里以列其名, 姊弟俱僇於韓市者, 亦未必敢以身許
嚴仲子也. 嚴仲子亦可謂知人能得士矣!」

3. ≪韓非子≫ 說林上

嚴遂不善周君, 患之, 馮且曰:「嚴遂相, 而韓傀貴於君, 不如行賊於韓傀, 則君必
以爲嚴氏也.」

4. ≪韓非子≫ 內儲說下 六微

韓傀相韓哀侯, 嚴遂重於君, 二人甚相害也. 嚴遂乃令人刺韓傀於朝, 韓傀走君而
抱之, 遂刺韓傀而兼哀侯.

5. 鮑本의 해설

『原在「東周策」, 時周未分也. 彪謂: 客之辯雖足以文周, 而周君實爲天下逋逃主,
所謂欲蓋而彰者, 何以示天下乎! 正曰: 考其時則烈王五年, 王都東周, 若以王都
爲尊, 則舊卷首東周是矣.』

권2 서주책 西周策

총17장(029~045)

서주西周

　서주西周는 하남河南·곡성穀城·평음平陰·언사偃師·공공鞏·구緱씨 등 아주 좁은 몇 개의 지역을 관할하고 있었으며, 환공桓公·위공威公·혜공惠公·무공武公·문공文公으로 이어져 명맥을 유지하였다. 난왕赧王이 죽은 이듬해를 동주군東周君의 원년으로 삼고, 다시 2년 후에 진秦은 서주군西周君을 탄호취(憚狐聚 ; 지금의 河南省 臨汝縣)로 옮겨가게 하여 멸망시키고 말았다. 또 동주군東周君은 7년 만에 다시 진秦에 의해 강제로 양인취(陽人聚 ; 역시 지금의 臨汝縣 서쪽)로 쫓겨나 주실周室은 완전히 명맥이 끊기고 만다.(B.C. 255년)

　《한서漢書》 지리지地理志에 《대사기大事記》를 들어 "주정왕周貞王 28년, 고왕考王이 들어서서 그 아들 게게揭를 하남河南 환공桓公으로 세웠다. 하남河南은 곧 겹욕郟鄏을 가리킨다. ……평왕平王이 낙양洛陽(成周)로 동천東遷한 후의 서주西周란 원래 풍호豊鎬이며, 동주東周는 동도東都(成周, 洛陽)를 두고 한 말이다. 그러나 위열왕威烈王 이후의 서주西周란 하남河南을 가리키며, 동주東周는 낙양洛陽을 가리킨다. 어찌하여 하남河南을 서주西周라 일컫는가? 낙양洛陽에서 하남河南 왕성王城은 서쪽이었기 때문이다. 낙양洛陽을 동주東周라 부르는 이유도 역시 이와 같다. ……하남河南 환공桓公이 죽고 아들 위공威公, 그리고 이어서 혜공惠公이 들어섰으며, 혜공惠公은 다시 그 아들 반班을 공鞏 땅에 봉하고 이를 동주東周라 불렀다. 이 당시 동주東周, 서주西周는 비록 분치分治하지는 않았지만 마지막 혜공惠公은 스스로를 서주西周라 부른 것이다"라 하였다.

　그리고 고유高誘 주註에는 "서주西周 왕성王城은 지금의 하남河南이며 동주東周 성주成周는 지금의 낙양洛陽이다"라 하였다. 그리고 《세본世本》에는 "서주西周 환공桓公은 이름이 게揭이며 하남河南에 거居하였고, 동주東周 혜공惠公은 이름이 반班으로 낙양洛陽에 거하였다"라고 하였다. 포표鮑彪는 이를 잘못 알고 서주西周가 정식正式 왕통王統인 것으로 착각하여 《전국책戰國策》에서 『서주책西周策』을 맨 앞으로 놓아 제멋대로 차례를 바꾸는 오류를 범하였던 것이다.

　한편 서주西周의 관할 지역에 대하여 포표鮑彪는 《한서漢書》 지리지地理志를 들어 "하남河南·낙양洛陽·곡성穀城·평음平陰·언사偃師·공鞏·구씨緱氏 땅이었다"고 하였으며 전체적으로 다음과 같이 고증하고 있다.

　　"西周:《漢志》: 河南·洛陽·穀城·平陰·偃師·鞏·緱氏, 皆周地也. 正曰: 按《大事記》: 周貞定王二十八年考王初立, 封其弟揭於河南, 是爲河南桓公. 河南卽郟鄏. 武王遷九鼎, 周公營以爲都, 是爲王城. 洛陽, 周公所營下都, 以遷頑民, 是爲「成周」. 平王東遷, 定都王城. 王子朝之亂, 敬王徙都成周. 至是考王以王城故地封桓公焉. 平王東遷之後, 所謂西周者, 豐鎬也; 東周者, 東都也. 威烈王以後, 所謂西周者, 河南也; 東周者, 洛陽也. 何以稱河南爲西周? 自洛陽下都視王城, 則在西也. 何以稱洛陽爲東周? 自河南王城視下都, 則在東也. 河南桓公卒, 子威公立. 威公卒, 子惠公立. 考王十五年, 河南惠公復自封其少子班於鞏以奉王, 號東周, 沒亦諡惠. 是時東·西周雖未分治, 河南惠公旣號奉王者爲東周, 亦心自號西周矣. 顯王二年, 趙與韓分周爲二, 於是東西各爲列國. 顯王雖在東周, 特建空名. 是後史傳所載致伯賜胙之類, 周王也. 征伐謀策稱東·西周君者, 皆謂二周也. 〈周本紀〉云: 赧王時, 東·西周分治, 非也. 赧王特徙都西周耳, 當以〈趙世家〉爲正. 按高誘注, 西周王城, 今河南; 東周成周, 今洛陽. 〈世本〉云: 西周桓公名揭, 居河南; 東周惠公名班, 居洛陽. 及〈索隱〉·〈正義〉所載甚詳. 獨邵子〈經世書〉紀赧王爲西周君, 與東周惠公並, 而不紀西周公, 仍舊誤也. 鮑考之不精, 卽以西周爲王, 謂之正統, 謂東不得先於西, 亂易舊次, 此開卷第一繆. 近時陳振孫〈書錄〉, 特擧其首西周爲美, 亦失考, 所當改正從舊. 又考《春秋》, 書王城, 成周.《公羊傳》曰:「王城者何? 西周也; 成周者何? 東周也.」說亦甚明. 昭二十六年, 王入于成周.《左傳》以十二月入王城, 三十二年, 城成周. 蓋敬王定遷, 在旣城之後, 而孫莘老·胡康侯皆以成周卽京師, 亦未考王城, 成周之實, 而誤合爲一也. 要之, 此文古今說者, 多以迷瞀致誤. 故《大事記》辨之甚詳, 且實因鮑氏而發. 近有著〈東西周辨〉者, 其說亦然, 而不引呂子, 豈未之見邪? 徐廣云: 周地亡, 凡七縣, 河南止緱氏. 此是合東·西周地言之. 今總注, 蓋因正統之說而誤者."

어려운 요구를 끊는 법

설공薛公이 한韓·위魏 두 나라와 더불어 초楚나라를 공격하고 나서 한·위와 함께 서쪽으로 진秦나라를 공격하면서 서주西周에게는 병사와 군량을 제공할 것을 요구하였다. 그러자 서주 신하 한경韓慶이 제齊나라 설공에게 말하였다.

"제나라 같은 큰 나라가 한·위 두 나라를 위해 초나라를 공격, 9년만에야 완宛과 섭葉 땅 이북을 다 취하여 한나라와 위나라를 강하게 해주었습니다. 지금 또 진나라를 공격하여 더욱 그들에게 이익을 얹어주고 있습니다. 한·위 두 나라가 남으로

〈大盂鼎〉 陝西 郿縣 출토

초나라에 대한 근심이 없고, 서쪽으로 진나라에 대한 걱정이 없어지면 한·위 두 나라는 땅이 넓어지고 다른 제후들로부터 중히 여겨질 것이며, 제나라는 틀림없이 가벼운 나라가 되고 말 것입니다. 무릇 본말은 바뀔 수가 있고, 허실은 때가 있는 법입니다. 이 때문에 제가 삼가 공의 위험을 걱정해 드리고 있는 것입니다. 그러니 그대는 다음과 같이 하느니만 못합니다.

즉, 우리나라로 하여금 몰래 진나라와 연합하게 하고는 진나라를 공격하지 말고, 또 우리나라에 군사나 식량도 요구하지 마십시오. 그리고는 그대가 함곡관函谷關에 이르러 공격은 하지 않으면서 우리나라로 하여금 그대의 사정을 다음과 같이 진왕秦王에게 말하게 하십시오.

'설공이 함곡관을 넘어 서쪽으로 진나라를 쳐들어와서 한·위 두 나라를 강하게 하여 진군하는 것은 진왕이 초왕으로 하여금 초나라 동쪽 땅을 떼어 제나라에게 주도옥 압력을 넣기 위함이다.' 그러면 진왕은 초왕을 내세워 제나라와 강화를 하라고 요구할 것입니다. 그것은 바로 그대 설공이 우리 약한 서주로 하여금 진나라를 받들게 해준 셈이 되며, 진나라의 입장에서 보면 손해도 없이 초나라 동국東國 땅으로써 스스로 화를 면한 셈이 되는 것이니 틀림없이 그렇게 하고자 할 것입니다. 초왕은 그에 따라 틀림없이 귀국 제나라에게 고맙다고 할 것이며, 제나라는 동국 땅을 얻어 더욱 강해질 것이요, 당신의 설 땅은 대대로 근심거리가 없게 될 것입니다. 진나라는 그리 약한 나라가 아닙니다. 삼진三晉의 서쪽에 닿아 있으면서 삼진에게는 큰 위협이 되고 있으므로 그들 삼진은 틀림없이 제나라를 중히 여길 것입니다."

설공이 말하였다.

"좋습니다."

그리고는 한경을 진나라로 보내놓고 삼국으로 하여금 진나라를 공격하지 않도록 하였다. 아울러 서주에게도 병사와 군량을 요구하지 않게 되었다.

薛公以齊爲韓·魏攻楚, 又與韓·魏攻秦, 而藉兵乞食於西周. 韓慶爲西周謂薛公曰:「君以齊爲韓·魏攻楚, 九年而取宛·葉以北以强韓·魏, 今又攻秦以益之. 韓·魏南無楚憂, 西無秦患, 則地廣而益重, 齊必輕矣. 夫本末更盛, 虛實有時, 竊爲君危之. 君不如令弊邑陰合於秦而君無攻, 又無藉兵乞食. 君臨函谷而無攻, 令弊邑以君之情謂秦王曰:『薛公必破秦以張韓·魏, 所以進兵者, 欲王令楚割東國以與齊也.』秦王出楚王以爲和. 君令弊邑以此忠秦, 秦得無破, 而以楚之東國自免也, 必欲之. 楚王出, 必德齊. 齊得東國而益强, 而薛世世無患. 秦不大弱, 而處之三晉之西, 三晉必重齊.」薛公曰:「善.」因令韓慶入秦, 而使三國無攻秦, 而使不藉兵乞食於西周.

【薛公】孟嘗君 田文. 그의 아버지 田嬰은 齊나라 威王의 아들로 20여년 간 齊나라 재상을 지냈으며, 靖郭君으로 불렸다. 薛에 봉해졌다. 뒤에 그의 아들

田文이 이 땅을 이어받아 역시 薛公으로 불렸다. 薛 땅은 지금의 山東省
滕縣 부근이다.

【韓慶】서주의 신하. ≪史記≫에는 ‘蘇代’ 말한 것으로 되어 있다.

【東國】지역 이름. 齊의 남쪽 楚의 북쪽. 중국의 동쪽 땅. 지금의 江蘇省
북부와 山東省 일대.

【三晉】춘추시대 晉나라가 春秋 말기에 이르러 韓·魏·趙로 三分되어 전국
칠웅에 열입되었다. 姚注에 “三晉, 晉三卿韓氏·魏氏·趙氏分晉而君之. 故曰
三晉也”라 하였다.

참고 및 관련 자료

1. ≪史記≫ 孟嘗君列傳에도 실려 있다. 다만 韓慶이 蘇代로 바뀌어 있다.
093장과 관련이 있다. 대체로 B.C. 301년쯤으로 보인다.

2. ≪史記≫ 孟嘗君列傳

孟嘗君怨秦, 將以齊爲韓·魏攻楚, 因與韓·魏攻秦, 而借兵食於西周. 蘇代爲西
周謂曰:「君以齊爲韓·魏攻楚九年, 取宛·葉以北以彊韓·魏, 今復攻秦以益之.
韓·魏南無楚憂, 西無秦患, 則齊危矣. 韓·魏必輕齊畏秦, 臣爲君危之. 君不如令
敝邑深合於秦, 而君無攻, 又無借兵食. 君臨函谷而無攻, 令敝邑以君之情謂秦昭
王曰:『薛公必不破秦以彊韓·魏. 其攻秦也, 欲王之令楚王割東國以與齊, 而秦
出楚懷王以爲和』. 君令敝邑以此惠秦, 秦得無破而以東國自免也, 秦必欲之.
楚王得出, 必德齊. 齊得東國益彊, 而薛世世無患矣. 秦不大弱, 而處三晉之西,
三晉必重齊.」薛公曰:「善.」因令韓·魏賀秦, 使三國無攻, 而不借兵食於西周矣.
是時, 楚懷王入秦, 秦留之, 故欲必出之. 秦不果出楚懷王.

3. 鮑本의 총평

『孟嘗傳有. 今按楚記: 三國攻楚, 秦救之, 引去. 與此言取宛·葉小駁. 正曰: 大事記,
穎濱蘇氏云, 秦昭王欺楚懷王, 要之割地. 諸侯敦視, 無敢一言問秦者. 惟田文怨秦,
借楚爲名, 與韓·魏伐秦, 自山東難秦, 未有若此其壯者也. 惜其聽蘇代之計,
臨函谷而無攻, 以求楚東國, 而名義索然以盡. 由此觀之, 秦惟不遇桓·文之君,
故橫行而莫之制, 世豈有以大義而屈於不義者哉?』

이궐의 전투

　진秦나라가 위魏나라 장수 서무犀武의 군대를 이궐伊闕에서 공격하고, 그 길로 내친 김에 주周나라까지 쳐들어오게 되었다. 이때 어떤 사람이 주최周最를 위하여 조趙나라 이태李兌에게 이렇게 말하였다.

　"그대는 어서 진나라의 주나라 공격을 저지시키십시오. 이 조나라로서의 최고 계책은 진나라와 위나라가 다시 싸우도록 꾸미는 것입니다. 지금 진나라가 주나라를 공격하여 이기게 되면 많은 무리가 크게 다칩니다. 진나라는 주나라를 차지하겠다는 이득에 빠져 위나라를 공격하지 않고 있습니다. 그러나 진나라가 만약 주나라를 공격하여 이기지 못하면 지난번 위나라를 쳐서 이기느라 쌓인 피로와 다음의 주나라에 대한 패배에 지쳐 더 이상 위나라와 싸우려 들지 않을 것입니다. 지금 그대가 진나라의 주나라 공격을 저지시키고, 진나라가 아직 위나라와 강화를 맺지 않고 있을 때, 이 조나라를 온전히 보전하면서 싸움까지 그치게 해주고자 하는 것이므로 진나라로서는 듣지 않을 수 없습니다. 이는 곧 진나라를 물리치면서 주나라를 안정시키는 일입니다. 진나라는 주나라 공격을 포기하고 나면 틀림없이 위나라를 공격할 것입니다. 위나라로서는 지탱하기가 어렵게 되면 틀림없이 그대를 내세워 강화를 주선해 달라고 조르게 될 것이며, 그렇게만 되면 당신의 위상은 매우 높아지는 것입니다. 만약 위나라가 강화를 거부하고 힘든 싸움을 계속하게 되면 이는 그대가 주나라를 존속시키면서 진·위 두 나라 모두를 싸움에 몰아넣어 역시 중요한 결정은 모두 조나라가 쥐고 있게 되는 것입니다."

秦攻魏將犀武軍於伊闕, 進兵而攻周. 爲周最謂李兌曰:「君不如禁秦之攻周. 趙之上計, 莫如令秦・魏復戰. 今秦攻周而得之, 則衆必多傷矣. 秦欲待周之得, 必不攻魏; 秦若攻周而不得, 前有勝魏之勞, 後有攻周之敗, 又必不攻魏. 今君禁之, 而秦未與魏講也. 而全趙令其止, 必不敢不聽, 是君卻秦而定周也. 秦去周, 必復攻魏, 魏不能支, 必因君而講, 則君重矣. 若魏不講, 而疾支之, 是君存周而戰秦・魏也. 重亦盡在趙.」

【犀武】魏나라 장군. 師武라고도 쓴다.

【伊闕】韓나라 읍. 지금의 河南省 洛陽縣 서남. 산 이름. 요새.

【進兵而攻周】주나라는 韓・魏가 秦과 싸우는 것을 돕고 있었다.

【周最】이때 周最는 魏에 있었다.

【李兌】趙나라의 신하이며 장수. 司寇의 벼슬을 지내기도 하였다. 084장 참조.

【疾支】'싸움에서 지탱하는 데에만 급급함'. 혹은 '힘든 싸움을 계속함'을 뜻함.

1. B.C. 293년 秦將 白起가 伊闕에서 韓・魏의 군대 24만을 참수한 대사건이다. 관련된 사항은 034・039・042・045・243・311장 등이다.

2. ≪史記≫ 秦本紀

十四年, 左更白起攻韓・魏於伊闕, 斬首二十四萬, 虜公孫喜, 拔五城.

〈武士圖〉
安徽 六安 東三十鋪 출토

031(2-3) 秦令樗里疾以車百乘入周
객을 너무 중히 대접하다니

진秦나라가 저리질樗里疾로 하여금 수레 1백 승乘으로 주周나라로 들여보냈다. 주나라 임금은 많은 사졸을 시켜 그를 영접하며 심히 공경하는 태도를 보였다. 초왕楚王이 이를 듣고 진나라 객客을 너무 중히 대접한다고 주나라에게 화를 내면서 꾸짖었다. 그러자 주나라 신하 유등游騰이 초왕에게 이렇게 말하였다.

"옛날 지백智伯이 구유厹由를 공벌할 때 먼저 큰 종鍾을 보내 준다고 큰 수레에 싣고 대군을 뒤따라 보내었습니다. 구유는 이로 말미암아 멸망당하고 말았습니다. 이는 아무런 방비를 하지 않았기 때문입니다. 또 제齊 환공桓公이 채蔡를 칠 때에도 초나라를 친다는 구호를 내세워 놓고는 실제로는 채나라를 멸망시키고 말았습니다. 지금 진나라는 호랑이나 이리 같은 나라입니다. 이 기회에 주나라를 집어삼킬 뜻이 있어 저리질로 하여금 병거 1백 승으로 주나라에 입조토록 한 것입니다. 우리 주나라 임금도 이를 두려워하여 옛날 채나라나 구유의 일을 경계로 삼고 있습니다. 그 때문에 우리 주나라도 사졸을 풀어 앞에는 장병長兵을, 뒤에는 강노強弩를 배치하여 맞이하고 있는 것이니 이는 명색이 저리질을 보위하는 것이지만 사실은 그 저리질을 가두고 있는 것입니다. 우리 주군인들 어찌 나라를 사랑하는 마음이 없겠습니까? 더구나 하루아침에 주나라가 망해 버린다면 그 다음은 초나라 대왕께서 걱정하실 일이 생길 것입니다."

초왕이 이 말을 듣자 기뻐해 마지않았다.

秦令樗里疾以車百乘入周, 周君迎之以卒, 甚敬. 楚王怒, 讓周, 以其重秦客. 游騰謂楚王曰:「昔智伯欲伐厹由, 遺之大鍾, 載以廣車, 因隨入以兵, 厹由卒亡, 無備故也. 桓公伐蔡也. 號言伐楚, 其實襲蔡. 今秦者, 虎狼之國也, 兼有吞周之意; 使樗里疾以車百乘入周, 周君懼焉, 以蔡·厹由戒之, 故使長兵在前, 強弩在後, 名曰衛疾, 而實囚之也. 周君豈能無愛國哉? 恐一日之亡國, 而憂大王.」楚王乃悅.

【樗里疾】秦惠王의 이복 동생. 이름은 疾. 渭水 남쪽 樗里에 살았기 때문에
樗里疾이라 한다. 滑稽多智해서 '智囊'이라 불렀다. 趙・魏・楚를 쳐서 공을
세워 左相이 되었다. ≪史記≫ 樗里子甘茂列傳에 "甘茂攻韓, 拔宜陽, 使樗里
子以車百乘入周"라 하였다. 이때는 周赧王 9년(B.C. 310년), 혹은 B.C. 308년,
혹 B.C. 307로 보기도 한다.

【周君】 周赧王, 혹은 西周君.

【楚王】 楚懷王, 이름은 熊槐.

【游騰】 周나라 신하. 游勝이라고도 쓴다.

【智伯欲伐厹由】 智伯(知伯)은 춘추 말기 晉의 卿이었던 荀瑤. 三晉으로 분립
될 때 智伯이 韓・魏와 더불어 趙를 쳐 없애려 하다가 오히려 삼가 연합으로
멸망당하고 晉은 드디어 韓・魏・趙로 三分되었다. 厹由는 北狄의 이름. 仇猶・
仇繇・仇縣・仇首・仇由 등으로도 쓴다.

【大鍾】 鍾은 鐘과 같음. 원래 악기나 鐘에 문자를 새겨 왕실에 보존하는
상징적 보물・선물. ≪韓非子≫ 說林(下)을 볼 것.

【桓公伐蔡】 齊桓公의 셋째 부인 蔡姬는 蔡나라(지금의 河南省 上蔡縣) 穆公의
누이동생이었다. 어느 날 桓公과 뱃놀이를 할 때 놀이에 취하여 환공에게
물을 끼얹고 배를 흔들어 환공이 두려워 그치도록 명하였다. 그 일로 화가
난 환공이 채희를 본국으로 쫓았으나 끊을 생각이 있었던 것은 아니었다.
채목공은 이를 모른 채 화를 내며 그녀를 楚成王에게 다시 시집을 보내어
버렸다. 그러자 환공은 楚나라를 친다는 명목을 내세워 蔡나라를 쳐 없애버렸다.
이에 초나라와 싸워 召陵에서 회맹하고 春秋五霸 중 최초의 패자가 된다.
이때가 周惠王 21년(B.C. 656년)이며 ≪史記≫ 齊太公世家에는 "……二十九年,
桓公與夫人蔡姬戲船中, 蔡姬習水, 蕩公, 公懼, 止之, 不止, 出船怒, 歸蔡姬,
弗絶, 蔡亦怒, 嫁其女, 桓公聞而怒, 興師往伐, 三十年春, 齊桓公率諸侯伐蔡,
蔡潰, 遂伐楚"라 하였고 姚注에 "桓歸蔡姬, 未絶; 蔡人嫁之, 故伐蔡也. 不欲令
蔡知, 故詐言誅楚也"라 하였다.

1. 002·064·068·207·234·384·385·386장 등과 관련이 있다.

2. ≪**史記**≫ 樗里子甘茂列傳

秦惠王卒, 太子武王立, 逐張儀·魏章, 而以樗里子·甘茂爲左右丞相. 秦使甘茂攻韓, 拔宜陽. 使樗里子以車百乘入周. 周以卒迎之, 意甚敬. 楚王怒, 讓周, 以其重秦客. 游騰爲周說楚王曰: 「知伯之伐仇猶, 遺之廣車, 因隨之以兵, 仇猶遂亡. 何則? 無備故也. 齊桓公伐蔡, 號曰誅楚, 其實襲蔡. 今秦, 虎狼之國, 使樗里子以車百乘入周, 周以仇猶·蔡觀焉, 故使長戟居前, 彊弩在後, 名曰衛疾, 而實囚之. 且夫周豈能無憂其社稷哉? 恐一旦亡國以憂大王.」 楚王乃悅.

3. ≪**韓非子**≫ 說林(上)

知伯將伐仇由, 而道難不通, 乃鑄大鍾遺仇由之君. 仇由之君大說, 除道將內之. 赤章曼枝曰: 「不可. 此小之所以事大也, 而今也大以來, 卒必隨之, 不可內也.」 仇由之君不聽, 遂內之. 赤章曼枝因斷轂而驅, 至於齊, 七月而仇由亡矣.

〈舞樂紋〉 四川 德陽 출토 畫像磚

032(2-4) 雍氏之役
옹씨 땅의 전투

초楚나라가 한韓나라 수도 옹씨雍氏 땅을 포위하여 싸움이 벌어졌다. 한나라는 주나라에게 병사와 군량을 징발해 달라고 요구하였다. 주군周君이 걱정 끝에 소대蘇代에게 묻자 소대가 말하였다.

"무엇을 걱정하십니까? 제가 능히 임금을 위해 한나라의 그 요구를 끊어드리고 오히려 고도高都 땅을 임금께 얻어다 바치겠습니다."

주군이 크게 기뻐하였다.

"그대가 능히 그렇게만 해준다면 앞으로 모든 국정을 그대의 말에 다 따르겠소."

소대가 드디어 한나라 상국 공중公中을 찾아가서 말하였다.

"상국께서는 초나라의 계략을 듣지 못하셨습니까? 초나라 장수 소응昭應이 초楚 회왕懷王에게 이렇게 장담하였다고 합니다.

"한나라는 싸움에 지쳐 곡식 창고가 다 비어 더 이상 성을 지켜낼 수가 없습니다. 제가 그 굶주린 틈을 타서 불과 1개월만에 옹씨 땅을 함락시키고 말겠습니다'라고요. 그런데 이미 5개월이 되도록 아직 옹씨 땅은 함락시키지 못하였으며 초나라 병사들도 지칠 대로 지쳐있습니다. 그래서 초회왕도 비로소 소응의 계략을 의심하기 시작하였습니다. 이러한 때에 그대가 주나라에게 병사와 군량을 요구하고 있으니 이것은 초나라에게 한나라가 지쳐있음을 보여주는 것입니다. 소응이 이 소식을 들으면 틀림없이 초회왕을 부추겨 더욱 병사를 증원해서 옹씨 땅 포위를 풀지 않을 것이며 옹씨 땅은 결국 함락 당하고 말 것입니다."

공중이 말하였다.

"좋소. 그러나 내 이미 사자使者가 떠나보냈으니 어떻게 하면 좋겠소?"

소대가 다시 말을 이었다.

"그대는 어찌 고도 땅을 주나라에게 주지 않습니까?"

그러자 공중은 버럭 화를 냈다.

"주나라에게 군대와 군량을 요구하지 않는 것만으로도 이미 넉넉한데

고도 땅까지 주라고요?"

소대가 말을 받았다.

"고도 땅을 주나라에게 주면 주나라는 틀림없이 한나라를 고맙게 여겨 한나라 편이 될 것입니다. 이 소식을 진秦나라가 들으면 크게 노하여, 주나라의 부절符節이고 뭐고 다 불사를 것이며 어떤 사자도 통과시키지 않을 것입니다. 공이 조그마한 고도 땅 하나 떼어주고 주나라에게 완전한 믿음을 얻게 되는데 그래도 주지 못한단 말입니까?"

공중은 허락하였다.

"좋소."

이리하여 주나라에게 군대와 식량을 요구하지도 않게 되었고, 오히려 고도 땅을 주나라에게 주게 되었다. 결국 초나라도 옹씨 땅을 함락시키지 못하고 군대를 풀어 철수하고 말았다.

雍氏之役, 韓徵甲與粟於周. 周君患之, 告蘇代. 蘇代曰:「何患焉? 代能爲君令韓不徵甲與粟於周, 又能爲君得高都.」周君大悅曰:「子苟能, 寡人請以國聽.」蘇代遂往見韓相國公中曰:「公不聞楚計乎? 昭應謂楚王曰:『韓氏罷於兵, 倉廩空, 無以守城, 吾收之以飢, 不過一月必拔之.』今圍雍氏五月不能拔, 是楚病也. 楚王始不信昭應之計矣, 今公乃徵甲及粟於周, 此告楚病也. 昭應聞此, 必勸楚王益兵守雍氏, 雍氏必拔.」公中曰:「善. 然吾使者已行矣.」代曰:「公何不以高都與周?」公中怒曰:「吾無徵甲與粟於周, 亦已多矣. 何爲與高都?」代曰:「與之高都, 則周必折而入於韓, 秦聞之必大怒, 而焚周之節, 不通其使, 是公以弊高都得完周也, 何不與也?」公中曰:「善.」不徵甲與粟於周而與高都, 楚卒不拔雍氏而去.

【雍氏】地名. 韓나라의 수도. 陽翟을 가리킨다. 지금의 河南省 禹縣.
【高都】地名. 지금의 山西城 晉城縣 高都村.
【公中】公仲이라고도 쓰며 韓나라 재상. 公仲侈.
【昭應】楚나라 장수. 楚나라 신하. 284장 참조.
【倉廩】'穀藏曰倉, 米藏曰廩'이라 한다.

【符節】 使者가 들고가는 信標.

【不通其使】 西周로 가는 신하의 부절까지 태우게 되어 미리 보낸 사신도
오히려 주나라에 이르지 못할 것이라는 뜻을 나타낸다. ≪史記≫ 韓世家에
"楚圍雍氏, 韓求救於秦"이라 하여 당시 周는 秦과 使者의 왕래가 있었다.

참고 및 관련 자료

1. 008·396·397장 등과 관련이 있으며 周赧王 15년(B.C. 307년)의 일이다.

2. ≪史記≫ 周本紀

王赧謂成君. 楚圍雍氏, 韓徵甲與粟於東周, 東周君恐, 召蘇代而告之. 代曰:
「君何患於是. 臣能使韓毋徵甲與粟於周, 又能爲君得高都.」周君曰:「子苟能,
請以國聽子.」代見韓相國曰:「楚圍雍氏, 期三月也, 今五月不能拔, 是楚病也.
今相國乃徵甲與粟於周, 是告楚病也.」韓相國曰:「善. 使者已行矣.」代曰:「何不
與周高都?」韓相國大怒曰:「吾毋徵甲與粟於周亦已多矣, 何故與周高都也?」
代曰:「與周高都, 是周折而入於韓也, 秦聞之必大怒忿周, 卽不通周使, 是以弊高
都得完周也. 曷爲不與?」相國曰:「善.」果與周高都.

〈史墻銅盤〉 西周

033(2-5) 周君之秦
주나라 임금이 진나라로 가다

주군周君이 진秦나라에 갈 때 어떤 이가 주최周最에게 일러주었다.
"진나라에 도착하거든 진秦 소양왕昭襄王에게 그 효도를 많이 칭찬하면서
주나라의 응읍應邑을 진나라 소양왕의 어머니 선태후宣太后의 양지養地로
드리겠다고 제의하도록 권하십시오. 그러면 진왕과 그 어머니가 무척
기뻐할 것입니다. 이렇게 해서 양국의 관계가 좋아지면 주군은 틀림없이
당신의 공을 크게 인정할 것입니다. 잘못해서 교섭이 악화되면 임금에게
진나라로 가도록 권한 당신이 반드시 죄를 뒤집어쓸 것입니다."

　　周君之秦. 謂周最曰:「不如譽秦王之孝也, 因以應爲太后養地. 秦王·太后
必喜, 是公有秦也. 交善, 周君必以爲公功; 交惡, 勸周君入秦者, 必有罪矣.」

【周君之秦】《史記》周本紀에 "赧王四十五年, 周君之秦"이라 하였다. '之'는
　　실사(往)이다.
【謂周最曰】본문대로 하면 임금이 周最에게 말한 것이 되나 《史記》에 "客謂
　　周最曰"로 客을 補入하였다. 周最는 西周의 公子. 應 땅을 秦에게 헌납하여
　　秦과 우호외교를 성공하고 돌아왔다.
【應邑】고대 작은 國名. 뒤에 서주의 영토가 되었다. 지금의 河南省 輔城縣. 이곳을
　　秦昭襄王의 어머니 宣太后에게 養地(食邑의 일종)로 주었다. 그러나 鮑彪本에는
　　'原'으로 되어있으며 이 '原'은 역시 고대 소국으로 지금의 山西省 沁水에 있었다.
【太后】秦昭王(昭襄王)의 어머니 宣太后를 가리킨다. 호는 미팔자(芈八子)이며
　　초나라 출신이다. 《史記》周本紀에 "赧王四十五年, 周君之秦"이라 하였다.

참고 및 관련 자료

1. 041·098장 등과 관련이 있다.

2. 《史記》 周本紀
四十五年, 周君之秦客謂周(最)(聚)曰:「公不若譽秦王之孝, 因以應爲太后養地,
秦王必喜, 是公有秦交. 交善, 周君必以爲公功. 交惡, 勸周君入秦者必有罪矣.」

034(2-6) 蘇厲謂周君
활쏘기의 명수

소려蘇厲가 주군周君에게 말하였다.

"한韓·위魏 두 나라를 패배시키고 위魏나라 장수 서무犀武를 죽였으며, 조趙나라를 공격하여 인藺·이석離石·기祁 땅을 빼앗은 자가 바로 진나라 백기白起 장군입니다. 이로 보아 그는 용병술에 뛰어난 데다가 천명도 타고난 자입니다. 지금 양(梁, 魏)나라를 공격한다는데 이 양나라도 틀림없이 함락당하고 말 것입니다. 양나라가 깨어지면 주나라가 위험해집니다. 임금께서는 서둘러 이 싸움을 저지시킴만 못합니다. 그러니 백기에게 이렇게 말하십시오.

'옛날 초나라에 양유기養由基라는 자가 얼마나 활을 잘 쏘았던지 버들잎을 1백 보 떨어진 거리에서 쏘아도 백발백중이었습니다. 좌우에 구경하던 자들이 모두 훌륭하다라고 칭찬하였지만 그곳을 지나던 어떤 나그네가 잘 쏘는군. 활쏘는 법을 가르칠 만하군이라 하였습니다. 그 말을 듣고 양유기는 사람들이 다 잘한다고 하는데 그대는 오히려 가르칠 만하다고 하니 나 대신 어디 한번 쏘아보시지 않겠소?라 물었습니다. 그러자 그 객은 나는 그대에게 왼손을 펴고 오른손은 굽히라는 등 구체적으로는 못 가르치지만 무릇 버들잎까지 쏘아 백발백중인 자가 그만둘 때를 알아 그만두지 않으면 조금 후엔 기력이 쇠약해져서 활은 휘고 화살은 굽어서 한 발이라도 맞추지 못하는 경우, 앞서 세운 공도 다 무효가 됨을 알아야 한다는 것쯤은 가르쳐 드릴 수 있지라고 하였습니다.

지금 당신 백기 장군이 한·위 두 나라를 깨뜨리고 위나라 장수 서무까지도 죽였습니다. 그리고 북으로는 조나라를 공략해서 인·이석·기 땅까지 빼앗은 것도 바로 그대입니다. 공公의 공功은 이토록 심히 많습니다. 그런데 지금 또 진병秦兵을 이끌고 이궐伊闕의 요새를 떠나 서주·동주의 사이를 지나, 한나라 땅을 통과하여 먼 양나라를 치려하시는데 만약 이번 한번의 공격에 성공하지 못하면 전에 세운 그 숱한 공이 다 없어지고 맙니다. 그러니 몸이 불편하다는 핑계로 이번엔 출병하지 않는 것이 가장 상책일 줄로 압니다'라고요."

蘇厲謂周君曰:「敗韓·魏, 殺犀武, 攻趙, 取藺·離石·祁者, 皆白起.
是攻用兵, 又有天命也. 今攻梁, 梁必破, 破則周危, 君不若止之. 謂白起曰:
『楚有養由基者, 善射; 去柳葉者百步而射之, 百發百中. 左右皆曰: ‘善.’
有一人過曰: ‘善射, 可敎射也矣.’ 養由基曰: ‘人皆善, 子乃曰: 可敎射, 子何
不代我射之也?’ 客曰: ‘我不能敎子支左屈右. 夫射柳葉者, 百發百中, 而不
已善息, 少焉氣力倦, 弓撥矢鈞, 一發不中, 前功盡矣.’ 今公破韓·魏, 殺犀武,
而北攻趙, 取藺·離石·祁者, 公也. 公之功甚多. 今公又以秦兵出塞, 過兩周,
踐韓而以攻梁, 一攻而不得, 前功盡滅, 公不若稱病不出也.』」

【敗韓魏】周赧王 22년(B.C. 293년)에 秦나라 장수 白起가 韓·魏 두 나라를
  이궐에서 공략하여 24만 명을 죽인 대전투.
【犀武】魏나라 장군. 師武라고도 쓴다.
【藺·離石·祁】모두 趙나라 읍 이름. 지금의 山西省 離石縣과 祁縣 일대.
【白起】秦나라 郿 땅 출신의 장수. 昭王 때에 武安君에 봉해졌다. 용병에
  뛰어나 70여 성을 빼앗았다. 趙나라와의 싸움에서 조나라 군사 40만 명을
  생매장한 일이 있으며 뒤에 丞相인 范雎와 틈이 생겨 免官賜死당하였다.
【謂白起曰】이는 소려가 주군에게 그렇게 말하라고 일러준 내용이다. ≪史記≫
  에는 “君何不令人說白起乎, 曰”이 삽입되어있다.
【養由基】춘추시대 楚나라 대부. ‘養游基’라고도 쓴다. ≪左傳≫ 成公 16年에
  “晉楚遇於鄢陵. ……養由基蹲甲而射之, 徹七札焉”이라 하였다.
【支左屈右】활 당기는 법. 왼손을 곧게 지탱하고 오른손을 굽힘을 말한다.
  ≪越絶書≫에 “左手如附太山, 右手如抱嬰兒”라 하였다.
【弓撥矢鈞】활이 휘고 화살이 낚싯바늘처럼 꺾임. “弓折箭盡”과 같은 말.
【출새出塞】伊闕의 요새를 떠남. 伊闕은 산 이름. 龍門山, 혹은 闕塞山. 지금의
  河南省 洛陽縣 남쪽이며 周나라의 중요한 요새.

참고 및 관련 자료

1. 030·039·045·311장 등과 관련이 있다.

2. ≪史記≫ 周本紀

三十四年, 蘇厲謂周君曰:「秦破韓·魏, 扑師武, 北取趙藺·離石者, 皆白起也.
是善用兵, 又有天命. 今又將兵出塞攻梁, 梁破則周危矣. 君何不令人說白起乎?

曰：『楚有養由基者, 善射者也. 去柳葉百步而射之, 百發而百中之. 左右觀者數千人, 皆曰善射. 有一夫立其旁, 曰: 善, 可敎射矣. 養由基怒, 釋弓搤劍, 曰: 客安能敎我射乎? 客曰: 非吾能敎子支左詘右也. 夫去柳葉百步而射之, 百發而百中之, 不以善息, 少焉氣衰力倦, 弓撥矢鉤, 一發不中者, 百發盡息. 今破韓·魏, 扑師武, 北取趙藺·離石者, 公之功多矣. 今又將兵出塞, 過兩周, 倍韓, 攻梁, 一擧不得, 前功盡棄. 公不如稱病而無出』.」

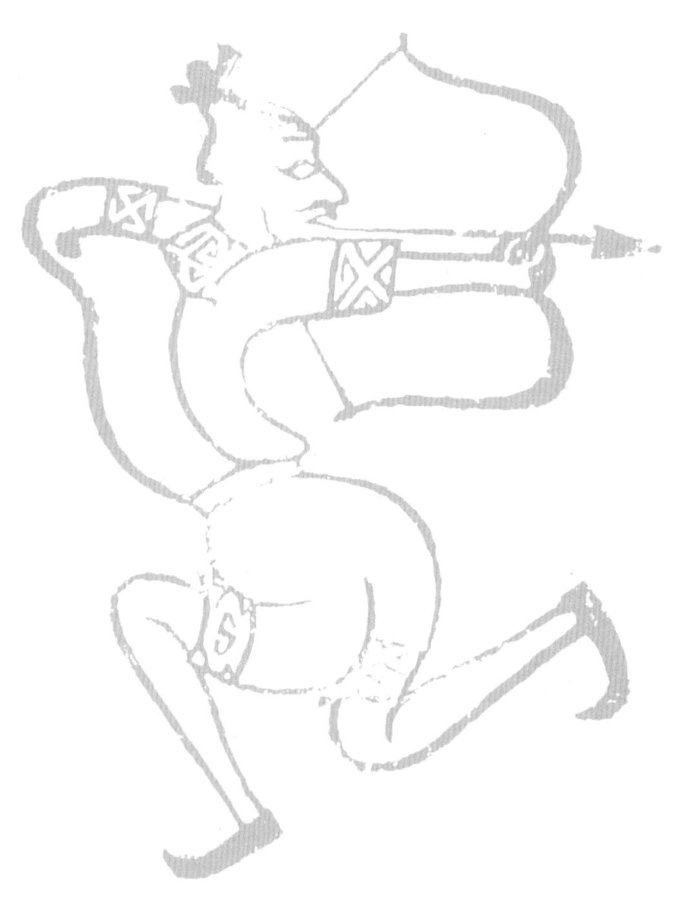

선물 목록

초楚나라 군대가 주周나라 국경 산의 남쪽에 진을 치고 초나라 장수 오득吾得이 장차 자기 초나라 왕 대신 주나라에게 문책할 준비를 하고 있었다. 이때 어떤 사람이 주나라 임금에게 계략을 일러주었다.

"태자로 하여금 고급 군관들을 거느리고 예를 엄정히 하여 국경까지 나가서 오득을 맞이하게 하십시오. 그리고 임금께서는 몸소 교외까지 나가서 정중히 맞으십시오. 그래서 천하로 하여금 모두 임금이 오득을 중히 여긴다고 알리십시오. 그리고는 몰래 초나라에는 이런 소문이 들어가게 하십시오.

'주나라 임금이 오득을 맞아 섬길 때 준 선물은 이름난 어떤 것 어떤 것이다'라고요. 초왕이 이 소문을 들으면 오득이 귀국하였을 때 틀림없이 그 선물을 내놓으라고 할 것입니다. 그러나 오득은 바칠 게 없지요. 그러면 초왕은 오득에게 죄를 뒤집어씌울 것입니다."

楚兵在山南, 吾得將爲楚王屬怒於周. 或謂周君曰:「不如令太子將軍正迎吾得於境, 而君自郊迎, 令天下皆知君之重吾得也. 因泄之楚, 曰:『周君所以事吾得者器, 必名曰謀.』楚王必求之, 而吾得無效也, 王必罪之.」

【山南】周나라 남쪽 국경의 산 남쪽.
【吾得】전국시대 때 楚나라 장군. '伍得'으로도 쓴다.
【器必名曰謀】吾得에게 준 기물 이름이 어떤 것이라는 非指稱 물건. '謀'는 '某'와 통용된다. 그러나 溫洪隆 역주본에는 '謀楚'로 표점을 처리하고, 姚宏본의 '一無必字'를 근거로 "함께 초나라를 도모하다'로 새겨져(名은 銘)"라 풀이하였다. 즉 초나라를 배신할 것을 유혹한 것으로 보았다.

1. B.C. 304년경의 일이다.

2. 鮑本의 평어

『以其欺也. 彪謂: 此謀雖不出於正, 而免國於難可也. 正曰: 鮑以此爲尊周,
繆矣.』

〈收穫射弋圖〉漢, 畵像磚

036(2-8) 楚請道於二周之間
이웃나라를 친다는 구실로

초楚나라가 한韓·위魏 두 나라를 친다는 구실로 동서 양주兩周에게
그 사이의 길을 빌려 달라고 하였다. 주나라 임금은 매우 걱정스러웠다.
이때 소진蘇秦이 주나라 임금을 안심시켰다.

"길을 청소하여 황하黃河로 직접 닿게 하시면, 한·위 두 나라는 초나라를
대단히 미워할 것입니다. 또 제齊나라와 진秦나라는 초나라가 구정九鼎을
가져갈까 두려워 틀림없이 한·위 두 나라를 구원하려고 초나라를 공격할
것입니다. 그렇게 되면 초나라는 방성方城 이북의 지역도 지켜내지 못할
터인데 어찌 그 주나라의 사잇길을 빌려 달라고 하겠습니까? 만약 네
나라가 초나라를 미워하지 않는다면 임금께서 비록 초나라에게 청을
들어주지 않으려고 버틴다해도 초나라는 반드시 스스로 그 길을 취하고야
말 것입니다."

　楚請道於二周之間, 以臨韓·魏, 周君患之. 蘇秦謂周君曰：「除道屬之於河,
韓·魏必惡之. 齊·秦恐楚之取九鼎也, 必救韓·魏而攻楚. 楚不能守方城
之外, 安能道二周之間？ 若四國弗惡, 君雖不欲與也, 楚必將自取之矣.」

【九鼎】 본 ≪戰國策≫ 001장 참조.
【方城】 지명. 楚나라의 요새. 지금의 河南省 葉縣 남쪽. 040장 주 참조.

(참고 및 관련 자료)

1. B.C. 304년경의 일.
2. "除道屬之於河, 韓·魏必惡之"의 원인에 대해서는 자세히 알 수 없다.

037(2-9) 司寇布爲周最謂周君
명검인 줄 모른 채

사구司寇 포布가 주최周最를 위해 주군周君에게 말하였다.

"임금께서 사람을 보내어 제齊나라 왕에게 주최를 태자太子로 책봉하려 하나 말을 듣지 않는다고 알렸다더군요. 제가 생각하건대 임금께서 잘못 하신 것 같군요. 옛 이야기를 하나 해드리겠습니다. 옛날 함야씨函冶氏가 제나라 태공太公을 위해 좋은 검劍을 하나 사주었습니다. 태공은 그 칼이 얼마나 좋은 것인지 모르고 되돌려 주면서 대신 그 값을 금으로 달라고 하였습니다.

이에 월越 땅의 어떤 사람이 1천 금을 주겠다고 팔기를 요구하였지만 결국 값이 맞지 않아 그 검을 팔지 않았습니다. 그 사람은 죽을 때에 자기 아들에게 이렇게 말하였답니다. '혼자 알고 있지 말고 널리 소문을 퍼뜨려, 반드시 높은 값을 받도록 하라.' 지금 임금께서 주최를 태자로 삼고 싶어 하지만 이는 홀로 그 계약을 알고 있을 뿐입니다. 천하에 그 누구도 주최를 믿을 만한 자라고 여기고 있지 않습니다. 제가 걱정하는 것은 제나라 왕이 귀하를 위하여 사실은 공자公子 과果를 세우고 싶으나 이를 주최에게 양보하여 그를 태자가 되도록 한 것은, 바로 못난 주최가 제나라에 도움이 된다고 여기기 때문이라 보고 있습니다. 임금께서는 여러 가지 책략에 뛰어나시고 주최는 사술詐術이 뛰어난 인물입니다. 어찌 그 칼을 널리 선전하여 미더운 상품으로 팔지 않습니까? 주최에게 있고 없는 것을 다 쏟아 사랑을 베풀고 계신 것을 천하가 다 알도록 하십시오."

司寇布爲周最謂周君曰:「君使人告齊王以周最不肯爲太子也, 臣爲君不取也. 函冶氏爲齊太公買良劍, 公不知善, 歸其劍而責之金. 越人請買之千金, 折而不賣. 將死, 而屬其子曰:『必無獨知.』今君之使最爲太子, 獨知之契也, 天下未有信之者也. 臣恐齊王之爲君實立果而讓之於最, 以嫁之齊也. 君爲多巧, 最爲多詐, 君何不買信貨哉? 奉養無有愛於最也, 使天下見之.」

【司寇布】司寇 벼슬의 布라는 사람. 司寇는 周代의 六卿 중의 하나이다. 六卿은 冢宰(宰相, 즉 국정을 총괄함)·宗伯(儀禮와 神祇를 담당함)·司徒(禮敎를 담당함)·司馬(군사·국방을 담당함)·司寇(형벌·치안을 담당함)·司空(토목·건설을 담당함)이다.

【函冶氏】周나라 초기의 어떤 집단. 씨족.

【齊太公】太公望·姜太公·呂尙. 周나라 초기 文·武를 도와 殷을 멸하는 데에 큰 공을 세우고 齊나라에 봉해져 齊나라의 시조가 되었다.

【果】周나라 공자 중의 하나.

1. 본문의 "必無獨知"에 대해서는 두 가지 해석이 있다. 姚注에는 "必無以語人, 獨知其利"라 하였고, 鮑本에는 "……愚言, ……必使衆知其良, 不可獨知也"라 하였다.

2. 鮑本의 평어

『然則立最信矣. 從周紀, 皆當爲楚王. 正曰: 使衆見之而信最之當立. 從周紀改楚, 非.』

〈驅馬圖〉(漢, 畵像磚)

038(2-10) 秦召周君
핑계삼아

진秦나라가 주군周君을 부르자 주군은 난처하게 여겼다. 그때 어떤 사람이 주군을 위하여 위왕魏王에게 이렇게 일러주었다.

"진나라가 주군을 부른 것은 장차 그로 하여금 당신 위魏나라의 남양南陽 땅을 치기 위해서입니다. 그런데 어찌하여 왕께서는 아직도 하남河南 땅으로 군대를 출정시키지 않습니까? 주군이 이 소식을 들으면 그것을 핑계삼아 진나라의 초빙을 사양하고 가지 않을 것입니다. 주군이 진나라에 들어가지 않으면 진나라도 감히 하수河水를 건너 남양을 공격하지는 못할 것입니다."

秦召周君, 周君難往. 或爲周君謂魏王曰:「秦召周君, 將以使攻魏之南陽. 王何不出於河南? 周君聞之, 將以爲辭於秦而不往. 周君不入秦, 秦必不敢越河而攻南陽.」

【周君】《史記》에는 '西周君'으로 되어 있다.
【魏王】《史記》에는 '韓王'으로 되어 있다.
【南陽】魏나라 읍. 지금의 河南省 沁陽縣.
【河南】옛 왕성. 지금의 河南省 洛陽市 서북쪽.

> 참고 및 관련 자료

1. 《史記》 周本紀
秦召西周君, 西周君惡往, 故令人謂韓王曰:「秦召西周君, 將以使攻王之南陽也, 王何不出兵於南陽? 周君將以爲辭於秦. 周君不入秦, 秦必不敢踰河而攻南陽矣.」

너무 부러운 원유

위魏나라 장수 서무犀武가 이궐伊闕에서 진秦나라 백기白起 장군에게 패하자 진나라는 그 기세로 주周나라까지 쳐들어왔다. 주周 난왕赧王이 위나라에 가서 구원을 요청하였지만 위魏 소왕昭王은 상당上黨의 일이 더 급하다는 핑계로 거절하는 것이었다. 주군이 돌아오는 길에 양梁 땅에서 위왕의 원유苑囿를 보고 부러워하였다. 그러자 주나라 신하 기모회綦母恢가 주군에게 이렇게 말하였다.

"온읍溫邑의 원유苑囿는 이보다 못하지 않습니다. 게다가 우리나라에서 가깝기도 합니다. 제가 취하게 해드리겠습니다."

그리고 기모회는 위왕을 보러 되돌아갔다. 위왕이 그에게 물었다.

"주군이 나를 원망하지 않던가요?"

기모회가 대답하였다.

"주군이 그렇게 거절을 당하고서 귀하를 원망하지 않는다면 누가 귀하를 원망하겠습니까? 제가 이 걱정 때문에 다시 온 것입니다. 주군은 모책이 뛰어난 군주입니다. 나라를 다 바쳐 귀하를 위해 진나라의 공격을 막아 주었는데, 왕께서는 진나라가 주나라를 공격하는 것을 조금도 막아 주지 않고 있습니다. 제가 보기에는 주나라는 앞으로 진나라를 섬기는 쪽으로 바뀔 것입니다. 그렇게되면 진나라는 요새 밖의 군사를 다 모으고 주나라의 무리들과 함께 귀국의 남양南陽을 공격해 올 것입니다. 그렇게 되면 한韓나라와 공유하고 있는 상당上黨 땅은 고립되고 말 것입니다."

위왕은 겁이 났다.

"어떻게 하면 좋겠소?"

기모회가 대답하였다.

"주군에게는 형세로 보아 진나라를 섬긴다고 해서 어떤 이로움도 없습니다. 그러니 주군에게 적은 이익이라도 주면 됩니다. 다시 말하면 지금 왕께서 3만 명 정도로 주나라를 지켜 주게 하시고, 온溫 땅의 원유를 주십시오. 그러면 주군은 위나라의 구원을 얻어냈다고 부형백성父兄百姓들에게 공표할

것이며 사사로이는 온 땅의 화원에서 즐기느라 틀림없이 진나라와 연합할
겨를이 없게 될 것입니다. 제가 듣건대 온 땅 원유의 세입이 연 80금이라고
하는데 주군이 온 땅의 화원을 얻으면 귀하에게 그 값으로 연 120금을
드릴 것이라 합니다. 이렇게 되면 상당의 후환도 없어지고 게다가 평소보다
40금이나 더 얻게 되니 이런 이익이 어디 있겠습니까?"

　이에 위왕은 맹묘孟卯를 시켜 온 땅의 원유를 주군에게 주도록 하고,
진나라의 공격으로부터 주나라를 지켜 줄 것을 허락하였다.

　犀武敗於伊闕, 周君之魏求救, 魏王以上黨之急辭之. 周君反, 見梁囿而
樂之也. 綦母恢謂周君曰:「溫囿不下此, 而又近. 臣能爲君取之.」反見魏王,
王曰:「周君怨寡人乎?」對曰:「不怨. 且誰怨王? 臣爲王有患也. 周君,
謀主也. 而設以國爲王扞秦, 而王無之扞也. 臣見其必以國事秦也, 秦悉塞
外之兵, 與周之衆, 以攻南陽, 而兩上黨絶矣.」魏王曰:「然則奈何?」綦母
恢曰:「周君形不小利事秦, 而好小利. 今王許戍三萬人與溫囿, 周君得以
爲辭於父兄百姓, 而利溫囿以爲樂, 必不合於秦. 臣嘗聞溫囿之利, 歲八十金,
周君得溫囿, 其以事王者, 歲百二十金, 是上黨每患而贏四十金.」魏王因
使孟卯致溫囿於周君而許之戍也.

【犀武敗於伊闕】 西周策 "蘇厲止白起攻梁"을 볼 것.
【西周之魏求救】 秦나라 장수 白起가 魏나라 장수 犀武를 伊闕에서 패배시킨
　후 이어서 西周를 공격하였다. 之는 往과 같다.
【上黨之急】 上黨은 韓·魏의 공유지. 秦이 군을 설치하려고 공격목표로 삼았다.
　지금의 山西省 일대.
【梁囿】 梁은 魏惠王 때 천도한 大梁. 지금의 河南省 開封市. 囿는 수풀과
　양어장이 있는 놀이터. 苑囿. "有林池曰囿"라 하였음.
【綦母恢】 周나라 신하. 綦母(혹은 綦毋)는 성. 恢는 이름. 綦毋恢로도 표기된다.
　188·313·415장 참조.
【周君謀主也】 周는 천자의 나라이므로 다른 제후국에게 共主가 된다는 말.
【兩上黨】 韓·魏 두 나라가 공유하고 있었다.
【周君形不小利事秦, 而好小利】 淸 黃丕烈의 ≪札記≫에 "周君形勢不利於事秦,

且好貪小利"라 하였다.

【父兄百姓】 宗族大臣과 일반 백성.

【利溫圃以爲樂】 일부 판본에는 '利'가 '私'로 되어있다.

【孟卯】 전국시대 魏나라 대부. 096·333·334·335장 참조.

1. 대략 B.C. 293년의 일로 보며 030·034·039·045·311장 등과 관련이 있다.

2. 鮑注의 분석

『彪謂: 周君非賢君也, 秦兵在境, 而樂於圃, 其志荒矣. 恢雖能得圃, 非君子所以事其君者也.』

040(2-12) 韓魏易地
땅을 맞바꾸다

한韓·위魏 두 나라가 땅을 서로 바꾸려 하였다. 이것이 서주西周에게는 불리하였다. 그때 주신周臣 번여樊餘가 초楚 회왕懷王에게 다음과 같이 말하였다.

"주나라는 반드시 멸망하고 말 것입니다. 한·위 두 나라가 땅을 바꾼다고 하나 한나라는 두 개의 현縣을 얻고, 위나라는 이 두 개의 현을 잃는 것입니다. 그런데도 이렇게 하려 하는 것은 위나라의 야심이 동·서주를 삼키려는 데 있기 때문입니다. 그것은 이 두 개의 현보다 큼은 물론 아직 주나라에는 구정九鼎까지 남아 있습니다. 게다가 위나라가 남양南陽·정지鄭地·삼천三川, 그리고 이주二周의 땅까지 포괄하게 되면 당신 초나라의 그 굳센 방성方城 근처까지도 위험해지고 맙니다. 또 한나라도 상당上黨 땅을 얻어 조趙나라와 국경을 같이 하면서 조나라에 맞닿으면 그 조나라의 양장羊腸의 요새 위쪽도 위험해지고 맙니다. 그러므로 토지교환이 이루어지는 날에는 초나라와 조나라는 약소국이 되고 맙니다."

초회왕이 이 말을 듣고 조나라를 통해 한·위 두나라의 토지교환을 저지시켰다.

韓·魏易地, 西周弗利. 樊餘謂楚王曰:「周必亡矣. 韓·魏之易地, 韓得二縣, 魏亡二縣. 所以爲之者, 盡包二周, 多於二縣, 九鼎存焉. 且魏有南陽·鄭地·三川而包二周, 則楚方城之外危; 韓兼兩上黨以臨趙, 卽趙羊腸以上危. 故易成之曰, 楚·趙皆輕.」楚王恐, 因趙以止易也.

【樊餘】周나라 신하.
【南陽】지금의 河南省 沁陽縣.
【鄭地】춘추시대 鄭나라 땅. 지금의 河南省 중부.
【三川】河水·洛水·伊水(모두 지금의 河南省 洛陽 부근). ≪史記≫ 韓世家 正義에 "三川, 周天子都也"라 하였다.

【方城】 楚나라의 산이며 요새. 지금의 河南省 方城縣 동북. ≪方輿紀要≫에 "楚置城於山上, 以爲要隘, 其山連接幾數百里, 亦曰長城"이라 하였다. 또 ≪左傳≫ 僖公 4년에 "楚國方城以爲城"이라 하였다.

【羊腸】 趙나라의 험한 요새 이름. 九折羊腸 같아서 얻은 이름. 지금의 河南省 晉城縣 부근.

【成之日】 '成之日'의 오기.

참고 및 관련 자료

1. 자세한 시기는 알 수 없다.

041(2-13) 秦欲攻周
왕노릇 할 수 없습니다

진秦나라가 주周나라를 공격하려 하자 주최周最가 진왕秦王에게 말하였다.
"임금의 나라를 위해 계책을 세워 드리건대, 주나라 공격을 그만두십시오.
진나라가 주나라를 공격해 봤자 실로 아무런 이득이 없을 것입니다. 오히려
천하의 오명만 뒤집어쓸 것입니다. 천하는 진나라가 두렵다고 성토하면서
틀림없이 동쪽의 제나라와 연합하게 될 것입니다. 주나라를 쳤다가 병졸만
피폐해지고 천하가 모두 제나라와 연합해 버린다면 진나라는 고립되고 임금
께서는 왕 노릇도 할 수 없게 됩니다. 천하가 진나라를 피폐시키기 위하여
주나라를 공격하라고 권하고 있는 것입니다. 진나라와 천하 제후국이 모두
피폐해지면 진나라의 호령도 더 이상 주나라에 횡행橫行될 수 없을 것입니다."

秦欲攻周, 周最謂秦王曰:「爲王之國計者, 不攻周. 攻周, 實不足以利國,
而聲畏天下. 天下以聲畏秦, 必東合於齊. 兵弊於周, 而合天下於齊, 則秦孤
而不王矣. 是天下欲罷秦, 故勸王攻周. 秦與天下俱罷, 則令不橫行於周矣.」

【周最】 당시 주최는 秦에 있었던 것으로 보인다.
【秦王】 秦의 昭襄王.
【天下俱罷】 '罷'는 '疲'의 뜻. 鮑注에 "天下合齊而與秦戰, 戰則必疲"라 하였다.
【橫行】 제멋대로 함. 하고싶은 대로 함. 혹은 秦나라의 명령이 "橫(東과 西)으로
시행되다", 즉 "동쪽나라를 통제하다"의 뜻으로 풀이함.

참고 및 관련 자료

1. B.C. 270년(033장)과 B.C. 257년(025장) 사이의 일이다.
2. B.C. 256년에 西周는 결국 秦나라에게 망하고 만다.
3. ≪史記≫ 周本紀
秦攻周, 而周取謂秦王曰:「爲王計者不攻周. 攻周, 實不足以利, 聲畏天下. 天下
以聲畏秦, 必東合於齊. 兵弊於周. 合天下於齊, 則秦不王矣. 天下欲弊秦, 勸王攻周.
秦與天下弊, 則令不行矣.」

042(2-14) 宮他謂周君
이웃을 깔보다가는

궁타宮他가 주군周君에게 아뢰었다.

"전에 완宛이라는 소국은 진秦나라를 믿고 이웃 나라 진晉나라를 깔보았습니다. 마침 진秦나라에 기황饑荒이 들자 초楚나라가 완을 쳐들어왔으며 완은 초나라에게 망하고 말았습니다. 또 정鄭나라는 위魏나라를 믿고 한韓나라를 가볍게 보았습니다. 그러나 위나라가 채蔡나라를 공격하느라 바쁜 틈에 정나라는 한나라에게 멸망당하고 말았습니다. 또 주邾·거莒 두 나라는 제齊나라에게 망하였고 진陳·채蔡 두 나라는 초나라에게 망하였습니다. 이들은 모두 도와주는 나라를 너무 믿고, 가까운 적을 가벼이 여겼기 때문입니다.

지금 임금께서는 한·위 두 나라를 믿으면서 진秦나라를 경시하시는데, 이러다 해를 입을까 두렵습니다. 그러니 임금께서는 주최周最를 몰래 조趙나라에 보내어 연합정책으로 진秦나라를 대비하시느니만 못합니다. 그렇게 되면 해를 보지 않을 것입니다."

宮他謂周君曰:「宛恃秦而輕晉, 秦飢而宛亡. 鄭恃魏而輕韓, 魏攻蔡而鄭亡. 邾·莒亡於齊, 陳·蔡亡於楚. 此皆恃援國而輕近敵也. 今君恃韓·魏而輕秦, 國恐傷矣. 君不如使周最陰合於趙以備秦, 則不毀.」

【宮他】 周나라 신하. 026·362·448장 참조. '昌他'라고도 쓴다.
【宛】 申나라라고도 한다. 춘추시대 楚나라에게 멸망당하였다. 故城은 지금의 河南省 南陽縣 북쪽에 있다. 029장 참조.
【魏攻蔡而鄭亡】 蔡는 이미 춘추시대 楚나라에게 멸망당하고 없었으므로 여기서는 魏나라가 蔡의 故址를 공격하였다는 뜻이다. 전국시대 韓나라 哀侯가 魏나라 蔡를 공격하는 틈을 타서 鄭나라를 쳐 없앴다. 이때가 周烈王 元年(B.C. 375년)이다.
【邾·莒】 춘추시대 齊나라에게 멸망당한 소국. 邾는 婁라고도 칭하며 뒤에 다시 鄒로 고쳤다. 지금의 山東省 鄒縣. 莒는 山東省 莒縣.
【陳】 춘추시대 楚나라에게 망하였다. 도읍은 宛丘, 즉 지금의 河南省 淮陽縣.

【蔡】 周武王의 동생 叔度를 봉하였던 나라. 춘추시대 楚나라에게 쫓겨 세 번 도읍을 옮겨 下蔡(지금의 安徽省 鳳臺縣)를 근거지로 하였다가 결국 楚나라에게 멸망당하고 만다. 齊桓公과 蔡姬의 이야기로 유명한 나라이다.

【周最】 西周의 公子.

1. 발생시기는 대략 B.C. 293년경이다.
2. 030장 참조.

〈銅輅車〉 東漢, 武威 雷臺 출토

043(2-15) 謂齊王
태자 삼을 자를 일러주십시오

어떤 이가 제왕齊王에게 말하였다.

"왕께서는 어찌하여 주최周最가 주周나라의 태자가 되도록 그에게 땅을 떼어 선물로 주지 않습니까?"

이에 제왕은 사마한司馬悍을 주나라로 파견하여 땅을 주최에게 떼어 주도록 하였다. 이때 유세객 좌상左尙이 사마한에게 말하였다.

"만약 주나라가 이를 거절하면 그대는 곤경에 처하게 되며, 결국 주나라와의 외교도 단절될 것임을 알아야 합니다. 그러니 그대는 주나라 임금에게 이렇게 말하십시오. 즉, '누구를 태자로 삼으시렵니까? 사람을 시켜 몰래 저에게 알려주십시오. 그러면 제가 저의 왕에게 그 태자 될 자에게 땅을 떼어 주도록 청하겠습니다'라고요."

이 일로 인해 좌상은 좋은 자리를 얻게 되었다.

謂齊王曰; 「王何不以地齎周最以爲太子也?」 齊王令司馬悍以賂進周最於周. 左尙謂司馬悍曰; 「周不聽, 是公之知困而交絕於周也. 公不如謂周君曰: 『何欲置? 令人微告悍, 悍請令王進之以地.』」 左尙以此得事.

【齊王】 齊나라의 閔王.
【周最】 西周의 공자. 037장 참조. 鮑本에 "齎, 持遺也. 最, 周之庶子. 凡周皆周之族. 正曰: 鮑意此卽上章事, 而上有五庶子之文爾, 無明據"라 하였다.
【司馬悍】 司馬는 군사의 임무를 담당한 재상. 뒤에 姓氏로 굳어졌다. 悍은 이름. '司馬稈'으로도 쓴다.
【左尙】 유세객. 左成으로도 쓴다. 024·051·067장 참조.
【以此得事】 姚注에 "左尙以敎司馬悍勸王齎周最地, 以此得尊寵之職"이라 하였다.

1. 이 사건은 037장과 관련이 있다.

044(2-16) 三國攻秦反
하룻밤만 야영

삼국三國이 진秦나라를 공격하고 돌아오는 길이었다. 서주西周는 위魏나라가 길을 빌려 달라고 요구할까 걱정이었다. 이때 어떤 이가 서주를 위하여 위魏 애왕哀王에게 이렇게 말하였다.

"초楚·송宋 두 나라는 진나라가 삼국에게 땅을 떼어 주고 강화를 맺은 데 대해 불리하게 여기고 있습니다. 그들이 왕의 마을을 공격해서 진나라에 유리한 강화가 되도록 할지 모릅니다."

위왕이 이 말을 듣고 두려워 군사를 하룻밤만 야영을 시키고는 빨리 동쪽으로 귀국시켰다.

三國攻秦反, 西周恐魏之藉道也. 爲西周謂魏王曰:「楚·宋不利秦之德三國也, 彼且攻王之聚以利秦.」魏王懼, 令軍設舍速東.

【三國】韓·魏·趙, 세 나라.

【聚】촌락·聚落. ≪史記≫ 五帝本紀에 "一年而所居成聚"라 하였다.

【舍】하룻밤 宿營하는 것. ≪左傳≫ 莊公 3년에 "凡師一宿爲舍"라 하였다.

1. 周赧王 3년(B.C. 296년) 韓·魏·趙, 삼국이 函谷關에서 秦나라를 공격하고 돌아오던 길이다.

〈驅馬圖〉 (漢, 畫像磚)

045(2-17) 犀武敗
재상직을 면직시켜 주시오

서무犀武가 싸움에 패하자 주周나라 임금은 상국 주족周足을 진秦나라로 보내어 강화를 맺도록 하였다. 이때에 어떤 이가 주족에게 일러주었다. "어찌하여 주나라 임금에게 이렇게 말하지 않습니까? '제가 진나라로 가면 결국 오히려 진나라와 주나라는 외교가 악화될 것입니다. 왜냐하면 저와 같이 가는 대신들이 진나라에 중시를 받고 돌아와 주나라의 재상이 되려고 진나라에서 나를 훼방할 것입니다. 저는 이번 임무를 수행할 수 없습니다. 저의 재상직책을 면직시키고 보내 주십시오. 임금께서 재상이 되고 싶어하는 자를 재상으로 삼겠다고 하면 그는 재상이 될 것이므로 이 주나라를 진나라에게 나쁘게 험담하지 않을 것입니다'라고요. 그렇게 되면 주나라 임금은 진나라와의 일이 매우 중요하다고 여겨 끝내 그대를 재상으로 유임시킨 채 보낼 것입니다. 만약 그대를 보내면서 면직시킨다면 이는 진나라를 경시하는 꼴이 되기 때문이지요. 그대는 절대로 면직되지 않습니다. 그리고 그대의 말대로 되고 재상의 직위를 가진 채 진나라에 가서 진나라와 외교를 완성하면 이 모두가 그대에 의해 성사된 것으로 됩니다. 잘못되어 외교가 악화된다고 해도 이는 그대와 관계가 좋지 않은 자들 때문인 것이 되어 그들이 벌을 받게 되는 것입니다."

犀武敗, 周使周足之秦. 或謂周足曰:「何不謂周君曰:『臣之秦, 秦·周之交必惡. 主君之臣, 又秦重而欲相者, 且惡臣於秦, 而臣爲不能使矣. 臣願免而行. 君因相之, 彼得相, 不惡周於秦矣.』君重秦, 故使相往, 行而免, 且輕秦也, 公必不免. 公言是而行, 交善於秦, 且公之成事也; 交惡於秦, 不善於公, 且誅矣.」

【犀武】魏나라의 장수. 師武로도 쓴다. 魏나라와 秦나라가 싸워 패하자 秦나라는 서주를 핍박해 왔다.
【周足】周나라 相國. 상국은 재상과 같음.

【惡臣於秦】 '동행자가 진나라에서 자신을 악담하다'의 뜻. 鮑注에 "此人欲代
足相周, 故敗其使事, 此二國所以必惡"이라 하였다.

1. 본장은 030·034·039·311장과 관련이 있다.

"戰國, 그 猪突的 몸부림의 역사"〈猪紋陶〉 1973
浙江 餘姚縣 河姆渡 유적지 출토

권3 진책 秦策 (一)

총13장(046~058)

戰國策

진秦

　원래 전욱顓頊의 후예. 백예柏翳 때 순舜으로부터 영嬴이란 성姓을 얻었으나 주대周代에는 완전히 야만족 취급을 받아오다가 그후 비렴蜚廉·여방女防을 거쳐 비자非子에 이르렀을 때 주실의 효왕孝王이 그에게 말을 길러 바치도록 하였다. 비자非子가 견위(汧渭, 지금의 陝西省 隴縣 및 郿縣) 근처에서 양마養馬하여 크게 번식시키자 주왕은 이를 보고 그에게 땅을 부용附庸으로 주고 진秦을 읍으로 삼아 준다. 그로부터 차차 진秦은 강해지고 장공莊公을 거쳐 양공襄公에 이르렀을 때 마침 주실에서는 포사褒姒의 일로 유왕幽王이 견융犬戎의 침입을 받아 죽게 된다. 이때 양공은 이를 막아 주고 주실을 일으켜 준 공로를 인정받아 드디어 백작伯爵이 되고 기산岐山 서쪽을 얻게 된다. 그후 도읍도 옹(雍, 陝西省 鳳翔縣. 德公 때), 역양(櫟陽, 陝西省 臨潼縣. 獻公 때)을 거쳐 드디어 효공孝公 때 함양咸陽으로 옮겨 완전 국가체제를 갖추고 열강제후列强諸侯의 반열에 올라 춘추의 각축전에 참여하게 된다.

　이렇게 하여 문공文公·영공寧公·출공出公·무공武公·덕공德公·성공成公을 거쳐 목공繆公(穆公으로도 씀)에 이르렀을 때 백리해百里奚를 등용. 춘추오패春秋五霸 중에 최후를 장식한다. 춘추에서 전국으로 전환되는 와중에서도 지리적 조건 (函谷關 및 崤山 때문에 중원中原 세력 변동에 영향을 덜 받음) 및 경제적 풍요로 오히려 정세를 역이용하여 상앙商鞅·장의張儀·범저范雎·이사李斯·여불위呂不韋 같은 인물을 적극 등용, 완전 법치국가의 기틀을 마련한 후, 끝내 중국을 통일하게 된다.(B.C.221년)

　한편 그 세력범위에 대해서는 포주鮑注에는 이렇게 말하고 있다.

　"秦: 蘇·張說, 外自弘農故關以西, 京兆·扶風·馮翊·北地·上郡·西河· 安定·天水·隴西皆秦地. 南有巴·蜀·廣漢·犍爲·武都, 西有金城·武威· 張掖·酒泉·燉煌, 又西南有牂牁·城舊·益州, 皆屬焉."

046(3-1) 衛鞅亡魏入秦
상앙의 활약

위앙衛鞅이 위魏나라를 도망
하여 진秦나라로 들어왔다. 진秦
효공孝公이 위앙을 재상으로
삼고, 오於 땅과 상商 땅에 봉해
주었기 때문에 호를 상군商君
이라 하였다.

상앙商鞅이 진나라를 다스
릴 때 법령이 잘 행해졌고 공평
무사하였다. 벌을 내릴 때에는
강한 자와 큰 자에게 조금도
거리낌이 없었고, 상을 줄 때도
친하거나 가깝다고 사사로이
하는 경우도 없었다.

한 번은 태자太子가 법에 걸

〈商鞅車裂刑圖〉

렸다. 그러자 차마 법대로 하지는 못하고 대신 그 사부師傅를 경형黥刑과
의형劓刑에 처하고 말았다.

그로부터 1년 후, 길에 물건이 떨어져도 주워 가는 법이 없었으며,
도리에 어긋나는 취함이란 없어졌다. 무력도 강해져 다른 제후들이
겁을 내기 시작하였다. 그러나 법만 가혹하고 인의은덕仁義恩德은 적어
특별히 강권으로 이를 복종시킨 것일 뿐이었다.

효공이 이렇게 다스린 지 8년만에 그만 병이 들어 일어날 수가 없었다.
그래서 상앙에게 태자의 사부가 되어 국정을 살펴 달라고 하였지만
상앙은 사양하고 받아들이지 않았다. 드디어 효공이 죽고 태자가 뒤를
이어 혜왕惠王이 되었다. 혜왕이 정치에 임한 지 얼마 뒤, 상앙은 위나라로
되돌아갈 뜻을 밝혔다. 이때 어떤 사람이 혜왕에게 이렇게 말하였다.

"대신이 너무 중해지면 임금이 위험해지고, 좌우 신하를 너무 친압親狎

하면 자신이 위험해지는 법입니다. 지금 우리 진나라는 부인이나 어린애들까지도 상앙의 법은 말하면서 대왕의 법은 말하지 못하고 있으니 이는 상앙이 도리어 왕이며 왕은 그 신하가 된 셈입니다. 게다가 상앙은 원래 대왕께서 태자였을 때 원수 짓을 한 자입니다. 원컨대 대왕께서는 잘 도모하시기 바랍니다.”

상앙이 위나라에서 돌아오자 혜왕은 그를 거열형車裂刑에 처해 버렸다. 그래도 진나라 백성들은 누구하나 그를 불쌍히 여기지 않았다.

衛鞅亡魏入秦, 孝公以爲相, 封之於商, 號曰商君. 商君治秦, 法令至行, 公平無私, 罰不諱强大, 賞不私親近, 法及太子, 黥劓其傅. 期年之後, 道不拾遺, 民不妄取, 兵革大强, 諸侯畏懼. 然刻深寡恩, 特以强服之耳.

孝公行之八年, 疾且不起, 欲傳商君, 辭不受. 孝公已死, 惠王代後, 莅政有頃, 商君告歸. 人說惠王曰:「大臣太重者國危, 左右太親者身危. 今秦婦人嬰兒皆言商君之法, 莫言大王之法. 是商君反爲主, 大王更爲臣也. 且夫商君, 固大王仇讎也, 願大王圖之.」商君歸還, 惠王車裂之, 而秦人不憐.

【衛鞅亡魏入秦】 鞅은 衛의 庶公子. 성은 公孫. 그 때문에 ‘衛鞅’, ‘公孫鞅’으로도 불린다. 그리고 秦나라에서 商 땅에 봉해진 후에는 다시 ‘商鞅’, ‘商君’으로 불리게 된다. 《史記》 商君列傳 참조.
【秦孝公】 秦穆公의 15세 손. 이름은 渠梁. 24년간 재위(B.C. 361~338년), 전국 초에 중원의 제후들이 秦나라를 야만시 하자 德政을 베풀고 商鞅을 등용하여 일련의 개혁정책을 실시, 국세를 크게 떨쳤다.
【於·商】 땅 이름. 《史記》 商君列傳에 “封之於商十五邑, 號爲商君”이라 하였고, 索隱에 “於商, 二縣名, 在弘農”이라 하였다. 弘農은 漢나라 때의 郡 이름으로 지금의 河南省 洛陽 서쪽에서 陝西省 商縣 동쪽까지이다. ‘於’는 ‘오’로 읽는다.
【太子】 《史記》 商君列傳에 “太子犯法, 衛鞅曰:‘法之不行, 自上犯之, 將法太子, 太子君嗣也, 不可施刑, 刑其傅公子虔.’ 黥其師公孫賈, 明日, 秦人皆趨令”이라 하였다.
【黥劓】 黥은 이마에 문신을 하는 것, 劓는 코를 베는 형벌. 《史記》에 의하면 傅師 公子虔과 公孫賈가 태자의 犯法으로 대신 이 형을 받았다. 姚注에 “太子犯法,

刑之不赦, 故曰'法及太子', 並罪其傅. 刻其顙, 以墨實其中曰黥; 截其鼻, 曰劓也”
라 하였으며, 鮑注에는 “墨涅其顙曰黥; 截鼻曰劓. 太子犯法, 鞅曰: ‘法之不行,
自上犯之. 太子, 君嗣也, 不可刑, 刑其傅公子虔, 黥其師公孫賈.’”라 하였다.
【八年】≪史記≫에는 “行之十年, 秦民大說, 道不拾遺, 山無盜賊, 家給人足,
民勇於公戰, 怯於私鬪”라 하였다.
【欲傳商君】傳은 傅의 오기이다. 그러나 글자 그대로 보아 “讓位하려 하다”의
뜻으로도 해석한다.
【商君歸還】≪史記≫ 商君列傳에 “商君去, 之魏, 魏人怨其欺公子卬而破魏師,
弗受, 商君欲之他國, 魏人曰: ‘商君秦之賊, 秦强而賊入魏, 弗歸, 不可.’ 遂內秦”
이라 하였다.
【車裂刑】옛날의 酷刑. 四肢를 묶어 말을 사방으로 몰아 그 몸을 찢는 형벌.
한편 商鞅의 거열형에 대해 姚注에는 “商君懼誅, 欲之魏, 商人禁之曰: ‘商君之
法急.’ 不得出, 窮而還. 一曰: ‘魏以其譎公子卬而沒其軍, 魏人怨而不納. 故惠
王車裂之也.’”라 하였다.

1. 商鞅은 전국시대 각국이 부국강병정책을 쓸 때 魏나라에서 그의 스승 公叔痤가
魏惠王에게 등용치 못하겠거든 죽여야 할 만큼 뛰어난 인물이라고까지 하면서
추천하였으나 등용되지 못하자 秦나라로 도망쳤다. ≪史記≫ 商君列傳에 의하면
刑名學(法律學의 일종)에 지나치게 밝은 衛鞅이 秦孝公이 천하에 奇計를 가진
자를 구한다는 소문을 듣고 유명한 ‘徙木’의 방법으로 ‘連坐法’·‘什伍法’ 등
苛酷한 변법을 써서 秦나라를 대국으로 끌어올렸다. 그는 孝公이 죽고 태자가
惠王이 되자 지난날의 黥劓를 당한 太傅 公子虔과 太師 公孫賈에게 참소를
받아 도망치다가 鄭나라 澠池에서 잡혀 죽어 그 시체가 車裂刑에 처해진 것으로
되어 있다. ≪商君書≫는 그의 언행과 활동상황을 기록한 것이다.
2. 姚注에 “衛鞅, 衛公子叔痤之子也. 痤仕魏, 相惠王. 痤病, 惠王視之曰: ‘若疾不諱,
誰可與爲國者?’ 痤曰: ‘臣庶子鞅可也.’ 王不聽. 又曰: ‘王若不能用, 請殺之, 無令
他國得用也.’ 鞅由是亡奔秦, 秦孝公封之於商, 曰‘商鞅’. 衛公之後孫也, 或曰:
公孫鞅也”라 하였다.
3. ≪史記≫ 商君列傳
商君者, 衛之諸庶孼公子也, 名鞅, 姓公孫氏, 其祖本姬姓也. 鞅少好刑名之學,

事魏相公叔座爲中庶子. 公叔座知其賢, 未及進. 會座病, 魏惠王親往問病, 曰:
「公叔病有如不可諱, 將柰社稷何?」公叔曰:「座之中庶子公孫鞅, 年雖少,
有奇才, 願王擧國而聽之.」王嘿然. 王且去, 座屛人言曰:「王卽不聽用鞅, 必殺之,
無令出境.」王許諾而去. 公叔座召鞅謝曰:「今者, 王問可以爲相者, 我言若,
王色不許我. 我方先君後臣, 因謂王卽弗用鞅, 當殺之. 王許我. 汝可疾去矣,
且見禽.」鞅曰:「彼王不能用君之言任臣, 又安能用君之言殺臣乎?」卒不去.
惠王旣去, 而謂左右曰:「公叔病甚, 悲乎, 欲令寡人以國聽公孫鞅也, 豈不悖哉!」
公叔旣死, 公孫鞅聞秦孝公下令國中求賢者, 將修繆公之業, 東復侵地, 迺遂西入秦,
因孝公寵臣景監以求見孝公. 孝公旣見衛鞅, 語事良久, 孝公時時睡, 弗聽. 罷而
孝公怒景監曰:「子之客妄人耳, 安足用邪!」景監以讓衛鞅. 衛鞅曰:「吾說公以
帝道, 其志不開悟矣.」後五日, 復求見鞅. 鞅復見孝公, 益愈, 然而未中旨. 罷而孝
公復讓景監, 景監亦讓鞅. 鞅曰:「吾說公以王道而未入也. 請復見鞅」鞅復見孝公,
孝公善之而未用也. 罷而去. 孝公謂景監曰:「汝客善, 可與語矣.」鞅曰:「吾說公
以霸道, 其意欲用之矣. 誠復見我, 我知之矣.」衛鞅復見孝公. 公與語, 不自知膝
之前於席也. 語數日不厭. 景監曰:「子何以中吾君? 吾君之驩甚也.」鞅曰:「吾說
君以帝王之道比三代, 而君曰:『久遠, 吾不能待. 且賢君者, 各及其身顯名天下,
安能邑邑待數十百年以成帝王乎?』故吾以彊國之術說君, 君大說之耳. 然亦難
以比德於殷周矣.」孝公旣用衛鞅, 鞅欲變法, 恐天下議己. 衛鞅曰:「疑行無名,
疑事無功. 且夫有高人之行者, 固見非於世; 有獨知之慮者, 必見敖於民. 愚者闇
於成事, 知者見於未萌. 民不可與慮始而可與樂成. 論至德者不和於俗, 成大功者
不謀於衆. 是以聖人苟可以彊國, 不法其故; 苟可以利民, 不循其禮.」孝公曰:
「善.」甘龍曰:「不然. 聖人不易民而敎, 知者不變法而治. 因民而敎, 不勞而成功;
緣法而治者, 吏習而民安之.」衛鞅曰:「龍之所言, 世俗之言也. 常人安於故俗,
學者溺於所聞. 以此兩者居官守法可也, 非所與論於法之外也. 三代不同禮而王,
五伯不同法而霸. 智者作法, 愚者制焉; 賢者更禮, 不肖者拘焉.」杜摯曰:「利不百,
不變法; 功不十, 不易器. 法古無過, 循禮無邪.」衛鞅曰:「治世不一道, 便國不法古.
故湯武不循古而王, 夏殷不易禮而亡. 反古者不可非, 而循禮者不足多.」孝公曰:
「善.」以衛鞅爲左庶長, 卒定變法之令.

令民爲什伍, 而相牧司連坐. 不告姦者腰斬, 告姦者與斬敵首同賞, 匿姦者與降敵
同罰. 民有二男以上不分異者, 倍其賦. 有軍功者, 各以率受上爵; 爲私鬪者, 各以
輕重被刑大小. 僇力本業, 耕織致粟帛多者復其身. 事末利及怠而貧者, 擧以爲收孥.
宗室非有軍功論, 不得爲屬籍. 明尊卑爵秩等級, 各以差次名田宅, 臣妾衣服以家次

有功者顯榮, 無功者雖富無所芬華.

令旣具, 未布, 恐民之不信, 已乃立三丈之木於國都市南門, 募民有能徙置北門者予十金. 民怪之, 莫敢徙. 復曰「能徙者予五十金」. 有一人徙之, 輒予五十金, 以明不欺. 卒下令. 令行於民朞年, 秦民之國都言初令之不便者以千數. 於是太子犯法. 衛鞅曰:「法之不行, 自上犯之」將法太子. 太子, 君嗣也, 不可施刑, 刑其傅公子虔, 黥其師公孫賈. 明日, 秦人皆趨令. 行之十年, 秦民大說, 道不拾遺, 山無盜賊, 家給人足. 民勇於公戰, 怯於私鬪, 鄉邑大治. 秦民初言令不便者有來言令便者, 衛鞅曰「此皆亂化之民也」, 盡遷之於邊城. 其後民莫敢議令.

於是以鞅爲大良造. 將兵圍魏安邑, 降之. 居三年, 作爲築冀闕宮庭於咸陽, 秦自雍徙都之. 而令民父子兄弟同室內息者爲禁. 而集小(都)鄉邑聚爲縣, 置令‧丞, 凡三十一縣. 爲田開阡陌封疆, 而賦稅平. 平斗桶權衡丈尺. 行之四年, 公子虔復犯約, 劓之. 居五年, 秦人富彊, 天子致胙於孝公, 諸侯畢賀.

其明年, 齊敗魏兵於馬陵, 虜其太子申, 殺將軍龐涓. 其明年, 衛鞅說孝公曰:「秦之與魏, 譬若人之有腹心疾, 非魏幷秦, 秦卽幷魏. 何者? 魏居領阨之西, 都安邑, 與秦界河而獨擅山東之利. 利則西侵秦, 病則東收地. 今以君之賢聖, 國賴以盛. 而魏往年大破於齊, 諸侯畔之, 可因此時伐魏. 魏不支秦, 必東徙. 東徙, 秦據河山之固, 東鄉以制諸侯, 此帝王之業也.」孝公以爲然, 使衛鞅將而伐魏. 魏使公子卬將而擊之. 軍旣相距, 衛鞅遺魏將公子卬書曰:「吾始與公子驩, 今俱爲兩國將, 不忍相攻, 可與公子面相見, 盟, 樂飮而罷兵, 以安秦魏.」魏公子卬以爲然. 會盟已, 飮, 而衛鞅伏甲士而襲虜魏公子卬, 因攻其軍, 盡破之以歸秦. 魏惠王兵數破於齊秦, 國內空, 日以削, 恐, 乃使使割河西之地獻於秦以和. 而魏遂去安邑, 徙都大梁. 梁惠王曰:「寡人恨不用公叔座之言也.」衛鞅旣破魏還, 秦封之於‧商十五邑, 號爲商君.

商君相秦十年, 宗室貴戚多怨望者. 趙良見商君. 商君曰:「鞅之得見也, 從孟蘭皐, 今鞅請得交, 可乎?」趙良曰:「僕弗敢願也. 孔丘有言曰:『推賢而戴者進, 聚不肖而王者退.』僕不肖, 故不敢受命. 僕聞之曰:『非其位而居之曰貪位, 非其名而有之曰貪名.』僕聽君之義, 則恐僕貪位貪名也. 故不敢聞命.」商君曰:「子不說吾治秦與?」趙良曰:「反聽之謂聰, 內視之謂明, 自勝之謂彊. 虞舜有言曰:『自卑也尙矣.』君不若道虞舜之道, 無爲問僕矣.」商君曰:「始秦戎翟之敎, 父子無別, 同室而居. 今我更制其敎, 而爲其男女之別, 大築冀闕, 營如魯衛矣. 子觀我治秦也, 孰與五羖大夫賢?」趙良曰:「千羊之皮, 不如一狐之掖; 千人之諾諾, 不如一士之諤諤. 武王諤諤以昌, 殷紂>墨墨以亡. 君若不非武王乎, 則僕請終日正言而無誅, 可乎?」

商君曰:「語有之矣, 貌言華也, 至言實也, 苦言藥也, 甘言疾也. 夫子果肯終日正言,
鞅之藥也. 鞅將事子, 子又何辭焉!」趙良曰:「夫五羖大夫, 荊之鄙人也. 聞秦繆公
之賢而願望見, 行而無資, 自粥於秦客, 被褐食牛. 期年, 繆公知之, 舉之牛口之下,
而加之百姓之上, 秦國莫敢望焉. 相秦六七年, 而東伐鄭, 三置晉國之君, 一救荊
國之禍. 發教封內, 而巴人致貢; 施德諸侯, 而八戎來服. 由余聞之, 款關請見.
五羖大夫之相秦也, 勞不坐乘, 暑不張蓋, 行於國中, 不從車乘, 不操干戈, 功名藏
於府庫, 德行施於後世. 五羖大夫死, 秦國男女流涕, 童子不歌謠, 舂者不相杵.
此五羖大夫之德也. 今君之見秦王也, 因嬖人景監以爲主, 非所以爲名也. 相秦不
以百姓爲事, 而大築冀闕, 非所以爲功也. 刑黥太子之師傅, 殘傷民以駿刑, 是積
怨畜禍也. 教之化民也深於命, 民之效上也捷於令. 今君又左建外易, 非所以爲教也.
君又南面而稱寡人, 日繩秦之貴公子. 詩曰:『相鼠有體, 人而無禮; 人而無禮,
何不遄死.』以詩觀之, 非所以爲壽也. 公子虔杜門不出已八年矣, 君又殺祝懽而
黥公孫賈. 詩曰:『得人者興, 失人者崩.』此數事者, 非所以得人也. 君之出也,
後車十數, 從車載甲, 多力而駢脅者爲驂乘, 持矛而操闟戟者旁車而趨. 此一物不具,
君固不出. 書曰:『恃德者昌, 恃力者亡.』君之危若朝露, 尚將欲延年益壽乎?
則何不歸十五都, 灌園於鄙, 勸秦王顯巖穴之士, 養老存孤, 敬父兄, 序有功, 尊有德,
可以少安. 君尚將貪商於之富, 寵秦國之教, 畜百姓之怨, 秦王一旦捐賓客而不立朝,
秦國之所以收君者, 豈其微哉? 亡可翹足而待.」商君弗從.
後五月而秦孝公卒, 太子立. 公子虔之徒告商君欲反, 發吏捕商君. 商君亡至關下,
欲舍客舍. 客人不知其是商君也, 曰:「商君之法, 舍人無驗者坐之.」商君喟然歎曰:
「嗟乎, 爲法之敝一至此哉!」去之魏. 魏人怨其欺公子卬而破魏師, 弗受. 商君欲
之他國. 魏人曰:「商君, 秦之賊. 秦彊而賊入魏, 弗歸, 不可.」遂內秦. 商君既復入秦,
走商邑, 與其徒屬發邑兵北出擊鄭. 秦發兵攻商君, 殺之於鄭黽池. 秦惠王車裂商
君以徇, 曰:「莫如商鞅反者!」遂滅商君之家.

4. ≪商君書≫ 참조.

047(3-2) 蘇秦始將連橫
소진의 진나라 유세

소진蘇秦이 처음에 연횡설連橫說로 진秦 혜왕惠王에게 유세하였다.

"대왕의 국가는 서쪽으로는 파巴·촉蜀·한중漢中의 풍부한 산물이 있고, 북쪽으로는 호지胡地에서 나는 맥피貉皮와 대代 땅에서 나는 양마良馬로 군용에 충당할 수 있습니다. 또 남쪽으로는 무산巫山과 검중黔中이 천험天險의 요새가 되며, 동쪽으로는 효산肴山, 효산崤山과 함곡관函谷關이 견고한 요새가 되고 있습니다. 이렇게 전지는 비옥하고 백성은 부유해서 전시에는 병거 1만 승에 용사 1백 만 명을 모을 수 있습니다. 비옥한 토지가 1천 리나 뻗쳐 있고 축적이 풍요하며 지세 또한 더없이 좋습니다. 이런 곳은 소위 천부天府라 하는 곳으로 천하의 강국인 것입니다. 그러니 대왕의 그 현명한 정치에다 백성의 중다衆多함을 더하고 군대를 일으켜 훈련만 잘 시켜 놓으시면 제후들을 겸병해서 천하를 통일하여 제帝를 칭하면서 통치할 수 있습니다. 원컨대 대왕께서 조금 유념해 주십시오. 청컨대 신臣은 그 효험을 상주하겠습니다."

〈秦代陶將軍俑〉 陝西 臨潼 出土

그러나 진혜왕은 이렇게 거절하였다.

"내가 들으니 '깃털이 풍부하지 못한 새는 높이 날 수가 없고, 법령이 완비되지 않으면 형벌을 마구 베풀 수 없는 것이며, 도덕이 돈독하지 못하면 백성을 부릴 수 없고, 정책·교칙이 순順하지 못하면 대신을 번거롭게 시킬 수는 없다'라고 하였소. 그런데 그대는 자신 있게 1천 리를 멀다 아니하고 찾아와 나에게 정교庭敎를 베푸시지만 나중에 다시 봅시다."

그러자 소진은 다시 말을 이었다.

"저는 본래 진秦에 올 때 대왕이 내 진언을 받아들이지 않으시리라고 의심은 하였었습니다. 그러나 제 말을 계속 들어보십시오.

옛날 신농씨神農氏는 보수補遂를 쳤고, 황제黃帝 헌원씨軒轅氏는 탁록涿鹿에서 치우蚩尤를 사로잡았으며, 요堯는 환도驩兜를, 순舜은 삼묘三苗를, 우禹는 공공씨共工氏를 쳐 없앴습니다. 그리고 탕湯은 하夏의 걸왕桀王을, 문왕文王은 숭후崇侯 호虎를, 무왕武王은 주紂를 쳐 없앴습니다. 춘추오패春秋五霸 중에 제齊 환공桓公도 전쟁으로서 패자가 되었습니다. 이렇게 볼진대 어찌 전쟁이 없을 수 있겠습니까? 옛날에는 사신의 수레가 내닫다가 서로 부딪쳐 말로 몇 마디 약속만 해도 천하가 통일되었습니다. 그러나 그 후에는 남북으로 동맹을 맺고, 혹은 동서로 연합하여 군대를 없앨 수 없게 되었습니다. 게다가 문사文士들은 서로 어울려 꾸미고, 제후들은 혼란에 빠져 온갖 문제가 발생하자 가히 다스려질 수가 없게 되었습니다. 법령과 조약이 빈틈없이 갖추어질수록 백성은 허위를 짓게 되었으며, 서책書策은 조탁彫濁해졌어도 백성은 풍족을 누릴 수 없게 되었습니다. 상하가 서로 근심하나 백성은 믿을 바가 없게 되었고, 말로 설복說服시켜도 싸움은 그치지 아니하며, 경전을 인용해서 교묘하게 글로 지어도 천하가 도리어 안정이 되지 못하고 있습니다. 떠드는 자는 혀가 닳고, 듣는 자는 너무 시끄러워 귀머거리가 될 지경에 이르렀지만 해결이 되지 않고 있습니다. 설령 인의를 행하겠다고 약속을 한다해도 천하를 서로 친하게 할 수 없습니다. 이에 문치文治를 폐하고 무공武功을 중시하며, 죽기를 두려워하지 않는 선비를 기르며, 갑옷을 잘 꿰매고 병기를 날카롭게 하는 것만이 전장戰場에서 이길 수 있는 길이 되고 말았습니다.

무릇 대왕께서 하는 일없이 이익을 구한다거나 편안히 앉아서 영토가 넓어지기를 바란다면 비록 오제五帝·삼왕三王·오백五伯같은 명주현군 明主賢君이라 할지라도 그것을 이루기란 불가능합니다.

결국 전쟁의 방법으로 해결할 수밖에 없이 되어 버렸습니다. 두 군대가 떨어져 있으면 서로 공격하여 접근해야 하고, 마주치면 몽둥이·창으로 맞닥뜨려 싸운 후에야 대공大功이 결판나는 법입니다. 그러므로 군軍은 밖에서 싸워 이기고 임금은 안에서 인의를 행하시면, 윗사람은 위망威望을 세우게 되고, 백성은 이에 복종하게 되는 것입니다.

지금 시대에 천하를 병탄하여 제위帝位를 노리고, 적국을 굴복시켜 해내海內를 통치하고, 백성을 애호하여 제후를 신臣으로 복종시키려 함에 전쟁의 방법이 아니고는 불가능합니다.

그러나 지금 왕의 자리를 이어 오히려 용병의 이치를 들으려 하지 않으시고 교화에 대해서는 전혀 모르십니다.

게다가 정치의 근간을 어지럽히는 쓸데없는 말에 미혹되고 사가私家들의 말에 혹하는가 하면 각종 변론에 빠져 있으며, 사설에 휘말려 들어 있습니다. 이렇게 해서는 천하를 제패할 수 없습니다.”

이렇게 소진은 진혜왕에게 글을 지어 주상奏上하기를 10여 차례, 그러나 이러한 건의가 실행될 가망은 보이지 않았다. 세월만 끌다가 결국 소진은 조趙나라로부터 얻은 흑초黑貂의 외투도 다 떨어지고, 노자와 공작금으로 얻은 1백 근의 황금도 바닥이 나고 말았다. 소진은 할 수 없이 진나라를 떠나 되돌아오는 수밖에 없었다. 그런데 그 꼴이 파리한 모습에 다리를 헝겊으로 칭칭 감고 짚신을 신고 책 보따리를 둘러맨 채 몸은 마를 대로 말라 얼굴은 거멓게 떠서 기가 죽은 얼굴 색이었다.

집에 다다르니 아내는 베틀에서 내려오지도 않으며 형수는 밥도 지어 주지 않고 부모조차도 더불어 말도 하려 들지 않았다.

그러자 소진은 이렇게 탄식하였다.

“아내는 나를 지아비로 여기지 않고, 형수는 나를 시동생으로 여기지 아니 하며, 부모는 나를 자식 취급도 않으니 이 모든 게 나의 죄로다.”

이에 밤을 새워 책을 펴보기 시작하였다. 그래서 책 궤짝 수십을 펼쳐

놓고 태공망太公望의 《음부경陰符經》에 있는 모책을 찾아내어서는 엎드려 읽고 외우기 시작하였다. 가려 뽑아 연습하며 열심히 췌마법揣摩法을 익혔다. 책을 읽다가 잠이 오면 송곳으로 허벅지를 찔러 피가 다리까지 흘러내렸다. 소진은 이렇게 중얼거렸다.

"군주에게 유세하여 금옥, 비단 정도도 내놓게 하지 못하면서 어찌 경상卿相의 높은 지위를 얻어내겠다고 하겠는가?"

과연 1년 후, 드디어 소진은 췌마법을 터득하였다. 소진은 스스로 이렇게 자신하였다.

"이것이야말로 과연 당세의 군왕을 설득시킬 만한 이론이로다!"

이에 소진은 연燕나라에 가까이 이르러 오집궐烏集闕이라는 요새 근처를 지나게 되었다. 마침 그곳에서 조趙나라 숙후肅侯를 화옥궁華屋宮에서 알현하고 저장대담抵掌大談을 늘어놓았다. 이야기를 들은 조왕趙王은 크게 기뻐하며 곧 소진을 무안군武安君에 봉하고 재상의 부인符印까지 주었다. 그리고 혁거革車 1백 승乘, 비단 1천 순純, 백벽白璧 1백 쌍, 황금 1만 일鎰을 주어 그 뒤를 따르게 하였다. 이렇게 하여 진나라에게 유리하였던 연횡설連橫說을 흩어버리고 육국합종설六國合從說을 내세워서 강대국 진나라를 억제하는 정책으로 바뀌게 되었다.

소진이 조나라의 재상이 되자 진나라와 통하던 함곡관函谷關이 막혀버렸다. 이 당시는 광대한 천하에 수많은 민중, 권위 있는 왕후, 고관모신高官謀臣들이 모두 소진을 통해서 정책을 결정하게 되었다. 한 말의 양식도 소비하지 않고 한 명의 병사도 번거롭게 하지 않고 한 병사도 싸움에 나가지 않고, 활줄 하나 끊어지지 않고, 화살 하나 부러지지 않고도 제후가 서로 친하게 되어 형제 같은 우방이 되어 버렸다.

무릇 어진 사람이 직무를 맡게 되자 천하가 복종하였고, 한 사람 등용에 천하가 따르게 된 셈이었다. 그러므로 정치를 함에 무력을 쓸 필요가 없고 조정에서 계획을 함에 변방에 전쟁을 시킬 필요가 없게 된 것이다.

당시 소진의 극성시기에는 1만 일鎰의 황금을 마음대로 사용하고 그를 따르는 수레와 말이 서로 이어 그가 지나는 길을 호화롭기 그지없었다.

그래서 진나라 효산崤山 동쪽 각 나라들은 순풍에 풀이 눕듯이 조나라가 크게 중함을 받는 위치가 되었다.

게다가 소진의 출신은 원래 누항陋巷에 대문도 뒤틀리고 뽕나무를 엮어 문지게를 만들었으며 나무를 휘어 돌쩌귀를 만든 초라한 집안의 선비일 따름이었다. 그러나 이렇게 성공하여 수레에 올라서는 위의를 뽐내며 천하를 휘젓고 다녔으며 일단 궁중에 들어가 제후들에게 유세할 때면 좌우 대신의 입을 다 막아 천하에 누구 하나 소진에게 말로는 짝을 이룰 자가 없게 된 것이다.

소진이 장차 초楚나라 왕에게 유세하러 떠나던 길에 자기 고향 낙양洛陽을 지나가게 되었다. 부모가 이 소식을 듣고 집을 청소하고 길을 다듬고, 음악을 준비하고 음식을 장만하여 30리 교외까지 나와 맞이하였다. 그때 아내는 바로 쳐다보지도 못하고 귀만 기울여 들을 뿐이었으며, 형수는 뱀처럼 엉금엉금 기면서 연신 굽실거리며 지난날의 잘못을 사과하느라 바빴다. 이를 본 소진이 물었다.

"형수는 지난번에는 그리 거만하더니 지금은 어찌 그리 겸손하십니까?"

그러자 형수는 이렇게 대답하는 것이었다.

"그대가 지금은 권력에다 돈까지 있기 때문입니다."

소진은 한탄하였다.

"아! 빈궁할 때는 부모조차 자식이라 여기지 않더니 부귀해지자 먼 친척조차 모두 두려워하는구나. 그러니 사람의 세상살이에 어찌 권세와 부귀를 가벼이 볼 수 있으랴!"

蘇秦始將連橫說秦惠王曰:「大王之國, 西有巴·蜀·漢中之利, 北有胡貉·
代馬之用, 南有巫山·黔中之限, 東有肴·函之固. 田肥美, 民殷富, 戰車萬乘,
奮擊百萬, 沃野千里, 蓄積饒多, 地勢形便, 此所謂天府, 天下之雄國也. 以大
王之賢, 士民之衆, 車騎之用, 兵法之教, 可以幷諸侯, 吞天下, 稱帝而治.
願大王少留意, 臣請奏其效.」

秦王曰:「寡人聞之:『毛羽不豐滿者, 不可以高飛; 文章不成者, 不可以
誅罰. 道德不厚者, 不可以使民; 政教不順者, 不可以煩大臣.』今先生儼然
不遠千里而庭教之, 願以異日.」

蘇秦曰:「臣固疑大王之不能用也. 昔者, 神農伐補遂, 黃帝伐涿鹿而禽蚩
尤, 堯伐驩兜, 舜伐三苗, 禹伐共工, 湯伐有夏, 文王伐崇, 武王伐紂, 齊桓任
戰而伯天下. 由此觀之, 惡有不戰者乎? 古者, 使車轂擊馳, 言語相結, 天下
爲一; 約從連橫, 兵革不藏; 文士並飾, 諸侯亂惑; 萬端俱起, 不可勝理; 科條
旣備, 民多僞態; 書策稠濁, 百姓不足; 上下相愁, 民無所聊; 明言章理, 兵甲
愈起; 辯言偉服, 戰攻不息; 繁稱文辭, 天下不治; 舌弊耳聾, 不見成功; 行義
約信, 天下不親. 於是, 乃廢文任武, 厚養死士, 綴甲厲兵, 效勝於戰場. 夫徒
處而致利, 安坐而廣地, 雖古五帝·三王·五伯, 明主賢君, 常欲坐而致之,
其勢不能, 故以戰續之. 寬則兩軍相攻, 迫則杖戟相撞, 然後可建大功. 是故
兵勝於外, 義強於內; 威立於上, 民服於下. 今欲幷天下, 凌萬乘, 詘敵國,
制海內, 子元元, 臣諸侯, 非兵不可! 今之嗣主, 忽於至道, 皆惽於教, 亂於治,
迷於言, 惑於語, 沈於辯, 溺於辭. 以此論之, 王固不能行也.」

說秦王書十上而說不行. 黑貂之裘弊, 黃金百斤盡, 資用乏絕, 去秦而歸.
贏縢履蹻, 負書擔橐, 形容枯槁, 面目犂黑, 狀有歸色. 歸至家, 妻不下紝,
嫂不爲炊, 父母不與言. 蘇秦喟歎曰:「妻不以我爲夫, 嫂不以我爲叔, 父母
不以我爲子, 是皆秦之罪也.」乃夜發書, 陳篋數十, 得太公陰符之謀, 伏而
誦之, 簡練以爲揣摩. 讀書欲睡, 引錐自刺其股, 血流至足. 曰:「安有說人主
不能出其金玉錦繡, 取卿相之尊者乎?」期年揣摩成, 曰:「此眞可以說當世
之君矣!」於是乃摩燕烏集闕, 見說趙王於華屋之下, 抵掌而談. 趙王大悅,
封爲武安君. 受相印, 革車百乘, 綿繡千純, 白璧百雙, 黃金萬溢, 以隨其後,
約從散橫, 以抑強秦.

故蘇秦相於趙而關不通. 當此之時, 天下之大, 萬民之衆, 王侯之威, 謀臣之權, 皆欲決蘇秦之策. 不費斗糧, 未煩一兵, 未戰一士, 未絶一絃, 未折一矢, 諸侯相親, 賢於兄弟. 夫賢人在而天下服, 一人用而天下從. 故曰: 式於政, 不式於勇; 式於廊廟之內, 不式於四境之外. 當秦之隆, 黃金萬溢爲用, 轉轂連騎, 炫熿於道, 山東之國, 從風而服, 使趙大重. 且夫蘇秦特窮巷掘門·桑戶棬樞之士耳, 伏軾撙銜, 橫歷天下, 廷說諸侯之王, 杜左右之口, 天下莫之能伉.

將說楚王, 路過洛陽, 父母聞之, 淸宮除道, 張樂設飮, 郊迎三十里. 妻側目而視, 傾耳而聽; 嫂蛇行匍伏, 四拜自跪而謝. 蘇秦曰:「嫂, 何前倨而後卑也?」嫂曰:「以季子之位尊而多金.」蘇秦曰:「嗟乎! 貧窮則父母不子, 富貴則親戚畏懼. 人生世上, 勢位富貴, 蓋可忽乎哉!」

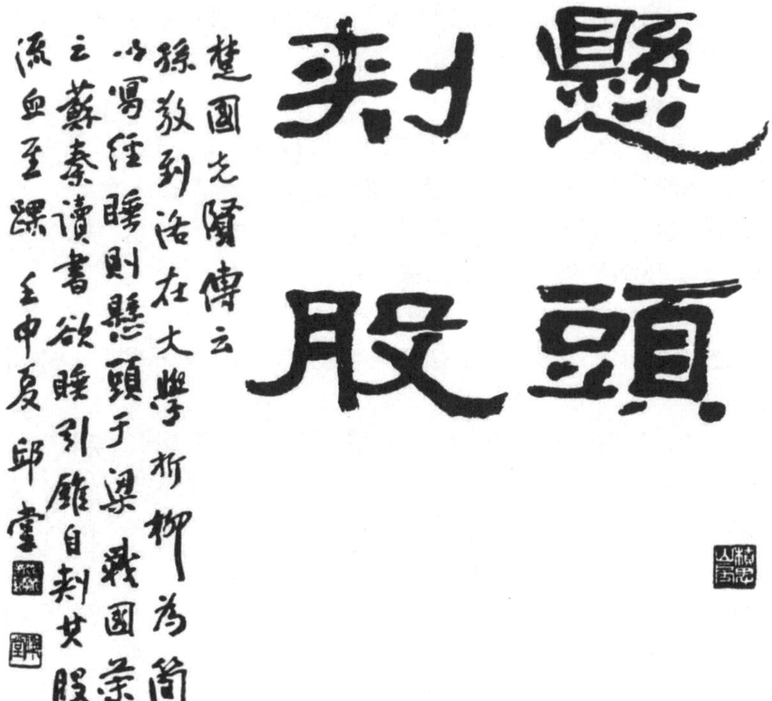

〈懸頭刺股〉 丘堂 呂元九(현대)

【蘇秦】 전국시대 東周의 洛陽 사람. 字는 季子. 張儀와 더불어 鬼谷 선생에게 縱橫說을 배웠다. 처음 본문에서처럼 連橫으로 秦惠王에게 유세하였으나 실효를 거두지 못하자 돌아와 姜太公의 《陰符》라는 책을 연구하여 다시 반대로 六國(齊楚韓魏趙燕)이 秦나라에 대항해야 한다는 合縱說을 세워 결국 여섯 나라의 동시 재상이 되었다. 뒤에 그는 齊나라에서 암살당하였다. 그의 아우 蘇代, 蘇厲와 함께 三蘇라 불리며 전국시대를 풍미했던 유세가들이다.

【連橫說】 連衡說이라고도 하며, 秦나라는 서쪽에 치우친 대국이므로 나머지 동쪽의 여섯 나라가 강대국 秦나라를 섬겨야 한다는 설. 이와 반대의 주장인 합종설이 蘇秦에 의해 처음에 성공하였으나 그 후 張儀에 의해 이 連橫說이 성공하였다.

【秦惠王】 秦나라 惠文王. 이름은 駟. 秦孝公의 아들. 蘇秦이 惠王에게 유세한 것은 惠王 元年(B.C. 337년)의 일이다.

【願以異日】 秦惠王이 새로 즉위하여 商鞅을 제거하고 정치를 개혁하여 내정 때문에 변사를 쓸 수 없어서 한 말.

【神農伐補遂】 神農은 炎帝氏. 백성에게 농사법을 처음 가르쳤으며, 百草를 맛보고 약을 처음 만들었다는 고대 五帝 중 하나. 補遂는 輔遂라고도 쓰며 고대의 나라 이름.

【黃帝伐涿鹿而禽蚩尤】 五帝의 끝 軒轅氏, 혹은 有熊氏. 土德으로 왕이 되어 황제라 하였다.(土色은 黃) 涿鹿은 지명으로 지금의 河北省 涿鹿縣이라 한다. 禽은 擒, 蚩尤는 황제시대의 제후. 《史記》 五帝本紀에 "蚩尤作亂, 黃帝徵師 諸侯, 與蚩尤戰於涿鹿之野, 遂禽殺蚩尤"라 하였다.

【堯伐驩兜】 驩兜는 堯의 司徒. 악행을 저지르자 堯가 崇山으로 쫓아 버렸다.

【三苗】 민족 이름. 지금의 湖南省 岳陽. 湖北의 武昌. 江西의 九江 일대 등에 살던 민족.

【禹伐共工】 共工은 工官. 治水의 工水官名. 뒤에 관명이 성씨가 되는 경우가 많았다. 舜 때 四兇의 하나로써 禹를 시켜 쳐 없애게 하였다.

【湯伐有夏】 有夏는 夏의 마지막 임금 桀을 가리킨다. 湯이 그를 쳐서 南巢(지금의 安徽省 巢縣)로 추방하였다.

【文王伐崇】 崇은 侯爵의 나라 이름. 崇侯가 폭군 紂를 도와 文王을 참소하여 羑里의 옥에 갇히게 하였다. 文王이 석방된 뒤 쳐 없앴다.

【武王伐紂】 武王의 아들 文王이 商의 마지막 왕인 폭군 紂를 牧野에서 패배시켰다. 紂는 이에 스스로 焚死하였다.

【五帝】《史記》에 의하면 黃帝. 顓頊·帝嚳 堯·舜이다. 그러나 五帝에 대한 설은 분분하다.

【三王】夏의 禹, 商의 湯, 周의 文王·武王.

【五伯】춘추시대의 五霸를 가리킨다. 齊桓公·宋襄公·晉文公·秦穆公·楚莊王을 들고 있다. '伯'은 '霸'와 같다.

【書策稠濁】'書策'은 문서나 문건. '稠濁'은 너무 많아 繁亂함을 이르는 말.

【黑貂】담비의 검은 가죽. 귀한 물건으로 여긴다. 蘇秦이 처음 趙나라에 들어가 조의 재상 李兌에게 알현하자 이태가 소진의 재주를 두려워하여 등용하지 않고 珠璧·貂裘·黃金 등 후한 선물을 주어 秦나라로 보내주었다.

【狀有歸色】'歸'는 '愧'이다. '부끄럽게 여겨 기가 죽은 모습'을 형용한 것이다.

【太公陰符】太公은 姜尙(呂尙) 太公望을 가리킨다. 《陰符》는 書名, 혹은 《陰符經》. 일종의 道家書이므로 黃帝가 쓴 것이라고도 하였다. 아울러 太公·范蠡·鬼谷子·張良·諸葛亮·李筌 등 六家注가 있으며 책의 眞僞는 알 수 없다.

【揣摩】상대의 마음을 읽어내어 그에 따라 설득시키는 일종의 심령화술. 유세술. 講話術의 일종.

【摩燕烏集闕】摩는 '가까이 이르다'(迫近)의 뜻. 烏集闕은 요새 이름이다.

【見說趙王於華屋之下】見은 謁見, 說는 유세. 趙王은 趙나라 肅侯. 華屋은 산 이름으로 보기로 한다. "華, 山名也, 言趙王屋淸高似山也"(《戰國策高注》)

【武安君】趙나라 肅侯가 蘇秦에게 武安 땅을 봉하였다. 武安은 趙나라의 읍 이름이다. 지금의 河南省 武安縣.

【白壁】白璧의 오기이다.

【山東】崤山(肴山, 殽山)의 동쪽. 전국시대 秦나라를 제외한 여섯 나라가 崤山 동쪽에 있었다. 이에 따라 전국시대 '山東六國'은 흔히 이들 나라를 함께 일컫는 말로 쓰였다. 《元和郡縣志》에 "自東崤至西崤三十五里: 東崤長坂 數里, 峻阜絶澗, 車不得方軌; 西崤全是石坂, 十二里, 險絶不異東崤"라 하였다.

【楚王】楚나라 威王. 이름은 熊商.

【洛陽】蘇秦의 고향.

【淸宮】집을 청소함. 고대의 '宮'은 일반 사람의 집을 통칭하는 말이었다. 《爾雅》釋宮에 "古者, 貴賤同稱宮, 秦漢以來, 惟王者所居稱宮耳"라 하였다.

【嗟乎……乎哉?】《史記》蘇秦列傳에 "此一人之身, 富貴則親戚畏懼之, 貧賤則輕易之, 況衆人乎? 且使我有雒陽負郭田二頃, 吾豈能佩六國相印乎?"로 되어 있다.

長江과 珠江의 古老運河

1. B.C. 338년쯤의 일이다.

2. ≪史記≫ 蘇秦列傳

蘇秦者, 東周雒陽人也. 東事師於齊, 而習之於鬼谷先生.

出游數歲, 大困而歸. 兄弟嫂妹妻妾竊皆笑之, 曰:「周人之俗, 治産業, 力工商, 逐什二以爲務. 今子釋本而事口舌, 困, 不亦宜乎!」蘇秦聞之而慙, 自傷, 乃閉室不出, 出其書徧觀之. 曰:「夫士業已屈首受書, 而不能以取尊榮, 雖多亦奚以爲!」於是得周書≪陰符≫, 伏而讀之. 期年, 以出揣摩, 曰:「此可以說當世之君矣.」求說周顯王. 顯王左右素習知蘇秦, 皆少之. 弗信. 乃西至秦. 秦孝公卒. 說惠王曰:「秦四塞之國, 被山帶渭, 東有關河, 西有漢中, 南有巴蜀, 北有代馬, 此天府也. 以秦士民之衆, 兵法之敎, 可以呑天下, 稱帝而治.」秦王曰:「毛羽未成, 不可以高蜚; 文理未明, 不可以幷兼.」方誅商鞅, 疾辯士, 弗用.(중략) 於是六國從合而幷力焉. 蘇秦爲從約長, 幷相六國. 北報趙王, 乃行過雒陽, 車騎輜重, 諸侯各發使送之甚衆, 疑於王者. 周顯王聞之恐懼, 除道, 使人郊勞. 蘇秦之昆弟妻嫂側目不敢仰視, 俯伏侍取食. 蘇秦笑謂其嫂曰:「何前倨而後恭也?」嫂委蛇蒲服, 以面掩地而謝曰:「見季子位高金多也.」蘇秦喟然歎曰:「此一人之身, 富貴則親戚畏懼之, 貧賤則

輕易之, 況衆人乎! 且使我有雒陽負郭田二頃, 吾豈能佩六國相印乎!」於是散千金以賜宗族朋友. 初, 蘇秦之燕, 貸人百錢爲資, 及得富貴, 以百金償之. 徧報諸所嘗見德者. 其從者有一人獨未得報, 乃前自言. 蘇秦曰:「我非忘子. 子之與我至燕, 再三欲去我易水之上, 方是時, 我困, 故望子深, 是以後子. 子今亦得矣.」蘇秦旣約六國從親, 歸趙, 趙肅侯封爲武安君, 乃投從約書於秦. 秦兵不敢闚函谷關十五年.(하략)

3. 鮑本의 평어

『彪謂: 秦之自刺, 可謂有志矣. 而志在於金玉卿相, 故其所成就, 適足誇嫂婦. 而此史極口稱頌之, 是亦利祿徒耳, 惡睹所謂大丈夫之事哉? 正曰: 按史, 秦出游數歲, 困歸, 兄弟嫂妹妻妾, 竊笑之. 於是得周書陰符讀之, 以出揣摩. 乃求說周顯王, 弗信. 至秦說惠王, 弗用. 乃之趙, 奉陽君弗說之. 去就燕, 文侯資之. 至趙, 奉陽君死, 乃說肅侯合從. 說楚後, 還過洛陽, 顯王除道郊勞. 與策小異.』

048(3-3) 秦惠王謂寒泉子
소진의 속임수

진秦 혜왕惠王이 한천자寒泉子에게 물었다.

"소진蘇秦이 나를 속이고 자신의 재주를 믿고 도리어 산동山東 여러 나라를 오가면서, 반복하여 그 임금을 부추겨 합종하여 우리 진나라를 속이려 들고 있소. 특히 조趙나라는 그 자신의 부강함을 믿고 제일 먼저 소진에게 금은보화를 주어 제후들과 맹약을 맺도록 소진을 부추기고 있는 중이오. 그러나 그들은 하나로 단결할 수 없을 것이오. 마치 닭들을 모두 한 끈으로 묶는다고 해서 그 닭들이 편히 살 수 없는 것과 같은 이치지요. 나는 이 일을 분하게 여기고 있소. 지금 무안군武安君 백기白起를 보내어 그들을 달래볼까 하는 데 어떻소?"

한천자는 이렇게 대답하였다.

"안됩니다. 성읍을 공격하여 함락시키는 일이라면 당연히 무안군 백기를 보냄이 마땅하나, 이 나라를 위해 다른 제후들을 말로 달래야 할 사신이라면 청컨대 객경客卿 장의張儀를 보내야 합니다."

혜왕은 허락하였다.

"그대의 말을 듣겠소."

秦惠王謂寒泉子曰:「蘇秦欺寡人, 欲以一人之智, 反覆東山之君, 從以欺秦. 趙固負其衆, 故先使蘇秦以幣帛約乎諸侯. 諸侯不可一, 猶連雞之不能俱止於棲之明矣. 寡人忿然, 含怒日久, 吾欲使武安子起往喻意焉.」寒泉子曰:「不可. 夫攻城墮邑, 請使武安子; 善我國家使諸侯, 請使客卿張儀.」秦惠王曰:「受命.」

【寒泉子】秦나라의 處士.
【東山】山東의 오기로 보고 있다. 肴山은 崤山, 또는 殽山으로 쓰며 이의 동쪽 여섯 나라. 秦을 제외한 여섯 나라(齊·楚·韓·魏·趙·燕)를 일컬을 때 쓰는 말. 《元和郡縣志》에 "自東崤至西崤三十五里: 東崤長坂數里, 峻阜絶澗, 車不得方軌; 西崤全是石坂, 十二里, 險絶不異東崤"라 하였다.

【白起】秦나라 장수. 무안군. ≪史記≫ 白起・王翦列傳 참조. 그러나 여기서는 시기적으로 보아 白起가 아닌 다른 인물로 보인다.(참고란 鮑彪의 結語를 볼 것)

【張儀】蘇秦과 쌍벽을 이루는 전국시대 최고의 유세가. 秦나라를 중심으로 連橫說을 주장하여 성공하였다. ≪史記≫ 張儀傳 참조. 원래 魏나라 출신으로 秦惠王 5年에 蘇秦의 도움으로 秦나라에 이르러 客卿(벼슬 이름)이 되었다. 姚注에는 "張儀, 魏人也, 仕秦以爲客卿"라 하였으며 鮑注에는 "魏人, 仕秦. 惠五年爲客卿"이라 하였다.

1. ≪史記≫에 의하면 張儀는 蘇秦이 六國合縱을 완성한(B.C. 333년) 이후 秦나라로 들어가 연횡설로 활약하였다. ≪史記≫ 張儀列傳 참조.

2. 鮑本의 結語

『按: 起以昭二十九年爲武安君, 自合從至是五十七年矣. 所稱武安子起, 謬也. 正曰: 起, 號武安君. 此云武安子, 必別一人. 上旣言武安子起, 而不止言武安子, 蓋'起'字屬下文. 李牧亦封武安君. 如此名不一. 且張儀死於秦武王時, 與白起戰 勝攻取, 時不相及.』

049(3-4) 冷向謂秦王
약한 나라에 겁을 주어

영향冷向이 진왕秦王에게 말하였다.

"저는 제齊나라가 우리 진나라 임금을 섬기게 하여 그들로 하여금 송宋나라를 치도록 하겠습니다. 송나라가 무너지고 나면 진晉나라가 위급해질 것이며 그렇게 되면 안읍安邑은 곧바로 대왕의 소유가 될 것입니다. 연燕·조趙 두 나라는 제나라가 우리 진나라와 연합하는 것을 싫어하여 틀림없이 땅을 떼어 대왕께 바치면서 교류를 제의할 것입니다. 또 제나라는 틀림없이 대왕께 중함을 받으려 할 것이니 저의 의견대로 송나라를 공격하게 되면, 이는 제나라에게 겁을 주어 대왕을 더욱 중히 여기도록 만드는 책략입니다. 그런데 대왕께서는 저의 송나라 공격에 대한 의견을 어찌하여 거절하십니까? 저는 대왕이 현명하시므로 미리 알고 계신 줄 여겼습니다. 그래서 저는 아직 말을 하지 않고 있었던 것입니다."

冷向謂秦王曰:「向欲以齊事王, 使攻宋也. 宋破, 晉國危, 安邑, 王之有也. 燕·趙惡齊·秦之合, 必割地以交於王矣. 齊必重於王, 則向之攻宋也, 且以恐齊而重王. 王何惡向之攻宋乎? 向以王之明爲先知之, 故不言.」

【冷向】冷은 성, 向은 이름. 秦나라의 신하. 姚注에 "冷, 姓, 向, 名也. 秦臣也"라 하였다. 그러나 '냉향(冷向)'으로 표기되기도 한다.
【安邑王之有也】晉(여기서는 魏나라를 가리킨다)이 급박하여 安邑을 秦나라가 차지한다는 뜻. 姚注에 "晉國, 魏都大梁也. 宋在其東, 若齊攻宋破之, 則大梁危, 不能復獲其安邑. 安邑在河東, 近秦, 秦可兼取, 故安邑王之有也"라 하였다.
【齊必重於王】鮑注에 "秦多得地, 齊畏其強, 故重之"라 하였다.

참고 및 관련 자료

1. B.C. 288년경의 일로 019장과 관련이 있다.
2. 여기서의 秦王은 秦昭王이다.

장의의 진나라 유세

장의張儀가 진秦 혜왕惠王에게 유세하였다.

"신이 듣건대 '알지도 못하면서 말을 내뱉는 것은 지혜롭지 못한 것이요, 알면서 말해 주지 않는 것은 성실하지 못한 것이다. 남의 신하가 되어 충성스럽지 못하면 사형에 처함이 마땅하고, 말을 잘 살펴서 하지 않는 것도 사형에 해당한다'라고 하였습니다. 비록 그렇다고는 하지만 저는 제가 들은 바를 대왕께 모두 말씀드려 대왕으로부터 저의 죄를 판결받고 싶습니다. 제가 듣기로는 천하가 북으로는 연燕·위魏 두 나라가 초(楚, 荊)와 연합하여 제齊나라를 견고히 하겠다고 합니다. 그리고 한韓나라까지 끌어들여 합종合從을 맺어 장차 서남쪽으로 귀국 진나라와 대적하고자 한다더군요. 저는 속으로 웃었습니다. 세상에 멸망하는 경우가 세 가지 있다고 하는데 산동 여섯 나라가 이런 경우를 갖추고 있으니 바로 이런 것을 두고 하는 말일 것입니다. 즉, 제가 듣기로 그 세 가지란 '자기 나라가 어지러우면서 잘 다스려지는 나라를 공격하는 것, 사악한 것으로 바른 것을 치는 것, 그리고 역리로써 순리를 치는 것, 이런 자는 반드시 망한다'라는 것입니다.

지금 산동 여섯 나라의 창고들은 다 비어 있고 곡식 곳간도 텅 비었는데 백성들은 모두 군에 소집되어 그 수가 수천 수백 만입니다. 더구나 그들은 시퍼런 칼날이 앞에 있고 부지斧質가 뒤에 있다 해도 다 도망갈 마음뿐, 나라를 위해 죽으려는 각오는 없습니다. 그들이 전쟁에서 죽을 각오가 없는 것은 그 백성들이 전쟁에 능히 죽지 않는 것이 아니라 그 윗사람들이 그들을 능히 전쟁에 달게 죽어도 좋을 여건을 만들어 주지 않기 때문입니다.

말로는 상을 준다고 해놓고 주지 않으며, 말로는 벌을 주겠다고 떠들면서 행하지 않으니 그런 까닭으로 백성이 나라를 위해 죽으려는 각오가 없는 것입니다. 그런데 지금 진나라는 법령도 잘 내려지고 상벌도 잘 행해지고 있으니 공이 없는 자는 공이 있는 자를 위하여 부림을 받아야 합니다.

그러므로 백성들은 그 부모의 품을 떠나면서부터 원수라는 것을 보지도 못하였으면서도 전쟁이라는 말만 들으면 맨발로 쫓아나가 맨몸으로 시퍼런 칼날에 대들며, 불구덩이 속도 뛰어들어 나라를 위해 죽음 앞에서 결단을 내겠다는 자가 줄을 설 정도입니다.

무릇 죽음을 결심하는 마음을 생기게도 하고, 살기만 바라는 마음을 생기게도 하는 것은 서로 다른 것입니다. 백성을 스스로 그렇게 할 수 있도록 하는 것은 분격을 훌륭한 것으로 높이 사주기 때문입니다. 그래서 하나가 열을 이기고 열이 백을, 백이 천을, 천이 만을 이겨 결국 만이 천하를 이겨낼 수 있는 것입니다.

지금 진나라의 땅은 긴 것을 잘라 짧은 것에 이어 계산하면 사방 수천 리나 됩니다. 이름난 부대도 수백 만이 됩니다. 이렇게 법령과 상벌이 잘 행해지는 데다가 지형의 이해利害는 천하에 이만한 나라가 없습니다. 이러한 국세로 천하를 점령하려 든다면 천하를 다 겸병하여도 부족합니다. 이로써 대왕께서 아셔야 할 일은 이 진나라로서는 싸워서 이기지 못할 것이 없고, 공격해서 함락치 못할 것이 없고, 닥치는 것은 모두 깨지고 말 것이라는 점입니다. 국토를 수천 리나 넓힌다는 것은 아주 큰 공로입니다. 그러나 군대는 묶어두고, 사민士民은 병들고, 쌓아놓은 재물은 줄어들고, 논밭이 황폐해지고, 창고는 비어 사방 이웃 제후들을 복종시키지도 못하였고, 패왕霸王의 정책도 아직 성공을 거두지 못하고 있으니 이는 다른 이유에서가 아닙니다. 바로 대왕의 참모들이 충성을 다하지 않았기 때문입니다.

제가 감히 옛날의 사실을 들어 말씀 올리겠습니다. 옛날 제齊나라는 남으로 초荊나라를 격파하고 그 중간에 송宋나라를 쳐버리고, 서쪽으로는 진秦나라를 굴복시키고 북으로는 연燕나라를 깨뜨렸습니다. 그리고 그 가운데 있는 한韓·위魏 두 나라의 임금까지도 지휘하였었습니다. 그래서 땅은 넓어졌고 군대는 강성해졌습니다. 싸워서 이겼고 이기면 빼앗았고, 빼앗고 나면 천하를 호령하였습니다. 맑은 제수濟水와 탁한 황하黃河를 경계로 삼았고, 장성長城과 거방鉅坊은 요새가 되기에 훌륭하였습니다. 제齊나라가 이 다섯 번 싸움에 단 한 번이라도 졌더라면 제齊나라란 있을 수 없었을 것입니다.

그러므로 이로 미루어 보면 무릇 전쟁이라고 하는 것은 일국 군주의 존망에 관계되는 것입니다. 또 제가 듣기로 '나무를 없애려면 뿌리를 파버리면 되듯이, 화禍를 이웃하지 않으면 화는 이에 저절로 없어진다'라 하였습니다. 지난번 진秦나라가 초(楚, 荊)나라와 싸워 초나라를 크게 이겨 수도 영郢을 함락하고 멀리 남쪽 동정洞庭·오도五都·강남江南까지 탈취하였습니다. 그때 초왕은 동쪽으로 도망가서 진陳나라에 피신하였었지요. 때를 놓치지 않고 뒤쫓아 초나라를 쳤더라면 초나라는 멸망하였을 것입니다. 초나라가 멸망하고 나면 그 많은 민중이 모두 진秦나라 백성이 되었을 것이요, 그 넓은 땅도 진나라 욕구를 채울 이익으로 충분하였을 것입니다.

그리고 나서 동쪽으로 강한 제齊·연燕 두 나라와 외교를 맺고 중간의 약한 삼진(三晉: 韓·魏·趙)을 능멸하였더라면 일거에 패왕의 이름을 드날려 서방 제후로부터 조공을 받을 수 있었을 것입니다. 그러나 대왕의 참모들이 그렇게 하지 않고 군대를 끌고 물러서서는 초나라와 강화를 맺고 말았습니다. 지금 초나라처럼 망해가던 나라로 하여금 부흥시켜, 흩어졌던 백성을 다시 모으고, 사직을 다시 세우고 종묘를 건설하고, 천하 군사를 거느리고 서쪽 진나라와 대항하게 만들어 놓았으니 이것이야말로 진실로 천하 패권을 잃은 첫째 과오 중의 하나입니다.

또 천하가 모두 진나라에 대항하고자 여섯 나라가 연합정책을 써서 군대를 화산華山 아래 모으고 있었습니다. 대왕께서는 그때 사술詐術을 써서 이들을 깨뜨리고 위魏나라 서울 대량大梁의 외곽까지 쳐들어갔습니다. 이때 수십 일 만 포위하였더라면 대량은 함락시킬 수 있었을 것입니다. 대량만 점령하면 위나라 땅은 무너졌을 것입니다. 위나라가 무너지면 초楚나라와 조趙나라의 연합은 저절로 깨어지고 맙니다. 초·조 두 나라의 연합이 깨지면 조나라는 위험해지고 조나라가 위험해지면 초나라는 고립되고 마는 것입니다.

그렇게 되면 동쪽의 강한 제齊·연燕 두 나라와 연합, 삼진을 능멸시켜 일거에 패왕의 이름을 드날려 사방 이웃 제후에게 조공을 받을 수 있었을 것입니다. 그러나 대왕의 참모들이 그렇게 하지 않고 도리어 군대를 이끌고 위나라로부터 철수하여 위나라와 강화를 맺고 말았습니다. 그리하여 위나라로 하여금 기울던 나라를 복구시켜 흩어진 백성을 다시 모으고, 사직종묘를 재건하도록 하고 말았으니 이것이 천하 패권을 잃은 둘째 과오입니다.

또 지난번 양후穰侯가 진나라 재상이 되었을 때, 일국의 병사만 가지고 두 나라에 공을 세워 주려고 욕심을 부리다가 군인은 종신토록 밖에서 햇볕을 쬐어야 하고, 백성은 모름지기 국내에서 병들고 피폐함을 당하여 패왕의 이름을 이루지 못하였으니 이것이 진실로 이미 패왕의 도를 잃은 세 번째 과오입니다.

조趙나라는 진秦·연燕·제齊·한韓·위魏 등 여러 나라의 한 가운데에 처한 나라이며 잡민雜民이 살고 있는 곳입니다. 그 때문에 그 백성은 경솔하여 부리기가 어렵고, 나라의 법령도 잘 지켜지지 않고 있으며, 상벌을 내려도 믿지를 않습니다. 게다가 지형도 수비하기에 좋지 않은 곳입니다. 그리고 윗사람들이 그 백성의 역량을 십분 이용하지 못하고 있습니다. 이는 진실로 망할 수밖에 없는 형세입니다. 그런데도 그 나라는 백성을 아끼기는커녕 온 사민들을 모아 한韓나라와 상당上黨 땅을 두고 다투느라고 장평長平 아래 주둔하고 있었습니다. 대왕께서는 이때를 놓치지 않고 사술로 이를 깨뜨리고 무안武安 점령하셨습니다. 그 당시 조나라는 상하가 서로 믿지 못하고 있었으며, 귀천이 서로 등을 돌리고 있었습니다. 그러니 조나라는 수도 한단邯鄲을 지켜낼 능력도 잃고 있었던 것입니다. 이에 진나라가 한단만 점령하였더라면 하간河間 땅을 손에 넣을 수 있었을 것이며 이어서 군대를 서쪽으로 진군시켜 수무修武를 공격했더라면 양장羊腸의 요새 위쪽과 대代 땅과 상당上黨을 모두 손에 넣을 수 있었을 것입니다. 대 땅은 36개의 현縣이 있고, 상당 땅은 17개의 현이 있는데 무기 하나 손실 없이, 백성 하나 고생 없이 이 많은 땅을 다 진나라 것으로 만들 수 있었던 것입니다.

대 땅과 상당은 진나라가 싸움 없이 얻을 수 있는 땅이며, 동양東陽과 황하黃河 남쪽은 제나라가 싸움 없이 얻을 수 있는 땅입니다. 또 중호지中呼池의 북쪽은 연나라가 싸움 없이 얻을 수 있는 땅입니다. 이렇게 되었을 때 조나라를 치게 되면 이어서 한나라도 망하게 됩니다. 한나라가 망하면 형(荊, 楚)·위魏 두 나라가 독립할 수 없게 되고, 초·위 두 나라가 독립하지 못하면 일거에 한나라를 괴멸시켜 버리고 위나라를 좀이 쓸 듯이 야금야금 먹어들며, 초나라를 끼고 동쪽의 강국 제齊·연燕 두 나라를 약화시켜 백마진白馬津 뚝을 무너뜨려 위나라를 물바다로 만들면 일거에 3진(韓·魏·趙)을 멸망시킬 수 있었을 것입니다. 그러면 합종책은 깨어질 것이요, 대왕은 팔짱을 끼고 기다려도 천하가 모두 진나라에 복종하여 패도霸道의 명성을 이룰 수 있었을 것입니다. 그러나 대왕의 모신들이 그렇게 하지 않고 조나라와 싸우다 말고 군을 이끌고 철수하여 오히려 강화를 맺고 말았습니다.

대왕처럼 명철하시고 진나라 병사들처럼 강하다면 천하를 얼마든지 제패할 수 있을 터인데 도리어 망해야 할 조나라에게 속임을 당하셨으니 이는 대왕의 모신들이 졸렬해서 그랬던 것입니다.

무릇 망해야 할 조나라가 망하지 아니하고, 패자가 되어야 할 진나라가 패자가 되지 못한 것은, 천하가 진나라 모신들의 역량을 헤아렸기 때문이니 이것이 첫 번째 이유입니다. 온 힘을 다해 조나라 수도 한단을 공격하다가 실패하자 갑옷과 무기를 내던지고 무서워하면서 군대를 끌고 퇴각한 것, 이것이 천하가 진나라 힘을 알아보게 된 두 번째 이유입니다. 퇴각한 군대를 이하李下 땅에 모아 놓고 폐하께서 재정비하여 싸웠으나 큰 승리를 거두지 못하고 또다시 지친 채 퇴각한 것, 이것이 천하가 진나라 힘을 알아차리게 된 세 번째 이유입니다.

안으로는 모신의 역량을 헤아리고, 밖으로는 자신의 병력을 지극하게 해야 합니다. 이로 말미암아 보건대 제 생각으로는 천하가 합종한다 해도 아무런 어려움이 없을 것이라 여깁니다.

그러나 지금 진나라는 안으로는 자신의 군대를 묶어두고 있고, 백성은 병들어 있으며, 재물은 바닥이 나고, 농토는 황폐해졌으며 창고는 비어 있습니다. 게다가 밖으로는 천하의 적들을 오히려 서로 뜻을 모아 하나로 뭉쳐 견강해지도록 내버려두고 있으니 대왕께서는 깊이 헤아려 주십시오.

또 신이 듣건대 '조심조심해서 날로 날로 삼가라. 진실로 신중하게 한다면 천하를 다 소유할 수 있으리'라 하였습니다. 무엇으로 이런 이치를 알 수 있느냐고요? 옛날 주紂가 천자가 되었을 때 천하의 백만 군대를 이끌고 왼쪽은 기곡淇谷의 물을 다 마셔 버리고, 오른쪽으로는 원하洹河의 물을 다 마셔 버렸습니다. 원하의 물이 다 마르고 기곡의 물이 흐를 게 없을 정도의 많은 군사로 주周 무왕武王과 대적하였습니다. 그러나 주 무왕은 불과 3천 명의 소갑素甲 군사만으로 하루를 싸워 주군紂軍을 쳐부수었습니다. 그리고는 주를 사로잡았고, 그의 토지와 백성을 차지하였습니다. 그러나 누구 하나 그 주를 동정하는 자가 없었습니다.

또 진晉나라가 분열될 때 지백智伯이 지智·한韓·위魏 삼씨三氏의 군대를 이끌고 조趙 양자襄子를 진양晉陽에서 공격하였습니다. 둑을 터뜨려 3년만에 거의 함락시킬 때였습니다. 조양자趙襄子가 거북껍질을 뚫어 책策을 헤아려 이해를 점을 쳐서, 어느 나라가 조씨 편을 들어 줄까를 알아본 다음, 그의 신하 장맹담張孟談을 밀파시켜 지백智伯의 삼씨약정三氏約定을 깨어 버리고, 한韓·위魏의 군사를 자기편으로 끌어들여 버렸습니다. 그리하여 지백의 군대를 쳐서 그를 사로잡아 조양자로 하여금 승리를 거두게 해주었습니다.

지금 대왕의 진나라를 절장보단截長補短하면 사방이 수천 리나 되고 뛰어난 군사도 수백 만입니다. 진나라의 이와 같은 법령·상벌제도와 지형의 유리함은 천하에 따를 나라가 없습니다. 이로써 천하와 마주한다면 천하를 겸병하여 가질 수 있습니다. 제가 죽음을 무릅쓰고 대왕을 뵙고 말씀드리고 싶어 한 이유는 바로 이것입니다. 어서 대왕께서는 천하의 약종을 깨어 버리고 조나라를 들어 쳐서 한나라를 멸망시키고 초나라와 위나라를 신하로 삼고, 제齊·연燕 두 나라와는 친교를 맺으십시오. 그러면 틀림없이 패업을 성취시켜 사방 이웃 제후로부터 조공을 받을 수 있을 것입니다. 대왕께서 제 말을 잘 들어주십시오. 한꺼번에 천하를 들이치되 천하의 합종을 깨어버리지 않으면 조나라도 격패시킬 수 없을 뿐만 아니라 한나라도 멸망시킬 수 없으며, 초楚·위魏 두 나라도 신하라 일컫지 않게 될 것이며, 제齊·연燕 두 나라도 친교를 맺자고 아니할 것입니다. 패왕의 이름을 얻지 못하면 사방 이웃 제후가 조공해 올 리 없습니다. 이렇게

감히 청함을 올렸으니 대왕께서는 이제 제 목을 잘라 국내에 널리 알려서
대왕에게 모책이 불충한 자들에게 경계를 삼도록 하십시오."

秦代阿房宮(明代繪)

　　張儀說秦王曰:「臣聞之:『弗知而言爲不智; 知而不言爲不忠. 爲人臣不
忠當死, 言不審亦當死.』雖然, 臣願悉言所聞, 大王裁其罪. 臣聞: 天下陰燕
陽魏, 連荊固齊, 收餘韓成從, 將西南以與秦爲難. 臣竊笑之. 世有三亡,
而天下得之, 其此之謂乎! 臣聞之曰:『以亂攻治者亡, 以邪攻正者亡, 以逆
攻順者亡.』今天下之府庫不盈, 囷倉空虛, 悉其士民, 張軍數千百萬, 白刃
在前, 斧質在後, 而皆去走, 不能死, 罪其百姓不能死也, 其上不能殺也.
言賞則不與, 言罰則不行, 賞罰不行, 故民不死也.

　　今秦出號令而行賞罰, 不攻無攻相事也. 出其父母懷袵之中, 生未嘗見
寇也, 聞戰頓足徒裼, 犯白刃, 蹈煨炭, 斷死於前者比是也. 夫斷死與斷生也
不同, 而民爲之者是貴奮也. 一可以勝十, 十可以勝百, 百可以勝千, 千可以
勝萬, 萬可以勝天下矣. 今秦地形, 斷長續短, 方數千里, 名師數百萬, 秦之
號令賞罰, 地形利害, 天下莫如也. 以此與天下, 天下不足兼而有也. 是知秦
戰未嘗不勝, 攻未嘗不取, 所當未嘗不破也. 開地數千里, 此甚大功也. 然而
甲兵頓, 士民病, 蓄積索, 田疇荒, 囷倉虛, 四鄰諸侯不服, 伯王之名不成,
此無異故, 謀臣皆不盡其忠也.

臣敢言往昔. 昔者, 齊南破荊, 中破宋, 西服秦, 北破燕, 中使韓·魏之君,
地廣而兵强, 戰勝攻取, 詔令天下, 濟淸河濁, 足以爲限, 長城·鉅坊, 足以
爲塞. 齊, 五戰之國也, 一戰不勝而無齊. 故由此觀之, 夫戰者, 萬乘之存亡也.
且臣聞之曰:『削株掘根, 無與禍鄰, 禍乃不存.』秦與荊人戰, 大破荊,
襲郢, 取洞庭·五都·江南. 荊王亡奔走, 東伏於陳. 當是之時, 隨荊以兵,
則荊可擧. 擧荊, 則其民足貪也, 地足利也. 東以强齊·燕, 中陵三晉. 然則
是一擧而伯王之名可成也, 四鄰諸侯可朝也. 而謀臣不爲, 引軍而退, 與荊
人和. 今荊人收亡國, 聚散民, 立社主, 置宗廟, 令帥天下西面以與秦爲難,
此固已無伯王之道一矣. 天下有比志而軍華下, 大王以詐破之, 兵至梁郭,
圍梁數旬, 則梁可拔. 拔梁, 則魏可擧. 擧魏, 則荊·趙之志絶. 荊·趙之志絶,
則趙危. 趙危而荊孤. 東以强齊·燕, 中陵三晉, 然則是一擧而伯王之名可
成也, 四鄰諸侯可朝也. 而謀臣不爲, 引軍而退, 與魏氏和, 令魏氏收亡國,
聚散民, 立社主, 置宗廟, 此固已無伯王之道二矣. 前者, 穰侯之治秦也,
用一國之兵, 而欲以成兩國之功. 是故兵終身暴靈於外, 士民潞病於內,
伯王之名不成, 此固已無伯王之道三矣.
趙氏, 中央之國也, 雜民之所居也. 其民輕而難用, 號令不治, 賞罰不信,
地形不便, 上非能盡其民力. 彼固亡國之形也, 而不憂民氓, 悉其士民, 軍於
長平之下, 以爭韓之上黨, 大王以詐破之, 拔武安. 當是時, 趙氏上下不相親也,
貴賤不相信, 然則是邯鄲不守, 拔邯鄲, 完河間, 引軍而去, 西攻脩武, 踰羊腸,
降代·上黨. 代三十六縣, 上黨十七縣, 不用一領甲, 不苦一民, 皆秦之有也.
代·上黨不戰而已爲秦矣. 東陽河外不戰而已反爲齊矣, 中呼池以北不戰
而已爲燕矣. 然則是擧趙則韓必亡, 韓亡則荊·魏不能獨立. 荊·魏不能獨立,
則是一擧而壞韓, 蠹魏, 挾荊, 以東弱齊·燕, 決白馬之口, 以流魏氏. 一擧而
三晉亡, 從者敗. 大王拱手以須, 天下徧隨而伏, 伯王之名可成也. 而謀臣
不爲, 引軍而退, 與趙氏爲和. 以大王之明, 秦兵之强, 伯王之業, 地尊不可得,
乃取欺於亡國, 是謀臣之拙也. 且夫趙當亡不亡, 秦當伯不伯, 天下固量秦
之謀臣, 一矣. 乃復悉卒乃攻邯鄲, 不能拔也, 棄甲兵怒, 戰慄而卻, 天下固量
秦力, 二矣. 軍乃引退, 幷於李下, 大王又幷軍而致與戰, 非能厚勝之也, 又交
罷卻, 天下固量秦力, 三矣. 內者量吾謀臣, 外者極吾兵力. 由是觀之, 臣以

天下之從, 豈其難矣? 內者吾甲兵頓, 士民病, 蓄積索, 田疇荒, 囷倉虛; 外者
天下比志甚固. 願大王有以慮之也.

且臣聞之:『戰戰慄慄, 日愼一日. 苟愼其道, 天下可有』也. 何以知其然也?
昔者, 紂爲天子, 帥天下將甲百萬, 左飮於淇谷, 右飮於洹水, 淇水竭而洹水
不流, 以與周武爲難. 武王將素甲三千領. 戰一日, 破紂之國, 禽其身, 據其地,
而有其民, 天下莫不傷. 智伯帥三國之衆, 以攻趙襄主於晉陽, 決水灌之,
三年, 城且拔矣. 襄主錯龜·數策占兆, 以視利害, 何國可降, 而使張孟談.
於是潛行而出, 反智伯之約, 得兩國之衆, 以攻智伯之國, 禽其身, 以成襄子
之功. 今秦地斷長續短, 方數千里, 名師數百萬, 秦國號令賞罰, 地形利害,
天下莫如也. 以此與天下, 天下可兼而有也.

臣昧死望見大王, 言所以擧破天下之從, 擧趙亡韓, 臣荊·魏, 親齊·燕,
以成伯王之名, 朝四鄰諸侯之道. 大王試聽其說, 一擧而天下之從不破,
趙不擧, 韓不亡, 荊·魏不臣, 齊·燕不親, 伯王之名不成, 四鄰諸侯不朝,
大王斬臣以徇於國, 以主爲謀不忠者.」

【張儀】 전국시대 魏나라 사람. 젊어서 蘇秦과 같이 鬼谷 선생에게 縱橫說을
　　배웠다. 蘇秦이 먼저 출세하여 趙나라 재상이 되자 張儀를 고의로 모욕,
　　몰래 秦나라로 가는 길을 도와 주었다. 張儀가 秦 惠文王에게 책략을 올려
　　재상이 되자 소진에게 감복하여 그가 죽을 때까지 連橫說을 내세우지 않았다.
　　그 후 소진이 죽자 소진과 반대이론인 연횡설로 진나라에서 두 번 재상을
　　지내고 魏나라에서 생을 마쳤다. 《史記》 張儀列傳 참조
【荊】 楚나라의 본래 이름. 당시 楚나라를 야만시해서 荊蠻이라 불렀다. 《左傳》
　　莊公 10년 注에 "荊, 楚之本號"라 하였다.
【府庫·囷倉】 府庫는 국가의 재물을 저장하는 네모진 곳간. 囷倉은 곡식저장용
　　둥근 곳간. "圓者曰囷, 方者曰倉"이라 하였다.
【斧質】 옛날의 刑具. 斧는 사람을 자르는 것, 지(質)는 자르기 위해 쓰는 목판.
【其百姓不能死也】 이 7字는 錯簡이라 함.
【不攻無攻】 '有功無功'으로 해석하였다.
【濟淸·河濁】 濟水의 맑음과 하수의 탁함. 원래 제수는 四水(河·淮·濟·江)
　　중의 하나로 직접 황해로 들어갔으나 지금은 그 하류가 황하와 합쳐졌다.

【長城·鉅坊】 長城은 齊나라 장성을 가리킨다. 전국시대에는 秦·趙·齊·燕·
楚 등 모두 장성이 있었다. 齊나라 長城에 대하여 ≪括地志≫에 "齊長城西起渾
州平陰縣, 沿河歷泰山北岡, 至密州瑯琊臺入海"라 하였다. 鉅坊은 거대한
防禦築城工事, 坊은 防이라고도 쓴다.

【秦與荊人戰……伏於陳】 이 사실은 편자 劉向의 착오로 잘못 기록된 것이다.
≪史記≫ 楚世家·白起王翦列傳 등에 의하면 秦나라가 楚나라 郢을 친 것은
周赧王 37년의 일이며, 張儀가 죽은 것은 周赧王 7년의 일이다. ≪史記≫
楚世家에 襄王 21년 "秦將白起拔我郢, 燒先王墓夷陵, 楚襄王兵散, 遂不復戰,
東北保於陳城"으로 되어 있으며 여기서 陳은 춘추시대 國名이며 이미 楚에게
망하여 초나라 영토가 되었었다.(지금의 河南省 淮陽縣)

【今】 '令'자의 오기로 본다.

【華山】 陝西省 華陰縣 남쪽에 있는 산(太華山).

【梁郭】 魏나라 도읍 大梁(지금의 河南省 開封縣)의 외성.

【穰侯】 전국시대 秦나라 昭王의 어머니 宣太后와 同母異父인 宣太后 동생.
성은 魏, 이름은 冉, 昭王 때 네 번이나 재상의 자리에 올라 穰邑(지금의
河南省 鄧縣 부근)에 봉해졌다. 그 후 范睢가 등용되자 재상자리에서 물러섰다.

【欲成兩國之功】 穰侯가 秦나라 재상이었을 때 진나라를 부흥시키고 魏나라를
안정시키려 한 정책.

【軍於長平之下, 以爭韓之上黨, 大王以詐破之, 拔武安】 이 이야기도 착오로
기재된 것. 長平 싸움은 전국시대를 대표하는 전투로 秦나라 白起가 趙나라
趙括의 군사 40만을 長平에서 詐術로 생매장한 큰 싸움이다. 게다가 연대상으로
周赧王 55년의 일이며 張儀가 죽은 지 49년 후의 일이므로 장의가 예로
들어 설명할 수 없는 일. 따라서 武安은 地名으로만 해석되며 武安君과는
연관이 없다. ≪史記≫ 白起王翦列傳 및 廉頗藺相如列傳·趙世家·秦世家
등 참조.

【邯鄲】 趙나라 수도. 지금의 河北省 邯鄲市.

【河間】 河間은 趙나라 읍 이름. 지금의 河北省 河間縣.

【修武】 趙나라 읍. 지금의 河南省 獲嘉縣.

【羊腸】 趙나라 요새명. 〈韓魏易地〉 주 참조.

【代】 원래는 소국명. 전국 때 趙나라에게 멸망하였다. 지금의 山東省 북부
및 河北省 蔚縣 부근.

【東陽】 趙나라의 읍 이름. 山東省 恩縣 서북.

【河外】 지금의 河南省 黃河 以南 地域.

【中呼池】 地名. 못 이름.

【蠹】 弱體化하는 것. 害를 입히는 것. ‘좀이 쓸 듯 잠식하다’의 뜻.

【白馬】 나루 이름. 지금의 河南省 滑縣 북쪽.

【從者敗】 函谷關 동쪽의 六國合從이 깨어짐을 말한다.

【伯王之業】 伯王은 霸道之王.

【棄甲兵怒】 ‘怒’는 ‘弩’의 오기이다.

【李下】 高誘 注에 “李下, 邑名, 在河內也”라 하였다.

【淇谷】 淇水(淇河)의 골짜기(지금의 河南省 湯陰縣) ≪韻會≫에 “谷, 兩山之間流水之道也”라 하였다.

【洹水】 安陽河. 지금의 河南省 安陽縣.

【素甲】 흰 갑옷. 武王이 紂를 칠 때에 弔喪하는 의미로 흰 갑옷을 입게 하였다 한다.

【天下莫不傷】 ‘不’자가 없어 ‘天下民이 紂王에 대해 동정하지 않았다’라는 뜻이다. ≪韓非子≫ 참조.

【智伯帥三國之衆……以成襄子之功】 ‘帥’은 음이 ‘率(솔)’이다. 전국시대 들어서 晉나라가 분열될 때 6명의 대부들이 서로 싸워 그 중 智·韓·魏·趙 등 四卿의 싸움이 치열하였다.(周貞王 16년, B.C. 453년) 그때 智伯(荀瑤)이 魏·韓과 연합해서 趙襄子(名은 毋卹, 趙簡子 鞅의 아들)가 晉陽城에서 苦戰 끝에 張孟談을 密行시켜 韓·魏를 자기편에 끌어들여 智氏一派를 멸하고 晉나라를 三分시켰다. 이를 흔히 ‘三晉’이라 하며 모두 전국칠웅에 들었다. 姚注에 “智伯與韓, 魏攻襄子, 張孟談辭於韓·魏, 魏與趙同, 故曰: ‘反智伯之約’也. 國猶軍,(一本有攻字) 智伯之軍, 而破以殺其身, 故曰: ‘以成襄主之功’也”라 하였다.

【錯龜數策】 ‘錯龜’는 ≪韓非子≫에는 ‘鑽龜’로 되어있다. 즉 거북껍질을 태워(지져) 그 裂紋으로 길흉을 점치는 것이다. ‘數策’은 시초(蓍草)로 점치는 것이다. 모두가 占筮法의 일종이다.

【以主爲謀不忠子】 모책을 짜는 데에 불충한 자에게 이렇게 연좌됨을 알려 경계로 삼도록 하라는 뜻. ‘主’는 ‘坐’와 같다.

1. 이상의 장의의 連橫說 성공은 그가 워낙 유명해지자 뒤에 누군가가 위탁해 만들어 낸 이야기가 아닌가 한다.(≪韓非子≫ 初見秦 참조)

2. ≪史記≫ 張儀傳

張儀者, 魏人也. 始嘗與蘇秦俱事鬼谷先生, 學術, 蘇秦自以不及張儀.

張儀已學而游說諸侯. 嘗從楚相飮, 已而楚相亡璧, 門下意張儀, 曰:「儀貧無行, 必此盜相君之璧.」共執張儀, 掠笞數百, 不服, 釋之. 其妻曰:「嘻! 子毋讀書游說, 安得此辱乎?」張儀謂其妻曰:「視吾舌尙在不?」其妻笑曰:「舌在也.」儀曰:「足矣.」

3. ≪韓非子≫ 初見秦

「臣聞:『不知而言, 不智; 知而不言, 不忠. 爲人臣不忠, 當死; 言而不當, 亦當死.』雖然, 臣願悉言所聞, 唯大王裁其罪.

臣聞: 天下陰燕陽魏, 連荊固齊, 收韓而成從, 將西面以與秦强爲難. 臣竊笑之. 世有三亡, 而天下得之. 其此之謂乎! 臣聞之曰:「以亂攻治者亡, 以邪攻正者亡, 以逆攻順者亡.」今天下之府庫不盈, 囷倉空虛, 悉其士民, 張軍數十百萬, 其頓首戴羽爲將軍, 斷死於前不至千人, 皆以言死. 白刃在前, 斧鑕在後, 而卻走不能死也. 非其士民不能死也, 上不能故也. 言賞則不與, 言罰則不行, 賞罰不信, 故士民不死也. 今秦出號令而行賞罰, 有功無功相事也. 出其父母懷衽之中, 生未嘗見寇耳. 聞戰, 頓足徒裼, 犯白刃, 蹈鑪炭, 斷死於前者皆是也. 夫斷死與斷生者不同, 而民爲之者, 是貴奮死也. 夫一人奮死可以對十, 十可以對百, 百可以對千, 千可以對萬, 萬可以剋天下矣. 今秦地折長補短, 方數千里, 名師數十百萬. 秦之號令賞罰, 地形利害, 天下莫若也. 以此與天下, 天下不足兼而有也. 是故秦戰未嘗不剋, 攻未嘗不取, 所當未嘗不破, 開地數千里, 此其大功也. 然而兵甲頓, 士民病, 蓄積索, 田疇荒, 囷倉虛, 四鄰諸侯不服, 霸王之名不成. 此無異故, 其謀臣皆不盡其忠也. 臣敢言之. 往者齊南破荊, 東破宋, 西服秦, 北破燕, 中使韓‧魏, 土地廣而兵强, 戰剋攻取, 詔令天下. 齊之淸濟濁河, 足以爲限; 長城巨防, 足以爲塞. 齊, 五戰之國也, 一戰不剋而無齊. 由此觀之, 夫戰者, 萬乘之存亡也. 且聞之曰:『削迹無遺根, 無與禍鄰, 禍乃不存.』秦與荊人戰, 大破荊, 襲郢, 取洞庭‧五湖‧江南. 荊王君臣亡走, 東服於陳. 當此時也, 隨荊以兵, 則荊可擧; 荊可擧, 則其民足貪也, 地足利也, 東以弱齊‧燕, 中以凌三晉. 然則是一擧而霸王之名可成也, 四鄰諸侯可朝也; 而謀臣不爲, 引軍而退, 復與荊人爲和. 令荊人得收亡國, 聚散民, 立社稷主, 置宗廟; 令率天下西面以與秦爲難. 此固以失霸王之道一矣. 天下又比周而軍華下, 大王以詔破之, 兵至梁郭下. 圍梁數旬, 則梁可拔; 拔梁, 則魏可擧; 擧魏, 則荊·趙之意絶; 荊·趙之意絶, 則趙危; 趙危而荊狐疑; 東以弱齊·燕, 中以凌三晉. 然則是一擧而霸王之名可成也, 四鄰諸侯可朝也; 而謀臣不爲, 引軍而退, 復與魏氏爲和. 令魏氏反收亡國, 聚散民, 立社稷主, 置宗廟令. 此固以失霸王之道二矣. 前者穰侯之治秦也, 用一國之兵而欲以成兩國之功, 是故兵終身暴露於外, 士民疲病於內, 霸王之名不成. 此固以失霸王之道三矣.

趙氏, 中央之國也, 雜民所居也, 其民輕而難用也. 號令不治, 賞罰不信, 地形不便, 下不能盡其民力. 彼固亡國之形也, 而不憂民萌, 悉其士民軍於長平之下, 以爭韓上黨. 大王以詔破之, 拔武安. 當是時也, 趙氏上下不相親也, 貴賤不相信也. 然則邯鄲不守. 拔邯鄲, 筦山東河間, 引軍而去, 西攻修武, 踰華絳上黨. 代四十六縣, 上黨七十縣, 不用一領甲, 不苦一士民, 此皆秦有也. 代·上黨不戰而畢爲秦矣, 東陽·河外不戰而畢反爲齊矣, 中山·呼沱以北不戰而畢爲燕矣. 然則是趙擧, 趙擧則韓亡, 韓亡則荊, 魏不能獨立, 荊·魏不能獨立, 則是一擧而壞韓, 蠹魏·拔荊, 東以弱燕·齊, 決白馬之口以沃魏氏, 是一擧而三晉亡, 從者敗也. 大王垂拱以須之, 天下編隨而服矣, 霸王之名可成. 而謀臣不爲, 引軍而退, 復與趙氏爲和. 夫以大王之明, 秦兵之强, 棄霸王之業, 地曾不可得, 乃取欺於亡國, 是謀臣之拙也. 且夫趙當亡而不亡, 秦當霸而不霸, 天下固以量秦之謀臣一矣. 乃復悉士卒以攻邯鄲, 不能拔也, 棄甲兵弩, 戰竦而卻, 天下固已量秦力二矣. 軍乃引而退, 幷於李下, 大王又幷軍而至, 與戰不能剋之也, 又不能反, 運罷而去, 天下固量秦力三矣. 內者量吾謀臣, 外者極吾兵力. 由是觀之, 臣以爲天下之從, 幾不難矣. 內者, 吾甲兵頓, 士民病, 蓄積索, 田疇荒, 囷倉虛. 外者, 天下皆比意甚固. 願大王有以慮之也. 且臣聞之曰: 『戰戰栗栗, 日愼一日, 苟愼其道, 天下可有.』 何以知其然也? 昔者, 紂爲天子, 將率天下甲兵百萬, 左飮於淇溪, 右飮於洹谿, 淇水竭而洹水不流, 以與周武王爲難. 武王將素甲三千, 戰一日, 而破紂之國, 禽其身, 據其地而有其民, 天下莫傷. 知伯率三國之衆以攻趙襄主於晉陽, 決水而灌之三月, 城且拔矣, 襄主鑽龜筮占兆, 以視利害, 何國可降. 乃使其臣張孟談, 於是乃潛行而出, 反知伯之約, 得兩國之衆, 以攻知伯, 禽其身, 以復襄主之初. 今秦地折長補短, 方數千里, 名師數十百萬. 秦國之號令賞罰, 地形利害, 天下莫如也. 以此與天下, 天下可兼而有也. 臣昧死願望見大王, 言所以破天下之從, 擧趙·亡韓, 臣荊·魏, 親齊·燕, 以成霸王之名, 朝四鄰諸侯之道. 大王誠聽其說, 一擧而天下之從不破, 趙不擧, 韓不亡, 荊·魏不臣, 齊·燕不親, 霸王之名不成, 四鄰諸侯不朝, 大王斬臣以徇國, 以爲王謀不忠者也.」

4. 鮑本의 평어

『彪謂: 此士論事, 深切著明, 孫卿不如. 秦所以取天下, 蓋行其說也. 而史失其人,
猥以張儀名之, 惜哉! 所稱謀臣, 范雎也. 正曰: 韓非, 師荀卿者也. 其術不主於卿,
卿論兵以附民爲要, 以仁義爲本, 以禁暴除害爲務, 非而有是言歟? 大意不過欲
極威怒, 而務攻取耳. 鮑旣考之不精, 且謂卿不如, 謬矣. 補曰: 蘇氏論荀卿歷詆天
下之賢人, 以自是其愚. 李斯以其學亂天下, 其高談異論, 有以激之也. 韓非此書
歷詆秦之謀臣, 蓋指魏冉・范雎之徒. 他日謂申不害徒術無法, 公孫鞅徒法無術,
張儀以秦徇韓・魏, 甘茂以秦徇周, 穰侯・應侯攻他國以成其私封, 所詆者, 亦非
一人. 其剛愎不孫, 自許太過, 則亦卿之風也. 終以忤李斯・短姚賈而殺其身.
太史公謂非知說之難, 而不能自脫, 可以爲騁說者之戒矣.』

〈秦長城遺跡〉 甘肅 臨洮縣

051(3-6) 張儀欲假秦兵以救魏
중함을 받는 방법

장의張儀가 진秦나라 군대를
빌려 위魏나라를 구하려 하자
좌성左成이 감무甘茂에게 말하
였다.

"그대는 장의에게 군대를 빌려
주어서는 안 됩니다. 위나라가
진나라 군대를 돌아가지 못하게
하면 장의는 죄가 두려워 진나라
로 돌아오지 않을 것입니다.
또 위나라가 만약 진나라 군대를
돌려준다면 그때 장의는 위나라

〈秦代銅權〉 陝西 西安 出土

에 큰 신임을 얻어 감히 우리 진나라로 오려 하지 않을 것입니다. 그가
진나라를 떠나지 못하는 한, 장의는 틀림없이 당신을 높이 여기게 될
것입니다."

張儀欲假秦兵以救魏. 左成謂甘茂曰:「子不予之. 魏不反秦兵, 張子不
反秦. 魏若反秦兵, 張子得志於魏, 不敢反於秦矣. 張子不去秦, 張子必高子.」

【左成】 원래 楚人. 유세객. 024·043·067장 참조.
【甘茂】 秦나라의 장수. 下蔡 출신. 惠王에게 발탁되어 장군이 되었으며 다시
   武王 때에는 左丞相에 올랐다. 뒤에 昭王에게 미움을 사 齊나라로 도망갔다가
   魏나라에서 죽었다.
【張子不反秦】 姚注에 "言魏以秦兵戰, 死亡之而不反, 則張儀亦懼誅, 不敢反秦也"
   라 하였다.
【不敢反於秦】 역시 姚注에 "魏用秦兵戰, 得反之, 則張儀有功於魏, 故得志.
   得志於魏, 亦不反於秦也"라 하였다.

【張子必高子】 장의가 秦나라를 떠나면 더 이상 甘茂를 높여 주지 않으리라는 뜻이다. 姚注에 "高, 貴也. 子, 謂甘茂也"라 하였고, 鮑本에 "高, 貴重也. 高之者, 欲茂以秦資之. 正曰: 劉辰翁云, 不去秦, 萬一不行救魏也, 亦必高茂之誼, 高茂之忠"이라 하였다.

참고 및 관련 자료

1. 이 이야기는 ≪史記≫ 張儀列傳에 없다. 아마 張儀는 秦惠王이 죽자 새로 들어서는 武王과 사이가 좋지 않았으므로 도망하여 魏나라의 재상이 되었는데 그때의 일이 아닌가 한다.
2. 秦武王 元年(B.C. 310년)쯤의 일이다.

052(3-7) 司馬錯與張儀爭論於秦惠王前
국가에 이로운 정벌

사마착司馬錯과 장의張儀가 진秦 혜왕惠王 앞에서 논쟁을 벌이고 있었다. 사마착은 촉蜀을 치자고 주장하였고 장의는 한韓나라를 치자고 역설하였다. 듣고 있던 혜왕이 설명하도록 하였다. 장의가 먼저 주장하였다.

"우리가 먼저 위魏·초楚 두 나라와 친선관계를 맺고 한韓나라의 이伊·락洛·하河 삼천三川에 군사를 내려보내 환원산轘轅山·구씨산緱氏山의 요새를 끊어 버립니다. 그리고 한韓나라 둔류屯留의 길을 막고 위魏나라로 하여금 남양(魏, 땅)도 한韓나가가 통과하지 못하게 합니다. 그리고 초나라에게는 한나라 도읍 남정南鄭을 치도록 하고, 우리 진秦나라는 한나라 신성新城과 의양宜陽을 공격하는 것입니다. 그리고는 주周나라의 교외까지 가서는 동서 두 주군周君의 죄를 묻고는 초楚·위魏 두 나라가 점령하였던 한나라 땅을 정복해 버리면, 주나라도 구제할 길이 없음을 알고 틀림없이 구정九鼎과 보물을 우리 진나라에게 내놓고 말 것입니다.

그 후 구정을 손에 넣은 다음에는 지도와 호적을 거머쥔 채 주나라 천자의 명命을 구실로 천하를 호령하면 천하에 감히 우리 진나라 명령을 듣지 않을 자가 없을 것입니다. 이것이 바로 왕업을 세우는 길입니다. 그런데 지금 촉蜀은 서방의 편벽된 소국, 이는 융적戎狄들의 대장 노릇이나 하고 있는 나라입니다. 그러한 나라를 치느라 군대를 피폐시키고 백성을 노고롭게 해 보았자 명분도 얻을 수 없고, 땅을 얻어 봤자 우리 진나라에게 이로울 것도 없습니다. 제가 듣건대 '명성을 다투는 자는 조정으로, 이익을 다투는 자는 시장으로'라는 말이 있습니다. 지금 삼천(三川, 伊·洛·河水)과 주실周室은 바로 천하가 이익과 명성을 다투는 시장과 조정인 셈입니다. 그런데 그곳을 버려두고 융적과 다툴 생각을 하시다니 이는 곧 왕업과 너무나 먼 길입니다."

사마착이 반박하였다.

"그렇지 않습니다. 제가 듣건대 나라를 부유하게 하려면 그 땅을 넓히는 데 힘쓸 것, 군대를 강하게 하려면 그 백성이 넉넉해지도록 힘쓸 것, 천하에 왕업을 이루려면 그 덕을 넓히는 데 힘쓸 것, 이 세 가지만 갖추어지면 왕도는 저절로 따르는 것이라 하였습니다. 지금 우리 진나라는 땅은 좁고 백성은 넉넉지 못하니 먼저 쉬운 일부터 하기를 원합니다. 촉은 서쪽에 치우친 약소국이며 융적의 우두머리에 불과합니다. 게다가 걸桀·주紂 같은 포악한 난이 일어났습니다. 우리 진나라가 이를 공격하면 마치 이리나 승냥이가 양을 쫓는 것처럼 쉽게 점령할 수 있습니다. 그 땅을 얻으면 국토가 넓어지는 것이요, 그 재물로는 백성을 넉넉하게 해줄 수 있습니다. 병사들도 그저 훈련시키는 정도로만 부려도 크게 다치지 않고 촉은 쉽게 복종해 올 것입니다. 게다가 조그마한 나라 하나 집어삼켰다고 해서 천하가 우리를 포악하다고 아니할 것이며, 서해西海의 이익을 우리가 취하였다고 해서 아무런 이해관계도 없는 동쪽의 제후들이 우리를 탐욕한 나라라 하지 않을 것입니다. 이것이야말로 일거에 명분과 실리를 함께 얻는 행동이며, 또한 촉 같은 포악 무도한 나라를 쳤다는 명성도 얻게 됩니다. 그런데 지금 한나라를 쳐서 천자를 위협한다고 하니, 천자를 위협한다는 것은 악명일 뿐 꼭 이익을 얻을 수 있다는 보장도 없습니다. 오히려 의롭지 못하다는 이름만 얻게 됩니다. 이렇게 천하가 치기를 꺼려하는 곳을 우리가 공격하다니 위험천만입니다.

다시 한 번 그 이유를 설명드리면 주나라는 천하의 종실입니다. 게다가 제齊·한韓 두 나라는 주실을 가장 충성스럽게 받들고 있습니다.

주나라가 구정을 지켜내지 못할 것을 알게 되고, 한나라가 삼천을 빼앗길 수밖에 없음을 알게 된다면, 반드시 두 나라가 힘을 합하고 꾀를 모아 제齊·조趙 두 나라에게 의탁하여 위魏·초楚에게 구원을 청할 것입니다. 그리고 그 대가로 구정은 초나라에게 주고, 삼천은 위나라에게 주어 버릴 것입니다. 그렇게 되면 대왕께서는 어쩌지 못합니다. 제가 위험하다고 한 것은 바로 이것이니 촉을 쳐서 만전을 기하는 편만 못합니다."

혜왕이 말하였다.

"좋소! 사마착의 말을 따르겠소."

이리하여 드디어 군사를 일으켜 촉을 쳤다. 그 해 열달만에 촉을 멸하고 그 촉주의 작위를 후侯로 격하시켰으며, 진장陳莊을 촉의 재상으로 삼아 다스리도록 하였다. 촉이 진나라에 귀속되자 진나라는 더욱 부강해져서 제후를 경시해도 될 만큼 되었다.

司馬錯與張儀爭論於秦惠王前. 司馬錯欲伐蜀, 張儀曰:「不如伐韓.」王曰:
「請聞其說.」對曰:「親魏善楚, 下兵三川, 塞轘轅·緱氏之口, 當屯留之道;
魏絶南陽, 楚臨南鄭, 秦攻新城·宜陽, 以臨二周之郊, 誅周主之罪, 侵楚·
魏之地. 周自知不救, 九鼎寶器必出. 據九鼎, 桉圖籍, 挾天子以令天下, 天下
莫敢不聽, 此王業也. 今夫蜀, 西辟之國, 而戎狄之長也, 弊兵勞衆, 不足以
成名, 得其地不足以爲利. 臣聞:『爭名者於朝, 爭利者於市.』今三川·周室,
天下之市朝也, 而王不爭焉, 顧爭於戎狄, 去王業遠矣.」司馬錯曰;「不然.
臣聞之: 欲富國者, 務廣其地; 欲强兵者, 務富其民; 欲王者, 務博其德. 三資
者備, 而王隨之矣. 今王之地小民貧, 故臣願從事於易. 夫蜀, 西辟之國也, 而戎
狄之長也, 而有桀·紂之亂. 以秦攻之, 譬如使豺狼逐羣羊也. 取其地, 足以
廣國也; 得其財, 足以富民; 繕兵不傷衆, 而彼已服矣. 故拔一國, 而天下不
以爲暴; 利盡西海, 諸侯不以爲貪. 是我一擧而名實兩附, 而又有禁暴正亂
之名. 今攻韓劫天子, 劫天子, 惡名也, 而未必利也, 又有不義之名, 而攻天下
之所不欲, 危! 臣請謁其故: 周, 天下之宗室也; 齊, 韓·周之與國也. 周自知失
九鼎, 韓自知亡三川, 則必將二國并力合謀, 以因于齊·趙, 而求解乎楚·魏
以鼎與楚, 以地與魏, 王不能禁. 此臣所謂危, 不如伐蜀之完也.」惠王曰:
「善! 寡人聽子.」卒起兵伐蜀, 十月取之, 遂定蜀. 蜀主更號爲侯, 而使陳莊
相蜀. 蜀旣屬, 秦益强富厚, 輕諸侯.

〈秦商鞅方量〉

【司馬錯】秦나라 장군. 본문에서처럼 惠王이 그를 시켜 蜀을 치게 하였다.

【蜀】원래 나라 이름. 상고시대 帝嚳의 支子가 蜀侯로 봉해져 夏, 殷, 周 三代를 지나 전국시대에 이르러 본문 내용대로 秦나라에게 멸망하였다. 그 古址는 지금의 四川省 成都市이다. ≪新序≫에 의하면 당시 촉에 난이 일어나 이를 구실로 정벌에 나서게 된 것이다.

【下兵三川】下兵은 '軍을 출병하여 내려보내다'의 뜻. 三川은 韓나라에 속한 伊水·洛水·河水 세 지역이다.

【轘轅】일명 嶺嶺. 河南省 偃師縣 동남. 산 이름.

【緱氏】覆釜堆라는 산 이름. 河南省 緱氏縣.

【屯留】읍 이름. 山西城 屯留縣.

【南陽】魏나라 읍. 河南省 沁陽縣.

【南鄭】韓나라 도읍. 河南省 新鄭縣.

【新城】古地名. 河南省 商丘縣 서남.

【宜陽】韓나라 읍 이름. 河南省 宜陽縣.

【戎狄】고대 중국에서 사방의 민족을 멸칭하여 東夷·西戎·南蠻·北狄이라 하였다.

【桀紂之亂】夏桀과 商紂같은 무도한 임금. 다른 민족이나 이웃나라를 칠 때 구실로 삼는 말.

【繕兵不傷衆】繕은 '훈련시키다'의 뜻.

【伐蜀】周 愼靚王 5년(B.C. 316년) 10월에 秦나가가 巴와 蜀을 쳐 없앴다.

【陳莊】秦나라 신하. ≪新序≫에는 '陳叔'으로 되어있다.

참고 및 관련 자료

1. ≪史記≫ 張儀列傳의 기록도 비슷하다. 대략 B.C. 316년쯤의 일이다.

2. ≪史記≫ 張儀列傳

苴蜀相攻擊, 各來告急於秦. 秦惠王欲發兵以伐蜀, 以爲道險狹難至, 而韓又來侵秦, 秦惠王欲先伐韓, 後伐蜀, 恐不利, 欲先伐蜀, 恐韓襲秦之敝, 猶豫未能決. 司馬錯與張儀爭論於惠王之前, 司馬錯欲伐蜀, 張儀曰:「不如伐韓.」王曰:「請聞其說.」儀曰:「親魏善楚, 下兵三川, 塞什谷之口, 當屯留之道, 魏絶南陽, 楚臨南鄭, 秦攻新城·宜陽, 以臨二周之郊, 誅周王之罪, 侵楚·魏之地. 周自知不能救, 九鼎寶器必出. 據九鼎, 案圖籍, 挾天子以令於天下, 天下莫敢不聽, 此王業也. 今夫蜀,西僻之國而戎翟之倫也, 敝兵勞衆不足以成名, 得其地不足以爲利. 臣聞爭名者於朝, 爭利者於市. 今三川·周室, 天下之朝市也, 而王不爭焉, 顧爭於戎翟, 去王業遠矣.」司馬錯曰:「不然. 臣聞之: 欲富國者務廣其地, 欲彊兵者務富其民, 欲王者務博其德, 三資者備而王隨之矣. 今王地小民貧, 故臣願先從事於易. 夫蜀, 西僻之國也, 而戎翟之長也, 有桀紂之亂. 以秦攻之, 譬如使豺狼逐羣羊. 得其地足以廣國, 取其財足以富民繕兵, 不傷衆而彼已服焉. 拔一國而天下不以爲暴, 利盡西海而天下不以爲貪, 是我一擧而名實附也, 而又有禁暴止亂之名. 今攻韓, 劫天子, 惡名也, 而未必利也, 又有不義之名, 而攻天下所不欲, 危矣. 臣請謁其故: 周, 天下之宗室也; 齊, 韓之與國也. 周自知失九鼎, 韓自知亡三川, 將二國幷力合謀, 以因乎齊·趙而求解乎楚·魏, 以鼎與楚, 以地與魏, 王弗能止也. 此臣之所謂危也. 不如伐蜀完.」惠王曰:「善, 寡人請聽子.」卒起兵伐蜀, 十月, 取之, 遂定蜀, 貶蜀王更號爲侯, 而使陳莊相蜀. 蜀旣屬秦, 秦以益彊, 富厚, 輕諸侯.

3. ≪新序≫ 善謀(上)

秦惠王時, 蜀亂, 國人相攻擊, 告急於秦. 惠王欲發兵伐蜀, 以爲道險峽難至, 而韓人來侵秦. 秦惠王欲先伐韓, 恐蜀亂; 先伐蜀, 恐韓襲秦之弊, 猶與未決. 司馬錯與張子爭論於惠王之前, 司馬錯欲伐蜀, 張子曰:「不如伐韓.」王曰:「請聞其說.」對曰:「親魏善楚, 下兵三川, 塞什谷之口, 當屯留之道; 魏絶南陽, 楚臨南鄭, 秦攻新城·宜陽, 以臨二周之郊, 誅周王之罪, 侵楚·魏之地. 周自知不救, 九鼎寶器必出. 據九鼎, 按圖籍, 挾天子以令於天下, 天下莫敢不聽, 此王業也. 今夫蜀, 西僻之國, 而戎狄之倫也, 弊兵勞衆, 不足以成名, 得其地不足以爲利. 臣聞:『爭名者於朝, 爭利者於市.』今三川周室, 天下之朝市也, 而王不爭焉, 顧爭於戎狄, 去王遠矣.」司馬錯曰:「不然. 臣聞之: 欲富者務廣其地, 欲强者務富其民, 欲王者務博其德. 三資者備而王隨之矣. 今王地小民貧, 故臣願先從事於易. 夫蜀, 西僻之國, 而戎狄之長也, 有桀紂之亂, 以秦攻之, 譬如以豺狼逐羣羊也. 得其地, 足以廣國; 取其財, 足以富民, 繕兵不傷衆而服焉. 服一國而天下不以爲暴, 利盡西海而諸侯不以爲貪, 是我一擧而名實附也, 又有禁暴正亂之名. 今攻韓劫天子, 惡名也, 而未必利也. 有不義之名, 而攻天下所不欲, 危矣. 臣請謁其故. 周, 天下之宗室也; 齊, 韓之與國也. 周自知失九鼎, 韓自知亡三川, 將二國幷力合謀, 以因乎齊·趙, 而求解乎楚·魏, 以鼎予楚, 以地予魏. 以鼎予楚, 以地予魏, 王不能止, 此臣所謂危也. 不如伐蜀完.」秦惠王曰:「善. 寡人請聽子.」卒起兵伐蜀, 十月取之, 遂定蜀. 蜀王更號爲侯, 而使陳叔相蜀. 蜀旣屬秦, 秦日益强富厚而制諸侯, 司馬錯之謀也.

4. 鮑本의 結語

『補曰: ‘秦紀’與‘表’合. 按‘甘茂傳’云: 張儀西幷巴‧蜀, 當儀與錯議不同. 故‘紀表’
並言錯定蜀, 而‘茂傳’之言如此, 何也? 水經云: 秦自石牛道使張儀‧司馬錯尋路
伐蜀, 滅之. 華陽國志云: 蜀王伐苴侯, 苴侯奔巴, 求救於秦, 惠文王使張儀‧司馬錯
伐蜀, 滅之. 是二人同往也.』

053(3-8) 張儀殘樗里疾也
장의의 악담

장의張儀가 저리질樗里疾을 잔폐殘廢시키려고 모략을 썼다. 먼저 그를 융중하게 초楚나라 사신으로 보낸 다음, 몰래 초왕楚王에게 그를 본국 진秦나라에 재상을 삼도록 공작하게 하였다. 그리고 나서는 장의는 진왕秦王에게 짐짓 이렇게 말하였다.

"저리질이란 자는 무거운 책임을 지고 초나라에 사신으로 간 자입니다. 그것은 국교를 위한 것입니다. 그런데 그 자가 초나라에 있다고 해서 초왕에게 자기를 우리 진나라 재상이 되게 해달라고 부탁하면서 제가 듣기로는 다음과 같이 초왕에게 '초왕께서는 장의가 진나라에 있는 것이 눈에 가시 같지요. 제가 처치해 드리겠습니다'라 말하였다 합니다. 초왕이 이 말을 듣고 그렇게 해주겠다고 하였답니다. 그래서 진나라 재상에 오르리라는 말이 나온 것입니다. 지금 대왕께서 그 말을 따른다면 그놈은 틀림없이 이 나라를 초왕에게 바칠 녀석입니다."

진왕이 크게 노하였다. 그러자 저리질은 몸을 피하여 진나라로 귀국하지 않고 줄행랑을 쳐버렸다.

張儀之殘樗里疾也, 重而使之楚. 因令楚王爲之請相於秦. 張子謂秦王曰: 「重樗里疾而使之者, 將以爲國交也. 今身在楚, 楚王因爲請相於秦. 臣聞其言曰: 『王欲窮儀於秦乎? 臣請助王.』楚王以爲然, 故爲請相也. 今王誠聽之, 彼必以國事楚王.」秦王大怒, 樗里疾出走.

【樗里疾】秦惠王의 異腹弟. 002장 참조.
【楚王】楚懷王. 張儀의 농간에 속았던 왕.(《史記》 張儀列傳 참조)
【秦王】秦 惠文王(秦惠王이라고도 한다).
【出走】樗里疾은 뒤에 秦惠王이 죽고 武王이 즉위하여 張儀를 축출하자 진나라로 불려와 다시 右相이 되었다.

1. 이 당시는 張儀가 秦나라 재상이 아니었다. 뒤에 가탁한 것이 아닌가 한다.
(B.C. 312년)
2. 059장 참고.

〈武人俑〉 陝西 兵馬俑坑 출토

054(3-9) 張儀欲以漢中與楚
쓸모없는 땅

장의張儀가 한중漢中 땅을 초楚나라에게 주려고 진왕秦王에게 말하였다.
"한중 땅을 가지고 있는 것은 좀벌레를 가지고 있는 것과 같습니다.
나무를 처할 자리가 아닌 곳에 심으면 그 뿌리가 상하는 법이요, 집안에
옳지 못한 재물이 있으면 남이 해치려 들 것은 뻔한 이치입니다. 더구나
한중 땅은 남쪽에 치우쳐 있어 초나라에게 이익이 될지언정 우리나라에게는
근심거리에 불과합니다."

그러자 감무甘茂가 되받아 진언하였다.

"땅이 넓다고 근심도 많으란 법이 있습니까? 만약 천하에 변고가
있을 때 왕께서 한중을 떼어 초나라에게 주면 그땐 초나라가 천하를
다 버리고 우리편을 들어 줄 것입니다. 그러나 왕께서 지금 미리 한중
땅을 초나라에게 떼어 주어 버린다면 나중에 천하가 어지러울 때 무엇을
가지고 초나라와 흥정하겠습니까?"

張儀欲以漢中與楚, 請秦王曰;「有漢中, 蠹. 種樹不處者, 人必害之; 家有
不宜之財, 則傷本. 漢中南邊爲楚利, 此國累也.」甘茂謂王曰;「地大者,
固多憂乎? 天下有變, 王割漢中以爲和楚, 楚必畔天下而與王. 王今以漢中
與楚, 卽天下有變, 王何以市楚也?」

【漢中】 전국시대 楚나라 땅. 秦 惠文王 때 司馬錯을 시켜 빼앗아 郡을 설치하였다.
　　당시 장의가 秦惠王을 속이고 돌아와서 그 두려움으로 秦나라에게 주자고
　　하였다. 지금의 陝西 남부 및 湖北의 서북부.
【請秦王曰】 여기서의 '請'은 '謂'의 오기이다.
【種樹不處者, 人必害之; 家有不宜之財, 則傷本】 이 구절에 대하여 吳師道는
　　"種樹不處者, 則傷本; 家有不宜之財, 人必害之"로 바로잡아야 한다고 하였다.
　　이를 따라 풀이하였다.
【累】 '煩累하다, 조심되다·누가 되다'의 뜻.

【甘茂】 전국시대 下蔡 출신. 秦惠王을 섬겨 장군이 되었다. 武王이 발탁하여 左丞相을 삼았다. 昭王 때에 참소를 입어 齊나라로 도망갔다가 魏나라에서 죽었다.

【市楚】 楚나라와 교역하다. 즉 '흥정하다'의 뜻.

1. 張儀가 武王이 들어서면 자신이 위험할 것이라 여겨 楚나라로 도망 갈 계획에서 나온 책략으로 보고 있다.

2. 059·065장 등과 관련이 있다.

초나라가 위나라를 공격하다

초楚나라가 위魏나라를 공격하자 장의張儀가 진왕秦王에게 말하였다. "대왕께서는 위나라를 도와 그 힘을 키워주십시오. 위나라가 싸움에 이기면 위나라는 진나라의 명령을 들을 것이며, 그때에는 틀림없이 서하西河 밖의 땅을 우리 진나라에게 줄 것입니다. 만약 위나라가 싸움에 져서 서하 땅을 지켜내지 못한다면 우리 진나라가 이를 점령하여 취하여 버리면 됩니다."

진왕은 장의의 말을 듣고 위나라의 피씨皮氏 땅으로 군대 1만과 병거兵車 1백 승乘을 보내어 위나라와 연합시켜 주었다. 위나라 장군 서수犀首는 힘을 얻어 과연 초楚나라 위왕威王을 무찌를 수 있었다. 그러나 그 싸움에 위나라 병졸들은 매우 지쳐서 도리어 진秦나라를 두려워하게 되었다. 과연 결국 서하 밖을 진나라에 헌납할 수밖에 없었다.

楚攻魏. 張儀謂秦王曰;「不如與魏以勁之, 魏戰勝, 復聽於秦, 必入西河 之外; 不勝, 魏不能守, 王必取之.」王用儀言, 取皮氏卒萬人, 車百乘, 以與魏 犀首戰勝威王, 魏兵罷弊, 恐畏秦, 果獻西河之外.

【秦王】秦惠王.
【西河之外】≪史記≫에는 河西로 되어있다. 河水의 서쪽 지역. 즉 지금의 陝西省 華陰縣·華縣·白水縣·澄城縣 등의 지역.
【皮氏】땅 이름. 魏地. 지금의 山西城 河津縣 서쪽.
【犀首】公孫衍. ≪史記≫에는 公孫衍으로 되어있다. 魏나라 사람. 魏나라의 장군과 相國을 지냈다. 061장 참조. 鮑本에는 "公孫衍也, 陰晉人. 司馬彪曰: 犀首, 魏官, 若今虎牙將軍. 補曰: 按年表, 陰晉人犀首爲大良造, 則非官名. 而韓策, 樛留以犀首, 張儀並言, 何爲一人獨以官稱乎? 恐犀首或姓名也. 魏亦 有犀武. 說又見衛策"이라 하여 犀首는 官名이 아닌 姓名으로 보고 있다.
【威王】초나라 왕. 재위 11년(B.C. 339~329년).

1. ≪**史記**≫의 秦本紀·魏世家·六國表 등에 B.C. 329년 秦나라가 魏나라의 皮氏 땅을 취하였다는 기록이 있다. 이때 魏나라는 陘山에서 楚나라를 격파한 후(073장), 이듬해 西河之外를 秦나라에 헌납하였다. 바로 張儀가 秦나라의 재상이 된 해이다.

2. 052장 및 377장 등과 관련이 있다.

秦始皇陵 兵馬俑

미녀는 간언하는 자의 혀를 자른다

전신田莘이 진진陳軫을 위하여 진秦 혜왕惠王에게 말하였다.

"저는 대왕께서 곽郭나라 임금처럼 될까 걱정입니다. 옛날 진晉 헌공獻公이 곽郭나라를 정벌하려 하였지만 그 나라에 대부 주지교舟之僑가 있는 것을 꺼렸습니다. 이때 순식荀息이 이렇게 말하였었지요. '《주서周書》라는 책에 미녀는 간언하는 자의 혀를 자를 수 있다라는 말이 있습니다.' 이 말에 헌공은 곧 곽나라 임금에게 여자와 음악대를 보내어 그들의 정치를 어지럽게 하였습니다. 주지교가 간언을 하였지만 들어주지 않자 그는 그만 떠나고 말았습니다. 그때에야 헌공은 이를 공격하여 드디어 깨뜨릴 수 있었습니다. 다음에 다시 헌공은 우虞나라를 치고 싶었지만 그 나라에는 궁지기宮之奇가 버티고 있는 것이 마음에 걸렸습니다.

이때 순식은 다시 '《주서》에 미남은 노인의 지혜를 파괴할 수 있다라는 말이 있습니다'라고 하였지요. 이에 헌공은 우나라에 미남을 보내어 임금 가까이서 궁지기를 비방토록 하였습니다.

궁지기도 충심으로 임금께 간언을 하였지만 듣지 않자 우나라를 떠나고 말았습니다. 이때 다시 우나라를 쳐서 함락시켰던 것입니다. 진나라는 자칭 왕王이라고 여기고 있지만 이 진나라를 마음대로 해치는 나라가 있으니 바로 초나라입니다.

초나라는 이 진나라 장수 횡문군橫門君의 용병술과 진진陳軫의 지혜를 아주 잘 알고 있습니다. 그래서 장의張儀를 보내어 다섯 나라의 재상을 겸임시키려고 음모를 꾸미고 있는 것입니다. 장의가 만약 이 나라에 들어오기만 하면 틀림없이 횡문군과 진진을 제거해 버리자고 할 것입니다. 원컨대 대왕께서는 그때 절대로 그의 말을 들어서는 안 됩니다."

그 뒤 과연 장의가 진나라에 와서 진진에 대한 악담을 늘어놓았다. 왕은 화를 내면서 장의의 말을 들어주지 않았다.

田莘之爲陳軫說秦惠王曰:「臣恐王之如郭君. 夫晉獻公欲伐郭, 而憚舟之僑存. 苟息曰:『周書有言: 美女破舌.』乃遺之女樂, 以亂其政. 舟之僑諫而不聽, 遂去. 因而伐郭, 遂破之. 又欲伐虞, 而憚宮之奇存. 苟息曰:『周書有言: 美男破老.』乃遺之美男, 教之惡宮之奇. 宮之奇以諫而不聽, 遂亡. 因而伐虞, 遂取之. 今秦自以爲王, 能害王者之國者, 楚也. 楚智橫君之善用兵, 用兵與陳軫之智, 故驕張儀以五國. 來, 必惡是二人. 願王勿聽也.」張儀果來辭, 因言軫也, 王怒而不聽.

【田莘】 田華로도 쓰며 사람 이름. 유세객.

【陳軫】 유세객. 처음에 秦나라를 섬기다가 楚나라로 가서 相國이 되었으며 潁川侯에 봉해졌다. 058장 참조.

【郭】 ≪左傳≫과 ≪史記≫에는 모두 '虢'으로 되어있으며 아주 널리 알려진 고사이다. 이 곽나라는 지금의 河南省 陝縣에 있었다.

【晉獻公】 춘추시대 晉나라의 임금.(재위는 B.C. 676~651년)

【舟之僑】 人名. 虢國의 훌륭한 대부.

【苟息】 晉獻公의 신하.

【周書】 책 이름. 周나라의 역사를 적었다. 일명 ≪逸周書≫라고도 한다.

【美女破舌】 ≪汲冢周書≫에 "美男破老, 美女破舌, 武之毁也"라 하였고, ≪修文御覽≫에는 ≪周書≫를 인용하여 "美男破産, 美女破居"라 하였다.

【虞】 나라 이름. 지금의 山西省 平陸에 있었던 춘추시대의 소국. B.C. 658년에 晉獻公에게 망하였다.

【宮之奇】 虞나라의 현명한 대부.

【秦自以爲王】 秦나라 惠文君이 張儀의 책략을 듣고 王號를 처음 세웠다. 즉 이가 곧 秦惠王이다.(B.C. 324년)

【橫門君】 秦나라 惠王 때의 장수. 橫門君은 封號. 橫君으로 된 곳도 있다.

【五國】 韓·魏·趙·燕·齊 등 다섯 나라.

> 참고 및 관련 자료

1. 秦나라는 이 惠文君 시절 張儀에 의해 왕호를 시작 惠王이라 부르게 되었다.

2. 鮑注에 "言楚使韓, 魏, 趙, 燕, 齊以事屬之, 以重其權. 按儀初游楚, 楚相笞之, 後相楚, 乃爲秦間耳. 楚無驕之之事, 今云然, 因其自楚來, 間之耳"라 하였다.

057(3-12) 張儀又惡陳軫於秦王
장의와 진진의 불화

장의張儀가 다시 진왕秦王 앞에서 진진陳軫에 대한 악담을 늘어놓았다.

"진진이란 자는 초楚나라와 우리 진秦나라를 오가면서 벼슬하는 자입니다. 지금 초나라는 이 진나라와 친교를 맺는 일은 잘 처리하지 못하면서 진진에게는 잘 해주고 있습니다. 그렇다면 진진은 모든 것을 자신을 위해서 이 진나라를 이용할 뿐 이 진나라를 위해서 힘쓰는 것은 아닙니다. 더구나 그는 진나라를 버리고 초나라로 가려 한다고 합니다. 왕께서는 어찌 그런 소문도 듣지 못하였습니까?"

진왕은 진진을 불러 물어보았다.

"듣자 하니 그대는 이 진나라를 버리고 초나라로 가려 한다는 데 사실이오?"

진진은 이렇게 대답하였다.

"그렇습니다."

진왕은 이렇게 탄식하였다.

"장의의 말이 사실이군."

진진은 이렇게 설명하였다.

"이 일은 장의만이 알고 있는 것이 아닙니다. 길가는 사람 모두가 알고 있습니다. 이야기를 하나 해드리지요. '효기孝己라는 자는 그 부모에게 너무나 효도를 잘하였기 때문에 천하가 다 그러한 아들이 있었으면 하였고, 오자서伍子胥는 그 임금에게 너무나 충성하였기 때문에 천하의 임금 된 자는 모두 그러한 자를 신하로 삼고 싶어하였습니다. 그리고 복첩僕妾이 그 마을을 벗어나지 않고 다시 사줄 사람이 있다는 것은 그 복첩이 훌륭하다는 뜻이요, 쫓겨난 여자가 같은 마을에 다시 시집갈 수 있을 정도라면 훌륭한 여자'라고 하였습니다.

제가 만약 임금에게 충성을 다하지 않았다면 초나라가 저를 충성되다고 여기겠습니까? 제가 이렇게 충성되면서 오히려 버림을 받게 되었으니 초나라 아니고 어디로 가겠습니까?"

초왕이 말하였다.

"훌륭하오."

그리고는 그를 만류하였다.

張儀又惡陳軫於秦王, 曰:「軫馳楚·秦之間, 今楚不加善秦而善軫, 然則是軫自爲而不爲國也. 且軫欲去秦而之楚, 王何不聽乎?」王謂陳軫曰:「吾聞子欲去秦而之楚, 信乎?」陳軫曰:「然.」王曰:「儀之言果信也.」曰:「非獨儀知之也, 行道之人皆知之. 曰:『孝己愛其親, 天下欲以爲子; 子胥忠乎其君, 天下欲以爲臣. 賣僕妾售乎閭巷者, 良僕妾也; 出婦嫁鄕曲者, 良婦也.』吾不忠於君, 楚亦何以軫爲忠乎? 忠且見棄, 吾不之楚, 何適乎?」秦王曰:「善.」乃必之也.

【秦王】秦나라 惠王.

【孝己】殷나라 高宗 武丁의 아들로 효성이 지극하였다고 한다. 부모의 잠아리에 미리 들어가 따뜻이 해놓은 다음 아버지를 잠자리에 들게 하였다는 고사를 남겼다.(다음장 058장 참조) 鮑本에 "世紀, 殷高宗(武丁)有賢子孝己, 母早死, 高宗惑后妻之言, 放之而死. 補曰: 尸子云: 孝己事親, 一夜而五起, 視衣厚薄, 枕之高下也"라 하였다.

【子胥】伍子胥. 춘추시대 말기의 楚나라 출신. 吳나라 대부가 되어 일세를 풍미한 인물.(≪史記≫ 伍子胥列傳 참조) 鮑注에 "伍子胥, 楚人, 平王殺其父奢, 胥奔吳. 吳王夫差敗越於夫椒, 越王勾踐求委國爲臣妾, 夫差將許之, 胥諫不聽. 後吳伐齊, 胥諫請釋齊先越, 太宰嚭讒之, 賜劍以死"라 하였다.(058장 참조)

【售】팔다. '노예로 팔리다'의 뜻.

【鄕曲】鄕里, 本鄕. 살고있는 고을. 鄕曲은 고대 행정단위의 명칭이다.

【乃必之也】鮑彪 본에는 '乃止之也'로 되어 있다.

참고 및 관련 자료

1. ≪史記≫ 張儀列傳의 陳軫 부분에 실려 있다. B.C. 329년의 일이다. 또 陳軫의 대답 중에 伍子胥·孝己 등의 이야기는 물론 전체의 내용은 다음 장(058)에도 나타난다. 이는 기록자가 입장이 달라 겹쳐진 것이 아닌가 한다.

2. ≪史記≫ 張儀列傳(陳軫)

陳軫者, 游說之士. 與張儀俱事秦惠王, 皆貴重, 爭寵. 張儀惡陳軫於秦王曰: 「軫重幣輕使秦·楚之閒, 將爲國交也. 今楚不加善於秦而善軫者, 軫自爲厚而爲王薄也. 且軫欲去秦而之楚, 王胡不聽乎?」王謂陳軫曰:「吾聞子欲去秦之楚, 有之乎?」軫曰:「然.」王曰:「儀之言果信矣.」軫曰:「非獨儀知之也, 行道之士盡知之矣. 昔子胥忠於其君而天下爭以爲臣, 曾參孝於其親而天下願以爲子. 故賣僕妾不出閭巷而售者, 良僕妾也; 出婦嫁於鄕曲者, 良婦也. 今軫不忠其君, 楚亦何以軫爲忠乎? 忠且見弃, 軫不之楚何歸乎?」王以其言爲然, 遂善待之.

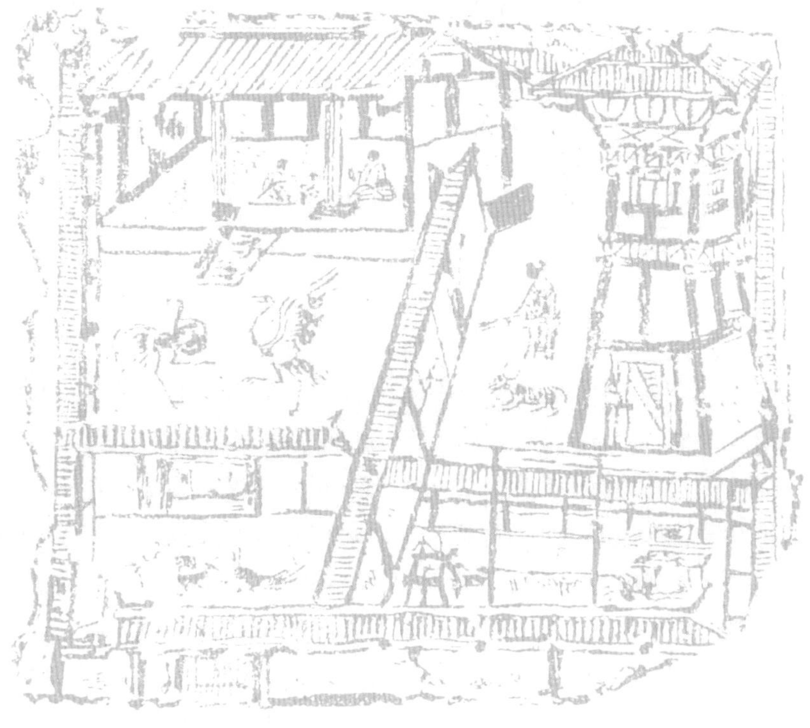

058(3-13) 陳軫去楚之秦
유혹을 따라오는 여인

진진陳軫이 다시 초楚나라를 버리고 진秦나라로 왔다. 이에 장의張儀가 진왕秦王에게 이렇게 말하였다.

"진진은 원래 대왕의 신하였습니다. 그러다가 초나라로 가서는 이 나라 사정은 속속들이 초나라에 일러바쳤습니다. 저는 도저히 그런 자와 함께 대왕을 섬길 수 없습니다. 왕께서는 그를 추방해 주십시오. 만약 그때 그가 다시 초나라로 가겠다고 하거든 그를 죽여 버리셔야 합니다."

왕이 말하였다.

"어찌 감히 다시 초楚로 가겠소?"

그리고 진진을 불러 고하였다.

"그대의 말이라면 다 들어주겠소. 어디로 가려는지 말하보시오. 내가 그대를 위해 수레를 준비할 테니."

그러자 진진이 이렇게 대답하였다.

"신은 초나라로 가겠습니다."

혜왕은 이렇게 말하였다.

"장의가 그대가 초나라로 갈 것이라 하였고 나 또한 초나라로 갈 것이라는 것을 알았소. 그대가 초나라 아니면 갈 데가 어디 있겠소!"

진진은 이렇게 말하였다.

"저는 이 나라를 떠나면 일부러라도 초나라로 갈 것입니다. 그리하여 임금과 장의의 책략에 순응하여 제가 과연 초나라로 다시 가도 괜찮은 인물인지의 여부를 증명해 드리겠습니다. 이런 이야기가 있습니다. 초나라에 어떤 한 사람의 두 부인을 거느리고 살고 있었습니다. 그런데 이웃 어떤 한량이 큰 부인에게 먼저 치근거렸다가 창피만 당하고 말았습니다. 어린 부인을 희롱하였더니 응해 오더랍니다. 그 후 얼마 귀 그 두 여자의 남편이 죽고 나자 어떤 사람이 그 한량에게 물었습니다.

'자네가 장가를 든다면 그 큰 부인을 취하겠나? 아니면 어린 부인을 취하겠나?' 그랬더니 그 한량이 '큰 부인을 취하겠다'라는 것이었습니다.

그래서 '큰 부인은 자네를 심히 꾸짖었고 어린 부인은 순순히 자네를 따랐는데 큰 여자를 아내로 취하고자 한다니 어찌 그런가?'라 되물었지요. 그러자 그는 '그가 다른 사람의 부인일 때 나는 당연히 그가 내 요구대로 들어주기를 원하지. 그러나 그가 내 아내라면 역시 나에게처럼 다른 놈을 꾸짖을 게 아닌가?'라 하였답니다. 지금 초楚 회왕懷王은 현명한 군주이고 소양昭陽도 훌륭한 재상입니다. 그런데 제가 초나라에 가서 그 밑에 벼슬하면서 자꾸 이 진나라 정보만 갖다 바쳤다면 그 초왕은 그 자리에 나를 믿고 머물게 하지 않았을 것이며, 소양도 나와 함께 일을 하고자 하지 않았을 것입니다. 이것으로도 제가 다시 초나라로 갈 수 있는지 여부가 증명된 것입니다."

진진이 나가자 장의가 들어와서 여쭈었다.

"그가 어디로 갈 의향이더니이까?"

왕은 장의에게 이렇게 일러주었다.

"진진이란 자는 천하에 변사입니다. 나를 뚫어지게 쳐다보더니 '저는 초나라로 가겠습니다'라고 하더군요. 내가 어쩔 수가 없어 '그대가 정말로 초로 간다면 장의의 말이 사실이군'라고 하였더니 그는 이렇게 말하더이다. '유독 장의만이 알고 있는 것이 아닙니다. 길가는 사람 누구라도 다 알 것입니다. 옛날 오자서伍子胥가 왕을 잘 받들자 모든 왕들이 그런 자를 신하로 삼고 싶어하였고, 효기孝己가 그 부모를 잘 받들자 천하에 부모 된 자가 모두 그런 아들 하나 있었으면 하였다 합니다. 그러므로 팔리는 복첩僕妾이 그 마을은 벗어나지 않고 사줄 사람이 있을 정도면 어진 복첩이기 때문이요, 이혼 당한 여자가 같은 향리鄕里에서 다시 시집갈 수 있을 정도면 훌륭한 부인이기 때문입니다. 그러니 제가 먼저 진왕에게 불충하였다면 초왕인들 저를 받아 주었겠습니까? 제가 이 나라에 충성하였다고 해서 오히려 버림을 받았으니 초나라가 아니면 어디로 가겠습니까?'라고 말입니다."

왕은 사실이 그렇다고 여겨 진진을 잘 대접해 주었다.

陳軫去楚之秦. 張儀謂秦王曰:「陳軫爲王臣, 常以國情輸楚. 儀不能與
從事, 願王逐之. 卽復之楚, 願王殺之.」王曰:「軫安敢之楚也?」王召陳軫
告之曰:「吾能聽子言, 子欲何之? 請爲子車約.」對曰:「臣願之楚.」王曰:
「儀以子爲之楚, 吾又自知子之楚. 子非楚, 且安之也!」軫曰:「臣出, 必故之楚,
以順王與儀之策, 而明臣之楚與不也. 楚人有兩妻者, 人誂其長者, 詈之;
誂其少者, 少者許之. 居無幾何, 有兩妻者死. 客謂誂者曰:『汝取長者乎?
少者乎?』『取長者.』客曰:『長者詈汝, 少者和汝, 汝何爲取長者?』曰:
『居彼人之所, 則欲其許我也. 今爲我妻, 則欲其爲我詈人也.』今楚王明主也,
而昭陽賢相也. 軫爲人臣, 而常以國輸楚王, 王必不留臣, 昭陽將不與臣從
事矣. 以此明臣之楚與不.」軫出, 張儀入, 問王曰:「陳軫果安之?」王曰:
「夫軫天下之辯士也, 孰視寡人曰:『軫必之楚.』寡人遂無奈何也. 寡人因
問曰:『子必之楚也, 則儀之言果信矣!』軫曰:『非獨儀之言也, 行道之人皆
知之. 昔者, 子胥忠其君, 天下皆欲以爲臣; 孝己愛其親, 天下皆欲以爲子.
故賣僕妾不出里巷而取者, 良僕妾也; 出婦嫁於鄕里者, 善婦也. 臣不忠於王,
楚何以軫爲? 忠尚見棄, 軫不之楚, 而何之乎?』」王以爲然, 遂善待之.

【陳軫】 유세객으로 처음 秦나라를 섬겼으나 張儀와 다투다가 불리해 지자
楚나라로 가서 相國까지 지냈다. 그 후 潁川侯에 봉해져 潁州로 옮겨 살았고,
성을 陳氏라 칭하였다. 본문은 그가 楚나라 客卿으로 秦나라에 사신으로
다시 왔을 때의 이야기이다.

【秦王】 秦나라 惠文王(惠王).

【昭陽】 楚나라 공족대부. 성은 昭, 이름은 陽. 공을 세워 上柱에 봉해졌다가
懷王 때 상국이 되었다. 115·131·171·205장 참조.

【子胥】 춘추 말기 吳越抗爭 때의 걸출한 인물. 원래 楚나라 사람으로 平王이
그의 아버지와 형을 죽이자 유랑 끝에 吳나라로 망명하였다. 원수를 갚으려고
吳兵을 끌고 楚나라 수도 郢까지 들어가 이미 죽은 平王의 시체를 캐내어 채찍질
하였다. 그 후 오월항쟁의 격화로 闔閭와 夫差를 도와 재상이 되었다. 越나라와의
전투에 대한 여러 가지 간언이 거절당하고 도리어 太宰 伯嚭에게 참언을 들어
賜死당하였다. 그 후 吳나라는 越王 勾踐에게 패하였다.(≪史記≫ 伍子胥列傳·
吳太伯世家·越王勾踐世家 등 참조) 성은 伍, 이름은 員, 字는 子胥.

【孝己】殷나라 고종인 武丁의 아들. 어질고 효행이 지극하였다 한다. 그 어머니가 일찍 죽고 고종이 후처의 참언에 혹해서 효기를 추방해서 죽였다. 천하 백성이 그 이야기를 듣고 다 슬퍼하였다 한다.(그러나 ≪史記≫에는 曾參으로 되어 있다.)

참고 및 관련 자료

1. 내용의 줄거리가 057장과 같으며 이의 異記로 보인다.

2. ≪**史記**≫ 張儀列傳

陳軫者, 游說之士. 與張儀俱事秦惠王, 皆貴重, 爭寵. 張儀惡陳軫於秦王曰: 「軫重幣輕使秦·楚之閒, 將爲國交也. 今楚不加善於秦而善軫者, 軫自爲厚而爲王薄也. 且軫欲去秦而之楚, 王胡不聽乎?」 王謂陳軫曰: 「吾聞子欲去秦之楚, 有之乎?」 軫曰: 「然」 王曰: 「儀之言果信矣.」 軫曰: 「非獨儀知之也, 行道之士盡知之矣. 昔子胥忠於其君而天下爭以爲臣, 曾參孝於其親而天下願以爲子. 故賣僕妾不出閭巷而售者, 良僕妾也; 出婦嫁於鄕曲者, 良婦也. 今軫不忠其君, 楚亦何以軫爲忠乎? 忠且見弃, 軫不之楚何歸乎?」 王以其言爲然, 遂善待之.

3. 鮑本의 평어

『彪謂: 軫之辯類捷給, 而其所稱譬, 皆當於人心, 不詭於正論. 周衰, 辯士未有若軫之絶倫離羣者也. 正曰: 秦爲無道, 魯仲連不肯帝, 孔子順義不入, 彼誠豪傑之士已. 軫往來其閒, 其居秦也, 又與張儀爭寵, 鄙哉! 雖其爲楚謀也多, 而終不能以善楚也. 〈之楚〉之對, 辯給不詭於正, 猶爲彼善於此耳.』

〈舞樂紋〉 四川 德陽 출토 畫像磚

戰國策

권4 진책 秦策 (二)

총16장(059~074)

059(4-1) 齊助楚攻秦
육백 리를 드리겠습니다

제齊나라가 초楚나라를 도와 진秦나라를 공격하여 곡옥曲沃 땅을 빼앗아
버렸다. 그 뒤 진秦 혜문왕惠文王은 제나라를 치고 싶었지만 제나라와
연합한 초나라가 걱정이었다. 그리하여 장의張儀에게 물었다.

"내가 제나라를 치고 싶지만 제·초 두 나라가 서로 바야흐로 가까운
관계이니 그대는 과인을 위해 고려해 주시오. 어떻게 하면 좋겠소?"

장의가 말하였다.

"왕께서는 저를 위해 거마와 선물을 준비해 주십시오. 제가 청컨대
초나라로 가서 시도해 보겠습니다."

장의는 남쪽 초나라로 가서 초왕(楚王, 懷王)을 알현하였다.

"우리나라 임금이 가장 존경하는 인물은 초왕 당신밖에 없습니다.
저도 가장 그 신하가 되고 싶은 임금이란 바로 당신입니다. 또 우리
임금이 제일 싫어하는 자는 바로 제왕齊王입니다. 저도 역시 제왕을
제일 미워합니다.

지금 그 제왕의 죄는 우리 임금에게 엄청난 고통을 주었습니다. 이에
우리나라는 제나라를 치자고 합니다.

그런데 귀국 초나라와 제나라와 국교가 아주 긴밀하여 저희 임금이
당신을 섬길 수 없고, 저 또한 대왕의 신하가 될 수 없군요. 만약 대왕께서
제나라와의 국경을 닫고 외교를 단절해 주신다면 저는 우리 진왕에게
청하여 상商·오於 땅 6백 리를 드리겠습니다. 이렇게 되면 제나라는 틀림없이
약해지고, 제나라가 약해지면 그들은 대왕을 위해 무슨 일이든 시키는
대로 모두 응할 것입니다. 북쪽으로 제나라가 약해지고 서쪽으로는 진나라
에게 은혜를 베풀고 사사롭게는 상·오 땅을 얻는다면 이야말로 한 번의
결정에 세 가지 이익이 굴러 들어오는 것입니다."

초왕이 크게 기뻐하여 온 조정에 선언하였다.

"내가 상·오 땅 6백 리를 얻었다."

신하들이 모두 그 말을 듣고 왕에게 축하를 하였지만 늦게 들어온

진진陳軫만은 아무런 축하의 말이 없었다. 왕이 까닭을 물었다.

"내가 병사 하나 번거롭게 하지 아니하고 사람 하나 다치지 아니하면서 상·오 땅 6백 리를 얻게 되었으니 내 스스로도 지혜로운 일이라 여기고 있소! 그리하여 모든 사대부들이 다 축하를 하는데 그대만은 축하의 말 한 마디 없으니 무슨 까닭이오?"

진진은 이렇게 대답하였다.

"제가 보기에는 상·오 땅은 얻을 수도 없을 뿐더러 오히려 근심만 찾아올 것입니다. 그 때문에 감히 망령된 축하를 드리지 못하는 것입니다."

왕이 물었다.

"무슨 뜻이오?"

진진은 이렇게 대답하였다.

"무릇 진왕이 대왕을 중히 여기는 것은 우리 초나라가 제나라의 힘을 가지고 있기 때문입니다. 그런데 지금 아직 땅도 얻지 않고 먼저 제나라와 외교를 끊어 버리면 우리 초나라만 고립되고 맙니다. 그렇게 되면 진나라가 무엇 때문에 우리 고립된 초나라를 중하게 여기겠습니까? 그러니 땅을 먼저 내 놓으라 하고 나서 제나라와 절교하면 진나라의 계획이 수포로 돌아갈 것이지만, 제나라와 절교를 먼저 하고 나중에 땅을 요구한다면 장의에게 사기만 당하고 말 것입니다. 그렇게 되면 왕은 틀림없이 장의를 미워하여 진나라와는 원수가 되고 북쪽으로 제나라도 절교의 원한으로 두 나라가 모두 우리의 적이 되어 쳐들어올 것입니다."

초왕은 이를 듣지 않았다.

"내가 한 일이 옳다! 그대는 입 다물고 내 하는 일이나 기다려 보라."

초왕은 이에 사신을 제나라에 보내어 단교를 알렸고, 그것도 모자라 그 사신이 돌아오기도 전에 재차 거듭 사신을 보내어 절교를 확인하였다.

이에 장의는 진나라로 돌아와 몰래 제나라에 사신을 보내어 제나라를 진나라 편에 끌어들여 은밀히 외교를 맺고 말았다.

초왕은 장군 하나를 장의를 따라 진나라에 보내어 땅을 받아오도록 하였다. 그러자 장의는 진나라에 닿자마자 병을 핑계로 조정에 나타나지를 않는 것이었다. 초조해진 초왕은 이렇게 여겼다.

“장의는 내가 아직 제나라와 완전히 외교를 끊지 않은 것으로 여기고 있는가?”

그리고는 용사들을 제나라에 보내어 제왕을 꾸짖게까지 하였다. 장의는 제나라와 초나라의 외교가 완전히 끊어진 것을 보고는 조정에 나타나 초나라 사신을 불러 이렇게 말하였다.

“어디某地부터 어디까지 가로 세로 6리 땅을 가져가시오.”

놀란 사신이 이렇게 말하였다.

“제가 듣기로 6백 리라 하였는데 6리란 들어보지도 못하였소.”

장의는 이렇게 둘러댔다.

“나는 진실로 소인으로서 무슨 땅이 있어 6백 리나 줄 수 있겠소?”

초나라로 돌아온 사자가 회왕에게 고하자 왕은 크게 노해 군대를 일으켜 진나라를 치겠다고 나섰다. 진진이 다시 말렸다.

“제 생각을 좀 말해도 될까요?”

초왕이 허락하였다.

“좋소.”

그러자 진진은 설명하였다.

“지금 진나라를 치고자 하는 것은 옳은 계책이 아닙니다. 오히려 진나라에 큰 도시 하나를 뇌물로 주고, 진나라와 연합하여 제나라를 치느니만 못합니다. 이는 진나라에게 잃은 것을 제나라에게 보상받는 것으로서, 우리는 아무런 손실 없이 보전할 수 있지 않겠습니까? 지금 왕께서는 제나라와 단절된 상황에서 진나라에게 사기 당한 책임을 묻게 되면 이는 우리가 진나라와 제나라를 더욱 연합하게 만들어 주는 꼴만 되고 맙니다. 잘못하면 우리가 크게 다칩니다.”

초왕은 이 말도 듣지 않았다. 드디어 군대를 일으켜 진나라를 공격하자 과연 진나라는 제나라와 연합하였고, 게다가 한韓나라까지 가담해 버렸다. 초병楚兵은 결국 두릉杜陵에서 크게 패하고 말았다.

초나라 국토와 백성은 깎여 나가 겨우 멸망만 면할 수 있게 된 것은 모두 초왕이 진진의 충간忠諫을 듣지 않고 장의의 말은 너무 과신해서 들어주었기 때문이었다.

齊助楚攻秦, 取曲沃. 其後, 秦欲伐齊, 齊·楚之交善, 惠王患之, 謂張儀曰:「吾欲伐齊, 齊·楚方懽, 子爲寡人慮之, 奈何?」張儀曰:「王其爲臣約車幷幣, 臣請試之.」張儀南見楚王曰:「弊邑之王所說甚者, 無大大王; 唯儀之所甚願爲臣者, 亦無大大王. 弊邑之王所甚憎者, 亦無先齊王; 唯儀之甚憎者, 亦無大齊王. 今齊王之罪, 其於弊邑之王甚厚, 弊邑欲伐之, 而大國與之懽, 是以弊邑之王不得事令, 而儀不得爲臣也. 大王苟能閉關絶齊, 臣請使秦王獻商於之地, 方六百里. 若此, 齊必弱, 齊弱則必爲王役矣. 則是北弱齊, 西德於秦, 而私商於之地以爲利也, 則此一計而三利俱至.」楚王大說, 宣言之於朝廷, 曰:「不穀得商於之田, 方六百里.」羣臣聞見者畢賀, 陳軫後見, 獨不賀. 楚王曰:「不穀不煩一兵, 不傷一人, 而得商於之地六百里, 寡人自以爲智矣! 諸士大夫皆賀, 子獨不賀, 何也?」陳軫對曰:「臣見商於之地不可得, 而患必至也, 故不敢妄賀.」王曰:「何也?」對曰:「夫秦所以重王者, 以王有齊也. 今地未可得而齊先絶, 是楚孤也, 秦又何重孤國? 且先出地絶齊, 秦計必弗爲也; 先絶齊後責地, 且必受欺於張儀. 受欺於張儀, 王必惋之. 是西生秦患, 北絶齊交, 則兩國兵必至矣.」楚王不聽, 曰:「吾事善矣! 子其弭口無言, 以待吾事.」楚王使人絶齊, 使者未來, 又重絶之.

張儀反, 秦使人使齊, 齊·秦之交陰合. 楚因使一將軍受地於秦. 張儀至, 稱病不朝. 楚王曰:「張子以寡人不絶齊乎?」乃使勇士往詈齊王. 張儀知楚絶齊也, 乃出見使者曰:「從某至某, 廣從六里.」使者曰:「臣聞六百里, 不聞六里.」儀曰:「儀固以小人, 安得六百里?」使者反報楚王, 楚王大怒, 欲興師伐秦. 陳軫曰:「臣可以言乎?」王曰:「可矣.」軫曰:「伐秦非計也, 王不如因而賂之一名都, 與之伐齊, 是我亡於秦而取償於齊也. 楚國不尚全事? 王今已絶齊, 而責欺於秦, 是吾合齊·秦之交也, 固必大傷.」楚王不聽, 遂擧兵伐秦. 秦與齊合, 韓氏從之. 楚兵大敗於杜陵. 故楚之土壤士民非削弱·僅以救亡者, 計失於陳軫, 過聽於張儀.

【曲沃】원래 魏나라 땅이었으나 秦나라가 점령하고 있었다. 高氏注에는 춘추
시대 晉邑이라 하였다. 지금의 河南省 陝縣 曲沃鎭.

【楚王】楚懷王. 이름은 熊槐. 뒤에 張儀의 속임수로 秦나라 咸陽까지 가서
秦昭王을 만났다가 분을 품고 죽었다. 屈原을 추방한 임금으로도 유명하다.
재위 30년.

【商於】秦策 "衛鞅亡魏入秦"篇의 주를 볼 것. '於'는 '오'로 읽는다.

【不穀】'不善'과 같은 뜻으로 왕이 자기를 낮추어 쓰는 말. ≪老子≫ 39장에
"侯王自謂孤・寡・不穀, 此非以賤爲本邪?"라 하였고 또 42장에 "唯孤・寡・不穀,
而王公以爲稱"이라 하였다.

【不尙全事】高誘 注에 "不尙全乎"로 되어 있다. '오히려 보전할 수 있지 않겠습
니까'의 뜻.

【韓氏從之】韓나라가 秦・齊 두 나라의 연합에 가담한 사실을 말한다.

【杜陵】地名. 陝西省 長安縣. ≪史記≫에 의하면 張儀에게 속은 楚懷王이
秦나라를 공격하여 丹陽(楚地, 河南省 丹水 북쪽)에서 패하였다. 그 후 회왕이
병력을 다시 편성하여 藍田(杜陵)에서 싸웠으나 다시 대패하였다. 흔히 이를
'藍田之役'이라 한다. 이 싸움에서 초나라는 8만 병사가 죽고 장군 등 70여
명이 포로가 되었다.

【非削弱】여기서의 '非'자는 衍文으로 보고 있다.

1. ≪史記≫ 張儀列傳

秦欲伐齊, 齊楚從親, 於是張儀往相楚. 楚懷王聞張儀來, 虛上舍而自館之. 曰:
「此僻陋之國, 子何以敎之?」儀說楚王曰:「大王誠能聽臣, 閉關絶約於齊, 臣請
獻商・於之地六百里, 使秦女得爲大王箕帚之妾, 秦・楚娶婦嫁女, 長爲兄弟之國.
此北弱齊而西益秦也, 計無便此者.」楚王大說而許之. 羣臣皆賀, 陳軫獨弔之.
楚王怒曰:「寡人不興師發兵得六百里地, 羣臣皆賀, 子獨弔, 何也?」陳軫對曰:
「不然, 以臣觀之, 商・於之地不可得而齊・秦合, 齊・秦合則患必至矣.」楚王曰:
「有說乎?」陳軫對曰:「夫秦之所以重楚者, 以其有齊也. 今閉關絶約於齊, 則楚孤.
秦奚貪夫孤國, 而與之商・於之地六百里? 張儀至秦, 必負王, 是北絶齊交, 西生
患於秦也, 而兩國之兵必俱至. 善爲王計者, 不若陰合而陽絶於齊, 使人隨張儀.
苟與吾地, 絶齊未晚也; 不與吾地, 陰合謀計也.」楚王曰:「願陳子閉口毋復言,

以待寡人得地.」乃以相印授張儀, 厚賂之. 於是遂閉關絕約於齊, 使一將軍隨張儀.
張儀至秦, 詳失綏墮車, 不朝三月. 楚王聞之, 曰:「儀以寡人絕齊未甚邪?」乃使
勇士至宋, 借宋之符, 北罵齊王. 齊王大怒, 折節而下秦. 秦・齊之交合, 張儀乃朝,
謂楚使者曰:「臣有奉邑六里, 願以獻大王左右.」楚使者曰:「臣受令於王, 以商・
於之地六百里, 不聞六里.」還報楚王, 楚王大怒, 發兵而攻秦. 陳軫曰:「軫可發口
言乎? 攻之不如割地反以賂秦, 與之幷兵而攻齊, 是我出地於秦, 取償於齊也,
王國尚可存.」楚王不聽, 卒發兵而使將軍屈匄擊秦. 秦・齊共攻楚, 斬首八萬,
殺屈匄, 遂取丹陽・漢中之地. 楚又復益發兵而襲秦, 至藍田, 大戰, 楚大敗, 於是
楚割兩城以與秦平.

2. 《史記》 楚世家

十六年, 秦欲伐齊, 而楚與齊從親, 秦惠王患之, 乃宣言張儀免相, 使張儀南見楚王,
謂楚王曰:「敝邑之王所甚說者無先大王, 雖儀之所甚願爲門闌之廝者亦無先大王.
敝邑之王所甚憎者無先齊王, 雖儀之所甚憎者亦無先齊王. 而大王和之, 是以敝
邑之王不得事王, 而令儀亦不得爲門闌之廝也. 王爲儀閉關而絕齊, 今使使者從
儀西取故秦所分楚商於之地方六百里, 如是則齊弱矣. 是北弱齊, 西德於秦, 私商
於以爲富, 此一計而三利俱至也.」懷王大悅, 乃置相璽於張儀, 日與置酒, 宣言:
「吾復得吾商於之地.」羣臣皆賀, 而陳軫獨弔. 懷王曰:「何故?」陳軫對曰:「秦之
所爲重王者, 以王之有齊也. 今地未可得而齊交先絕, 是楚孤也. 夫秦又何重孤國哉?
必輕楚矣. 且先出地而後絕齊, 則秦計不爲. 先絕齊而後責地, 則必見欺於張儀.
見欺於張儀, 則王必怨之. 怨之, 是西起秦患, 北絕齊交. 西起秦患, 北絕齊交,
則兩國之兵必至. 臣故弔.」楚王弗聽, 因使一將軍西受封地.

張儀至秦, 詳醉墜車, 稱病不出三月, 地不可得. 楚王曰:「儀以吾絕齊爲尚薄邪?」
乃使勇士宋遺北辱齊王. 齊王大怒, 折楚符而合於秦. 秦・齊交合, 張儀乃起朝,
謂楚將軍曰:「子何不受地? 從某至某, 廣袤六里.」楚將軍曰:「臣之所以見命者
六百里, 不聞六里.」即以歸報懷王. 懷王大怒, 興師將伐秦. 陳軫又曰:「伐秦非計也.
不如因賂之一名都, 與之伐齊, 是我亡於秦, 取償於齊也, 吾國尚可全. 今王已絕
於齊而責欺於秦, 是吾合秦・齊之交而來天下之兵也, 國必大傷矣.」楚王不聽,
遂絕和於秦, 發兵西攻秦. 秦亦發兵擊之.

十七年春, 與秦戰丹陽, 秦大敗我軍, 斬甲士八萬, 虜我大將軍屈丐・裨將軍逢侯
丑等七十餘人, 遂取漢中之郡. 楚懷王大怒, 乃悉國兵復襲秦, 戰於藍田, 大敗楚軍.
韓・魏聞楚之困, 乃南襲楚, 至於鄧. 楚聞, 乃引兵歸.

3. 鮑本의 평어

『補曰: 張儀商於之欺, 雖豎子猶能知之, 以陳軫之智, 固不爲難也. 儀之肆意而無忌者, 知懷王之愚, 而軫之言必不入也. 不然, 他日楚之請, 儀將懼其甘心焉. 而儀請自往, 卒不能害, 豈非中其所料也哉! 洪邁云: 賂秦攻齊, 策尤乖謬不義. 齊本與國, 宜割地致幣, 卑詞謝罪, 復求其授, 而反欲攻之, 軫說謬矣.』

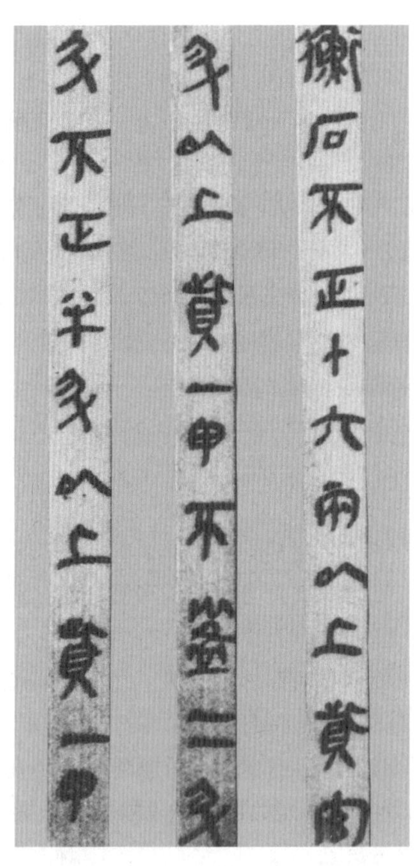

〈秦나라 법률을 적은 竹簡〉湖南 雲夢 출토

사향병에 걸린 사람

초楚나라가 제齊나라와 절교를 선언하자 제나라가 군대를 일으켜 초나라를 쳤다. 이에 진진陳軫이 초왕楚王에게 일렀다.

"왕은 동쪽으로는 제나라에게 땅을 떼어 주고 서쪽으로는 진秦나라와 강화를 서두르느니만 못합니다."

초왕은 진진을 진나라 사신으로 보냈다. 그러자 진나라 혜문왕惠文王이 이렇게 물었다.

"그대는 원래 우리 진나라 사람으로 나하고는 친구나 마찬가지요. 그러나 내가 총명치 못해 나라의 큰 일을 그대에게 친히 묻지 못하였었지요. 그래서 그대는 과인을 버리고 초왕을 받들러 간 것입니다. 지금 제나라와 초나라가 서로 싸움을 하는 모양인데 어떤 사람은 도와 주어야 한다고 하고 어떤 사람은 도와 주어도 좋을 게 없다고 합니다. 그대는 초왕에게 충성하는 일 외에 내게 도움될 나머지 좋은 것이 있으면 들려 줄 수 없겠소?"

진진이 말하였다.

"대왕께서는 오吳나라 사람이 초나라에 벼슬하였던 이야기를 듣지 못하셨습니까? 초왕이 그를 대단히 아꼈습니다. 그러던 어느 날 그가 병이 들고 말았습니다. 사람을 시켜 문병까지 하면서 왕은 좌우 신하들에게 물었습니다. '그가 정말 병이든 걸까? 아니면 고향 오나라를 잊지 못하는 사향병思鄕病일까?' 그러자 좌우 신하들이 '저희들은 잘 모릅니다만 만약 그가 정말 사향병에 걸렸다면 고향 오나라 민요를 부르고 있을 것입니다'라 하였습니다. 제가 지금 왕 앞에서 그 사람처럼 고향 민요를 부르고 있는 것입니다.

그리고 또 관여管與라는 사람의 이야기는 듣지 못하셨습니까? 두 마리의 호랑이가 사람을 잡아먹겠다고 싸우고 있었습니다. 그때 관장자管莊子라는 장사가 그 두 마리의 호랑이를 찔러 죽이겠다고 나섰습니다. 그때 옆에 있던 관여가 그를 말렸습니다. '범이란 놈은 탐랑貪狼한 짐승이며 사람은 그의 달콤한 먹이가 된다. 지금 그 두 놈이 이런 먹이를 놓고 싸우다 보면 최후에는 결국 작은 놈이 물려죽고 큰 놈 역시 상처를 입게 마련이다. 그 후에 남은 놈만 죽인다면 일거에 두 마리 호랑이를 잡게 되는 것이다. 한 마리를 더 죽이는 노고를 들이지 않고도 두 마리 호랑이를 잡았다는 소리를 듣게 되는 것이지'라고 말입니다.

지금 제나라와 초나라가 싸우는데 반드시 둘 중 하나는 패하거나 다칠 것입니다. 패한 이후에 대왕께서 군대를 일으켜 구제해 주시면 제나라를 구제하는 데도 이롭고 초나라를 치는 데도 손해가 없을 것입니다. 계획을 듣고 복역覆逆할 자가 누구인지를 알아낼 수 있는 이는 오직 대왕밖에 없습니다. 계획이란 일의 근본이며, 말을 알아듣는 것은 존망의 기틀입니다. 계획도 어긋나고 말도 바르게 듣지 못하면서 능히 나라를 보전한 자는 적습니다. 그래서 '계획을 반복 생각하는 자는 그를 어그러뜨릴 수가 없고, 남의 말을 들을 때 본말을 잃지 않는 자는 그를 미혹에 빠뜨리기가 어렵다'라 한 것입니다."

楚絕齊, 齊擧兵伐楚. 陳軫謂楚王曰:「王不如以地東解於齊, 西講於秦.」楚王使陳軫之秦, 秦王謂軫曰:「子秦人也, 寡人與子故也, 寡人不佞, 不能親國事也, 故子棄寡人事楚王. 今齊·楚相伐, 或謂救之便, 或謂救之不便, 子獨不可以忠爲子主計, 以其餘爲寡人乎?」陳軫曰:「王獨不聞吳人之遊楚者乎? 楚王甚愛之, 病, 故使人問之, 曰:『誠病乎? 意亦思乎?』左右曰:『臣不知其思與不思, 誠思則將吳吟.』今軫將爲王吳吟. 王不聞夫管與之說乎? 有兩虎諍人而鬪者, 管莊子將刺之, 管與止之曰:『虎者, 戾蟲; 人者, 甘餌也. 今兩虎諍人而鬪, 小者必死, 大者必傷. 子待傷虎而刺之, 則是一擧而兼兩虎也. 無刺一虎之勞, 而有刺兩虎之名.』齊·楚今戰, 戰必敗. 敗, 王起兵救之, 有救齊之利, 而無伐楚之害. 計聽知覆逆者, 唯王可也. 計者, 事之本也; 聽者, 存亡之機也. 計失而聽過, 能有國者寡也. 故曰:『計有一二者難悖也, 聽無失本末者難惑.』」

【陳軫】 원래 진나라 출신으로 초나라에 벼슬하고 있었음.

【楚王】 楚懷王.

【秦王】 秦나라 惠文王.

【吳人】 《史記》에는 '越人'으로 되어 있다.

【管與】 高氏注에 '管一作卜'이라 하여 卜與가 아닌가 한다. 《史記》에는 '卜莊子'로 되어 있다. 춘추시대 魯나라 卜邑의 대부였으며 勇氣가 대단하여 한 번에 두 마리 범을 때려잡았다 한다. 당시 齊나라가 이를 두려워해서 감히 魯나라를 치지 못하였다고 한다.

【管莊子】 《史記》에는 '館豎子'(여관의 심부름꾼)로 되어 있다.

【覆逆】 일의 順과 逆順을 살펴 미리 계획을 세우고 청취함을 말한다. 鮑本에 "能計善聽, 知二國之覆逆. 覆逆, 言不順於理"라 하였으나 繆文遠의 《戰國策新校注》에는 "覆逆, 帛書策二十四章作順逆. 言知事之順逆, 鮑注非是"라 하였다.

【끝 부분】 "聽計知覆逆者"부터 끝 부분에 대하여 王念孫은 앞장(059) 끝 "過聽於張儀" 다음에 이어져야 옳다고 보았다.(繆文遠 《戰國策新校注》 p.127 및 何建章 《戰國策注釋》 p.125 참조)

참고 및 관련 자료

1. 《史記》 張儀列傳

韓·魏相攻, 期年不解. 秦惠王欲救之, 問於左右. 左右或曰救之便, 或曰勿救便, 惠王未能爲之決. 陳軫適至秦, 惠王曰:「子去寡人之楚, 亦思寡人不?」陳軫對曰: 「王聞夫越人莊舃乎?」王曰:「不聞.」曰:「越人莊舃仕楚執珪, 有頃而病. 楚王曰: 『舃故越之鄙細人也, 今仕楚執珪, 貴富矣, 亦思越不?』中謝對曰:『凡人之思故, 在其病也. 彼思越則越聲, 不思越則楚聲.』使人往聽之, 猶尙越聲也. 今臣雖弃逐之楚, 豈能無秦聲哉!」惠王曰:「善. 今韓·魏相攻, 期年不解, 或謂寡人救之便, 或曰勿救便, 寡人不能決, 願子爲子主計之餘, 爲寡人計之.」陳軫對曰:「亦嘗有以夫卜莊子刺虎聞於王者乎? 莊子欲刺虎, 館豎子止之, 曰:『兩虎方且食牛, 食甘必爭, 爭則必鬪, 鬪則大者傷, 小者死, 從傷而刺之, 一舉必有雙虎之名.』卜莊子以爲然, 立須之. 有頃, 兩虎果鬪, 大者傷, 小者死. 莊子從傷者而刺之, 一舉果有雙虎之功. 今韓·魏相攻, 期年不解, 是必大國傷, 小國亡, 從傷而伐之, 一舉必有兩實. 此猶莊子刺虎之類也. 臣主與王何異也.」惠王曰:「善.」卒弗救. 大國果傷, 小國亡, 秦興兵而伐, 大剋之. 此陳軫之計也.

2. ≪論語≫ 憲問篇

子路問成人. 子曰:「若臧武仲之知, 公綽之不欲, 卞莊子之勇, 冉求之藝, 文之以禮樂, 亦可以爲成人矣.」曰:「今之成人者何必然? 見利思義, 見危授名, 久要不忘平生之言, 亦可以爲成人矣.」

3. 鮑注(鮑彪)의 평어

『軫爲是媾於秦, 而勸秦收齊·楚之敝, 豈所以忠爲主哉? 或疑史作韓·魏者, 是. 考秦惠時, 唯十三年, 韓擧趙護帥師與魏戰, 敗績. 去楚絶齊時遠甚, 他不見韓·魏相攻事. 且策言甚明. 竊意楚已遣人解齊, 軫之媾秦, 欲其不助齊耳. 當識其意, 不可泥於辭也!』

061(4-3) 秦惠王死
진 혜왕이 죽다

진秦 혜왕惠王이 죽었다. 그러자 평소 장의張儀와 사이가 나빴던 공손연公孫衍이 장의를 궁지에 몰아넣으려고 벼르고 있었다. 이때 이수李讎가 공손연에게 방법을 일러주었다.

"감무甘茂를 위魏나라에서 불러들이고, 공손현公孫顯도 한韓나라로부터 불러들이십시오. 그리고 은거하고 있는 저리질樗里疾을 불러 국정에 기용하십시오. 이 세 사람은 모두 장의와 원한이 있습니다. 만약 공께서 이들을 등용하면 제후들이 장의가 진나라에서 아무런 실권이 없어졌음을 알게 될 것입니다."

秦惠王死, 公孫衍欲窮張儀. 李讎謂公孫衍曰:「不如召甘茂於魏, 召公孫顯於韓, 起樗里子於國. 三人者, 皆張儀之讎也, 公用之, 則諸侯必見張儀之無秦矣!」

【公孫衍】犀首를 가리킨다. 魏나라 陰晉人으로 일찍이 서수 땅의 관리를 지냈기 때문에 흔히 '犀首'라고 칭한다. 처음 秦나라에 벼슬하였으나 장의와 사이가 좋지 않아 나중에 張儀가 죽은 후 秦나라 재상이 되고 각국을 유세하여 五國相印을 찼다. ≪史記≫ 張儀列傳 참조.
【李讎】秦나라 사람.
【甘茂】"張儀欲以漢中與楚"篇 注 참조.
【公孫顯】秦나라 사람.
【樗里疾】"秦令樗里疾以車百乘入周"篇 注 참조.
【無秦】惠王이 죽고 武王이 즉위하여 甘茂와 樗里疾을 左右丞相으로 삼자 張儀는 魏나라로 가서 재상을 지내다가 1년 만에 죽었다. ≪史記≫ 張儀列傳 참조.

(참고 및 관련 자료)

1. 秦惠王(惠文王)이 죽은 것은 B.C. 311년이다.

062(4-4) 義渠君之魏
의거 나라의 임금

의거義渠나라의 임금이 위魏나라에 가자 공손연公孫衍이 말하였다.

"길이 너무 멀어 제가 다시 임금을 뵙기 어렵겠군요. 이에 뵙고 사정을 말씀드릴까 합니다."

의거군이 응락하였다.

"원컨대 그대의 가르침을 듣겠습니다."

공손연이 말하였다.

"만약 이 중원에 각 제후들이 진秦나라를 치는 일에 매달리지 않는다면, 진나라는 그대 의거국을 불태워 버릴 것입니다. 그러나 중원에 진나라에 대한 공격이 생기면 진나라는 급히 사신을 통해 많은 선물을 보내어 귀국을 섬기면서 자기편으로 끌어들이려 애쓸 것입니다."

의거군이 말하였다.

"잘 알아듣겠습니다."

얼마 뒤 과연 다섯 나라가 연합하여 진나라를 공격해 들어갔다. 이때 진진陳軫이 진왕秦王에게 일렀다.

"의거의 왕은 만이蠻夷의 군장 중에 어진 지도자로 이름이 나 있습니다. 그에게 뇌물을 보내어 그 마음을 사로잡아야 합니다."

진왕이 수긍하였다.

"옳습니다."

그리고는 예쁜 무늬로 수놓은 비단 1천 필과 미녀 1백 명을 의거 왕에게 보냈다. 이에 의거 왕은 여러 신하들을 모아 놓고 토론을 벌이고 나서 말하였다.

"이는 공손연이 말하였던 바로 그 계략이다."

그리고는 군사를 일으켜 진나라를 공격하여 이백李帛 아래에서 진나라 군사를 대패시켰다.

義渠君之魏, 公孫衍謂義渠君曰:「道遠, 臣不得復過矣, 請謁事情.」義渠
君曰:「願聞之.」對曰:「中國無事於秦, 則秦且燒焫獲君之國; 中國爲有事
於秦, 則秦且輕使重幣, 而事君之國也.」義渠君曰:「謹聞令.」

居無幾何, 五國伐秦. 陳軫謂秦王曰:「義渠君者, 蠻夷之賢君, 王不如賂
之以撫其心.」秦王曰:「善.」因以文繡千匹, 好女百人, 遺義渠君. 義渠君致
羣臣而謀曰:「此乃公孫衍之所謂也.」因起兵襲秦, 大敗秦人於李帛之下.

【義渠】甘肅省 경내에 있던 서쪽의 이민족 국가. 姚注에 "義渠, 西戎之國名也"라
하였고 鮑注에는 "西戎也, 北地郡有義渠道"라 하였다.

【公孫衍】魏나라 사람. 犀首.

【中國無事於秦】中國은 中原을 가리킨다. "無事於秦"은 秦나라에 아무 일이
없다는 뜻. 즉 다른 나라와 전쟁이 없다면 의거국부터 멸망시키리라는 것.

【輕使】가벼워 매우 빠른 신하.

【五國】楚·燕·韓·魏·趙.

【李帛】秦나라의 읍. ≪史記≫에는 '李伯'으로 되어있다. 지금의 伯陽城이라
고도 하며 甘肅省 天水市 동쪽이다.

참고 및 관련 자료

1. ≪史記≫ 張儀傳에 비슷한 내용이 실려있다. 그러나 "五國攻秦"은 실제
"三晉攻秦"(B.C. 318~317)이며, 義渠가 秦나라를 습격한 것은 B.C. 318년의
일이다.

2. ≪史記≫ 張儀列傳

義渠君朝於魏. 犀首聞張儀復相秦, 害之. 犀首乃謂義渠君曰:「道遠不得復過,
請謁事情.」曰:「中國無事, 秦得燒掇焚杅君之國; 有事, 秦將輕使重幣事君之國.」
其後五國伐秦. 會陳軫謂秦王曰:「義渠君者, 蠻夷之賢君也, 不如賂之以撫其志.」
秦王曰:「善.」乃以文繡千純, 婦女百人遺義渠君. 義渠君致羣臣而謀曰:「此公孫
衍所謂邪?」乃起兵襲秦, 大敗秦人李伯之下.

3. 鮑本의 평어

『補曰: 按史, 犀首相魏, 張儀去, 犀首聞儀復相秦, 害之, 乃謂義渠君云云. 且五國
伐秦, 事在惠文後七年, 次年魏因儀請成于秦, 仍復相秦, 則此時儀未爲秦相也.

儀自惠文後三年出相魏, 至今在魏, 衍不相, 則儀必不去也. 故大事記謂, 伐秦之役,
儀在魏, 陰爲秦用: 而又謂衍與義渠語, 其相魏之後, 蓋亦不能無疑. 豈儀去魏之秦,
犀首知其必相而害之歟?』

위 : 만리장성. 아래 1974년 진시황릉을 발굴 모습

063(4-5) 醫扁鵲見秦武王
편작의 정치관

　명의 편작扁鵲이 진秦 무왕武王을 만났다. 무왕이 자기 병을 설명하자 편작이 치료해 주겠다고 하였다. 그러자 좌우의 신하들이 말렸다.

　"대왕의 병은 귀 앞·눈 아래 있습니다. 치료한답시고 잘못하다가는 오히려 귀가 멀거나 눈이 멀지도 모릅니다."

　임금이 걱정이 되어 이 말을 편작에게 전하자, 편작은 노해서 석침石鍼을 내동댕이치면서 말하였다.

　"임금이 지혜로운 자와 의논을 잘해 놓고는 나중에 지혜롭지 못한 자의 말을 듣고 일을 그르쳤으니 이것으로 보면 이 진나라 정치도 그럴 것임을 알 수 있습니다. 그러다간 일거에 나라를 망치고 말 것입니다."

　醫扁鵲見秦武王, 武王示之病, 扁鵲請除. 左右曰:「君之病, 在耳之前, 目之下, 除之未必已也, 將使耳不聰, 目不明.」君以告扁鵲. 扁鵲怒而投其石:「君與知之者謀之, 而與不知者敗之. 使此知秦國之政也, 則君一擧而亡國矣.」

【扁鵲】 전국시대 趙나라 鄭邑(河北省 任丘縣) 사람. 秦越人. 長桑君에게 비방술을 배워 진맥으로 병을 고치며 오장육부의 병을 들여다보는 능력을 가졌다고 한다. 그 집이 盧 땅에 있어 盧醫라고도 한다. 뒤에 秦나라 太醫令 李醯의 투기로 죽음을 당하였다. 원래 '편작'이란 고대 黃帝 軒轅氏 때의 良醫 이름이나 세상 사람들이 이 秦越人이 명의로 이름을 날리자 '편작'이라 불러주었다. 《史記》 扁鵲列傳 참조. 427장 참조.

【秦武王】 惠王(惠文王)의 아들. 이름은 蕩. 일찍이 力士 烏獲·孟賁 등을 데리고 周나라 洛陽에 가서 鼎을 들고 희롱하다가 그 鼎의 다리를 부러뜨린 일이 있다.

1. B.C. 307년의 일이다.

2. 鮑本의 평어

『扁鵲與趙簡子同時, 至是百三十年矣. 正曰: 簡子在晉昭·頃·定公時, 周景王·敬王之世也. 秦武王元年當赧王五年, 相去二百餘年, 名字必差.』

증삼이 사람을 죽이다

진秦 무왕武王이 감무甘茂에게 말하였다.

"내가 수레를 몰아 한나라 삼천三川 땅을 지나 주周나라 왕실을 한 번 엿볼 수 있다면 내 죽고 나서도 그 명성이 썩지 않을 텐데."

감무가 말하였다.

"그러시다면 제가 위魏나라에 가서 함께 한韓나라를 칠 약정을 맺겠습니다."

왕은 드디어 상수向壽를 부사로 삼아 감무를 위나라로 보냈다. 감무가 위나라에 도착하자 상수에게 일렀다.

"그대는 진나라로 돌아가 왕에게 이렇게 말하라. '위나라가 우리의 약속을 모두 승락하였습니다. 그러나 대왕께서는 아직 공격하지는 말아 주십시오'라 말이다. 일이 성공하면 모두 그대의 공으로 삼아줄 것이다."

이리하여 상수가 진나라로 먼저 돌아와 왕에게 보고하자 진무왕은 나중에, 돌아오는 감무를 식양息壤 땅에서 영접하였다. 감무가 돌아오자 왕은 그 까닭을 물었다. 감무는 이렇게 설명하였다.

"의양宜陽은 큰 현입니다. 그곳에 상당上黨과 남양南陽의 재물을 축적해 두고 지켜온 지 오래입니다. 이름만 현이지만 실제로는 군보다 큽니다. 그런데 현재 대왕께서 뒤에 숱한 위험을 두고 천 리나 되는 먼 길을 가서 그곳을 치겠다 하니 매우 어려운 일입니다. 제가 듣건대 지난날 장의張儀가 서쪽으로는 파巴·촉蜀의 땅을 병탄하고, 북으로는 서하西河 밖까지 취하고, 남으로는 상용上庸까지 탈취하였지만 세상이 장의를 칭찬 하지 않고 선왕 혜왕惠王을 훌륭하다 여기고 있습니다. 또 위문후魏文侯가 악양樂羊을 장군으로 삼아 중산中山을 공격할 때 일입니다. 3년 만에 겨우 탈취하고 개선하자 오히려 위문후는 논공행상 때 악양을 비방하는 많은 상소문을 모아두었던 상자를 꺼내 보였습니다. 악양도 결국 머리를 조아 리며 재배하고는 '이는 저의 공이 아닙니다. 모두가 임금의 힘입니다'라고 말해야 하였습니다. 하물며 저는 기려지신羈旅之臣입니다. 지금 저리질 樗里疾과 공손연公孫衍 두 사람은 한나라를 끼고 이 나라의 국정을 의논하는 판이니 왕께서는 틀림없이 그들의 말을 듣고 위나라를 속이게 될 것입니다. 그렇게 되면 저는 한나라 공중치公仲侈에게 원한을 사게 됩니다.

옛날 증자曾子가 비읍費邑에 살 때 이런 일이 있었습니다. 증자와 같은 이름을 가진 어떤 사람이 살인을 하였습니다. 그것을 증자인 줄 알고 어떤 사람이 증자 어머니에게 '증삼曾參이 사람을 죽였다'라 알려왔습니다. 그러자 그 어머니는 '내 아들은 사람을 죽일 인물이 아니다'라고 하면서 태연히 베틀에서 베를 짜고 있었습니다.

조금 후 어떤 사람이 와서 똑같이 '증삼이 사람을 죽였다'라고 알려왔습니다. 그러나 아들을 믿는 그의 어머니는 여전히 그럴 리 없다고 베를 짰습니다. 조금 후 또 어떤 사람이 와서 '증삼이 사람을 죽였다'라고 하였습니다. 그의 어머니는 북(杼·梭)을 내던지고 담을 넘어 달려나갔습니다. 무릇 증삼과 같이 어진 사람, 그것을 믿는 그 어머니의 굳은 믿음도 세 사람이 같은 말을 할 때는 그토록 아무리 어진 어머니일지라도 능히 그 아들에 대한 믿음을 지켜낼 수가 없었던 것입니다. 그런데 지금 저는 그 증자만큼 어질지 못할 뿐더러 대왕께서 저를 믿는 것도 그 어머니만큼 굳지 못한 것은 사실입니다. 저를 의심하게 하는 자가 세 사람에게 그치는 것도 아니니 임금께서 저를 위해 그 북을 내던질까 두렵습니다."

왕이 이 말을 듣자 약속하였다.

"나는 절대로 그대를 비방하는 자의 말을 듣지 않을 것이오. 우리 이 자리에서 맹세합시다."

그리고는 그 식양息壤 땅에서 맹세의 의식까지 치렀다.

과연 의양 땅을 공격하는데 감무는 5개월이 되도록 탈취하지 못하고 있었다. 저리질과 공손연은 기회다 하고 다투어 임금에게 감무를 비방하였다. 왕은 그들의 비방을 듣고 감무를 소환하여 책임을 물을 참이었다. 감무는 이렇게 대답하였다.

"식양 땅이 저기 그대로 있습니다."

이 말을 듣자 왕은 이렇게 말하였다.

"알고 있소이다."

그리고는 모든 군사를 다 모아 감무에게 주어 다시 의양을 공격토록 하여 드디어 의양을 함락시켰다.

秦武王謂甘茂曰:「寡人欲車通三川, 以闚周室, 而寡人死不朽乎?」甘茂
對曰:「請之魏, 約伐韓.」王令向壽輔行.

甘茂至魏, 謂向壽:「子歸告王曰:『魏聽臣矣, 然願王勿攻也.』事成, 盡以
爲子功.」向壽歸以告王, 王迎甘茂於息壤. 甘茂至, 王問其故. 對曰:「宜陽,
大縣也, 上黨·南陽積之久矣, 名爲縣, 其實郡也. 今王倍數險, 行千里而攻之,
難矣. 臣聞張儀西幷巴·蜀之地, 北取西河之外, 南取上庸, 天下不以爲多
張儀而賢先王. 魏文侯令樂羊將, 攻中山, 三年而拔之, 樂羊反而語功, 文侯
示之謗書一篋, 樂羊再拜稽首曰:『此非臣之功, 主君之力也.』今臣羈旅之
臣也, 樗里疾·公孫衍二人者, 挾韓而議, 王必聽之, 是王欺魏, 而臣受公仲
侈之怨也. 昔者, 曾子處費, 費人有與曾子同名族者而殺人, 人告曾子母曰:
『曾參殺人.』曾子之母曰:『吾子不殺人.』織自若. 有頃焉, 人又曰:『曾參殺
人.』其母尚織自若也. 頃之, 一人又告之曰:『曾參殺人.』其母懼, 投杼踰牆
而走. 夫以曾參之賢, 與母之信也, 而三人疑之, 則慈母不能信也. 今臣之賢
不及曾子, 而王之信臣又未若曾子之母也, 疑臣者不適三人, 臣恐王爲臣
之投杼也.」王曰:「寡人不聽也, 請與子盟.」於是與之盟於息壤.

果攻宜陽, 五月而不能拔也. 樗里疾·公孫衍二人在, 爭之王, 王將聽之,
召甘茂而告之. 甘茂對曰:「息壤在彼.」王曰:「有之.」因悉起兵, 復使甘茂
攻之, 遂拔宜陽.

【甘茂】 "張儀欲以漢中與楚" 註 참조. 당시 甘茂는 좌승상이었다.

【三川】 伊·洛·河, 三水 지역.

【向壽】 秦나라 신하. 昭王의 어머니인 宣太后의 外戚. 389장 참조. '向'은
  성씨일 경우 '상'으로 읽는다.

【息壤】 秦나라 읍 이름. 지금의 陝西省 咸陽市 동쪽.

【宜陽】 韓 읍 이름. 지금의 河南省 宜陽縣.

【上黨】 魏나라 땅. "犀武敗於伊闕" 篇 註 참조.

【名爲縣, 其實郡】 이 시기의 郡·縣에 대하여 鮑本에는 "此時韓都平陽. 春秋傳,
  上大夫受郡, 下大夫受縣. 則郡縣之稱久矣. 正曰: 大事記云, 春秋時郡屬於縣,

趙簡子所謂上大夫受縣, 下大夫受郡是也. 戰國時縣屬於郡, 所謂上郡十五縣者是也. 魏惠十年後, 方孝公商鞅時, 幷小鄕爲大縣, 縣一令, 尙未有郡及守稱. 故魏納上郡之後十餘年, 秦紀始書漢中郡. 或者山東諸侯先變古制而秦效之歟!」
라 하였다.

【南陽】 魏나라 땅. 河南省 沁陽縣.

【巴蜀】 둘 모두 나라 이름. 惠王 때 멸망하여 秦나라 땅이 되었다.

【西河之外】 지금의 陝西省 華陰縣·華縣·白水縣·澄城縣 등지. 원래 魏나라에 속해 있었다.

【上庸】 楚나라 읍 이름. 湖北省 竹山縣. 원래 古代 庸國이 있던 곳.

【魏文侯】 이름은 都(혹은 斯). 원래 晉나라 卿이었으나 趙·韓과 더불어 晉을 분할. 그 후 周 왕실에 뇌물을 주어 侯로 봉해졌다.

【樂羊】 魏文侯의 장군. 中山을 취한 공으로 靈壽 땅에 봉해졌다. 290·499장 참조.

【羈旅之臣】 東周策 "秦攻宜陽" 注 참조. 그 나라 출신이 아니면서 벼슬하는 사람.

【公仲侈】 韓나라 상국. 公仲이 성이며 侈는 이름. 鮑注에는 "侈作朋. 朋, 公仲名. 此書後或名朋, 或名侈, 朋侈字近, 故誤. 史竝作侈, 然韓策言公仲侈, 又言韓侈, 爲兩人. 今定公仲名, 明別韓侈也"라 하였다.

【曾子】 孔子 제자 중에 효행으로 이름난 인물. 춘추시대 魯나라 武城 사람. 이름은 參, 자는 子輿.

【費】 춘추시대 魯나라 地名. 지금의 山東省 費縣.

참고 및 관련 자료

1. "曾參殺人"의 고사 원출전이다. ≪史記≫ 甘茂列傳에도 실려있다. 甘茂가 위나라를 떠난 것은 B.C. 308년, 의양을 공격한 것은 B.C. 307년의 일이다. 관련 내용은 002·031·065·068·207·234·290·384·385·386·499장 등이다.

2. ≪史記≫ 甘茂列傳

甘茂者, 下蔡人也. 事下蔡·史擧先生, 學百家之術. 因張儀·樗里子而求見秦惠王. 王見而說之, 使將, 而佐魏章略定漢中地. 惠王卒, 武王立. 張儀·魏章去, 東之魏. 蜀侯煇·相壯反, 秦使甘茂定蜀. 還, 而以甘茂爲左丞相, 以樗里子爲右丞相. 秦武王三年, 謂甘茂曰: 「寡人欲容車通三川, 以窺周室, 而寡人死不朽矣.」 甘茂曰:

「請之魏, 約以伐韓, 而令向壽輔行.」甘茂至, 謂向壽曰:「子歸, 言之於王曰:
『魏聽臣矣, 然願王勿伐』. 事成, 盡以爲子功.」向壽歸, 以告王, 王迎甘茂於息壤.
甘茂至, 王問其故. 對曰:「宜陽, 大縣也, 上黨·南陽積之久矣. 名曰縣, 其實郡也.
今王倍數險, 行千里攻之, 難. 昔曾參之處費, 魯人有與曾參同姓名者殺人, 人告
其母曰:『曾參殺人』, 其母織自若也. 頃之, 一人又告之曰:『曾參殺人』, 其母尙織
自若也. 頃又一人告之曰:『曾參殺人』, 其母投杼下機, 踰牆而走. 夫以曾參之賢
與其母信之也, 三人疑之, 其母懼焉. 今臣之賢不若曾參, 王之信臣又不如曾參之
母信曾參也, 疑臣者非特三人, 臣恐大王之投杼也. 始張儀西幷巴蜀之地, 北開西
河之外, 南取上庸, 天下不以多張子而以賢先王. 魏文侯令樂羊將而攻中山, 三年
而拔之. 樂羊返而論功, 文侯示之謗書一篋. 樂羊再拜稽首曰:『此非臣之功也,
主君之力也.』今臣, 羈旅之臣也. 樗里子·公孫奭二人者挾韓而議之, 王必聽之,
是王欺魏王而臣受公仲侈之怨也.」王曰:「寡人不聽也, 請與子盟.」卒使丞相甘
茂將兵伐宜陽. 五月而不拔, 樗里子·公孫奭果爭之. 武王召甘茂, 欲罷兵. 甘茂曰:
「息壤在彼.」王曰:「有之」因大悉起兵, 使甘茂擊之. 斬首六萬, 遂拔宜陽. 韓襄
王使公仲侈入謝, 與秦平.

3. ≪呂氏春秋≫ 樂成篇

魏攻中山, 樂羊將, 已得中山, 還反報文侯, 有貴功之色. 文侯知之, 命主書曰:
「羣臣賓客所獻書者, 操以進之.」主書擧兩篋以進. 令將軍視之, 書盡難攻中山之
事也. 將軍還走, 北面再拜曰:「中山之擧, 非臣之力, 君之功也.」當此時也, 論士
殆之日幾矣. 中山之不取也, 奚宜二篋哉? 一寸而亡矣. 文侯賢主也, 而猶若此,
又況於中主邪?

4. ≪說苑≫ 復恩篇

魏文侯攻中山, 樂羊將, 已得中山, 還反報文侯, 有喜功之色, 文侯命主書曰:
「羣臣賓客所獻書操以進.」主書者擧兩篋以進, 令將軍視之, 盡難攻中山之事也,
將軍還走北面而再拜曰:「中山之擧也, 非臣之力, 君之功也.」

5. ≪新序≫ 雜事(二)

甘茂, 下蔡人也. 西入秦, 數有功, 至武王以爲左丞相, 樗里子爲右丞相. 樗里子及
公孫子, 皆秦諸公子也, 其外家韓也. 數攻韓, 秦武王謂甘茂曰:「寡人欲容車至周
室者, 其道乎韓之宜陽.」欲使甘茂伐韓取宜陽, 以通道至周室. 甘茂曰:「請約魏
與伐韓.」令向壽輔行. 甘茂旣約, 魏許, 甘茂還至息壤, 謂向壽曰:「子歸, 言之王,
魏聽臣矣, 然願王勿伐也.」向壽歸以告王, 王迎甘茂於息壤, 問其故. 對曰:「宜陽,

大縣也. 名爲縣, 其實郡也. 今王倍數險, 行千里攻之, 難. 昔者, 曾參之處, 鄭人有
與曾參同名姓者殺人, 人告其母曰:『曾參殺人.』其母織自若也. 頃然一人又來
告之, 其母曰:『吾子不殺人.』有頃, 一人又來告, 其母投杼下機, 踰牆而走. 夫以
曾參之賢, 與其母信之也, 然三人疑之, 其母懼焉. 今臣之賢也不若曾參; 王之信
臣也, 又不如曾參之母之信曾參也. 疑臣者非特三人也, 臣恐大王投杼也. 魏文侯
令樂羊將而攻中山, 三年而拔之, 樂羊反而語功, 文侯示之謗書一篋. 樂羊再拜稽
首曰:『此非臣之功也, 主君之力也.』今臣羈旅也, 樗里子·公孫子二人挾韓而議,
王必信之, 是王欺魏而臣受韓之怨也.」王曰:「寡人不聽也.」使伐宜陽, 五月而宜
陽未拔. 樗里子·公孫子果爭之, 武王召甘茂, 欲罷兵. 甘茂曰:「息壤在彼.」王曰:
「有之.」因悉起兵, 使甘茂將擊之, 遂拔宜陽. 及武王薨, 昭王立, 樗里子·公孫子
讒之, 甘茂遇罪, 卒奔齊. 故非至明, 其孰能毋用讒乎?

6. ≪西京雜記≫ 卷六

昔魯有兩曾參, 趙有兩毛遂. 南曾參殺人見捕, 人以告北曾參母. 野人毛遂墜井而死,
客以告平原君, 平原君曰:「嗟乎, 天喪予矣!」旣而知野人毛遂, 非平原君客也.

065(4-7)　宜陽之役
의양의 전투

'의양宜陽 전투에서 풍장馮章이 진왕秦王에게 말하였다.

"만약 아군이 의양을 함락시키지 못하면 한韓·초楚 두 나라가 우리의 피폐한 틈을 타서 공격해 올 것입니다. 그때는 나라가 위험해집니다! 그러니 한중漢中 땅을 초나라에 되돌려 주기를 허락하여 초나라의 환심을 사두느니만 못합니다. 그러면 초나라는 고마움을 느끼고 우리를 공격하지 않을 것이며 한나라는 고립되어 우리 진나라를 어쩌지 못할 것입니다!"

진왕이 말하였다.

"옳습니다."

그리고는 이에 풍장을 초나라에 보내어 한중 땅을 되돌려 주겠다고 약속하였고, 진나라는 의양을 함락시키게 되었다. 그러자 초왕楚王은 약속대로 풍장에게 한중 땅을 달라고 요구하였다. 풍장은 다시 진왕에게 이렇게 일렀다.

"왕께서는 저를 쫓았다고 하십시오. 그리고 초왕에게 나는 애초부터 한중 땅을 그대 초나라에 줄 뜻이 없었다'라고 하십시오."

　宜陽之役, 馮章謂秦王曰:「不拔宜陽, 韓·楚乘吾弊, 國必危矣! 不如許楚漢中以懽之. 楚懽而不進, 韓必孤, 無奈秦何矣!」王曰:「善.」果使馮章許楚漢中, 而拔宜陽. 楚王以其言責漢中於馮章, 馮章謂秦王曰:「王遂亡臣, 固謂楚王曰:『寡人固無地而許楚王.』」

【宜陽】韓邑. 지금의 河南省 宜陽縣.
【馮章】秦나라의 신하. 유세객.
【秦王】秦武王.
【漢中】地名. 원래 楚나라 땅이었다. 054장 참조.

1. 이 사건은 064장과 관련 있다.

2. 鮑本의 평어

『彪謂: 此策可以無出地矣, 如後不可爲約何! 正曰: 戰國變詐多此類, 豈暇慮後邪!
懷王親受商於之欺而猶不悟, 昏於貪故也.』

066(4-8)　甘茂攻宜陽
사재를 털어 상을 내리다

감무甘茂가 의양宜陽을 공격할 때, 세 번이나 공격 신호의 북을 울렸으나 병사들이 성을 기어오르려 않는 것이었다. 그때 옆에 있던 장령將令 중의 어떤 위관尉官이 말하였다.

"장군께서 병사들에게 상벌을 밝혀서 사기를 높여 주지 않으면 큰 곤란을 당할 것입니다."

감무는 이렇게 말하였다.

"나는 기려지신羈旅之臣인데도 진秦나라에서 재상자리까지 준 것은, 나를 이 의양 땅으로써 미끼를 삼고 있는 것이다. 지금 내가 의양을 함락시키지 못하면 안에서는 공손연公孫衍과 저리질樗里疾이 나를 꺾어 버릴 것이요, 밖에서는 한韓나라 공중치公仲侈가 나를 궁지로 몰아 넣을 것이다. 그러면 내가 살아 있을 날은 이미 없는 것이다! 청컨대 내일 다시 북을 쳐서 함락시키지 못한다면 저 의양의 성곽을 내 묘로 삼겠다."

그리고는 사재私財를 털어 공상公賞에 보태었다. 이튿날 다시 북을 쳐 공격하자 의양은 함락되었다.

甘茂攻宜陽, 三鼓之而卒不上. 秦之右將有尉對曰:「公不論兵, 必對困.」甘茂曰:「我羈旅而得相秦者, 我以宜陽餌王. 今攻宜陽而不拔, 公孫衍‧樗里疾挫我於內, 而公中以韓窮我於外, 是無伐之日已! 請明日鼓之而不可下, 因以宜陽之郭爲墓.」於是出私金以益公賞. 明日鼓之, 宜陽拔.

【三鼓】 옛날 북을 치면 전진하고, 징(鑼)을 치면 후퇴하였다고 한다.
【右將有慰者】 右將軍 부하의 어떤 尉官.
【論兵】 병법에 따라 사기를 북돋움을 말한다. ≪孫子≫ 作戰篇에 "取敵之利者, 貨也"라 하였고 曹操의 注에 "軍無財, 士不來; 軍無賞, 士不往"이라 하였다.
【公賞】 공적으로 주는 상금.

1. 公仲侈의 공격은 064장 참조.

067(4-9) 宜陽未得
지금 공을 세우지 못하면

의양宜陽이 아직 함락되지 않은 채 진秦나라는 수많은 사상자만 낳았다. 그리하여 장군 감무甘茂가 병사를 휴식시키려 하자 좌성左成이 감무에게 말하였다.

"귀하께서는 안으로는 저리질樗里疾·공손연公孫衍과 적대관계이고, 밖으로는 한韓나라 공중치公仲侈와 원한 관계입니다. 바로 지금 귀하께서 공을 세우지 못하면 귀하는 틀림없이 궁지에 몰리고 맙니다. 그러나 지금 귀하가 온 힘을 다해 의양을 공격해서 함락시키면 귀하의 공이 커집니다. 그렇게 되면 저리질과 공손연도 일거리가 없어지고, 진나라의 사상자 가족들이 전쟁을 도모한 그 두 사람에 대한 원한을 갖게 될 것입니다."

宜陽未得, 秦死傷者衆, 甘茂欲息兵. 左成謂甘茂曰:「公內攻於樗里疾· 公孫衍, 而外與韓侈爲怨, 今公用兵無功, 公必窮矣. 公不如進兵攻宜陽, 宜陽拔, 則公之功多矣. 是樗里疾·公孫衍無事也, 秦衆盡怨之深矣.」

【宜陽未得】 '得'은 혹은 '拔'로 씀. 024·043·051장 참조.
【左成】 甘茂의 謀士라 한다.
【秦衆盡怨】 전쟁의 계획은 저리질과 공손연에 의해 발단되었으며 게다가 두 사람의 방해로 인해 전쟁이 길어져 사상자가 많이 발생하였으므로 사상자의 부형들이 오히려 그 두 사람을 원망하게 된다는 뜻.

참고 및 관련 자료

1. 姚注의 평어
『秦死傷衆, 盡怨樗里疾·公孫衍之造謀伐宜陽, 怨深之重也.』

2. 鮑注의 평어
『謂死傷多, 使茂久攻, 二人持之故也.』

068(4-10) 宜陽之役
서로 물고 물리고

의양宜陽의 싸움에서 초楚나라가 진秦나라를 배반하고 한韓나라와 연합해 버렸다. 진왕秦王은 크게 두려웠다. 이때 감무甘茂가 왕에게 말하였다.

"초나라가 비록 한나라와 연합하기는 하였지만 한나라를 위해서 먼저 우리에게 싸움을 걸어오지는 않을 것입니다. 한나라 또한 싸움이 났을 때 초나라가 뒤에서 변절할까 두려워하고 있습니다. 이렇게 보면 한·초 두 나라는 서로 물려 있는 셈이 됩니다. 초나라는 한나라와의 연합을 말로 허락하기는 하였지만 그렇다고 우리 진나라에게 원한도 남겨두고 싶지 않은 상태이지요. 저는 그래서 서로 물려 있는 관계라고 보는 것입니다."

宜陽之役, 楚畔秦而合於韓. 秦王懼. 甘茂曰:「楚雖合韓, 不爲韓氏先戰; 韓亦恐戰而楚有變其後. 韓·楚必相御也. 楚言與韓, 而不餘怨於秦, 臣是以知其御也.」

【宜陽】 韓나라의 地名.
【甘茂】 秦의 장수. 정치가.
【先戰】 姚注에 "言楚不能爲韓氏先與秦戰也"라 하였다.
【楚有變其後】 姚注에는 "恐楚作變難伐其後"라 하였으며 鮑本에는 "變, 背約也, 楚時助韓, 兵在韓後. 正曰: 言其後有變也"라 하였다.
【相御】 서로 제어함. 서로 엇물려 있음. 鮑注에 "御, 猶制也. 二國雖合, 猶相疑. 故自相制"라 하였다.
【不餘怨於秦】 鮑本에 "楚之與韓, 有言而已: 而其於秦, 不見多怨. 正曰: 聲言與韓, 而不遺怨於秦"이라 하였다.

참고 및 관련 자료

1. 본장의 역사적 사실은 064장을 볼 것.

달변가를 대응하는 방법

진왕秦王이 감무甘茂에게 물었다.

"초楚나라에서 오는 사신들이 대개가 달변가여서 나와 의론이 맞붙으면 내가 자주 궁색해지니 이를 어쩌면 좋겠습니까?"

감무가 말하였다.

"염려하실 것 없습니다! 다음에 그런 달변가가 오면 그들의 말을 전혀 들어주지 마십시오. 그리고 약한 자가 오면 그들의 말을 들어주는 겁니다. 그렇게 되면 약한 자는 그 나라에 중히 쓰일 것이며 달변가는 높이 쓰이지 못할 것입니다. 왕께선 그렇게 해서 그들을 제압하시면 됩니다."

秦王謂甘茂曰:「楚客來使者多健, 與寡人爭辭, 寡人數窮焉, 爲之奈何?」 甘茂對曰:「王勿患也! 其健者來使者, 則王勿聽其事; 其需弱者來使, 則王必聽之. 然則需弱者用, 而健者不用矣! 王因而制之.」

【秦王】秦武王.

【需弱者】우둔하고 약하여 '唯唯諾諾'하는 자. 鮑本에 "集韻: 需, 音儒, 韋柔滑貌. 補曰: 需卽濡"라 하였다.

〈戲獸紋〉 河南 衡陽 출토 畫像磚

강가의 처녀

감무甘茂가 진秦나라를 도망하여 제齊나라로 가려고 함곡관函谷關을 나오다가 소대蘇代를 만났다. 그리고 소대에게 물었다.

"그대는 강가의 처녀 이야기를 들은 적이 있습니까?"

소대가 말하였다.

"그런 얘기는 들은 적 없소."

감무가 이런 이야기를 해주었다.

"어느 강가에 여러 처녀가 함께 살고 있었는데 그 중 한 처녀가 가난하여 불 밝힐 초조차도 없었습니다. 나머지 처녀들이 서로 상의 끝에 그를 쫓아내려 하였습니다. 집이 가난하여 초가 없어 쫓겨나던 처녀가 나머지 처녀들에게 이렇게 말하였지요. '나는 가난해서 촛불조차 없기 때문에 대신 늘 일찍 들어와 집안 청소도 하고 자리도 깔고 이렇게 봉사해 주었다. 그런데 너희들은 어찌 네 벽壁에 비치는 남는 불빛까지 아까워하는가? 나에게 그 빛을 허락한다고 그대들에게 방해될 것이 무엇이 게 있겠는가? 내가 그대들에게 이익을 주는 것이 더 많을 텐데 나를 내쫓아야만 하는가?' 그러자 처녀들이 서로 상의한 끝에 과연 그렇다고 여겨 다시 그를 머물게 해 주었다는 것입니다.

지금 저는 불초하여 진나라에서 쫓겨나 함곡관까지 나왔습니다. 원컨대 족하足下께서 나로 하여금 방이나 쓸고 자리나 깔게 해주셔서 쫓지 않는다면 더 바랄 게 없겠습니다."

소대가 이렇게 말하였다.

"좋습니다. 그대를 진나라에 있을 때보다 더 높은 대우를 받도록 제齊나라에게 일러 드리겠습니다."

그리고는 먼저 진 소왕昭王에게 이렇게 말하였다.

"감무는 어진 사람입니다. 보통 선비가 아닙니다. 게다가 이 진나라에 몇 대를 걸쳐 중요한 요직에 있었기 때문에 효산殽山의 요새와 계곡谿谷의 지형을 아주 훤하게 알고 있습니다. 그런 그가 만약 제나라에 가서 한韓·위魏 두 나라와 연합하여 도리어 진나라를 칠 모의를 한다면 이 진나라에게 유리할 것은 조금도 없습니다.”

소왕이 물었다.

“그렇다면 어떻게 하면 좋겠소?”

소대가 말을 이었다.

“빨리 그에게 많은 예물과 높은 벼슬자리를 구실로 맞아오십시오. 그가 오거든 괴곡槐谷 땅에 연금해 버리고 평생 밖으로 나오지 못하게 하십시오. 그러면 천하가 누구를 통해 진을 넘보겠습니까?”

진소왕이 드디어 승락하고 상경上卿의 관직과 재상의 자리를 주어 제나라에 가서 감무를 맞아오게 하였다. 감무는 사양하며 가지 않았다. 소진은 얼른 제나라로 다시 와서 제나라 민왕湣王에게 짐짓 이렇게 말하였다.

“감무는 어진 사람입니다. 지금 진나라에서 상경과 재상의 자리까지 주겠다며 맞아가려 하였지만 그는 대왕께 입은 은혜에 감복하여 가지 않고, 오히려 대왕의 신하가 되기를 원하고 있습니다. 지금 대왕께서는 어떤 대우를 해주고 계십니까? 만약 대왕께서 그를 잘 붙들어 두지 않으면 그는 대왕을 덕으로 여기지 않고 진나라로 되돌아가 버릴 겁니다. 그의 현능賢能과 진나라의 강병이 함께 밀려온다면 이 제나라는 큰일입니다!”

제 민왕은 이렇게 말하였다.

“과연 그렇군요.”

그리고는 감무에게 상경의 관직을 주어 제나라에 머물게 하였다.

甘茂亡秦, 且之齊, 出關遇蘇子, 曰:「君聞夫江上之處女乎?」蘇子曰: 「不聞.」曰:「夫江上之處女, 有家貧而無燭者, 處女相與語, 欲去之. 家貧無 燭者將去矣, 謂處女曰:『妾以無燭, 故常先至, 掃室布席, 何愛餘明之照四 壁者? 幸以賜妾, 何妨於處女? 妾自以有益於處女, 何爲去我?』處女相語以 爲然而留之. 今臣不肖, 棄逐於秦而出關, 願爲足下掃室布席, 幸無我逐也.」 蘇子曰:「善. 請重公於齊.」

乃西說秦王曰:「甘茂, 賢人, 非恒士也. 其居秦累世重矣, 自殽塞·谿谷, 地形險易盡知之. 彼若以齊約韓·魏, 反以謀秦, 是非秦之利也.」秦王曰:

「然則奈何?」蘇代曰:「不如重其贄・厚其祿以迎之. 彼來則置之槐谷,
終身勿出, 天下何從圖秦?」秦王曰:「善.」與之上卿, 以相迎之齊.

　甘茂辭不往, 蘇秦僞謂王曰:「甘茂, 賢人也. 今秦與之上卿, 以相迎之,
茂德王之賜, 故不往, 願爲王臣. 今王何以禮之? 王若不留, 必不德王. 彼以
甘茂之賢, 得擅用强秦之衆, 則難圖也!」齊王曰:「善.」賜之上卿, 命而處之.

【甘茂亡秦】 이 일은 甘茂가 武遂 땅을 韓에게 되돌려 주자고 주장할 때 向壽와
公孫衍이 반대하였지만 결국 일은 이루어진 것과 관련이 있다. 즉 이 일로
甘茂는 向・公의 참소가 두려워 秦나라를 떠나 齊나라로 온 것이다. 067・389장
참조

【蘇子】 蘇代. 蘇秦・蘇厲와 더불어 삼형제 모두 이름난 策士・遊說家. 여기서는
세 사람 이름이 함께 거론되고 있으나 소대를 가리킨다.

【足下】 상대방을 높이는 말. 어원에 대해서는 ≪異苑≫에 介之推(介子推:
寒食의 유래를 나은 春秋時代 晉 文公의 신하)와 관계를 지으나 확실치는
않다. “介之推逃祿隱綿山, 晉文公燒山以求其出, 推抱樹燒死, 文公哀之, 撫木
哀歎, 遂代木以爲屐, 常曰: ‘悲乎足下.’ 足下之稱, 疑始於比”라 하였다.

【秦王】 秦의 昭襄王(昭王), 秦惠王의 서자이며 武王의 이복 동생. 이름은
則(혹은 稷), 재위 56년.

【殽塞】 殽山(崤山, 肴山)의 요새. 산동 육국과 경계를 이루는 函谷關 근처의
험한 곳.

【谿谷】 지명. 혹은 산골짜기 ≪史記≫에는 ‘鬼谷’으로 되어있음.

【槐谷】 지명. 혹은 산골짜기 ≪史記≫에는 ‘鬼谷’으로 되어있음.

【上卿】 벼슬 이름. 卿・大夫・士의 등급. 다시 각각 上・中・下, 3등급으로
모두 9급.

【相】 다른 기록에는 모두 ‘相印’으로 되어있다.

【齊湣王】 齊宣王의 아들, 이름은 地. 재위 40년. 燕나라가 樂毅 장군으로
하여금 五國과 연합해서 쳐들어오자 莒 땅으로 도망하였다가 그곳에서 淖齒에게
弑殺당하였다.(이상의 이야기는 ≪史記≫ 樗里子甘茂列傳 및 樂毅列傳・
田單列傳 등 참조.)

1. ≪史記≫ 甘茂列傳

甘茂之亡秦奔齊, 逢蘇代. 代爲齊使於秦. 甘茂曰:「臣得罪於秦, 懼而遯逃, 無所容跡. 臣聞貧人女與富人女會績, 貧人女曰:『我無以買燭, 而子之燭光幸有餘, 子可分我餘光, 無損子明而得一斯便焉.』今臣困而君方使秦而當路矣. 茂之妻子在焉, 願君以餘光振之.」蘇代許諾. 遂致使於秦. 已, 因說秦王曰:「甘茂, 非常士也. 其居於秦, 累世重矣. 自殽塞及至鬼谷, 其地形險易皆明知之. 彼以齊約韓·魏反以圖秦, 非秦之利也.」秦王曰:「然則奈何?」蘇代曰:「王不若重其贄, 厚其祿以迎之, 使彼來則置之鬼谷, 終身勿出.」秦王曰:「善.」卽賜之上卿, 以相印迎之於齊. 甘茂不往. 蘇代謂齊湣王曰:「夫甘茂, 賢人也. 今秦賜之上卿, 以相印迎之. 甘茂德王之賜, 好爲王臣, 故辭而不往. 今王何以禮之?」齊王曰:「善.」卽位之上卿而處之. 秦因復甘茂之家以市於齊.

2. ≪列女傳≫ 卷六『齊女徐吾』

齊女徐吾者, 齊東海上貧婦人也. 與鄰婦李吾之屬會燭, 相從夜績. 徐吾最貧, 而燭數不屬, 李吾謂其屬曰:「徐吾燭數不屬, 請無與夜也.」徐吾曰:「是何言與? 妾以貧燭不屬之故, 起常早, 息常後, 灑掃陳席, 以待來者. 自以蔽薄, 坐常處下, 凡爲貧燭不屬故也. 夫一室之中, 益一人燭不爲暗, 損一人燭不爲明, 何愛東壁之餘光, 不使貧妾得蒙見哀之思? 長爲妾役之事, 使諸君常有惠施於妾, 不亦可乎?」李吾莫能應, 遂復與夜, 終無後言. 君子曰:「婦人以辭不見棄於鄰, 則辭安可以已乎哉? 詩云:『辭之輯矣, 民之協矣.』此之謂也.」頌曰:「齊女徐吾, 會績獨貧. 夜託燭明, 李吾絶焉. 徐吾自列, 辭語甚分. 卒得容入, 終沒後言.」

3. 鮑本의 평어

『補曰: 列女傳: 齊女徐吾與鄰婦合燭夜績, 辭亦相類. 史通謂, 游士假設之辭, 遽以名字加之者.』

재상 선발을 축하합니다

감무甘茂가 진秦나라 재상이었을 때였다. 진왕秦王은 공손연(公孫衍, 犀首)을 아끼고 있었던 터라 공손연과 단 둘이 만나는 기회를 타서 그 공손연을 재상으로 세워 주려고 왕이 먼저 말을 꺼내었다.

"과인은 장차 그대를 재상으로 삼으려 하오."

이 말을 감무의 부하가 길에서 듣고 감무에게 일러주었다. 감무는 얼른 왕을 알현하고 짐짓 이렇게 말하였다.

"대왕께서 어진 재상을 얻으셨다니 감히 재배하여 축하드리옵니다."

왕이 놀라 되물었다.

"그대가 지금 재상인데 어진 재상을 얻다니 무슨 말이오?"

감무가 말하였다.

"대왕께서 장차 서수犀首를 재상으로 삼으신다고요."

그러자 왕은 더욱 놀라 캐물었다.

"누가 그런 말을 들려주던가요?"

감무는 얼른 이렇게 대답하였다.

"서수(공손연)가 직접 저에게 알려 주더이다."

왕은 서수(공손연)가 비밀을 누설하였다고 노하여 서수를 축출해 버렸다.

甘茂相秦. 秦王愛公孫衍, 與之間有所立, 因自謂之曰:「寡人且相子.」甘茂之吏道而聞之, 以告甘茂. 甘茂因入見王曰:「王得賢相, 敢再拜賀.」王曰:「寡人託國於子, 焉更得賢相?」對曰:「王且相犀首.」王曰:「子焉聞之?」對曰:「犀首告臣.」王怒於犀首之泄也, 乃逐之.

【甘茂相秦】秦武王 때 左丞相. 武王이 죽고 동생 昭王(昭襄王)이 즉위하자 얼마 되지 않아 면직되었다.

【犀首】公孫衍. 그의 傳은 ≪史記≫ 張儀列傳에 함께 있다.

1. ≪韓非子≫ 外儲說右上

甘茂相秦惠王, 惠王愛公孫衍, 與之閒有所言, 曰:「寡人將相子.」甘茂之吏道穴聞之, 以告甘茂. 甘茂入見王, 曰:「王得賢相, 臣敢再拜賀.」王曰:「寡人託國於子, 安更得賢相?」對曰:「將相犀首.」王曰:「子安聞之?」對曰:「犀首告臣.」王怒犀首之泄, 乃逐之.

2. 姚注의 주

『言甘茂知之, 且不欲使公孫衍得相而分(一本無'而'字) 其寵也, 故言:'犀首告臣', 欲王逐之也.』

3. 鮑本의 주

『補'逐', 逐衍也. 曰告人足矣, 不必告己. 補曰:'告人'之云, 機更深險.』

〈戲獸紋〉 河南 衡陽 출토 畫像磚

072(4-14) 甘茂約秦魏而攻楚
나라를 팔아먹은 놈

감무甘茂가 진秦나라를 위魏나라와 연합시켜 초楚나라를 공격하였다.
그때 마침 초나라 출신으로서 진나라에 와서 상相벼슬을 지내던 굴개屈蓋란
사람이 초나라를 위하여 진나라와의 강화를 주선하였다. 그래서 진나라는
관문을 열고 초나라 사신을 받아들였다. 그러자 감무가 진왕秦王에게
말하였다.

"초나라를 두려워하여 위나라를 이 회담에 불참시키시면 안 됩니다.
위나라가 참석하지 않으면 초나라는 '진나라는 위나라를 팔아먹었다'라고
악담을 펴뜨릴 것입니다. 그렇게 되면 위나라는 우리 진나라에게 배신감을
느끼고 초나라와 연합해 버릴 것입니다. 초·위 두 나라가 연합하여 하나가
되면 우리가 크게 다치지나 않을까 두렵습니다. 그러니 이번 강화를 위나라로
하여금 주재하게 하느니만 못합니다. 위나라는 자신이 주재하여 강화를
이룬다는 데 대해 틀림없이 즐거워할 것입니다. 왕께서 위나라에게 미움도
사지 않으면 저당 잡을 땅도 틀림없이 많아질 것입니다."

甘茂約秦·魏而攻楚. 楚之相秦者屈蓋, 爲楚和於秦, 秦啓關而聽楚使.
甘茂謂秦王曰:「怵於楚而不使魏制和, 楚必曰『秦鬻魏.』不悅而合於楚,
楚·魏爲一, 國恐傷矣. 王不如使魏制和, 魏制和必悅. 王不惡於魏, 則寄地
必多矣.」

【屈蓋】楚나라 출신으로 秦에 와서 벼슬하던 사람. '屈丐'로도 쓴다. 그러나
 金正煒는 《戰國策補釋》에서 본문의 '相'은 '拒'로 보아야 하며 굴개는 楚나라
 신하일 뿐 진나라에 벼슬한 적이 없다고 하였다.
【秦王】秦武王으로 보고있다.
【寄地】남의 나라 땅이면서 진나라가 차지하고 있는 토지. 일종의 저당잡은
 땅을 말한다.

1. "楚之相秦者屈蓋, 爲楚和於秦"에 다하여 屈蓋는 楚나라 신하로 丹淅에서 秦나라에게 패하여 포로가 된 인물이라고도 하며 그 어느 기록에도 그가 秦나라 재상이 된 적이 없는 것으로 보아 본문의 '相'은 '拒'의 잘못으로 본다.(金正煒 ≪戰國策補釋≫) 따라서 이 부분의 해석은 "楚나라의 秦나라를 거부하는 인물이 楚나라를 위하여 秦나라에게 강화를 요청하다"의 뜻이 된다.

073(4-15) 陘山之事
형산의 전투

형산陘山의 전투에서 조趙나라는 장차 진秦나라와 연합하여 제齊나라를 공격하려 하였다. 제나라는 두려웠다. 이에 전장田章을 시켜 양무陽武 땅을 떼어 조나라와 강화를 서두르며, 다시 제나라 공자公子인 순자順子까지 인질로 보내야 하였다. 이에 조나라 혜문왕惠文王은 대단히 기뻐하며 즉시 제나라 공격을 중지하고 아울러 진나라 소왕昭王에게는 이렇게 통고하였다.

"제나라는 이미 양무의 땅을 우리 조나라에 주며, 순자까지 인질로 보내 주었소. 그래서 우리의 공격을 풀어주기를 원하고 있소. 감히 귀국의 아래 관리에게 특별히 이를 통고해 주었었습니다."

그러자 진왕은 공자公子 타他를 조나라에 보내어 이렇게 말하였다.

"제나라는 일찍이 귀국과 연합하여 위魏나라를 구출하기로 한 적이 있습니다. 그랬으면서도 귀국과 약속을 어겼지요. 이로 보면 제나라는 믿을 만한 나라가 아닙니다. 그때 귀국도 제나라를 옳지 못하다고 여겨 즉시 사신을 보내어 우리나라에 그 사실을 통고하였었습니다. 그래서 우리 진나라는 이사二社의 땅을 귀국에게 주어 제사를 계속 받들 수 있도록 도와주었었습니다. 그런데 지금 우리와의 약속을 어기고 공격은커녕 오히려 그 제나라와 결합하여 땅을 받고 있으니, 우리나라 신하들로 하여금 어찌 할 바를 알지 못하게 하는군요. 우리는 4만의 군대를 증원시킬 테니 귀국이 결재를 내려 주시오."

일이 이렇게 되자 소대蘇代가 제나라를 위하여 진나라의 재상인 양후穰侯에게 이런 편지를 써보내 주었다.

"진나라를 왕래하는 선비들에게 들으니 이렇게 말하더군요. '진나라가 조나라를 위하여 4만 명을 증원하여 제나라를 공격할 것이다'라고요. 이에 저는 몰래 우리 제나라 임금에게 이렇게 일러주었습니다. '진나라 임금은 어질고 똑똑하여 계책을 세움에 빈틈이 없고, 양후는 역시 지혜롭고 일의 처리에 능하여 결코 4만 명을 증원하여 조나라를 도와 우리 제나라를 공격하는 일은 없을 것입니다.' 어찌 이렇게 말할 수 있느냐고요? 원래 삼진三晉이 결합되는 일을 제일 겁내는 쪽이 바로 귀국 진나라입니다. 삼진이 진나라를 1백 번 농락하면 진나라는 1백 번 모두 그대로 속고 맙니다. 그들의 말을 믿어 주지 않을 수 없고, 시키는 대로 하지 않을 수 없습니다. 지금 제나라가 깨어지면 조나라가 비대해 집니다. 조나라는 진나라와 깊은 원한을 가진 사이입니다. 불리한 쪽은 진나라입니다. 이것이 첫째 이유입니다.

다음 귀국 진나라의 모책謀策꾼은 틀림없이 이렇게 말할 것입니다. '제나라를 꺾고 진(晉, 조)나라를 피폐하게 만든 다음, 그 후에 진·초 두 나라를 모두 쳐서 승리를 취하면 된다'라고요.

지금 우리 제나라는 아주 쇠약한 상태여서 천하의 제후를 모아 우리 제나라를 공격해 온다면 우리가 무너지는 것은 1천 균鈞이나 되는 강한 활로 다 썩은 상처투성이의 병자를 쏘는 것과 같아집니다.

그러나 진(晉, 趙)·초楚 두 나라는 다릅니다. 무슨 방법으로 진·초를 그리 쉽게 무너뜨린단 말입니까! 이것이 두 번째 이유입니다.

다음으로 귀국 진나라가 약간의 군대만 출병시킨다면 진나라와 초나라는 귀국의 의도를 믿지 않을 것입니다. 그렇다고 많은 병사를 출병시킨다면 진·초 두 나라는 귀국에게 제압당한다고 여길 것입니다. 그렇게 되면 제나라는 두려움 끝에 틀림없이 귀국 진나라를 버리고 같은 두려움을 느끼는 진·초 두 나라에게 붙어 버리고 말 것입니다. 이것이 세 번째 이유입니다.

또 우리 제나라가 땅을 떼어 주면서 진·초 두 나라와 튼튼한 연합을 해주게 되면 그 두 나라는 안정을 얻게 됩니다. 이때 제나라가 군사를 일으키게 되면 아무리 둔한 칼일지언정 귀국 진나라는 손상을 입지 않을 수 없겠지요. 이것이 네 번째 이유입니다.

다음으로 진·초 두 나라가 귀국 진나라와 연합하여 우리 제나라를 깨뜨리고 우리 제나라가 귀국 진나라를 깨뜨리겠다고 덤빈다면 이 어찌 진·초 두 나라는 지혜로우며, 제·진 두 나라는 어리석다 하지 않겠습니까? 이것이 다섯 번째 이유입니다.

귀국 진나라는 위나라로부터 안읍安邑을 얻은 후, 우리 제나라와 우호

관계를 맺어왔습니다. 그래서 서로는 편안하였고 그 무슨 걱정거리도
없었습니다. 귀국 진나라가 지금처럼 안읍을 잘 지켜내기만 하면 한·위
두 나라는 틀림없이 상당上黨을 잃고 말 것입니다. 무릇 삼진三晉의 뱃속과
같은 상당을 그대로 취하고 있는 것과, 싸웠다가 되돌아올 수 없을
걱정 중에 어느 것이 귀국의 이익이 되겠습니까? 그래서 저는 사사로이
저희 왕에게 앞서 말한 대로 '진나라 왕은 영특하고 똑똑하여 계획을
허투루 세움이 없고, 양후 역시 지혜로운 일 처리 능력이 있어 결코
4만 명을 조나라에게 보태어 주면서, 우리 제나라를 공격하는 일은
없을 것입니다'라고 말씀드린 것입니다."

陘山之事, 趙且與秦代齊. 齊懼, 令田章以陽武合於趙, 而以順子爲質.
趙王喜, 乃案兵告於秦曰：「齊以陽武賜弊邑而納順子, 欲以解伐. 敢告下吏.」
秦王使公子他之趙, 謂趙王曰：「齊與大國救魏而倍約, 不可信恃, 大國不義,
以告弊邑, 而賜之二社之地, 以奉祭祀. 今又案兵, 且欲合齊而受其地, 非使
臣之所知也. 請益甲四萬, 大國裁之.」

蘇代爲齊獻書穰侯曰：「臣聞往來之者言曰：『秦且益趙甲四萬人以伐齊.』
臣竊必之弊邑之王曰：『秦王明而熟於計, 穰侯智而習於事, 必不益趙甲
四萬人以伐齊.』是何也? 夫三晉相結, 秦之深讎也. 三晉百背秦, 百欺秦,
不爲不信, 不爲無行. 今破齊以肥趙, 趙, 秦之深讎, 不利於秦. 一也, 秦之謀
者必曰：『破齊弊晉, 而後制晉·楚之勝.』夫齊, 罷國也, 以天下擊之, 譬猶
以千鈞之弩潰癰也. 秦王安能制晉·楚哉! 二也. 秦少出兵, 則晉·楚不信；
多出兵, 則晉·楚爲制於秦. 齊恐, 則必不走於秦且走晉·楚. 三也. 齊割地
以實晉·楚, 則晉·楚安. 齊擧兵而爲之頓劍, 則秦反受兵. 四也. 是晉·楚
以秦破齊, 以齊破秦, 何晉·楚之智而齊·秦之愚! 五也. 秦得安邑, 善齊以
安之, 亦必無患矣. 秦有安邑, 則韓·魏必無上黨哉! 夫取三晉之腸胃與出
兵而懼其不反也, 孰利? 故臣竊必之弊邑之王曰：『秦王明而熟於計, 穰侯
智而習於事, 必不益趙甲四萬人以伐齊矣.』」

【陘山之事】陘山은 趙나라의 요새로서 지금의 河北省 井陘縣 동북의 井陘關. 그러나 일설에는 河南省 新鄭縣의 密山(혹은 邢山)으로 보기도 한다. 鮑注에 “穰侯列傳, 魏背秦與齊從親, 秦使穰侯攻趙·韓·魏於華陽下, 且益趙以兵伐齊, 則此役也. 陘山在密. 後志注云, 史記, 秦破魏華陽, 地亦在縣. 則此策書陘山, 史書華陽, 一役也. 事在三十四年”이라 하였다.

【田章】齊나라의 公族.

【陽武】齊나라 땅. 지금의 河南省 博浪縣 開封의 서북.

【順子】齊나라의 公子. 270·459장 참조.

【他】秦 昭襄王의 公子.

【二社之地】≪史記≫ 索隱에 25家를 1里라 하며 매 里마다 社, 즉 土地廟가 있다 하였다. 따라서 二社之地란 2리 정도의 땅을 말한다.

【穰侯】당시 秦나라의 재상이었던 魏冉.

【齊王】齊의 襄王.

【三晉】韓·魏·趙 세 나라를 가리킨다.

【安邑】원래 魏나라 땅. B.C. 286년 秦나라에게 빼앗겼다.

참고 및 관련 자료

1. 본장은 蘇代의 言論으로 B.C. 301년 쯤이다. 한편 이 陘山 지역은 ≪史記≫ 穰侯列傳의 白起가 “破芒來於華陽下, 斬首十萬”의 사건으로 기록되어 있다. 따라서 이 사건은 秦昭王 34년(B.C. 273년)의 ‘華陽之戰’이 아닌가 한다.

2. ≪史記≫ 穰侯列傳

明年, 穰侯與白起客卿胡陽復攻趙·韓·魏, 破芒卯於華陽下, 斬首十萬, 取魏之卷·蔡陽·長社, 趙氏觀津. 且與趙觀津, 益趙以兵, 伐齊. 齊襄王懼, 使蘇代爲齊陰遺穰侯書曰: 「臣聞往來者言曰: 『秦將益趙甲四萬以伐齊』, 臣竊必之敝邑之王曰『秦王明而熟於計, 穰侯智而習於事, 必不益趙甲四萬以伐齊』. 是何也? 夫三晉之相與也, 秦之深讎也. 百相背也, 百相欺也, 不爲不信, 不爲無行. 今破齊以肥趙. 趙, 秦之深讎, 不利於秦. 此一也. 秦之謀者, 必曰『破齊, 獘晉·楚, 而後制晉·楚之勝』. 夫齊, 罷國也, 以天下攻齊, 如以千鈞之弩決潰癰也, 必死, 安能獘晉·楚. 此二也. 秦少出兵, 則晉·楚不信也; 多出兵, 則晉·楚爲制於秦. 齊恐, 不走秦, 必走晉·楚. 此三也. 秦割齊以啖晉·楚, 晉·楚案之以兵, 秦反受敵. 此四也. 是晉·楚以秦謀齊, 以齊謀秦也, 何晉·楚之智而秦·齊之愚? 此五也. 故得安邑

以善事之, 亦必無患矣. 秦有安邑, 韓氏必無上黨矣. 取天下之腸胃, 與出兵而懼
其不反也, 孰利? 臣故曰秦王明而熟於計, 穰侯智而習於事, 必不益趙甲四萬以
伐齊矣.」於是穰侯不行, 引兵而歸.

074(4-16) 秦宣太后愛魏醜夫
태후의 사통

진秦 혜왕惠王이 죽고 난 뒤 선태후宣太后는 위추부魏醜夫와 사통私通하고 있었다. 그 태후가 병이 들어 죽음에 임박하자 이런 명령을 내렸다.

"내가 죽어 장례 지낼 때 위추부를 반드시 함께 순장시켜다오."

위추부가 죽음의 두려움에 떨자 용예庸芮란 자가 위추부를 위하여 태후를 달랬다.

"태후께서는 죽은 자도 뭘 안다고 생각하십니까?"

태후가 말하였다.

"죽은 다음엔 모르지."

용예가 물었다.

"그렇다면 태후처럼 지혜로우신 분이 죽고 나면 아무것도 모르신다고 하시면서, 생전에 그렇게 사랑하던 사람을 아무것도 모르는 죽은 사람과 함께 묻어 무얼 하시겠다고 그러십니까? 또 만약 죽고 나서도 뭘 안다고 칩시다. 그러면 이미 돌아가신 혜왕이 저승에서 분노를 쌓아온 지 오래일 것입니다. 태후께서 죽은 후 만나시면 사과하고 빌어도 모자랄 텐데 거기다가 어찌 거기서 위추부와 사통할 겨를이 있겠습니까?"

태후는 이렇게 말하였다.

"옳다."

그리고는 명령을 철회하였다.

秦宣太后愛魏醜夫. 太后病將死, 出令曰:「爲我葬, 必以魏子爲殉.」
魏子患之. 庸芮爲魏子說太后曰:「以死者爲有知乎?」太后曰:「無知也.」
曰:「若太后之神靈, 明知死者之無知矣, 何爲空以生所愛, 葬於無知之死
人哉? 若死者有知, 先王積怒之日久矣, 太后救過不贍, 何暇乃私魏醜夫乎?」
太后曰:「善.」乃止.

【宣太后】秦 惠文王의 妾妃이며 昭襄王의 어머니. 楚나라 출신이며 이름은 미팔자(羋八子). 어린 昭王이 즉위하자 섭정을 하였다.

【魏醜夫】사람 이름. 그러나 魏氏(혹 魏나라 출신)의 醜한 사내로 보는 편이 옳은 듯하다.

【庸芮】秦나라 신하. 혹은 '虞其'라고도 한다.

1. ≪史記≫ 秦本紀에 의하면 宣太后는 B.C. 256년에 죽은 것으로 되어 있다.

2. ≪史記≫ 秦本紀

十月, 宣太后薨, 葬芷陽酈山.

3. ≪藝文類聚≫ 35

≪戰國策≫曰: 秦宣太后愛魏醜, 后病, 且令曰:「我死, 必以魏子爲殉.」庸芮爲諫曰:「以死爲無知, 何空以生所愛? 葬無知之死, 人若有知, 先王積怒久, 太后救過不暇, 何得更殉魏醜?」后乃止.

4 ≪太平御覽≫ 553에도 이 고사가 轉載되어 있다.

권5 진책 秦策 (三)

총18장(075~092)

075(5-1) 薛公爲魏謂魏冉
두 나라의 재상

설공薛公 맹상군孟嘗君이 위魏나라 재상으로 있을 때 진秦나라 재상 위염(魏冉, 穰侯)에게 말하였다.

"제가 듣건대 진왕秦王과 그대가 여례呂禮를 시켜 제齊나라와 결합하여 천하를 다스리겠다고 하던데 그렇게 되면 그대는 틀림없이 진나라로부터 멸시받게 될 것입니다. 제·진 두 나라가 한데 뭉쳐 삼진三晉을 압박하면 여례를 두 나라의 재상으로 삼아 버릴 것이기 때문입니다. 이것이야말로 그대가 제나라를 거두어 오히려 여례를 자꾸 높여 주는 결과밖에 안 됩니다.

제나라가 천하의 전쟁은 면한다 할지라도 여례는 그렇게 정책을 세운 당신을 매우 미워할 것입니다. 그러니 그대는 저희 위나라가 제나라를 치는 일을 끝내도록 권고하느니만 못합니다. 그러면 제나라로부터 빼앗은 땅을 그대에게 모두 드리겠습니다. 제나라가 깨지고 나면 삼진이 강해지겠지요. 진왕은 그 삼진이 강해지는 것을 두려워하여 당신에게 다시금 삼진 (위)과 결맹을 맺도록 주선할 것입니다. 그러나 제나라가 진나라에게 땅을 주었는데도 도저히 진나라와는 대항할 수 없게 되면 우리 진晉은 당신을 중재로 내세워 진秦나라를 섬기게 될 것입니다. 이렇게 되면 당신은 우리 위나라를 통해 제나라를 쳐부순 공에다가 진晉나라의 힘까지 조종할 수 있는 중책을 가지게 됩니다. 또 제나라에게 빼앗은 땅을 당신이 갖게 되고 진秦과 진晉 두 나라가 모두 당신을 높여주게 됩니다. 만약 제나라가 항복하지도 않고 여례가 다시 등용되는 날이면 당신은 반드시 크게 궁지에 몰리고 말 것입니다."

薛公爲魏謂魏冉曰:「文聞秦王欲以呂禮收齊, 以濟天下, 君必輕矣. 齊·秦相聚以臨三晉, 禮必幷相之, 是君收齊以重呂禮也. 齊免於天下之兵, 其讎君必深. 君不如勸秦王令弊邑卒攻齊之事. 齊破, 文請以所得封君. 齊破晉强, 秦王畏晉之强也, 必重君以取晉. 齊予晉弊邑, 而不能支秦, 晉必重君以事秦. 是君破齊以爲功, 操晉以爲重也. 破齊定封, 而秦·晉皆重君; 若齊不破, 呂禮復用, 子必大窮矣.」

【薛公】 田文. 아버지 田嬰을 이어 薛公이 되었다. 원래 齊나라 귀족. 齊湣王을 도왔으며 죽어서 孟嘗君이라는 시호를 받았다. 식객 3천 명을 거느렸고 전국 四公子(齊 孟嘗君·趙 平原君·魏 信陵君·楚 春申君) 중의 하나이다. 秦나라에 들어갔다가 昭王으로부터 '鷄鳴狗盜'로 살아난 이야기는 유명하다. 그 후 제나라로 가려 하였으나 받아 주지 않아 원한을 품고 위나라에 머물러 재상이 되어 秦·趙·燕 세 나라와 연합하여 齊나라를 공격하였다. 그러자 齊襄王(湣王의 아들)이 두려워 강화를 맺었다. '薛'은 지금의 山東省 滕縣 薛城. ≪史記≫ 孟嘗君列傳 참조.

【魏冉】 秦나라 宣太后의 동생(同母異父). 어질고 재주가 있어 당시 秦나라 상국으로 있었다. 穰 땅을 받아 흔히 穰侯라 불렀다. ≪史記≫ 穰侯列傳 참조.

【呂禮】 원래 秦나라 장수. 齊나라로 가서 재상이 되어 있었다.

【三晉】 춘추시대 晉이 전국 때 韓·魏·趙로 삼분되어 불린 이름이며 전국시대에는 그대로 '晉'이라 부르기도 한다. "張儀說秦王" 註 참조. 여기서는 魏나라를 가리킨다.

【雔君必深】 鮑本에 "齊雔冉也, 欲得陶故. 故下章曰: '攻齊不成, 陶爲鄰恤.' 然齊未免於兵, 亦不敢爾. 正曰: 齊無兵患, 則可以肆志於冉, 與'秦得天下則伐齊深'文意同, 但言其事理當爾"라 하였다. 다음 장 참조.

【齊予晉弊邑】 이 부분은 ≪史記≫에 '晉國敝於齊'로 '진(위)나라가 제나라와의 싸움에 피폐해지다의 뜻으로 되어있다.

【呂禮復用】 鮑注에 "禮雖亡秦之齊, 秦方以禮收齊, 則復親之. 今齊不破, 是秦收齊之功邃也. 禮爲有功於秦, 秦必用之, 竝相齊·秦也"라 하였다.

참고 및 관련 자료

1. 孟嘗君은 자신의 政敵인 呂禮를 미워하여 함께 魏나라에 있을 때 위와 같은 계략으로 결국 그를 齊로 쫓아 버린 것이다. (B.C. 285년)

2. ≪史記≫ 孟嘗君列傳

孟嘗君懼, 乃遺秦相穰侯魏冉書曰:「吾聞秦欲以呂禮收齊, 齊, 天下之彊國也, 子必輕矣. 齊秦相取以臨三晉, 呂禮必幷相矣, 是子通齊以重呂禮也. 若齊免於天

下之兵, 其讎子必深矣. 子不如勸秦王伐齊. 齊破, 吾請以所得封子. 齊破, 秦畏晉
之彊, 秦必重子以取晉. 晉國敝於齊而畏秦, 晉必重子以取秦. 是子破齊以爲功,
挾晉以爲重; 是子破齊定封, 秦・晉交重子. 若齊不破, 呂禮復用, 子必大窮.」
於是穰侯言於秦昭王伐齊, 而呂禮亡.

화근은 뿌리까지 뽑아야

진秦나라에 와 있던 객경客卿 조造라는 사람이 양후穰侯에게 말하였다.
"진나라가 당신을 도陶 땅에 봉해 주고, 또 재상자리를 주어 천하를
맡긴 지 오래입니다. 지금 제齊나라를 치는 일이 성공하면, 도 땅은 곧
만승萬乘의 나라로 변하여 다른 소국을 이끌고 주周나라 천자를 조알하면
천하가 모두 당신의 명령에 복종할 것입니다. 춘추시대 오패가 모두 이렇게
이루어진 것입니다. 그러나 만약 제나라를 공격하였다가 실패한다면 도
땅은 제나라와 이웃하여 근심거리가 될 뿐, 지켜낼 수가 없게 됩니다.
　제나라 공략의 성공 여부는 바로 도 땅의 존망과 관계가 있습니다.
그대가 만약 성공을 바란다면 어찌하여 연燕나라 상국에게 사신을 보내어
이렇게 전하지 않습니까? '성인은 때를 만드는 것이 아니고, 기회가 왔을
때 놓치지 않을 뿐입니다. 순舜이 비록 어질다고 하나 요堯를 만나지
못하였더라면 천자가 될 수 없었을 것이요, 탕湯과 무왕武王이 비록 어질다고
하나 걸桀·주紂 같은 폭군의 시대가 아니었다면 왕이 될 수 없었을 것입니다.
그러므로 순舜·탕湯·무武 같은 어진 이도 때를 만나지 않았으면 제왕이
될 수 없는 것입니다. 그대가 지금 제나라를 공격하면 이것은 그대에게
때가 온 것입니다. 천하의 힘을 믿고 그대와 원수 나라인 제나라를 쳐
없애 혜왕惠王의 치욕을 씻어 주고, 소왕昭王의 공을 세워 주고, 만세의
피해를 제거하는 것, 이것이야말로 귀국 연나라의 장구한 이익이요, 그대
개인으로도 큰 영광인 것입니다. 《서書》에 '덕을 세워 주는 데는 스스로
잘 자라게 해주는 것이 가장 잘하는 것이요, 해를 제거해 주는 데는 뿌리까지
뽑아 깨끗하게 해주는 것이 가장 잘하는 것'이라 하였습니다. 옛날에
오吳나라가 월越나라의 뿌리를 뽑지 않았기 때문에 오히려 월나라가 오나라를
멸망시킨 것이요. 또 지금 제齊나라가 연燕나라를 아주 멸망시키지 않았기
때문에 연나라는 제나라를 멸망시킬 수 있는 것입니다. 제나라가 연나라에게
망하는 것이나 오나라가 월나라에게 망하는 것은 해악의 근원을 깨끗이
없애지 않았기 때문입니다. 그러니 이번에 제나라에 대해 당신 임금의

공을 세우는 일과 당신 임금의 화를 제거해 주는 일을 완성시키지 않았다가는 진나라가 갑자기 다른 핑계를 대고 제나라 의견을 듣게 되고 게다가 또 조趙·제齊 두 나라가 연합해 버린다면, 그땐 연燕나라에 대한 원한은 점점 깊어질 것입니다. 그 때문에 그대와의 원한을 구실로 연나라를 공격해 온다면 그 때는 후회해도 이미 늦고 맙니다. 그러니 그대는 지금 곧 연왕의 이름을 빌어 연나라 병력을 모두 통솔하여 제나라를 공격하십시오. 그러면 천하가 다 따를 것이니 이는 자식이 아버지 원수 갚는 것과 같은 형세가 될 것입니다.

따라서 제나라가 망한 후면 하남河南의 1만 승乘에 해당하는 땅을 그대가 갖게 되리니, 이는 중국中國에 상통하는 곳이며 남으로는 나의 도 땅과 이웃이 되는 곳입니다. 이렇게 하면 세세토록 아무런 화근이 없게 될 것입니다. 그러니 원하건대 그대는 오로지 제나라를 공격하는 데만 전력할 것이요, 그 외의 다른 걱정은 아무것도 할 것이 없습니다'라고 말입니다."

秦客卿造謂穰侯曰:「秦封君以陶. 藉君天下數年矣. 攻齊之事成, 陶爲萬乘, 長小國, 率以朝天子, 天下必聽, 五伯之事也; 攻齊不成, 陶爲鄰恤, 而莫之據也. 故攻齊之於陶也, 存亡之機也. 君欲成之, 何不使人謂燕相國曰:『聖人不能爲時, 時至而弗失. 舜雖賢, 不遇堯也, 不得爲天子; 湯·武雖賢, 不當桀·紂不王. 故以舜·湯·武之賢, 不遭時不得帝王. 令攻齊, 此君之大時也已. 因天下之力, 伐讎國之齊, 報惠王之恥, 成昭王之功, 除萬世之害, 此燕之長利, 而君之大名也. 書云:'樹德莫如滋, 除害莫如盡.' 吳不亡越, 越故亡吳; 齊不亡燕, 燕故亡齊. 齊亡於燕, 吳亡於越, 此除疾不盡也. 以非此時也, 成君之功, 除君之害, 秦卒有他事而從齊, 齊·趙合, 其讎君必深矣. 挾君之讎以誅於燕, 後雖悔之, 不可得也已. 君悉燕兵而疾僭之, 天下之從君也, 若報父子之仇. 誠能亡齊, 封君於河南, 爲萬乘, 達途於中國, 南與陶爲鄰, 世世無患. 願君之專志於攻齊, 而無他慮也.』」

【客卿】 다른 나라 출신인 자에게 주는 벼슬 이름. 여기 '造'를 이름으로 보는 경우도 있고, '찾아오다'(造訪)의 뜻으로 보는 경우도 있다.

【陶】 山東省 定陶縣. 穰侯에게 穰 땅 외에 더 보태어 陶까지 봉토로 주었다.

【藉君天下數年】 魏冉(穰侯)은 秦昭王 12년에 재상이 되어 15년에 면직되었다가 16년에 다시 복직되었다.

【燕相國】 燕昭王 재위 때의 재상인 郭隗를 말한다.

【斷國之齊】 戰國 때 燕王 噲가 어리석어 蘇代의 말을 듣고 나라를 재상 子之에게 넘겨주었다.(≪史記≫ 燕召公世家 참고) 그러자 나라에 대란이 일어나 齊宣王이 이 틈을 타 周赧王 元年(B.C. 314년)에 燕나라를 공격하여 噲와 子之를 모두 죽이고 燕나라를 멸망시켰다. 그 후 2년 뒤 燕나라 사람들이 태자 平을 세워 나라를 다시 일으켰다. 이가 燕昭王이다.

【惠王】 惠王은 昭王의 아들이므로 ‘王噲’여야 맞다.

【昭王】 太子平. 망한 燕나라를 다시 일으켜 천하의 賢士를 모았으며 인정을 베풀었다. 그 후 郭隗・樂毅・劇辛・鄒衍 등 인물을 모아 周赧王 31년(B.C. 284년)에 齊나라와 복수전을 벌였다. 樂毅를 上將軍으로 삼아 秦・三晉 등과 연합하여 齊나라 70여 성을 빼앗았다. 齊湣王은 莒로 도망하여 결국 내분으로 죽었다. 이에 연나라는 齊나라 종묘를 파괴하고 그 보물을 모두 탈취하여 돌아왔다. ≪史記≫ 田單列傳・樂毅列傳 등 참조.

【書】 書經. 古六經의 하나. 그 泰誓篇에 "樹德務滋, 除惡務盡"이라 하였다. 그러나 이는 僞古文으로 믿을 수 없는 것이라 하며 佚詩일 가능성이 높다. 이에 대해 黃丕烈은 "丕烈案: 吳氏云泰誓, 非也. 東晉古文以爲泰誓耳. 策文當本作詩, 後人誤依古文, 改作書也. 此與范雎稱詩曰: ‘木實繁者披其枝’, 黃歇稱詩云: ‘大武遠宅不涉’, 趙武靈王稱詩云: ‘服難以勇, 治亂以知, 事之計也. 立傅以行, 敎少以學, 義之經也’, 及謂秦王稱詩云: ‘行百里者, 半於九十’, 同例"라 하였다.

【兵不亡越, 越故亡兵】 춘추 말기의 吳越抗爭 이야기. 자세한 것은 ≪史記≫ 吳泰伯世家・越王勾踐世家・伍子胥列傳 등을 참조할 것.

【中國】 황하 유역의 中原 지역을 일컫는 말.

■ 참고 및 관련 자료

1. ≪史記≫ 穰侯列傳에 의하면 양후가 B.C. 271년(혹 270년)에 客卿 ‘謂’와 공모하여 ‘齊’나라를 쳤다. 여기서의 ‘謂’가 바로 ‘造’가 아닌가 한다. 이 전쟁은 084・085장에서처럼 范雎의 비평을 받아 양후가 궁지에 몰리는 계기가 된다.

동방 제후들의 이야기

어떤 이가 위魏나라를 위하여 진秦나라 승상 위염魏冉에게 말하였다.
"공께서는 동방 여러 제후들의 이야기를 들어보셨습니까?"
위염이 대답하였다.
"듣지 못하였소."
그는 이렇게 일러주었다.
"신장辛張·양무택陽毋澤 등이 위나라 소왕昭王·설공薛公·공숙公叔 등을
이렇게 유혹하고 있다 합니다. 즉 '저는 싸움에 나갈 때에 전차戰車에
선군先君의 위패를 싣고 국가와 선군에 이렇게 맹약하겠습니다. 그러니
아무런 근심을 하지 마십시오. 만일 제가 맹약을 깨뜨리면 청컨대 그
자리에서 제 목을 끊어주십시오. 그러나 걱정이 있습니다. 무릇 초왕楚王은
그 나라를 모두 위염에게 맡김으로써 위염이 진나라와 연합하여 우리의
군주를 정벌할까 하는 것입니다. 이것이 저의 걱정입니다'라고요.
지금 그대가 동쪽으로 진출함에 초나라의 사례에 근거한다면 이는
바로 장의가 예로 들었던 우禹라는 인물의 사례와 같아져서 그대의
일은 실패하고 말 것입니다. 이 때문에 말씀드리건대 그대께서는 어서
그대의 봉지로 돌아가 초나라에게 덕을 베풀고 아울러 설공薛公의 그대에
대한 태도를 관찰하느니만 못합니다.
그리고 삼국(三國, 齊·魏·韓)이 진秦나라에게 요구해도 진나라가 들어주지
않는 것이 무엇인가를 보고 그대가 나서서 다시 진나라에게 청하여 진나라가
들도록 해줌으로써 삼국에게 신임을 얻어두는 겁니다.
같은 방법으로 신장과 양무택이 설공薛公에게 요구하였으나 허락을
받지 못하는 일이 무엇인가를 보고 그대가 설공에게 요구하여 일이
성사되도록 해주면 그때는 그대 스스로 높아질 수 있습니다."

魏謂魏冉曰:「公聞東方之語乎?」曰:「弗聞也.」曰:「辛張·陽毋澤說
魏王·薛公·公叔也, 曰:『臣戰載主契國以與王約, 必無患矣. 若有敗之者,臣請挈領. 然而臣有患也. 夫楚王之以其臣請挈領然而臣有患也. 夫楚王之以其國依冉也, 而事臣之主, 此臣之甚患也.』今公東而因言於楚, 是令張儀之言爲禹, 而務敗公之事也. 公不如反公國, 德楚而觀薛公之爲公也; 觀三國之所求於秦而不能得者, 請以號三國以自信也; 觀張儀與澤之所不能得於薛公者也, 而公請之以自重也.」

【魏冉】秦나라 승상. 穰侯.

【辛張·陽毋澤】혹은 신·張陽·무택으로 표점을 하기도 한다. 모두가 사람의 성씨, 혹은 이름으로 보인다. 구체적으로는 알 수 없다.

【魏王】魏의 昭王. 혹은 魏哀王으로 보기도 한다.

【薛公】孟嘗君 田文. 魏나라 재상으로 있었다.

【公叔】韓나라 대부. 韓公叔.

【先君】哀王을 가리킨다.

【載主挈國】鮑注에 "主, 木主. 軍行載之, 禱且告焉, 挈, 言以國爲約"이라 하였다.

【臣請挈領】鮑注에 "領, 項也. 言欲請誅, 持其項以受鉞"이라 하였다.

【楚王】頃襄王.

【禹】秦나라의 謀臣 이름. 鮑注에 "儀以武二年死. 故此章必次之此, 禹善謀. 今儀言楚依冉. 而冉果與楚合. 是儀之倬邸於禹也"라 하였다.

【公國】國은 봉지를 뜻함. 魏冉의 封地는 陰 땅이었다. 穰侯 魏冉은 穰 땅(원래 韓邑. 지금의 河南省 鄧縣 동남)과 陰 땅(원래 曹邑. 지금의 山東省 定陶縣) 두 곳이다.

참고 및 관련 자료

1. 이 이야기는 孟嘗君(薛公) 田文이 魏나라 재상으로 出任하였을 때의 이야기이다. 그러나 문장이 衍文이 섞인 것으로 여겨져 정확히 그 뜻을 알기가 어렵다.
2. 鮑本에서는 "이 장은 통하기가 매우 어렵다(此章多難通)"라 하였다.

078(5-4) 謂魏冉曰和不成
이기지 못한 전투

어떤 사람이 위염魏冉에게 말하였다.

"만약 진秦·조趙 두 나라의 화의가 성립되지 못하면 귀국 진나라에서는 병력을 출병시킬 수밖에 없겠지요. 또 그렇게 되면 백기白起가 다시 대장군이 됩니다. 그 전쟁에 백기가 이기면 귀하는 궁해집니다. 전쟁에 지면 조나라의 말을 듣고 그대를 내세워 강화를 맺도록 할 것입니다. 이기지 못한 전쟁에 강화를 맡아 보았자 그대는 또다시 낮아집니다. 그러니 지금 당신은 많은 일을 벌일 게 아니라 미리 나서서 조나라와 강화를 맺는 데에만 전념하느니만 못합니다. 조나라도 즉시 달려와 당신의 의견을 들을 것입니다."

謂魏冉曰:「和不成, 兵必出. 白起者, 且復將. 戰勝, 必窮公; 不勝, 必事趙從公. 公又輕, 公不若毋多, 則疾到.」

【魏冉】 秦나라 승상. 穰侯.
【白起】 秦나라 장수 武安君 《史記》 白起王翦列傳 참조.
【公又輕】 鮑注에 "不能窮冉, 故從冉而和, 然先和, 則重冉, 今不勝而和, 故輕" 이라 하였다.

참고 및 관련 자료

1. 魏冉은 B.C. 281년 陰 땅에 봉해지면서 승상이 되었다.

강한 나라에게 은덕을

어떤 이가 양후穰侯에게 말하였다.

"그대의 봉지를 고려하건대 제(除, 陰·陶의 오기) 땅이 가장 적합한 것 같습니다. 송宋나라는 죄가 무겁고 이 때문에 제齊나라가 노하는 것은 당연합니다. 이를 구실로 혼란한 송나라를 토벌하여 강한 제나라에게 은덕을 베풀며 그로써 몸소 봉지를 안정시키면 됩니다. 이것이 백세에 만나기 어려운 기회입니다!"

謂穰侯曰:「爲君慮封, 若於除, 宋罪重, 齊怒須, 殘伐亂宋, 德强齊, 定身封. 此亦百世之時也已!」

【穰侯】秦나라 승상 魏冉.
【除】다른 기록에는 '陶'로 되어 있다. 한편 이 '若於除'의 구절은 '莫若於陶(陰)'로 보아야 한다.
【宋】宋王 偃(재위 B.C. 328~286년)의 포악한 행위로 흔히 '桀宋'이라 하였다.
【齊怒】≪史記≫ 宋微子世家에 齊나라가 B.C. 318년에 宋偃王에 의해 5개의 성을 빼앗긴 내용이 있다.

[참고 및 관련 자료]

1. 이 글은 趙策 271장과 관련이 있다. 같은 내용이 요약된 듯하며 문장이 순통하지 않아 내용을 명확히 알 수 없다.

균형을 이룰 수 없는 두 나라

어떤 이가 위염魏冉에게 말하였다.

"초楚나라가 깨어진다면 진秦나라는 더 이상 제齊나라와 균형을 이룰 수 없습니다. 진나라는 삼세三世에 걸쳐 한韓·위魏 두 나라와 끊임없이 싸움을 이어왔고, 제나라와는 최근에 이르러서야 관계가 강화되었습니다. 제나라와 진나라가 서로 싸우고 있는 사이, 그 가운데에 있는 한·위 두 나라가 동쪽 제나라와 연합하게 되면 진나라가 공격을 받게 됩니다. 제나라는 동쪽에 위치하고 있으며 그 국토는 1천 리나 됩니다. 그런가 하면 초나라는 구이九夷의 땅을 다 포괄하고 있으며 그 국토가 역시 1천 리나 됩니다. 특히 남쪽으로 부리符離의 요새와 북쪽으로 감어甘魚라는 포구도 있습니다. 송宋나라와 위衛나라의 무게를 달아본다면 그 두 나라는 그저 제나라에게 있어서 아성阿城이나 견성甄城 정도에 불과할 따름입니다. 이렇게 1천 리의 국토로 강한 나라가 둘입니다. 게다가 초나라는 그 남쪽의 월越나라까지 노예로 삼고 있습니다. 그러니 이 진나라가 어찌 제나라와 저울질할 수 있겠습니까? 그리고 한·위 두 나라가 함께 초나라 방성方城의 비옥한 땅을 쳐서 나누어 갖고 정鄭 땅까지 몰려간 다음, 군대를 휴식시켰다가 다시 쳐들어오면 그것만으로도 충분히 진나라에게 큰 상처를 줄 텐데 어찌 제나라와의 싸움까지 기다릴 겨를이 있겠습니까?"

謂魏冉曰:「楚破, 秦不能與齊縣衡矣. 秦三世積節於韓·魏, 而齊之德新加與. 齊·秦交爭, 韓·魏東聽, 則秦伐矣. 齊有東國之地, 方千里. 楚苞九夷, 又方千里, 南有符離之塞, 北有甘魚之口. 權縣宋·衛, 宋·衛乃當阿·甄耳. 利有千里者二, 富擅越隷, 秦烏能與齊縣衡? 韓·魏支分方城膏腴之地以薄鄭, 兵休復起, 足以傷秦, 不必待齊.」

【魏冉】秦나라 승상 穰侯.
【三世】秦나라 惠王·武王·昭襄王 3대.

【九夷】 楚나라 동남쪽의 각 이민족을 말한다.

【符離】 지금의 安徽省 宿縣.

【甘魚】 하구의 이름. 湖北省 天門縣에 있다.

【阿甄】 阿城(東阿, 지금의 山東省 陽穀縣)과 甄城(지금의 山東省 濮縣 동쪽).

【越隷】 鮑本에 "越, 勾踐國, 隷, 征伐所獲之民也"라 하였다.

【方城】 楚나라 땅. 지금의 河南省 方城縣 경내.

【鄭】 韓나라를 가리킨다. 鮑本에 "凡言鄭者, 韓也"라 하였다. 그러나 ≪戰國策≫ 溫洪隆(三民本)에는 이것이 '鄧'의 잘못이라 하였다. '鄧'은 楚나라 땅으로 지금의 河南省 鄧縣.

참고 및 관련 자료

1. 본 장은 탈락과 착오가 많은 듯하며 문장도 순통하지 않아 정확한 내용을 알 수 없다.

081(5-7) 五國罷成皋
다섯 나라가 진나라를 치다

조趙·한韓·위魏·연燕·제齊 등 다섯 나라가 연합하여 진秦나라를 성고成皋에서 공격하다가 물러났다. 진秦 소왕昭王이 제나라로 도망 간 성양군成陽君을 불러들이려고 한·위 두 나라에게 중재를 요청하였지만 한·위 두 나라가 들어 줄 리가 없었다. 그러자 선태후宣太后가 위염(魏冉, 穰侯)을 대신하여 왕에게 물었다.

"성양군은 왕과 알력 때문에 궁지에 몰려 제나라로 도망갔으나 지금은 현달해 있습니다. 그런데 지금 그를 받아들여 대왕 마음대로 부릴 수 있겠습니까?"

왕이 대답하였다.

"그럴 수 없겠지요."

이에 선태후는 이렇게 말하였다.

"궁할 때는 내쫓다가 현달한 후에 받아들여 봤자 별 소용이 없고 성양군을 받아들였다가는 이만큼 된 한·위 두 나라와의 우호관계마저 깨지고 맙니다."

五國罷成皋. 秦王欲爲成陽君求相韓·魏, 韓·魏弗聽. 秦太后爲魏冉謂秦王曰:「成陽君以王之故, 窮而居於齊, 今王見其達而收之, 亦能翕其心乎?」王曰:「未也.」太后曰:「窮而不收, 達而報之, 恐不爲王用; 且收成陽君, 失韓·魏之道也.」

【五國】周 愼文王 3년(B.C. 318년) 楚·趙·韓·魏·燕이 秦을 공격한 일. 그러나 溫洪隆은 趙·韓·魏·燕·齊의 다섯 나라라 하였다.

【成皋】혹 '虎牢'라고도 하며 韓나라 땅(지금의 河南省 滎陽縣 汜水鎭), 동서세력의 격돌지였다. '成皐'로도 표기한다.

【成陽君】이름은 알 수 없으나 秦나라 종족이며, 처음 成陽 땅(城陽, 지금의 山東省 濮縣)에 봉해졌던 인물. 당시 왕과 사이가 나빠 齊나라로 도망가서 벼슬하고 있었다. 그러나 다른 주석본에는 그가 본래 한나라 사람이라 하였다.

082(5-8) 范子因王稽入秦
범저가 올린 글

범저范雎가 왕계王稽의 도움으로 진秦나라에 들어와 1년을 기다리다가 참다못해 소왕昭王에게 글을 올렸다.

"제가 듣기로 현명한 임금이 국사를 처리함에 공로 있는 자에게는 상을 내리지 않는 법이 없고, 재능 있는 자에게는 작위를 내리지 않는 법이 없다고 하였습니다. 노고가 클수록 봉록도 우대하며, 공적이 많을수록 작위는 높여 주며, 백성을 다스리는 능력에 따라 관직도 높아지게 해주신다 하더이다.

그러므로 능력이 없이 그 직을 담당하는 자란 있을 수 없고, 또한 능력이 있는 자가 은폐되는 법도 없다 합니다. 그러니 제가 올리는 말씀이 가능하다고 여기신다면 실행해서 더욱 그 도리를 넓히시고, 만약 실행 불가능하다고 여기시면 저를 이대로 하는 일없이 내버려두어도 좋습니다. 속담에 '용렬한 임금은 공적에 관계없이 좋아하면 상을 주고 미워하면 벌을 준다. 그러나 현명한 군주란 그렇지 않다. 상은 반드시 공 있는 자에게 주고, 형벌은 반드시 죄 있는 자에게 내린다'라 하였습니다.

저는 지금 가슴에 심질椹質을 차도 부족하고 허리에 부월斧鉞 같은 형구로 벌을 받아도 부족할 텐데 어찌 감히 확실치 못한 견해를 가지고 대왕을 시험할 수 있겠습니까? 비록 저를 천하게 여기시고 경멸할지라도 저를 이미 추천한 자가 후에 제가 왕 앞에서 뜻을 굽히지 않을 것이라 예견하였기 때문이 아니겠습니까? 또 제가 듣건대 주周나라에는 지액砥厄, 송宋나라에는 결록結綠, 양梁나라에는 현려懸黎, 초楚나라에는 화박和璞이라는 이름난 옥이 있다고 합니다. 이 네 가지 보물은 처음에는 옥공들이 전혀 옥인 줄 모르던 것이 뒤에 천하 이름난 옥으로 밝혀진 것입니다. 그러므로 성명한 임금이 포기한 것은 그 어느 것이나 모두 국가에 이로움이 되기에는 부족한 것이라고 말할 수 있겠습니까? 또 제가 듣기로 집을 부유하게 하려면 그 나라 안에서 그 방법을 찾아야 하고, 나라를 부유하게 하려면 제후들 사이에서 그 방법을 찾아야 한다고 합니다. 천하에 명석한 군주가 있게 되면 제후들은 자신의 이익을 독점하지 못하는 법입니다. 어찌하여 그렇겠습니까? 바로 그 영광을 서로 분할해 가지고 있기 때문입니다.

훌륭한 의사는 병자의 생사를 미리 알고, 뛰어난 군주는 일의 성패를 미리 헤아릴 수 있는 것입니다. 대왕께서 제 의견이 이롭다고 생각하시면 실행해 보시고 해롭다 여기시면 버려 주시고 의심나시거든 조금 시험해 보시면 밝혀질 것입니다. 이런 방법은 비록 요堯·순舜·우禹·탕湯 같은 성인이 다시 나신다 해도 바꾸지 못할 것입니다! 그 밖의 것은 이 편지에다가 쓸 수가 없습니다. 그 나머지 천한 내용은 들을 만한 게 못 됩니다. 생각건대 제가 어리석어 왕께서 마음에 바라던 내용에 합치되지 못한 것인가요? 또 이미 저를 추천한 자가 비천하여 왕께서 들을 만한 가치가 없다고 여기십니까? 만약 이 두 가지가 아니시라면 저의 뜻을 원컨대 왕께서 잠시 구경이나 할 대상으로 여겨 주셔서 저로 하여금 대왕을 만나볼 수 있게 들여보내 주셨으면 합니다."

진왕은 편지를 읽자 크게 기뻐하였다. 그리고 왕계에게 그런 인재를 추천해 주어 고맙다하다고 하고는 마차를 보내어 범저를 모셔 오게 하였다.

范子因王稽入秦, 獻書昭王曰:「臣聞明主蒞正, 有功者不得不賞, 有能者不得不官; 勞大者其祿厚, 功多者其爵尊, 能治衆者其官大. 故不能者不敢當其職焉, 能者亦不得蔽隱. 使以臣之言爲可, 則行而益利其道; 若將弗行, 則久留臣無爲也. 語曰:『人主賞所愛, 而罰所惡. 明主則不然, 賞必加於有功, 刑必斷於有罪.』今臣之胸不足以當椹質, 要不足以待斧鉞, 豈敢以疑事嘗試於王乎? 雖以臣爲賤而輕辱臣, 獨不重任臣者後無反覆於王前耶! 臣聞周有砥厄, 宋有結綠, 梁有懸黎, 楚有和璞. 此四寶者, 工之所失也, 而爲天下名器. 然則聖王之所棄者, 獨不足以厚國家乎? 臣聞善厚家者, 取之於國; 善厚國者, 取之於諸侯. 天下有明主, 則諸侯不得擅厚矣. 是何故也? 爲其凋榮也. 良醫知病人之死生, 聖主明於成敗之事, 利則行之, 害則舍之, 疑則少嘗之, 雖堯·舜·禹·湯復生, 弗能改已! 語之至者, 臣不敢載之於書, 其淺者又不足聽也. 意者, 臣愚而不闓於王心耶? 已其言臣者, 將賤而不足聽耶?

非若是也, 則臣之志, 願少賜游觀之間, 望見足下而入之.」

　書上, 秦王說之, 因謝王稽說, 使人持車召之.

【范子】范雎. 魏나라 사람으로 유세객. 字는 叔. 처음에 魏나라의 中大夫 須賈를
섬겨 그를 따라 齊나라에 사신으로 갔었다. 그러자 齊王이 범저의 재능을
인정해서 그에게 선물을 주고 신하로 삼고자 하였다. 이를 이중간첩이라고
여긴 須賈가 魏나라에 귀국하여 당시 상국이었던 魏齊에게 간언, 범저는 결국
죽음에 가까운 혹독한 고문을 받고 대나무 발에 싸여 변소에 버려졌다. 그러자
범저는 守卒을 매수해 도망쳐서 당시 秦나라부터 魏나라에 사신으로 와 있던
王稽를 만났다. 그래서 범저는 이름을 '張祿'이라고 고치고 왕계의 도움으로
秦나라로 들어와 1년 동안 빛을 보지 못하다가 본문의 상서를 올린 후 秦昭王을
만나 '遠交近攻策'을 올려 신임을 얻었다. 그리하여 客卿·國相을 역임해 應侯에
봉해진다. 《史記》范雎蔡澤列傳 참조. 한편 이제껏 '범저'를 '범수'로 읽어왔으나
이는 오류이다. 다음 장의 주를 볼 것.
【王稽】秦나라 신하로 당시 魏나라에 사신으로 와 있다가 범저를 만나 昭王에
게 추천하였다. 091·092장 참조.
【人主賞所愛】이는 '庸主賞所愛'의 오기이다. 즉 "용렬한 군주는 자기가 사랑
하는 이에게 상을 내린다"의 뜻이다.
【椹質】《史記》索隱에 "謂腰斬者, 爲椹質也"라 하였다.
【斧鉞】고대 극형의 도구(도끼류).
【砥厄】美玉 이름. 《史記》에는 '砥砎'으로 되어있다.
【結綠·懸黎】역시 美玉 이름.
【和璞】'和氏之璧'을 가리킨다. "完璧歸趙"(藺相如)·張儀 등 이 和璧과 관련된
많은 고사를 남겼다. 《韓非子》和氏篇에 이 옥을 얻게 된 유래가 실려있다.
【凋榮】曾鞏·錢藻·劉敞본에는 모두 '凋弊'로 되어 있으나 《史記》에는 '割榮'
으로 되어 있다. 《史記》의 뜻을 따라 "영화와 권위를 분할하다"로 해석하였다.

1. 이 사건은 대략 B.C. 272~271년쯤이며 이 편지로 인해 范雎는 뜻을 펴 당시 제일의 '遠交近攻策' 정객으로 자리잡게 된다.

2. ≪史記≫ 范雎蔡澤列傳

穰侯, 華陽君, 昭王母宣太后之弟也; 而涇陽君·高陵君皆昭王同母弟也. 穰侯相, 三人者更將, 有封邑, 以太后故, 私家富重於王室. 及穰侯爲秦將, 且欲越韓·魏而伐齊綱壽, 欲以廣其陶封. 范雎乃上書曰:

「臣聞明主立政, 有功者不得不賞, 有能者不得不官, 勞大者其祿厚, 功多者其爵尊, 能治衆者其官大. 故無能者不敢當職焉, 有能者亦不得蔽隱. 使以臣之言爲可, 願行而益利其道; 以臣之言爲不可, 久留臣無爲也. 語曰:「庸主賞所愛而罰所惡; 明主則不然, 賞必加於有功, 而刑必斷於有罪.」今臣之胸不足以當椹質, 而要不足以待斧鉞, 豈敢以疑事嘗試於王哉! 雖以臣爲賤人而輕辱, 獨不重任臣者之無反復於王邪? 且臣聞周有砥砨, 宋有結綠, 梁有縣藜, 楚有和朴, 此四寶者, 土之所生, 良工之所失也, 而爲天下名器. 然則聖王之所弃者, 獨不足以厚國家乎? 臣聞善厚家者取之於國, 善厚國者取之於諸侯. 天下有明主則諸侯不得擅厚者, 何也? 爲其割榮也. 良醫知病人之死生, 而聖主明於成敗之事, 利則行之, 害則舍之, 疑則少嘗之, 雖舜禹復生, 弗能改已. 語之至者, 臣不敢載之於書, 其淺者又不足聽也. 意者臣愚而不槪於王心邪? 亡其言臣者賤而不可用乎? 自非然者, 臣願得少賜游觀之閒, 望見顏色. 一語無效, 請伏斧質.」於是秦昭王大說, 乃謝王稽, 使以傳車召范雎.

3. ≪韓非子≫ 和氏篇

楚人和氏得玉璞楚山中, 奉而獻之厲王. 厲王使玉人相之. 玉人曰:「石也.」王以和爲誑, 而刖其左足. 及厲王薨, 武王卽位. 和又奉其璞而獻之武王. 武王使玉人相之. 又曰:「石也.」王又以和爲誑, 而刖其右足. 武王薨, 文王卽位. 和乃抱其璞而哭於楚山之下, 三日三夜, 泣盡而繼之以血. 王聞之, 使人問其故, 曰:「天下之刖者多矣, 子奚哭之悲也?」和曰:「吾非悲刖也, 悲夫寶玉而題之以石, 貞士而名之以誑, 此吾所以悲也.」王乃使玉人理其璞而得寶焉, 遂命曰:「和氏之璧.」

083(5-9) 范雎至秦
범저의 명확한 판단

범저范雎가 진秦나라에 이르렀다. 진秦 소왕昭王이 궁정에서 그를 맞이하며 말하였다.

"제가 일찍이 그대를 만나 가르침을 받아야 한다고 여긴 지 오래입니다. 그러나 지금 의거義渠 땅 문제가 급해 매일 태후에게 의논을 드려야 하였습니다. 이제 그 의거의 일이 끝났으니 비로소 그대의 가르침을 받을 수 있게 되었습니다. 과인이 생각건대 민연閔然히 민첩하지 못하오나 우선 빈주賓主의 예로 대하겠습니다."

범저는 사양하였다. 이날 왕을 접견하는 범저의 태도를 보고 누구 하나 놀라 얼굴색을 바꾸지 않는 자가 없었다. 진왕은 좌우를 다 물러가게 한 다음, 방안에 아무도 없자 무릎을 꿇고 간청하였다.

"선생께서는 어떤 것으로 저를 가르쳐 주시렵니까?"

그러나 범저는 그저 이렇게 말하였다.

"글쎄요, 글쎄요."

잠시 후 왕이 다시 간청하였으나 범저는 역시 똑같았다.

"글쎄요, 글쎄요."

이렇게 하기를 세 번, 왕은 다시 더욱 공손히 몸을 앞으로 구부리며 말하였다.

"불행히도 가르쳐 주실 수 없다는 뜻입니까?"

그제야 범저가 입을 열었다.

"감히 그럴 수는 없습니다. 제가 들건대 문왕文王을 처음 만난 태공망太公望 여상呂尚은 어부로서 위수渭水 가에서 고기나 잡고 있던 천한 때였습니다. 이와 같은 경우 아직 서로 모르는 사이였습니다. 이윽고 문왕은 한두 마디에 그를 인정하고 태사太師로 삼아 수레에 모시고 함께 궁중으로 돌아왔습니다. 그것은 여상의 말이 깊이가 있었기 때문이었겠지요.

그러므로 문왕은 여상의 힘으로 공을 거두어 마침내 천하를 잡고 제왕이 된 것입니다. 만약 문왕이 여상을 소홀히 여겼거나 여상도 그와의 말에 깊이가 없었다면 주나라는 천자의 덕을 세우지 못하였을 것이며, 아무리 문왕·무왕이라 할지라도 왕업을 성공시키지 못하였을 것입니다. 지금 저는 기려지신羈旅之臣이요, 게다가 왕과 친한 사이도 아닌데 제가 진술해 드리고자 하는 것은 모두 대왕의 정사를 바로잡기 위한 것이기는 하나 대왕의 골육에 관계된 일이라 저의 누추한 충정을 진술하고 싶지만 아직 왕의 마음을 헤아리지 못하고 있습니다. 그래서 세 번이나 물으심에 한 번도 대답을 못해 드린 것은 바로 이 때문입니다. 감히 두려워서 말씀드리지 못한 것은 아닙니다.

오늘 대왕 앞에서 말씀드려 내일 돌아서 주살을 당할 것을 알고 있지만 그러나 저는 감히 조금도 두렵지 않습니다. 대왕께서 진실로 제 말을 믿고 실행해 주신다면 죽음도 저에게는 근심할 거리가 되기에 부족합니다. 그리고 또 몸에 벌로 옻칠을 당해 문둥 병자처럼 되고 머리를 풀고 미치광이가 되는 벌을 받아도 이것이 저의 치욕이 되기에는 부족합니다.

오제五帝 같은 성인도 죽었고, 삼왕三王 같은 어진 이도 죽었으며, 오패五霸 같은 현자도, 오획烏獲 같은 힘센 자도, 분賁·육育 같은 용사도 죽었습니다. 이렇게 보면 죽음이란 것은 사람은 누구나 면할 수 없는 것입니다. 이러한 필연 속에 살면서 저는 다만 조금이라도 진나라에 도움을 드릴 수 있는 일이 있었으면 하는 것이니 이것이 저의 커다란 소원인데 무엇을 근심하겠습니까?

오자서伍子胥는 보따리 하나 들고 초楚나라를 도망하여 소관昭關을 빠져 나와 밤에는 걷고 낮이면 숨었습니다. 그러다가 능수淩水 땅까지 와서는 먹을 게 없어 겨우 앉은 채 걸으며 포복하며 오시吳市에서 걸식하였습니다. 그러나 마침내 오吳나라를 부흥시켜 합려闔廬를 패자로 세워 주었습니다. 가령 제가 오자서처럼 모책을 말씀드렸는데 오히려 저를 가두어 다시는 세상 빛을 보지 못하게 한다 해도 제 의견이 실행만 된다면 제가 무엇을 걱정하겠습니까? 또 기자箕子나 접여接輿가 그렇게 몸에 옻칠을 하여 문둥 병자처럼 되고 머리를 풀어헤쳐 미치광이가 되었지만 은殷나라나 초楚나라에 아무런 도움도 되지 못하였습니다. 저로 하여금 기자나 접여처럼 옻을 바르는 고통을 당한다 해도 어진 임금에게 보탬만 된다면 그것이 바로 저의 큰 영광이 될 텐데 제가 무엇을 부끄러워하겠습니까? 다만 걱정하는 것은 제가 주살 된 뒤에 천하 사람들이 충성을 다한 사람이 억울하게 죽은 것을 알고, 입을 다물고 발을 묶은 채 더 이상 이 진나라로 오지 않으려 하지 않을까 하는 것입니다.

지금 족하께서는 위로는 태후의 위엄에 겁을 내고 아래로는 간신들의 태도에 미혹하여 깊은 궁중에 처한 채 보부保傅의 손을 떠나지 못하고 있습니다. 그리하여 종신토록 암혹에 묻혀, 어느 것이 간사한 것인지 알 수 없도록 되어 있습니다. 이러다간 크게는 종묘가 엎어질 것이요 작게는 대왕 몸 하나도 위험하게 됩니다. 이것이 바로 제가 걱정하는 것입니다!

궁함과 욕됨을 당하는 것, 죽음에 대한 걱정, 이는 제가 겁내는 것이 아닙니다. 제가 죽고 진나라가 잘 다스려만 진다면 저는 욕되게 사는 것보다 그렇게 죽는 것이 낫다고 여길 것입니다."

소왕이 허리를 굽혀 더욱 간청하였다.

"선생, 무슨 말이오! 우리 진나라는 중원에서 멀리 떨어진 벽지에 있고 게다가 제가 우매불초한데 다행히 당신 같은 분이 와 주신 것을 보면 이는 하늘이 나로써 당신을 번거롭게 하여 선왕의 사당을 보존하려 함입니다. 그리고 과인이 선생의 명령을 듣도록 함은 하늘이 선왕을 불쌍히 여겨 나를 버리지 않겠다는 것입니다. 그런데 선생께서는 무슨 말씀 그렇게 하십니까! 일의 크고 작은 것에 관계없이 위로는 태후로부터 아래는 대신에 이르기까지 선생께서는 모든 것을 저에게 가르쳐 주시기를 원합니다. 저를 조금도 의심치 마십시오."

범저도 재배하고 진왕 역시 재배하였다. 이어서 범저가 계속 말을 이었다.

"대왕의 나라는 북쪽으로 감천甘泉과 곡구谷口가 있고, 남쪽은 경수涇水·위수渭水에 접해 있으며, 오른쪽으로는 농隴과 촉蜀, 왼쪽으로는 관關과 판阪이 있습니다.

병거 1천 승乘에 분격하는 병사가 1백만 명이나 됩니다. 이처럼 진나라의 병졸의 용맹과 수레 기마의 많음을 가지고 제후를 대적한다는 것은 마치 명견 한로韓盧가 절름발이 토끼를 쫓는 것과 같아 패왕의 과업을 달성할 수 있습니다. 그런데 지금 도리어 관문을 닫고 감히 동쪽 여러 나라들과 병력을 살펴보려 하지 않고 있으니 이것은 지금 재상 양후穰侯가 대왕을 위해 충성을 다하지 않아 대왕의 계획에 실책을 하고 있기 때문입니다."

진왕이 물었다.

"그 실책이 무엇인지 듣고 싶습니다."

범저는 이렇게 설명하였다.

"대왕께서 가까운 한韓·위魏 두 나라를 넘어 멀리 강한 제齊나라를 치고자 하는 것이 실책입니다. 왜냐하면 그 먼 길을 적은 병사로는 제나라에 아무런 손상을 줄 수 없고 많은 병사를 보내면 진나라에 손해가 막심하기 때문입니다.

제 생각으로는 아마 적은 수의 병사로 한·위 두 나라의 병사까지 연합을 시도한 모양인데 그것은 옳은 계책이 못 됩니다. 지금 보니 동맹국이라면서 서로 친하지도 않은데 남의 나라를 건너뛰어 공격하고자 한다면 그 공격이 가능하겠습니까? 계책이 너무 소홀하군요!

옛날 제나라가 초나라를 쳐서 군사를 깨뜨리고 장수를 죽이고 하여 국토를 1천 리나 넓혔습니다. 그러나 너무 멀어서 단 한치의 땅도 다스리지 못하였습니다. 이것은 제나라가 땅을 갖기 싫어해서 그랬겠습니까? 형세로 보아 소유할 수 없는 땅이었기 때문이었습니다. 그 결과 제후들은 제나라가 피로에 지치고 군신간에 내분이 일어난 것을 알고는 그 틈에 군대를 일으켜 공격해 왔습니다. 그래서 임금은 욕을 당하고 군대는 깨어져 천하의 웃음거리가 되고 말았던 것입니다. 제나라가 그렇게 된 것은 먼 초나라를 치면서 이웃의 한·위 두 나라를 비대하게 해 주었기 때문입니다.

이러한 경우를 일러 도적에게 무기를 빌려주고 강도에게 식량을 가져다 준다고 하는 것입니다. 왕께서는 원교근공遠交近攻책을 쓰느니만 못합니다. 한치를 얻으면 왕의 땅이 한 치 늘어날 것이요, 한 자라도 얻으면 한 자 만큼 왕 땅이 늘어날 것이기 때문입니다. 그런데 지금 이를 버리고 자꾸 먼 곳을 공격하기를 고집하시니 이 역시 큰 오류가 아닙니까? 또 지난번 중산국中山國만 보더라도 5백 리나 되는 땅을 바로 곁에 있던 조趙나라 혼자 독차지하였습니다. 그리하여 공도 이루고 이름도 세우며 이익까지 얻었지만 누구 하나 조나라에게 무어라 비방의 말을 하지 않았습니다.

그러나 지금 한·위 두 나라는 중국中國에 위치해 있어 천하의 중추가 되는 곳입니다. 대왕이 만약 천하를 제패하려면 반드시 먼저 그 중국에 있는 나라와 친하게 해서 이를 천하의 중추로 삼고 초楚·조趙 두 나라를 위압하셔야 합니다.

그러다가 조나라가 강해지면 초나라를 겸병해 버리고, 초나라가 강해지면 조나라를 겸병해 버리면 됩니다. 이렇게 끝내 초楚·조趙 두 나라가 진나라에 귀속해 버리면 제나라는 틀림없이 두려움에 떨게 될 것입니다. 그들이 두려움에 싸이면 반드시 겸손한 말과 많은 보물로 진나라를 섬기겠다고 나설 것입니다. 이렇게 제나라까지 진나라에 붙어 버리면 그 가운데 든 한·위 두 나라는 빈 땅이 되고 마는 것입니다."

왕이 말하였다.

"저는 위나라와 친하고 싶지만 위나라는 변덕이 심한 나라입니다. 능히 그들과 친할 수가 없습니다. 어찌하면 그 위나라를 가까이할 수 있겠습니까?"

범저는 이렇게 일러주었다.

"겸손한 말과 많은 재물로 그들을 섬기십시오. 그것도 안 되면 땅을 떼서라도 뇌물로 주십시오. 그것도 안 되겠거든 군대를 일으켜 쳐버리십시오."

이에 진나라는 군대를 일으켜 위魏의 형구邢丘 땅을 쳐버렸다. 형구가 점령되자 위나라는 강화를 요청하여 진나라에게 복속하고 말았다.

다시 범저는 왕에게 이렇게 말하였다.

"진나라와 한나라의 지리 형세는 서로 얽힌 것이 마치 비단실들이 얽혀 옷감을 이루는 것 같습니다. 진나라에게 있어서 한나라는 나무에 벌레가 있는 것과 같고, 사람의 심복에 병이 있는 것과 같습니다. 천하에 변고가 생겼을 때 진나라에게 있어서 한나라보다 더 해가 될 존재는 없습니다. 그러니 한나라도 어서 빨리 거두어야 합니다."

왕이 말하였다.

"내가 한나라를 거두어들이려 하고 있지만 한나라가 들어주지 않으니 어떻게 하면 되겠소?"

범저는 다시 이렇게 일러주었다.

"군대를 일으켜 형양榮陽 땅을 치시면 성고成皐의 길이 막히고 북쪽 태항太行의 길을 끊어 버리면 상당上黨의 군대들이 내려오지 못합니다. 이렇게 일거에 형양 땅 공격에 한나라는 셋으로 끊어져 버립니다. 이처럼 위·한 두 나라는 자기 나라가 곧 망하는 것을 보고 어찌 대왕의 말을 듣지 않을 수 있겠습니까? 이렇게 한나라까지 복속시키고 나면 패업을 이룰 수가 있는 것입니다."

왕이 말하였다.

"훌륭하오."

范雎至秦, 王庭迎, 謂范雎曰:「寡人宜以身受令久矣. 今者, 義渠之事急, 寡人日自請太后. 今義渠之事已, 寡人乃得以身受命. 躬竊閔然不敏, 敬執賓主之禮.」 范雎辭讓.

是日見范雎, 見者無不變色易容者. 秦王屛左右, 宮中虛無人, 秦王跪而請曰:「先生何以幸敎寡人?」 范雎曰:「唯唯.」 有間, 秦王復請, 范雎曰:「唯唯.」 若是者三.

秦王跽曰:「先生不幸敎寡人乎?」

范雎謝曰:「非敢然也. 臣聞始時呂尙之遇文王也, 身爲漁父而釣於渭陽之濱耳. 若是者, 交疏也. 已一說而立爲太師, 載與俱歸者, 其言深也. 故文王果收功於呂尙, 卒擅天下而身立爲帝王. 卽使文王疏呂望而弗與深言, 是周無天子之德, 而文·武無與成其王也. 今臣, 羈旅之臣也, 交疏於王, 而所願陳者, 皆匡君之之事, 處人骨肉之間, 願以陳臣之陋忠, 而未知王心也, 所以王三問而不對者, 是也. 臣非有所畏而不敢言也. 知今日言之於前, 而明日伏誅於後, 然臣弗敢畏也. 大王信行臣之言, 死不足以爲臣患, 亡不足以爲臣憂, 漆身而爲厲, 被髮而爲狂, 不足以爲臣恥. 五帝之聖而死, 三王之仁而死, 五伯之賢而死, 烏獲之力而死, 奔·育之勇焉而死. 死者, 人之所必不免也. 處必然之勢, 可以少有補於秦, 此臣之所大願也, 臣何患乎? 伍子胥橐載而出昭關, 夜行而晝伏, 至於菱水, 無以餌其口, 坐行蒲服, 乞食於吳市, 卒興吳國, 闔廬爲霸. 使臣得進謀如伍子胥, 加之以幽囚, 終身不復見, 是臣說之行也, 臣何憂乎? 箕子·接輿, 漆身而爲厲, 被髮而爲狂, 無益於殷·楚. 使臣得同行於箕子·接輿, 漆身可以補所賢之主, 是臣之大榮也, 臣又何恥乎? 臣之所恐者, 獨恐臣死之後, 天下見臣盡忠而身蹶也, 是以杜口裹足, 莫肯卽秦耳. 足下上畏太后之嚴, 下惑姦臣之態; 居深宮之中, 不離保傅之手; 終身闇惑, 無與照姦; 大者宗廟滅覆, 小者身以孤危. 此臣之所恐耳! 若夫窮辱之事, 死亡之患, 臣弗敢畏也. 臣死而秦治, 賢於生也.」

秦王跽曰:「先生是何言也! 夫秦國僻遠, 寡人愚不肖, 先生乃幸至此, 此天以寡人慁先生, 而存先王之廟也. 寡人得受命於先生, 此天所以幸先王而不棄其孤也. 先生奈何而言若此! 事無大小, 上及太后, 下至大臣, 願先生悉以敎寡人, 無疑寡人也.」 范睢再拜, 秦王亦再拜.

范睢曰:「大王之國, 北有甘泉·谷口, 南帶涇·渭, 右隴·蜀, 左關·阪, 戰車千乘, 奮擊百萬. 以秦卒之勇, 車騎之多, 以當諸侯, 譬若馳韓盧而逐蹇兎也, 霸王之業可致. 今反閉而不敢窺兵於山東者, 是穰侯爲國謀不忠, 而大王之計有所失也.」

王曰:「願聞所失計.」

睢曰:「大王越韓·魏而攻强齊, 非計也. 少出師, 則不足以傷齊; 多之則害於秦. 臣意王之計欲少出師, 而悉韓·魏之兵則不義矣. 今見與國之不可親, 越人之國而攻, 可乎? 疏於計矣! 昔者, 齊人伐楚, 戰勝, 破軍殺將, 再辟千里, 膚寸之地無得者, 豈齊不欲地哉? 形弗能有也. 諸侯見齊之罷露, 君臣之不親, 擧兵而伐之, 主辱軍破, 爲天下笑. 所以然者, 以其伐楚而肥韓·魏也. 此所謂藉賊兵而齎盜食者也. 王不如遠交而近攻, 得寸則王之寸, 得尺亦王之尺也. 今舍此而遠攻, 不亦繆乎? 且昔者, 中山之地, 方五百里, 趙獨擅之, 功成·名立·利附, 則天下莫能害. 今韓·魏, 中國之處, 而天下之樞也. 王若欲霸, 必親中國而以爲天下樞, 以威楚·趙. 趙彊則楚附, 楚彊則趙附. 楚·趙附則齊必懼, 懼必卑辭重幣以事秦, 齊附而韓·魏可虛也.」

王曰:「寡人欲親魏, 魏多變之國也, 寡人不能親. 請問親魏奈何?」 范睢曰:「卑辭重幣以事之; 不可, 削地而賂之; 不可, 擧兵而伐之.」 於是擧兵而攻邢丘, 邢丘拔而魏請附.

　曰:「秦・韓之地形, 相錯如繡. 秦之有韓, 若木之有蠹, 人之病心腹. 天下有變, 爲秦害者莫大於韓. 王不如收韓.」王曰:「寡人欲收韓, 不聽, 爲之奈何?」范雎曰:「擧兵而攻滎陽, 則成臯之路不通; 北斷太行之道, 則上黨之兵不下; 一擧而攻滎陽, 則其國斷而爲三. 魏・韓見必亡, 焉得不聽? 韓聽而霸事可成也.」王曰:「善.」

【義渠之事】義渠는 고대 西戎國 이름. 당시 宣太后가 義渠戎王과 사통하여 두 아들까지 낳았다. 그 때문에 義渠를 칠 때 昭王이 거짓으로 戎王을 죽였다 하고 군대를 일으켜 멸망시켜 縣을 설치하였다.

【無不變色易容】≪史記≫에 의하면 당시 范雎가 昭王을 만날 때 미리 남자가 들어갈 수 없는 離宮의 내전으로 들어가 "秦나라에 왕은 없다. 太后와 穰侯가 있을 뿐이다"라 소리친 뒤였다.

【唯唯】"예, 예" 혹은 "글쎄요, 글쎄요"의 뜻.

【呂尙之遇文王】呂尙은 周나라 때 東海人. 본성은 姜. 그 선조가 呂에 봉해졌기 때문에 呂尙이라 한다. 字는 子牙. 늙도록 위수에서 낚시질을 하고 있었다. 문왕이 사냥을 나가서 만나 말을 해보고 "우리 할아버지 태공께서 그대를 기다린 지 오래다(吾太公望子久矣)"라 하고는 太公望이라고 이름짓고 함께 궁궐로 돌아왔다. 그리고는 師를 삼았다. 그 후 武王 때 폭군 紂를 멸하고 천하를 장악, 武王은 師尙父로 삼았으며 齊 땅에 봉해져 齊나라의 시조가 되었다. ≪史記≫ 齊太公世家 및 周本紀 참조.

【渭陽】渭水의 북쪽. "江北山南曰陽"이라 한다. 지금의 陝西省 岐山縣 城南河.

【骨肉之間】宣太后・穰侯가 모두 昭王의 골육이기 때문에 한 말.

【三王】夏(禹)・商(湯)・周(文・武) 등 개국시조.

【烏獲】전국시대 秦나라 力士. 武王과 洛陽에 가서 鼎을 들었던 인물.

【賁】孟賁. 일명 孟說. 맨손으로 살아있는 소의 뿔을 뽑아내었다 한다. 烏獲과 함께 武王을 따라 洛陽에 감.

【育】夏育. 역시 衛나라 사람. 千鈞을 들 수 있고 소꼬리를 뽑을 수 있었다 함.

【伍子胥】"陳軫去楚之秦" 참조.

【昭關】吳楚의 국경에 있는 왕래 요로 관문. 安徽省 含山縣.

【淩水】≪史記≫에는 '陵水'로 되어있다. 물 이름.

【蒲服】匍匐·蒲伏 등 같은 말. '뻘뻘기다'의 뜻. 雙聲連綿語이다.

【吳市】지금의 江蘇省 溧陽縣. 《史記》 伍子胥列傳에 “伍員未至吳而疾, 止中道乞食”이라 하였다.

【闔廬爲霸】원래 춘추오패는 齊 桓公·宋 襄公·秦 繆公·晉 文公·秦 莊王을 말하지만 《荀子》는 秦 繆公과 宋 襄公 대신 越 勾踐·吳 闔廬(闔閭)를 넣었다.

【箕子】商나라 말기의 폭군 紂의 숙부. 이름은 胥餘. 太師였으며 子爵, 箕 땅에 봉해져 기자라 하였다. 紂가 무도하여 충간하였으나 듣지 않자 被髮佯狂하여 숨었다.

【接輿】춘추시대 공자와 같은 시절 楚나라 사람. 이름은 陸通. 楚昭王 때 나라가 어지러워지자 佯狂不仕하였다. 昭王이 雙駟와 百金으로 초빙하였으나 거절하고 부부가 이름을 바꾸고 蜀의 峨嵋山에 숨어살았다 한다. 《論語》에 “楚狂接輿歌而過孔子曰: ‘鳳兮鳳兮, 何德之衰, 往者不可諫, 來者猶可追, 已而已而, 今之從政者殆而.’”(《論語》 微子篇)라 하여 공자와 마주친 이야기가 실려있다.

【甘泉】山名. 지금의 陝西省 淳化縣, 속칭 磨石嶺.

【谷口】지금의 陝西省 涇陽縣 古寒門.

【涇渭】황하의 상류. 甘肅省에서 陝西省을 거쳐 흐르는 황하의 지류.

【隴蜀】隴은 隴坡라고도 하며 甘肅省 동남부. 蜀은 四川省 북부 劍閣 일대 漢中의 험요한 곳.

【關阪】函谷關과 崤山 사이. 험한 곳.

【韓盧】검은색의 뛰어난 사냥개. 《漢書》 王莽傳 注에 “韓盧, 古韓國之名犬也, 黑色曰盧”라고 하였다. ‘韓獹’라고도 쓴다.

【穰侯】魏冉을 가리킨다. 宣太后의 동생. “薛公爲魏謂魏冉” 참조.

【膚寸】扶寸. 단위. 《公羊傳》 僖公 31년 注에 “側手爲膚, 按指爲寸”이라 하였다. 아주 얇거나 좁은 경우를 비유하는 말로 쓰인다.

【主辱破軍】燕나라 장수 樂毅가 齊나라 70여 성을 빼앗고 齊湣王을 莒로 도망쳐 죽게 한 일을 말한다.

【中山國】“秦武王欲窺周室” 참조.

【邢丘】처음 魏나라 땅. 뒤에 秦나라가 빼앗았다. 지금의 河南省 溫縣.

【曰】이것은 같은 말이 이어진 것이 아니고 秦昭王 39년에 范雎의 말을 듣고 2년 뒤에 魏나라를 복속시킨 후 范雎가 韓나라에 대한 책략을 말한 것이다.

【滎陽】전국시대 韓나라 읍. 지금의 河南省 滎陽縣. 榮陽이라고도 쓴다.
【太行】험준하기로 이름난 곳. 太行關이 있다.

1. 본 장과 다음의 084장은 원래 하나로 묶여 있다. 위의 내용에서처럼 范雎는
遠交近攻策을 주장하였고 이는 ≪史記≫ 范雎列傳에도 그대로 실려 있다.
대략 B.C. 266년쯤의 일이다.

2. 한편 '雎'(저)자에 대하여 이제껏 '雎'(수)로 보아 '수'로 읽어왔으나 이는
≪通鑑≫의 胡三省 주에서 비롯된 것이며 지금은 '저'로 읽는 것을 원칙으로
한다. ≪辭海≫ 注에는 "按史記本傳作范雎, 而韓非子外儲說左上有范且, 王先
愼集解引顧廣圻曰: 范且, 范雎也, 且, 雎同字. 又按通鑑周赧王四十五年范雎下
胡三省注云: '雎音雖.' 錢大昕通鑑注辨正云: '攷武梁祠妓像作范且, 且與雎同字,
宜從且不從目, 注讀爲雖, 失之甚矣.'"라 하였다. 지금은 ≪辭海≫·≪中文大
辭典≫·≪國語辭典≫ 등에 모두 '雎'로 통일하고 있다. 그러나 ≪史記≫의
판본에는 '雎'로 되어있다.

3. ≪史記≫ 范雎蔡澤列傳

於是范雎乃得見於離宮, 詳爲不知永巷而入其中. 王來而宦者怒, 逐之, 曰:「王至!」
范雎繆爲曰:「秦安得王? 秦獨有太后·穰侯耳.」欲以感怒昭王. 昭王至, 聞其與
宦者爭言, 遂延迎, 謝曰:「寡人宜以身受命久矣, 會義渠之事急, 寡人旦暮自請太后;
今義渠之事已, 寡人乃得受命. 竊閔然不敏, 敬執賓主之禮.」范雎辭讓. 是日觀范
雎之見者, 羣臣莫不洒然變色易容者.

秦王屛左右, 宮中虛無人. 秦王跽而請曰:「先生何以幸敎寡人?」范雎曰:「唯唯.」
有閒, 秦王復跽而請曰:「先生何以幸敎寡人?」范雎曰:「唯唯.」若是者三. 秦王
跽曰:「先生卒不幸敎寡人邪?」范雎曰:「非敢然也. 臣聞昔者呂尙之遇文王也,
身爲漁父而釣於渭濱耳. 若是者, 交疏也. 已說而立爲太師, 載與俱歸者, 其言深也.
故文王遂收功於呂尙而卒王天下. 鄕使文王疏呂尙而不與深言, 是周無天子之德,
而文武無與成其王業也. 今臣羈旅之臣也, 交疏於王, 而所願陳者皆匡君之事,
處人骨肉之閒, 願效愚忠而未知王之心也. 此所以王三問而不敢對者也. 臣非有
畏而不敢言也. 臣知今日言之於前而明日伏誅於後, 然臣不敢避也. 大王信行臣
之言, 死不足以爲臣患, 亡不足以爲臣憂, 漆身爲厲被髮爲狂不足以爲臣恥. 且以
五帝之聖焉而死, 三王之仁焉而死, 五伯之賢焉而死, 烏獲·任鄙之力焉而死,

成荊·孟賁·王慶忌·夏育之勇焉而死. 死者, 人之所必不免也. 處必然之勢,
可以少有補於秦, 此臣之所大願也, 臣又何患哉! 伍子胥囊載而出昭關, 夜行晝伏,
至於陵水, 無以餬其口, 膝行蒲伏, 稽首肉袒, 鼓腹吹篪, 乞食於吳市, 卒興吳國,
闔閭爲伯. 使臣得盡謀如伍子胥, 加之以幽囚, 終身不復見, 是臣之說行也, 臣又
何憂? 箕子·接輿漆身爲厲, 被髮爲狂, 無益於主. 假使臣得同行於箕子, 可以有
補於所賢之主, 是臣之大榮也, 臣有何恥? 臣之所恐者, 獨恐臣死之後, 天下見臣
之盡忠而身死, 因以是杜口裹足, 莫肯鄕秦耳. 足下上畏太后之嚴, 下惑於姦臣之態,
居深宮之中, 不離阿保之手, 終身迷惑, 無與昭姦. 大者宗廟滅覆, 小者身以孤危,
此臣之所恐耳. 若夫窮辱之事, 死亡之患, 臣不敢畏也. 臣死而秦治, 是臣死賢於生.」
秦王跽曰:「先生是何言也! 夫秦國辟遠, 寡人愚不肖, 先生乃幸辱至於此, 是天
以寡人恩先生而存先王之宗廟也. 寡人得受命於先生, 是天所以幸先王, 而不弃
其孤也. 先生奈何而言若是! 事無小大, 上及太后, 下至大臣, 願先生悉以敎寡人,
無疑寡人也.」范睢拜, 秦王亦拜.

范睢曰:「大王之國, 四塞以爲固, 北有甘泉·谷口, 南帶涇·渭, 右隴·蜀, 左關·阪,
奮擊百萬, 戰車千乘, 利則出攻, 不利則入守, 此王者之地也. 民怯於私鬪而勇於
公戰, 此王者之民也. 王幷此二者而有之. 夫以秦卒之勇, 車騎之衆, 以治諸侯,
譬若施韓盧而搏蹇兔也, 霸王之業可致也, 而羣臣莫當其位. 至今閉關十五年,
不敢窺兵於山東者, 是穰侯爲秦謀不忠, 而大王之計有所失也.」 秦王跽曰:
「寡人願聞失計.」

然左右多竊聽者, 范睢恐, 未敢言內, 先言外事, 以觀秦王之俯仰. 因進曰:「夫穰
侯越韓·魏而攻齊綱·壽, 非計也. 少出師則不足以傷齊, 多出師則害於秦. 臣意王
之計, 欲少出師而悉韓·魏之兵也, 則不義矣. 今見與國之不親也, 越人之國而攻,
可乎? 其於計疏矣. 且昔齊湣王南攻楚, 破軍殺將, 再辟地千里, 而齊尺寸之地無
得焉者, 豈不欲得地哉! 形勢不能有也. 諸侯見齊之罷獘, 君臣之不和也, 興兵而
伐齊, 大破之. 士辱兵頓, 皆咎其王, 曰:『誰爲此計者乎?』王曰:『文子爲之.』
大臣作亂, 文子出走. 故齊所以大破者, 以其伐楚而肥韓·魏也. 此所謂借賊兵而齎
盜糧者也. 王不如遠交而近攻, 得寸則王之寸也, 得尺亦王之尺也. 今釋此而遠攻,
不亦繆乎! 且昔者中山之國地方五百里, 趙獨呑之, 功成名立而利附焉, 天下莫
之能害也. 今夫韓·魏, 中國之處而天下之樞也, 王其欲霸, 必親中國以爲天下樞,
以威楚·趙. 楚彊則附趙, 趙彊則附楚, 楚·趙皆附, 齊必懼矣. 齊懼, 必卑辭重幣
以事秦. 齊附而韓·魏因可虜也.」昭王曰:「吾欲親魏久矣, 而魏多變之國也,
寡人不能親. 請問親魏奈何?」對曰:「王卑詞重幣以事之; 不可, 則割地而賂之;

不可, 因擧兵而伐之.」王曰:「寡人敬聞命矣.」乃拜范雎爲客卿, 謀兵事. 卒聽范
雎謀, 使五大夫綰伐魏, 拔懷. 後二歲, 拔邢丘.

客卿范雎復說昭王曰:「秦韓之地形, 相錯如繡. 秦之有韓也, 譬如木之有蠹也,
人之有心腹之病也. 天下無變則已, 天下有變, 其爲秦患者孰大於韓乎? 王不如
收韓.」昭王曰:「吾固欲收韓, 韓不聽, 爲之奈何?」對曰:「韓安得無聽乎? 王下兵
而攻滎陽, 則鞏·成皐之道不通; 北斷太行之道, 則上黨之師不下. 王一興兵而攻
滎陽, 則其國斷而爲三. 夫韓見必亡, 安得不聽乎? 若韓聽, 而霸事因可慮矣.」
王曰:「善.」且欲發使於韓.

4. 鮑本의 결어

『彪謂: 遠交近攻, 雎之策當矣. 語未卒而復欲親之, 旣親之又欲伐之, 立談之間,
矯亂如此, 使人主何適從乎? 若曰某策爲上, 某次之, 其可也. 正曰: 大事記, 親魏
者豈誠愛魏哉? 孤韓黨耳!』

열매가 지나치게 많은 나무

범저范雎가 계속 말을 이었다.

"제가 산동山東에 있을 때 들은 이야기입니다. 제齊나라에는 전단田單이 있을 뿐 왕은 없다. 마찬가지로 진秦나라에도 태후太后와 양후穰侯·경양군涇陽君·화양군華陽君 등이 있을 뿐 왕은 없다라고 하더이다.

무릇 국가를 통치하는 자를 일러 왕이라 하는 것이요, 이해를 마음대로 장악한 자를 왕이라 하며, 살생의 권위를 쥔 자를 왕이라 하는 것입니다. 그런데 지금 태후가 권력을 마음대로 휘두르면서 당신께 무엇 하나 상의하는 일이 없고, 양후가 마음대로 사신을 파견하고는 돌아와서도 당신께 보고하는 일도 없습니다. 경양군과 화양군이 마음대로 사람을 처벌하고도 꺼려 하는 게 없습니다. 이 네 사람 귀한 자들이 있으면서 나라가 위험하지 않은 경우란 없었습니다.

이 네 사람이 날뛰고 있으니 그 아래로 소위 왕은 없다라고 말하는 것입니다. 그러니 어찌 권위가 기울지 않을 수 있겠으며, 명령이 어찌 임금으로부터 나올 수 있겠습니까? 제가 듣건대 '나라를 잘 다스리는 왕은 안으로 견고한 위세를 세우고, 밖으로 가중한 권위를 세운다'라 하였습니다.

지금 양후는 사자에게 왕과 같은 권위를 주어 제후들을 갈기갈기 찢어 스스로 자기 마음대로 부절을 쪼개어 천하에 남발하며 적국들을 정벌하고 있습니다. 그의 권위 때문에 그의 말을 듣지 않는 자가 없습니다.

싸워 이기면 그 취한 것을 자신의 봉지인 도陶 땅에 귀속시켜 버리고 나라가 피폐해지도록 제후를 제압하기에 바쁘고, 싸움에 지면 그 원망을 백성들과 결탁하여 그 화를 이 나라 사직에 덮어씌우고 있습니다.

《시詩》에 '나무에 열매가 지나치게 많으면 그 가지가 찢어지고, 그 가지가 찢어지면 그 목심木心이 상한다. 봉토를 받은 자가 너무 커지면 그 나라가 위험해지고 신하가 너무 높아지면 그 임금이 낮아진다'라 하였습니다.

요치淖齒가 제齊나라의 권력을 독점하였을 때 민왕閔王의 근골을 뽑아 종묘의 대들보에 매달아 하룻밤 사이에 죽게 만들었습니다. 또 이태李兌가 조趙나라 권력을 쥐었을 때 주부主父를 가두고 음식을 끊어 1백 일 만에 그를 굶어죽게 하였습니다.

지금 진나라에 태후와 양후가 정권을 독점하고 있고, 고릉군·경양군·화양군이 이를 돕고 있어 마침내 진나라에 왕이 없으니 이야말로 역시 요치·이태와 같아지고 말았습니다. 지금 제가 대왕께서 고독하게 이렇게 궁정 내에 있는 것을 보니 뒤에 이 진나라를 가지게 될 자가 당신의 자손이 아닐 수도 있다는 것이 걱정됩니다.”

왕은 두려웠다. 이에 태후를 폐척해 버리고 양후를 축출하고 고릉군·경양군·화양군 등을 관외로 추방해 버렸다. 안심한 소왕이 범저에게 말하였다.

“옛날 제齊 환공桓公이 관중管仲을 얻었을 때 그를 중부仲父로 삼았는데 지금 내가 그대를 얻었으니 그대에게도 부父로 삼아드려야겠군요!”

范雎曰:「臣居山東, 聞齊之內有田單, 不聞其王; 聞秦之有太后·穰侯·涇陽·華陽, 不聞其有王. 夫擅國之謂王, 能專利害之謂王, 制殺生之威之謂王. 今太后擅行不顧, 穰侯出使不報, 涇陽·華陽擊斷無諱, 四貴備而國不危者, 未之有也. 爲此四者, 下乃所謂無王已. 然則權焉得不傾, 而令焉得從王出乎? 臣聞:『善爲國者, 內固其威, 而外重其權.』穰侯使者操王之重, 決裂諸侯, 剖符於天下, 征敵伐國, 莫敢不聽. 戰勝攻取, 則利歸於陶; 國弊, 御於諸侯; 戰敗, 則怨結於百姓, 而禍歸社稷. 詩曰:『木實繁者披其枝, 披其枝者傷其心. 大其都者危其國, 尊其臣者卑其主.』淖齒管齊之權, 縮閔王之筋, 縣之廟梁, 宿昔而死. 李兌用趙, 減食主父, 百日而餓死. 今秦, 太后·穰侯用事, 高陵·涇陽佐之, 卒無秦王, 此亦淖齒·李兌之類已. 臣今見王獨立於廟朝矣, 且臣將恐後世之有秦國者, 非王之子孫也.」

秦王懼, 於是乃廢太后, 逐穰侯, 出高陵, 走涇陽於關外.

昭王謂范雎曰:「昔者, 齊公得管仲, 時以爲仲父. 今吾得子, 亦以爲父.」

【齊之有田單】田單은 齊나라의 먼 친척. 燕나라 장수 樂毅가 공격해오자 齊나라는 卽墨과 莒만 남게 되었다. 田單이 즉묵의 장수로 있을 때 연나라에게 反間計를 써서 騎劫을 樂毅와 바꾸게 하고는 '火牛攻法'로 연나라를 물리치고 제나라를 수복하였다. 그 후 전단은 安平君에 봉해져 권세를 부렸다. ≪史記≫ 田單·樂毅列傳 참조.

【涇陽·華陽】涇陽君은 宣太后의 아들이며 昭王의 아우. 華陽君은 宣太后의 同父弟였다.

【高陵】昭王의 同母弟. 이름은 顯.

【陶】魏冉이 穰에 봉해진 후 다시 陶 땅에 봉해졌다.

【詩】지금의 ≪詩經≫에는 없다. 逸詩이다.

【淖齒……而死】요치는 원래 초나라 장수로 초나라가 제나라를 도와 재상이 되도록 한 인물이다. '縮'은 뽑다(抽), 閔은 湣王, '縣'은 달다(懸), '宿昔'은 짧은 시간, 혹은 하룻밤 사이를 뜻한다. 연나라 장수 樂毅가 五國과 연합하여 제나라에 쳐들어오자 혼왕이 거로 도망하여 楚나라에게 구원을 청하였다. 초나라는 장군 요치를 보내 구해 주었다. 혼왕이 감격하여 요치를 재상으로 삼았다. 그러나 요치는 齊나라 땅을 燕나라와 반분할 셈으로 거에서 혼왕을 죽여 그 筋骨을 뽑아 대들보에 달아 버렸다. 그러나 요치도 뒤에 제나라의 대부 王孫賈에게 피살되고 말았다. 160장 참조.

【李兌……餓死】趙나라 武靈王은 秦나라의 침입을 물리치는 데만 전념하겠다고 왕위를 태자인 何에게 물려주었다.(이가 趙 惠文王) 그리고 스스로는 主父 (太上王과 같음)의 자리에 앉았다. 그러나 애초 태자를 정할 때 長子인 章을 삼았었으나 뒤에 妾인 何(惠文王)의 어머니를 총애한 끝에 태자 자리를 바꾸어 버렸기 때문에 장자 章은 원한을 품고 있던 중이었다. 마침 惠王 4년에 父子 세 사람이 沙丘의 行宮에 놀러 갔을 때 태자 장이 난을 일으켰다. 그때 서울에 있던 다른 公子 成과 대부 李兌가 동조하여 主父(武靈王)를 혼자 행궁에 석달 남짓 가두어 버렸다. 그 후 문을 열고 들어가 보았더니 이미 마른 해골이 되어 있었다 한다.

【父】남자의 美稱. 여상은 尙父, 管仲은 仲父 등. 혹은 아버지와 같은 항렬로 대접하여 부르는 칭호라고도 한다. 음은 '보'로도 읽는다.

1. 이 이야기는 역시 앞 083장과 연결된 것이다. 《史記》 范雎列傳 참조.

2. 鮑本의 평어

『補曰: 雎欲言太后·穰侯, 先已摩切秦王. 王曰:「上及太后, 下至大臣, 願先生悉心以敎寡人.」宜可言矣. 而且陳遠交近攻之策, 至是始極所欲言, 此策士之深術也. 史所謂未敢言內先言外, 以觀秦王之俯仰是矣. 而乃謂左右多竊聽者, 雎恐故爾, 則未然也. 雎豈不能屛左右言乎?』

3. 한편 太后를 폐하고 穰侯를 축출한 사건에 대한 鮑本의 설명

『此四十一年. 補曰: 按雎傳, 雎相在昭王四十一年. 秦紀, 明年太后薨. 葬芷陽驪山. 九月, 穰侯出之陶. 是太后初未嘗廢, 穰侯雖免相而未就國, 太后葬後, 始出之陶. 此辯士增飾非實之辭. 故大事記從邵氏皇極經世書, 免魏冉相國, 奪宣太后權, 以客卿范雎爲丞相, 封應侯.』

4. 《史記》 范雎蔡澤列傳

范雎日益親, 復說用數年矣, 因請閒說曰:「臣居山東時, 聞齊之有田文, 不聞其有王也; 聞秦之有太后·穰侯·華陽·高陵·涇陽, 不聞其有王也. 夫擅國之謂王, 能利害之謂王, 制殺生之威之謂王. 今太后擅行不顧, 穰侯出使不報, 華陽·涇陽等擊斷無諱, 高陵進退不請. 四貴備而國不危者, 未之有也. 爲此四貴者下, 乃所謂無王也. 然則權安得不傾, 令安得從王出乎? 臣聞善治國者, 乃內固其威而外重其權. 穰侯使者操王之重, 決制於諸侯, 剖符於天下, 政適伐國, 莫敢不聽. 戰勝攻取則利歸於陶, 國獘御於諸侯; 戰敗則結怨於百姓, 而禍歸於社稷. 詩曰:『木實繁者披其枝, 披其枝者傷其心; 大其都者危其國, 尊其臣者卑其主』. 崔杼·淖齒管齊, 射王股, 擢王筋, 縣之於廟梁, 宿昔而死. 李兌管趙, 囚主父於沙丘, 百日而餓死. 今臣聞秦太后·穰侯用事, 高陵·華陽·涇陽佐之, 卒無秦王, 此亦淖齒·李兌之類也. 且夫三代所以亡國者, 君專授政, 縱酒馳騁弋獵, 不聽政事. 其所授者, 妒賢嫉能, 御下蔽上, 以成其私, 不爲主計, 而主不覺悟, 故失其國. 今自有秩以上至諸大吏, 下及王左右, 無非相國之人者. 見王獨立於朝, 臣竊爲王恐, 萬世之後, 有秦國者非王子孫也.」昭王聞之大懼, 曰:「善.」於是廢太后, 逐穰侯·高陵·華陽·涇陽君於關外. 秦王乃拜范雎爲相. 收穰侯之印, 使歸陶, 因使縣官給車牛以徙, 千乘有餘. 到關, 關閱其寶器, 寶器珍怪多於王室.

085(5-11) 應侯謂昭王
귀신의 신통력을 빼앗은 소년

응후(應侯, 范雎)가 소왕昭王에게 말하였다.

"대왕께서는 항사恒思의 신목神木에 대해서 들어보신 적이 있습니까? 항사라는 곳에 아주 완고하고 날래며 못된 소년이 하나 있었습니다. 그 소년은 그 신목과 도박을 걸어 신목에게 '내가 이기면 너 신목은 나에게 그 신통력을 3일간 빌려주고, 내가 지면 너 신목이 나를 꼼짝 못하게 묶어도 좋다'라 약속하였지요. 그리고 왼손은 신목이라 하고 오른손은 자기라 하여 패를 던져 겨루어 끝내 소년이 신목을 이기고 말았습니다. 신목이 약속대로 그에게 3일간 신통력을 빌려주었습니다. 3일이 지나 신목이 소년에게 찾아가 그 신통력을 되돌려 달라고 하였지만 소년은 거부하고 말았습니다. 이에 닷새가 지나자 그 신목은 시들기 시작하였고 이레가 지나자 그만 말라죽고 말았다는 이야기입니다.

지금 이 진秦나라는 바로 대왕의 신목이며 임금의 권세는 바로 그 신목의 신통력과 같습니다. 그런데 그 신통력을 남에게 빌려주고 계시니 대왕이 위험하지 않을까요?

저는 아직껏 손가락이 팔뚝보다 크고, 그 팔뚝이 넓적다리보다 큰 사람이 있다는 이야기를 듣지 못하였습니다. 만약 그런 사람이 있다면 그 사람의 병은 대단히 심한 것이지요. 또 1백 명이 표주박 하나를 함께 붙들고 들고뛰는 것은 혼자서 그 표주박을 들고뛰는 것보다 빠르지 못할 겁니다. 1백 명이 정말 그 표주박을 함께 쥐고 뛰어야 한다면 그 표주박은 반드시 깨어지고 말 것입니다.

지금 이 진나라는 화양군華陽君이 권력을 휘두르고, 양후穰侯는 양후대로 세도를 부리며, 태후太后 또한 그에 못지 않게 뛰고 있으며, 대왕 스스로도 그 위치를 지키려 안간힘을 쓰고 있습니다. 이것이 진짜 표주박 같은 일이 아니라면 말거리도 되지 않겠지만, 만약 표주박 같은 경우라면 나라는 반드시 찢어지고 말 것입니다. 제가 듣건대 '나무에 열매가 너무 많으면 가지가 쳐져 찢어지고, 가지가 찢어지면 나무의 목심木心을 상하게 한다.

봉토가 너무 크면 나라를 위험하게 만들고, 신하가 너무 강해지면 그 임금이 위태로워진다'라 하였습니다.

이에 이 진나라의 각 도시나 읍 중에 두식斗食 이상의 봉록을 받는 자로부터 위관尉官·내사內史 및 왕의 좌우신하들로서 상국의 사람이 아닌 자가 누가 있습니까? 나라가 태평할 때는 그만이겠지만 일단 나라에 일이 벌어졌다 하면 제가 보기에 틀림없이 왕께서는 홀로 조정에 고립되어 있다고 여기게 될 것이라 봅니다. 제가 임금 대신 두려워하는 것은 바로 만 세 후의 이 나라를 가지게 될 자가 왕의 후손이 아닐 수도 있다는 점입니다.

또 제가 듣기로 옛날부터 정치를 잘하는 자는 안에다 그 위엄을 심고 그밖에는 훌륭한 보좌를 포진시키며, 나라를 다스림에 난亂과 역逆이 일어나지 않도록 해야 하며, 사자使者는 도를 바르게 펴서 행함으로써 감히 그릇된 행동을 저지르지 않도록 해야 한다고 하였습니다.

그런데 지금 태후는 자기 마음대로 사자를 다른 나라에 보내어 제후를 분열시키고 그의 병부兵符가 만천하에 가득 차 있습니다. 이렇게 진나라의 군사대권을 조정하여 제멋대로 군대를 징집하여 제후를 정벌하고 있습니다. 그리고는 (양후는) 전쟁에 이기면 그 공을 자기가 취하여 그 이익을 자신의 봉지 도陶 땅에 귀속시키고 있습니다. 모든 재물은 다 태후의 사가私家로 들어가고, 또 국내의 이익은 화양군과 나누어 갖고 있습니다.

옛말에 '임금을 위태롭게 하고 나라를 망치는 도'라 하였는데, 이것이 바로 여기서부터 시작되는 것입니다. 이상의 세 귀인은 나라를 다 들어 자신의 편안함을 취하고 있습니다. 그러니 법령이 어찌 왕의 입을 통해 나올 수 있겠으며 권력이 어찌 분산되지 않을 수 있겠습니까? 이는 제가 보기에 과연 대왕께서 삼분의 일밖에 가지고 있지 않은 것입니다."

應侯謂昭王曰:「亦聞恒思有神叢與? 恒思有悍少年, 請與叢博, 曰: 『吾勝叢, 叢籍我神三日; 不勝叢, 叢困我.』乃左手爲叢投, 右手自爲投, 勝叢, 叢籍其神. 三日, 叢往求之, 遂弗歸. 五日而叢枯, 七日而叢亡. 今國者, 王之叢; 勢者, 王之神. 籍人以此, 得無危乎? 臣未嘗聞指大於臂, 臂大於股,若有此, 則病必甚矣. 百人輿瓢而趨, 不如一人持而走疾. 百人誠輿瓢, 瓢必裂. 今秦國, 華陽用之, 穰侯用之, 太后用之, 王亦用之. 不稱瓢爲器, 則已; 已稱瓢爲器, 國必裂矣. 臣聞之也:『木實繁者枝必披, 枝之披者傷其心. 都大者危其國, 臣强者危其主.』其令邑中自斗食以上, 至尉·內史及王左右, 有非相國之人者乎? 國無事, 則已; 國有事, 臣必聞見王獨立於庭也. 臣竊爲王恐, 恐萬世之後有國者, 非王子孫也. 臣聞古之善爲政也, 其威內扶, 其輔外布, 四治政不亂不逆, 使者直道而行, 不敢爲非. 今太后使者分裂諸侯, 而符布天下, 操大國之勢, 强徵兵, 伐諸侯. 戰勝攻取, 利盡歸於陶; 國之幣帛, 竭入太后之家; 竟內之利, 分移華陽. 古之所謂『危主滅國之道』必從此起. 三貴竭國以自安, 然則令何得從王出? 權何得毋分? 是我王果處三分之一也.」

【應侯】范雎.

【秦昭王】昭襄王.

【恒思】지명. 구체적으로 알 수 없으며 가상으로 내세운 地名일 것으로 여겨진다.

【神叢】신명스러운 叢. '叢'은 신목의 뜻. 鮑本에 "灌木中有神靈託之. 正曰: 黑子建國, 必擇木之脩茂者以爲叢位. 史, 叢祠. 索隱云, 高誘注云神祠叢樹也. 今高注本缺"이라 하였다.

【華陽君】진나라의 대신. 임금의 혈족.

【穰侯】魏冉. 진나라 권력자.

【太后】宣太后.

【斗食】歲祿이 1백 석이 안 되는 말단 관리.

【四治政】'四'는 '而'의 오기이다.

【陶】혹은 陰. 穰侯의 봉지.

참고 및 관련 자료

1. 내용은 앞장 084장과 유사하다. 같은 이야기의 異傳이 아닌가 한다.

2. 鮑注의 결어

『彪謂: 人君生事之所嚴, 有母而已. 范雎說昭王, 乃以太后爲稱首, 忍哉! 君子所以進其身, 豈舍此獨無說乎?』

사람을 공격해야

진秦나라가 한韓나라를 공격하여 형陘 땅을 포위하자 범저范雎가 진秦 소왕昭王에게 말하였다.

"사람을 공격해야 하는 경우가 있고, 땅을 공략해야 하는 경우가 있습니다. 양후穰侯가 위魏나라를 열 번이나 공격하면서도 그들을 상하게 하지 못하였습니다. 이는 진나라가 약하고 위나라가 강해서가 아닙니다. 바로 땅을 공략하였기 때문입니다. 땅은 임금이 제일 좋아하는 것입니다. 또 임금이란 신하된 자가 그를 위해 즐겁게 죽을 수 있는 대상입니다. 임금이 좋아하는 바를 공략하다가 즐겁게 죽으려는 자들과 싸움을 한 것입니다. 이 때문에 열 번 싸워 모두 승리를 거두지 못한 채 끝난 것입니다.

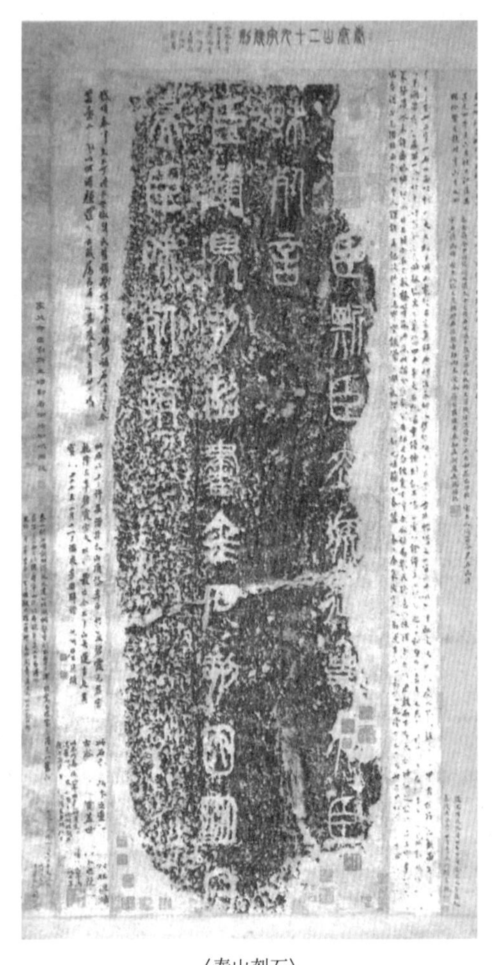

〈泰山刻石〉

왕께서 지금 한나라를 공격하여 형 땅을 포위하고 계신데, 원컨대 그 땅만 공략하지 말고 그 사람들을 공격하십시오. 또 왕께서 지금 한나라 형 땅을 공략하면서 장의張儀의 의견을 듣고 계신 줄 압니다. 만약 장의의 역량이 크다면 한나라는 땅을 떼어 주며 대왕께 용서해 달라고 할 것이며, 그럴 경우 그 한나라는 땅을 다 떼어 주고도 모자랄 것입니다. 그러나

장의의 힘이 적다면 왕께서는 장의를 축출하고 오히려 그만도 못한 자를
찾아 그를 통하여 흥정을 벌이십시오. 그래야만 대왕께서 한나라로부터
구하고자 하는 것은 무엇이든지 얻을 수 있을 것입니다."

　秦攻韓, 圍陘. 范雎謂秦昭王曰:「有攻人者, 有攻地者. 穰侯十攻而魏不
得傷者, 非秦弱而魏强也, 其所攻者, 地也. 地者, 人主所甚愛也; 人主者,
人臣之所樂爲死也. 攻人主之所愛, 與樂死者鬪, 故十攻而弗能勝也. 今王
將攻韓圍陘, 臣願王之毋獨攻其地, 而攻其人也. 王攻韓圍陘, 以張儀爲言.
張儀之力多, 且削地而以自贖於王, 幾割地而韓不盡? 張儀之力少, 則王逐
張儀, 而更與不如張儀者市. 則王之所求於韓者, 言可得也.」

【陘】地名. 韓나라 땅. 지금의 山西城 曲沃縣.
【范雎】應侯.
【秦 昭王】秦의 昭襄王.
【穰侯】魏冉.
【張儀】여기서의 장의는 張平이 아닌가 한다. 장의는 이미 죽고 없었던 시기이다.
　張平은 張良의 아버지로 韓나라 釐王, 悼惠王을 섬겨 재상을 지냈으며 秦나라가
　陘 땅을 포위한 시기가 이 때에 맞기 때문이다. ≪史記≫ 留侯列傳 참조.

参考 및 관련 자료

1. 范雎가 秦나라에 들어간 것은 B.C. 271년이고, 張儀가 죽은 것은 B.C. 309년으로
38년이나 지난 뒤이다. 따라서 여기서의 張儀는 같은 이름의 후세사람이거나
張良의 아버지 張平이 아닌가 한다. 이 사실의 발생시기는 穰侯가 재상에서
파면되고, 應侯(范雎)가 재상이 된 2년 째(B.C. 265년)이다.

087(5-13) 應侯曰
쥐고기와 구슬

응후(應侯, 范雎)가 말하였다.

"정鄭나라 사람들은 아직 갈지 않은 옥을 박璞이라고 부르고, 주周나라 사람들은 아직 말리지 않은 쥐고기를 역시 박朴이라고 부릅니다.

주나라 사람이 이 박朴을 가지고 정나라 상인에게 '박朴을 사겠느냐?'고 묻자 박璞인 줄 알고 '사겠다'고 하였습니다. 그러자 주나라 사람이 꺼내는 것이 쥐朴인 것을 보자 그는 사양하면 거절하였다고 합니다.

지금 조趙나라 평원군平原君이 스스로 천하 제일이라고 하고 있으나 그는 자신의 아버지 무령왕武靈王 주부主父를 사구沙丘의 행궁에서 항복시켜 자신의 신하가 되라고 강요하였던 자입니다.

그런데도 각국의 왕들은 그를 존중하고 있으니 이렇게 보면 각국의 왕이란 정나라 상인만큼도 총명치 못해 명분에만 눈이 뒤집혀 실질을 모르는 자들입니다."

應侯曰:「鄭人謂玉未理者璞, 周人謂鼠未腊者朴. 周人懷璞過鄭賈曰: 『欲買朴乎?』鄭賈曰:『欲之.』出其朴, 視之, 乃鼠也. 因謝不取. 今平原君自以賢, 顯名於天下, 然降其主父沙丘而臣之. 天下之王尚猶尊之, 是天下之王不如鄭賈之智也, 眩於名, 不知其實也.」

【應侯】秦昭王 때 范雎가 應 땅(지금의 河南省 魯山縣)에 봉해졌기 때문에 응후라 불렸음.
【朴】'璞'과 音이 같아 생긴 일.
【平原君】戰國 四公子 중의 하나. 趙나라 武靈王의 아들이며 惠文王의 아우. 이름은 勝. 平原 땅(지금의 山東省 平原縣)에 봉해졌다. 惠文王과 孝成王을 도와 빈객을 모으기를 좋아하였으며 식객 수천 명을 거느렸다. 그 중 '毛遂自薦'의 고사로 유명하다. ≪史記≫ 平原君列傳 참조.

【降其主父沙丘】安平君과 李兌가 主父를 죽였을 때 平原君은 이를 성토하지 아니하고 그대로 趙나라 惠文王의 신하로 있었던 것을 비판한 내용인 듯하나 자세히는 알 수 없다. 沙丘는 趙나라의 行宮이 있던 곳. 지금의 河北省 廣宗縣.

참고 및 관련 자료

1. 范雎가 秦의 재상으로 있었던 기간은 B.C. 266~255년이다.

2. 《西京雜記》 卷六

「玉之未理者爲璞, 死鼠未腊者亦爲璞.」

088(5-14) 天下之士
개에게 뼈다귀를 던져주면

천하의 사인士人들이 합종合從을 위해 조趙나라에 모여 진秦나라를 공격할 계획을 세우고 있었다. 그러자 진나라에서는 재상 응후應侯가 소왕昭王을 이렇게 안심시켰다.

"대왕께선 걱정하지 마십시오. 청컨대 제가 이를 폐기하도록 하겠습니다. 우리 진나라는 그들 사인들에게 원한을 산 적이 없습니다. 서로들 모여 우리 진나라를 공격하자고 하는 것은 자기가 이를 통해 부귀해지고 싶어서 그런 것뿐입니다. 대왕께서는 기르고 계신 개를 보십시오. 그 개들은 자거나 말거나 일어서거나 걷거나 서 있거나 서로 상관하지 않습니다. 그러나 일단 뼈다귀 하나를 던져 줘 보십시오. 그러면 즉시 벌떡 일어나 이빨을 드러내고 으르렁거릴 것입니다. 왜 그렇습니까? 쟁탈하려고 그러는 것입니다."

그리고는 당저唐雎에게 악대樂隊와 5천 금을 주고는 조나라의 무안武安에 거하면서 큰 잔치를 벌여 함께 술로 그들을 대접하도록 하였다.

당저가 잔치를 하면서 사인들에게 물었다.

"한단邯鄲 사람 중에 누가 와서 이 금을 차지할까?"

이에 당저는 그 일을 도모하던 자로서 줄 만한 이가 아닌 경우와 가히 금을 줄 만한 자를 구분하여 그에 맞게 돈을 뿌려 그들과 더불어 형제처럼 사귀었다. (그 후 범저는 당저에게 이렇게 일렀다.)

"그대는 진나라를 위하여 공만 세워 주면 된다. 금을 누구에게 주었는지에 대해서는 불문에 붙인다. 그 금을 다 쓰는 것이 곧 성공이다. 내가 다시 5천 금을 다른 사람을 시켜 뒤따라 보내겠다."

과연 당저가 떠나 무안에 이르러 미처 3천 금도 쓰기 전에 천하의 책사들은 서로 다투게 되었고 합종책도 결렬되고 말았다.

天下之士, 合從相聚於趙, 而欲攻秦. 秦相應侯曰:「王勿憂也, 請令廢之. 秦於天下之士非有怨也, 相聚而攻秦者, 以己欲富貴耳. 王見大王之狗,

臥者臥, 起者起, 行者行, 止者止, 毋相與鬪者; 投之一骨, 輕起相牙者,
何則? 有爭意也.」於是唐雎載音樂, 予之五十金, 居武安, 高會相與飮, 謂:
「邯鄲人誰來取者?」於是其謀者固未可得予也, 其可得與者與之, 昆弟矣.
　「公與秦計功者, 不問金之所之, 金盡者功多矣. 今令人復載五十金隨公.」
唐雎行, 行至武安, 散不能三千金, 天下之士, 大相與鬪矣.

【天下之士】 여기서의 천하는 산동 여섯 나라를 가리키며, 士는 策士·謀士·
　外交家, 세객을 가리킨다.
【唐雎】 戰國 때 魏나라 사람. 흔히 '唐且'로 표기하기도 한다.
【武安】 趙나라 읍. 지금의 河南省 武安縣.
【邯鄲】 趙의 도읍. 지금의 河北省 邯鄲市.

1. 134·232·257장 등 참조. 長平之戰이 일어나기 전의 이야기이다. '以骨投狗'의
고사이다.

2. 鮑本의 평어

『士得金復爲秦, 故其謀不協. 補曰: 六國猶連鷄, 羣士如鬪狗, 所以虎狼秦張
顧哆其口. 秦記, 尉繚說秦王曰:「願大王毋愛財物, 賂其豪臣, 以亂其謀, 不過
亡三十萬金, 則諸侯可盡.」大事記云, 前此范雎之散合縱, 後此陳平之間項羽,
同出一術. 蓋亂世風俗貪鄙, 故此術每中. 有言禮義廉恥於多事之際, 必以爲
迂闊, 不知撥亂之策莫要於此. 愚謂: 郭開之間李牧, 晉鄙客之讒信陵, 後勝之
勸王建, 秦卒亡此三國者, 皆應侯之術也. 高祖購陳豨將, 亦陳平之故智歟?』

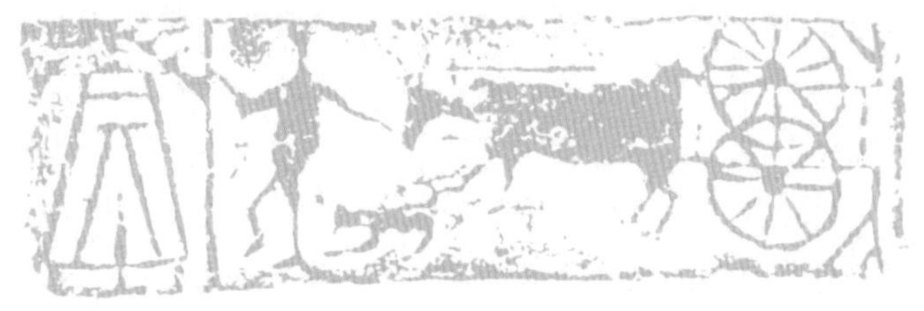

089(5-15) 謂應侯曰
진나라 백성 되기 싫소

어떤 사람이 응후(應侯, 范雎)에게 물었다.

"무안군(武安君, 白起)이 마복군馬服君을 포로로 잡았습니까?"

응후가 대답하였다.

"그렇소."

그가 다시 물었다.

"그럼 지금 다시 그 무안군이 한단邯鄲을 포위하고 있습니까?"

응후가 대답하였다.

"그렇소."

그러자 그는 이렇게 일러주었다.

"조趙나라가 망하고 나면 진왕秦王은 천하의 왕이 되고 무안군은 삼공三公의 반열에 서게 될 것입니다. 게다가 무안군은 진나라를 위하여 싸움마다 이겨 70여 개의 성을 빼앗은 공이 있습니다. 그는 남쪽으로는 초楚나라 서울 언영鄢郢과 한중漢中 땅을 함락시켰고, 북쪽으로는 조趙나라 마복군의 군대를 모두 포로로 잡았습니다. 그러면서도 그는 병졸 하나 손실이 없었습니다. 그 공은 가히 주공周公이나 여상呂尙에게 비한다 할지라도 지나친 것이 아닙니다. 조나라가 망하여 진왕은 천하의 왕이 되고 무안군이 삼공이 되었을 때 귀하는 과연 그 아래에 처할 수 있을까요? 비록 그 아래에 처하기 싫다 할지라도 이미 어쩔 수 없이 되고 말 것입니다. 지난번 진나라가 한나라의 형邢 땅을 공격하여 상당上黨이 곤액을 입었을 때, 상당의 백성들은 모두 진나라를 배반하고 조趙나라 편을 들었습니다.

이렇게 보면 천하의 백성들은 진나라의 백성이 되기를 싫어한 지가 오래임을 알 수 있습니다. 게다가 지금 조나라를 공격하여 멸망시킨다고 해봐야 북쪽 땅은 연燕나라로 편입될 것이며, 동쪽 땅은 제齊나라로 귀속되고, 남쪽 땅은 초楚나라나 위魏나라로 들어가 버려, 사실 진나라는 얼마 얻지도 못할 것입니다. 그러므로 귀하께서는 이 일을 조나라에게 알려 어서 땅을 떼어 강화를 맺도록 주선하십시오. 그리하여 이를 무안군의 공으로 삼도록 하십시오."

謂應侯曰:「君禽馬服乎?」曰:「然.」「又卽圍邯鄲乎?」曰:「然.」「趙亡, 秦王王矣, 武安君爲三公. 武安君所以爲秦戰勝攻取者七十餘城, 南亡鄢郢・漢中, 禽馬服之軍, 不亡一甲, 雖周・呂望之功, 亦不過此矣. 趙亡, 秦王王, 武安君爲三公, 君能爲之下乎? 雖欲無爲之下, 固不得之矣. 秦嘗攻韓邢, 困於上黨, 上黨之民皆返爲趙. 天下之民, 不樂爲秦民之日固久矣. 今攻趙, 北地入燕, 東地入齊, 南地入楚・魏, 則秦所得不一幾何. 故不如因而割之, 因以爲武安功.」

【應侯】范雎.

【武安君】秦나라의 장수 白起. ≪史記≫ 白起王翦列傳 참조.

【馬服君】趙나라의 장수 趙奢. 그러나 여기서의 馬服君은 조사의 아들 趙括이어야 한다. ≪史記≫ 白起王翦列傳에는 "禽馬服君之子"라 되어 있다.

【邯鄲】趙나라의 서울.

【三公】周나라의 관직으로 천자를 보위하는 太師・太傅・太保, 즉 신하로서의 최고 직위.

【鄢郢】楚나라의 도읍. B.C. 278년 秦나라 장수 白起가 楚나라 서울을 함락시켰다. 이때 楚나라는 할 수 없이 서울을 陳(宛丘, 지금의 河南省 淮陽縣)으로 옮겼다. 092・101・212장 참조.

【秦王王矣】여기서의 王은 천하의 共主가 됨을 뜻한다.

【周公】周公 旦. 周나라의 공족. 文王의 아들이며 武王의 동생. 魯나라에 봉해졌다.

【呂尙】太公望・姜太公. 周나라 건국에 공을 세워 齊나라에 봉해졌다.

【邢】陘 땅이 아닌가 한다.

【上黨】地名.

【以爲武安功】武安君 白起로 하여금 周나라와의 강화를 공으로 여기도록 하여 더 이상의 큰공을 세우는 것을 막아야 한다는 의미.

참고 및 관련 자료

1. ≪史記≫ 白起傳에 비슷한 내용이 있으나 이는 蘇代가 韓・趙 두 나라의 부탁을 받고 范雎에게 말한 것으로 되어 있다.

2. ≪**史記**≫ 白起王翦列傳

四十八年十月, 秦復定上黨郡. 秦分軍爲二: 王齕攻皮牢, 拔之; 司馬梗定太原.
韓·趙恐, 使蘇代厚幣說秦相應侯曰:「武安君禽馬服子乎?」曰:「然.」又曰:
「卽圍邯鄲乎?」曰:「然.」「趙亡則秦王王矣, 武安君爲三公. 武安君所爲秦戰勝
攻取者七十餘城, 南定鄢郢·漢中, 北禽趙括之軍, 雖周·召·呂望之功不益於此
矣. 今趙亡, 秦王王, 則武安君必爲三公, 君能爲之下乎? 雖無欲爲之下, 固不得
已矣. 秦嘗攻韓, 圍邢丘, 困上黨, 上黨之民皆反爲趙, 天下不樂爲秦民之日久矣.
今亡趙, 北地入燕, 東地入齊, 南地入韓·魏, 則君之所得民亡幾何人. 故不如因
而割之, 無以爲武安君功也.」於是應侯言於秦王曰:「秦兵勞, 請許韓·趙之割地
以和, 且休士卒.」王聽之, 割韓垣雍·趙六城以和. 正月, 皆罷兵. 武安君聞之,
由是與應侯有隙.

3. 鮑本의 평어

『如是則起無大功, 雖不爲之下. 補曰: 史無以爲, 此因字非. 史又云:「於是應侯言
於秦王, 王聽之, 割韓垣·雍, 趙六邑以和, 武安君由是與應侯有隙」, 下接「復欲
伐趙」云云.』

090(5-16) 應侯失韓之汝南
아들이 태어나기 전

응후應侯 범저范雎가 자신의 봉지封地 중 일부인 여남汝南 땅을 잃었다.
소왕昭王이 응후에게 물었다.

"그대는 여남 땅을 잃었으니 가슴 아프겠소?"

그러자 응후는 이렇게 대답하는 것이었다.

"전혀 그렇지 않습니다."

왕이 물었다.

"어찌 그럴 수 있소?"

응후는 이렇게 대답하였다.

"양梁나라에 동문오東門吳라는 사람이 있었습니다. 그 아들이 죽었는데
조금도 슬퍼하지 않았습니다. 그 상실相室이 '그대의 아들에 대한 사랑은
천하에 더없이 하더니 지금 그런 아들이 죽었는데 슬퍼하지 않으니 웬일입
니까?'라 묻자 '나는 당초에 아들이 없었다. 그때 나는 아무런 슬픔도
없었다. 지금 아들이 죽은 것은 옛날 그 아이 낳기 전과 똑같다. 무엇을
슬퍼하란 말이냐?'라 하더랍니다. 저도 당초에 아들封地이 없었습니다.
그때 아무런 근심도 없었습니다. 그런데 지금 여남 땅을 잃은 것은 그
양나라 사람의 죽은 아들과 같습니다. 무엇을 걱정하겠습니까?"

이 말을 듣자 왕은 그럴 리가 없다고 여겼다. 그래서 장군 몽오蒙傲에게
물었다.

"지금 만약 나로서는 성 하나만 포위당하였다 해도 밥맛도 없고 누워도
편안치 않을 텐데, 응후는 자신의 봉지 여남 땅을 잃고도 걱정이 없다
하니 이게 정말일까요?"

그러자 몽오가 나섰다.

"제가 가서 알아보겠습니다."

그리고는 응후를 만나서 대뜸 이렇게 말을 던졌다.

"나는 죽고 싶소!"

응후가 놀라 물었다.

"무슨 일이오?"

그러자 몽오는 이렇게 말하였다.

"진나라 왕이 당신을 사師로 삼은 것을 천하에 모르는 이가 없습니다. 하물며 진나라 사람이야 모르겠습니까? 이렇게 높으신 당신입니다. 그러나 제가 이 나라의 장수가 되어 병사를 거느리고 있으면서 한韓나라는 별것 아니라고 얕보았더니 그들이 역모를 꾸며 당신의 봉지를 빼앗아가고 말았습니다. 이는 바로 저의 잘못이 아니겠습니까? 그러니 제가 살아서 무엇하겠습니까? 죽는 편이 낫겠습니다."

그제야 응후는 절을 하면서 이렇게 실토하였다.

"원컨대 모든 것을 당신에게 맡기겠소."

몽오가 임금에게 이 사실을 전하자 그로부터 임금은 응후가 한나라에 대하여 무슨 말을 해도 듣지 않았다. 응후가 아직도 여남에 대해 미련이 있다고 여겼기 때문이었다.

應侯失韓之汝南. 秦昭王謂應侯曰:「君亡國, 其憂乎?」應侯曰:「臣不憂.」 王曰:「何也?」曰:「梁人有東門吳者, 其子死而不憂, 其相室曰:『公之愛子也, 天下無有, 今子死不憂, 何也?』東門吳曰:『吾嘗無子, 無子之時不憂; 今子死, 乃卽與無子時同也. 臣奚憂焉?』臣亦嘗無子, 爲子時不憂; 今亡汝南, 乃與 卽爲梁餘子同也. 臣何爲憂?」

秦王以爲不然, 以告蒙傲曰:「今也, 寡人一城圍, 食不甘味, 臥不便席; 今應侯亡地而言不憂, 此其情也?」蒙傲曰:「臣請得其情.」

蒙傲乃往見應侯, 曰:「傲欲死.」應侯曰:「何謂也?」曰:「秦王師君, 天下 莫不聞, 而況於秦國乎? 今傲勢得秦, 爲王將, 將兵, 臣以韓之細也, 顯逆誅, 奪君地, 傲尚奚生? 不若死.」應侯拜蒙傲曰:「願委之卿.」蒙傲以報於昭王.

自是之後, 應侯每言韓事者, 秦王弗聽也, 以其爲汝南虜也.

【汝南】 원래 韓나라 영토. 뒤에 秦나라가 빼앗아 范雎의 봉지 일부가 되었다. 당시 한나라가 이를 다시 빼앗아 郡을 설치하였다. 지금의 河南省 汝南縣.
【東門吳】 梁(魏)나라 사람. 성은 東門, 이름은 吳.

【相室】師傅나 保母·乳母 등.

【餘子】어린 아들이란 뜻. ≪莊子≫ 秋水篇 疏에 “弱齡未壯, 謂之餘子”라 하였다. 여기서는 封地를 비유한 것.

【蒙傲】‘『蒙埋’로 되어있는 판본도 있다. 원래 齊나라 출신으로 秦나라 와서 上卿이 되었다. 용병에 능하여 장군이 되었다. 그의 아들 蒙武, 손자 蒙恬 등 3대에 걸쳐 秦나라 명장을 지냈으며 결국 천하통일을 완수하였다. ≪史記≫ 蒙恬列傳≫ 참조.

참고 및 관련 자료

1. 이 일은 B.C. 257년경의 일이다. 應侯가 봉해진 應 땅은 지금의 河南省 豐寶縣 남쪽이다. 따라서 여기의 汝南은 그의 가까운 곳이 아니었던가 한다.

2. ≪韓非子≫ 定法篇

應侯攻韓八年, 成其汝南之封. 自是以來, 諸用秦者皆應, 穰之類也. 故戰勝, 則大臣尊; 益地, 則私封立. 主無術以知姦也.

저자 거리에 호랑이가 나타나다

진秦나라가 조趙나라 서울 한단邯鄲을 공격하였으나 17개월이 지나도록 함락시키지 못하고 있었다. 이때 어떤 장莊이라는 사람이 진나라 장수 왕계王稽에게 말하였다.

"그대는 왜 그대의 하부 관리들에게 상을 내리지 않습니까?"

왕계는 이렇게 말하였다.

"나는 임금과 약속하였소. 남의 말을 듣지 않기로."

이에 장이란 사람이 다시 말하였다.

"그렇지 않을걸요. 비록 아버지가 아들에게 하는 명령일지라도 실행해야 할 것이 있고 그

〈焚書坑儒〉 명각본《帝鑑圖說》

렇지 못할 경우가 있게 마련입니다. 아버지가 '아무리 귀해도 음행한 처는 버려야 하고, 아무리 사랑스러워도 첩은 팔아보내야 한다'라고 하였다면 아들은 반드시 실행해야 할 것입니다. 그러나 이 일을 '더 이상 그리워하거나 생각지도 말라'라고 하였다면 이는 실행하기가 어렵습니다.

무슨 말인가 하면 마을을 지키는 어느 노파가 '모일某日 저녁 어떤 아녀자와 어떤 남자가 사통하였다'라고 거짓을 꾸며 그 처는 이미 내쫓았고 그 첩도 이미 팔아 버렸다 할지라도 그들을 그리워하지 않을 수는 없는 것입니다. 남이 알고 싶어하는 것을 알려 주는 것은 사람 마음에는 꼭 있는 법입니다. 지금 그대는 비록 왕에게 사랑을 받는다고는 하나 그것이 부자지간의 정을 넘어서지는 못합니다. 마찬가지로 군대의 관리들이

비록 천하다고는 하나 마을지기 노파보다 천하지는 않습니다. 게다가 그대는 임금의 신임을 믿고 당신 부하를 깔보아 온 지 오래입니다.

이런 이야기를 들었습니다. '호랑이가 나타났다고 세 사람만 떠들면 모든 사람이 믿게 되고, 어떤 자가 큰 몽둥이를 그대로 뒤틀어 굽혔다라고 열 사람이 똑같은 말을 하게 되면 그 말을 믿게 된다. 모든 사람 말이 옮겨다니게 되면 날개 없는 것도 날아다닐 수 있다'라고요. 그러니 그대의 부하들에게 상을 내리고 예로서 대해 주십시오."

그러나 왕계는 이 말을 듣지 않았다. 부하 관리들이 끝내 궁해지자 과연 왕계와 두지杜摯를 악담하기 시작하였고 드디어 모반을 꾀하기에 이르렀다.

이 소식을 들은 진왕은 크게 노하여 (그를 추천하였던) 범저范雎까지도 겸하여 사형시키려고 하였다. 그러자 범저는 왕에게 이렇게 말하였다.

"신은 동쪽 시골의 천민출신입니다. 마침 초楚·위魏 두 나라에 죄를 짓고 이 진나라로 도망와 있었습니다. 저는 그 어떤 다른 제후들의 지원도 없고 친구나 연고조차도 없습니다. 그런 저를 왕께서는 기려지신羈旅之臣 중에 뽑아 쓰셔서 큰일을 맡기셨습니다. 이는 저의 몸은 대왕의 쓰임에 의해 이름이 드날린 것으로 천하가 다 아는 일입니다. 지금 제가 미혹함에 빠져 그 죄인인 왕계와 같은 마음을 가지고 있다면 대왕께서는 저를 천하가 다 알도록 공개적으로 처형해 주십시오. 그러면 대왕께서 저를 잘못 등용하였었다는 과실을 천하에 알리는 것이 되어, 그들 제후들도 어떻게 사람을 써야 할 지에 대한 의논거리가 될 것입니다.

그러나 저는 지금 원컨대 사약을 내리시면 스스로 자살하겠습니다. 그때 임금께서는 저를 재상의 예에 맞추어 장례를 치러 주시기 바랍니다. 그러면 대왕께서는 저의 죄를 놓치지 않고 사형을 시켰으면서도 저를 잘못 들어썼다는 오명은 남기지 않을 것입니다."

이에 진왕이 말하였다.

"이치가 그렇군."

그리고는 범저를 죽이지 않고 오히려 더욱 우대해 주었다.

秦攻邯鄲, 十七月不下. 莊謂王稽曰:「君何不賜軍吏乎?」王稽曰:「吾與王也, 不用人言.」莊曰:「不然. 父之於子也, 令有必行者, 必不行者. 曰: 『去貴妻, 賣愛妾』, 此令必行者也; 因曰:『毋敢思也』, 此令必不行者也. 守閭嫗曰:『其夕, 某孺子內某士.』貴妻已去, 愛妾已賣, 而心不有. 欲敎之者, 人心固有. 今君雖幸於王, 不過父子之親; 軍吏雖賤, 不卑於守閭嫗. 且君擅主輕下之日久矣. 聞:『三人成虎, 十夫楺椎. 衆口所移, 毋翼而飛.』故曰: 不如賜軍吏而禮之.」王稽不聽. 軍吏窮, 果惡王稽·杜摯以反. 秦王大怒, 而欲兼誅范雎. 范雎曰:「臣, 東鄙之賤人也, 開罪於楚·魏, 遁逃來奔. 臣無諸侯之援, 親習之故, 王擧臣於羈旅之中, 使職事, 天下皆聞臣之身與王之擧也. 今遇惑或, 與罪人同心, 而王明誅之, 是王過擧顯於天下, 而爲諸侯所議也. 臣願請藥賜死, 而恩以相葬臣, 王必不失臣之罪, 而無過擧之名.」王曰:「有之.」遂弗殺而善遇之.

【邯鄲】趙나라의 수도.

【莊】성이 莊인 어떤 說客.

【王稽】秦나라 장수. 范雎에 의해 추천된 인물.

【君】秦나라 昭王으로 해석하는 경우도 있다.

【擅主輕下】임금을 믿고 아랫사람을 깔보고 있으니 '그들이 어찌 그 마을지기 노파처럼 당신을 참언하지 않을 수 있겠는가'의 뜻.

【三人言虎】≪淮南子≫ 說山訓에 "三人爲市虎, 一里撓椎"라는 말이 있다. 한편 이 ≪戰國策≫ 魏策(331장)에도 "三人言成虎"라는 말이 있다. '衆口鑠金'과 같은 뜻이다.

【楺椎】몽둥이를 휘어 굽힘. 쉽게 할 수 없는 일. '楺'는 '揉'와 같음.

【杜摯】王稽의 副將.

【兼誅范雎】王稽를 추천한 사람이 범저였기 때문에 그를 죽이려 한 것임. 그러나 鮑本에는 "稽始薦雎, 雎後任稽守河東. 補曰: 史, 王稽爲河東守, 三歲不上計. 鄭安平降趙, 應侯請罪. 秦法, 任人而所任不善者, 以其罪罪之. 於是應侯當收三族, 昭王恐傷其意, 加賜益厚. 後二歲, 稽與諸侯通, 坐誅, 應侯益以不懌. 昭王臨朝嘆息, 應侯懼, 不知所出. 此策'雎曰'云云, 當在此時. 所謂'秦王大怒而欲兼誅雎'者則非, 當從史. 然王益厚賜而善遇之者, 所以愧之也"라 하였다.

【東鄙之賤人】范雎는 동쪽 魏나라 출신이었다. ≪史記≫ 참조.
【以相葬臣】鮑注에 "旣殺之而加恩, 以國相禮葬之"라 하였다.

1. ≪史記≫ 范雎傳에 의하면 王稽가 죽은 것은 "다른 제후들고 내통하여 법을 어겼기 때문"(內通諸侯觸法)이라 하였으며 또 秦昭王이 范雎를 죽이려 한 것도 범저가 추천하였던 鄭安平이란 장수가 秦나라 2만 군대를 이끌고 趙나라에 투항하였기 때문으로 되어 있어 이 기록과 차이가 있다.

나 대신 재상이 된다고

채택蔡澤이 조趙나라로부터 쫓겨나 한韓·위魏 두 나라로 망명하여 떠돌다가 도중에 가지고 다니던 솥과 그릇까지 탈취 당하는 수모를 당하였다. 이때 채택은 진秦나라 재상 응후應侯가 자신이 추천하였던 정안평鄭安平·왕계王稽 등이 죄를 범하게 되어 내심으로 매우 부끄러워하고 있다는 것을 알고는 진나라로 들어가 뜻을 펴겠다고 생각하였다.

그가 진나라에 들어가 진나라 소왕昭王을 만나기 전에 먼저 사람을 시켜 다음과 같이 떠들고 다녀 응후가 격노하도록 하였다.

"연燕나라 유세객 채택은 천하의 뛰어난 웅변술을 가진 인물이다. 그가 한 번 진왕을 알현하게 되면 진왕은 틀림없이 그를 재상으로 삼고 응후는 그 자리를 빼앗기게 될 것이다."

응후가 이 말을 듣자 즉시 사람을 시켜 채택을 불러오도록 하였다. 채택이 계략대로 되었음을 알고 응후에게 나타나서는 그저 간단히 읍揖만 할 뿐이었다. 응후는 매우 불쾌하였다. 채택은 마주 대하고서도 채택은 여전히 거만하였다. 이에 응후는 소리를 지르며 꾸짖었다.

"그대가 항상 나를 대신하여 진나라 재상이 된다고 떠들고 다녔다는데 사실이오?"

그러자 채택은 대뜸 이렇게 대답하였다.

"그렇소!"

응후가 말하였다.

"그럼 어디 이유나 들어봅시다."

이리하여 둘 사이에 말이 오가게 되었다.

"아! 그대는 어찌 그리 나를 늦게 만났소! 무릇 네 계절의 차례를 보시오. 공을 이루면 물러날 줄 압니다. 또 사람으로 태어나서 수족이 건강하고, 이목이 총명하여 그 지혜가 성인 같아지는 것, 이것은 선비라면 누구나 바라는 게 아니겠소?"

응후가 대답하였다.

"그렇소."

다시 채택이 물었다.

"그렇다면 인仁에 바탕을 두고 의義를 바로잡아 그 도와 덕을 천하에 시행하여 천하가 즐거운 마음으로 공경하고 사랑하여 그런 인물을 왕으로 삼고 싶어하는 것, 이것이 웅변가와 지혜로운 자가 기대하는 것이 아니겠소?"

"그렇소."

채택이 다시 말을 이었다.

"부귀하고 현달하여 만물을 이치대로 이루어 그 만물이 각각 제자리를 얻도록 하며, 태어난 목숨은 장수하여 각각 그 천수를 누려 요절함이 없고, 또 천하가 다 그 계통을 이어 그 업을 지키며 이를 후세에 전하되 끝이 없으며, 명분과 실질이 순수하고 그 은택이 천세에 흘러 그에 맞게 이루어지되 끊임이 없어 이 천하와 함께하여 끝나는 것, 이런 것이야말로 그 도를 베푼 것과의 부합되어 성인이 말한 바 길상선사吉祥善事가 아니겠소?"

응후는 이 말에도 역시 수긍하였다.

"그렇소."

채택이 다시 물었다.

"그렇다면 이 진나라에 있어서의 상앙商鞅, 초楚나라에 있어서의 오기吳起, 월越나라의 대부 문종文種 등 세 사람은 끝내 그 바라던 바를 이룬 자들이라 할 수 있겠소?"

응후는 채택이 자신을 답변이 궁한 곳으로 몰고 간다는 것을 알고 이렇게 대답하였다.

"어찌 이루지 못한 자라고 할 수 있겠소? 무릇 상앙公孫鞅은 진나라 효공孝公을 섬기되 자신의 몸을 다해 두 가지 마음이 없었으며, 공公을 다하되 사私로 돌리는 법이 없었고, 상벌을 분명히 하여 바른 다스림을 만들었소. 또 자신의 지혜와 능력을 다하여 본디 마음을 펴 보였소. 불행히 원한과 참언을 입고 옛친구에게 속임을 당하였지만 그럴수록 힘을 내어 위魏나라 공자公子 앙卬을 사로잡고, 마침내 진나라를 위하여 위나라 장수까지 잡아, 적군을 깨뜨리고 땅을 1천 리나 더 넓혔소.

다음으로 오기吳起를 봅시다.

그는 초나라 도왕悼王을 섬기면서 사사로운 일을 위해 공公을 해치는 일이 없었고, 참언으로 남의 충성을 덮어 버리지도 않았으며, 구차스럽게 말을 꾸며 하는 법도 없었으며, 구차스러운 행동으로 남의 용납을 위한 적도 없었소. 그리고 의를 행하되 비방과 칭찬을 돌아보는 법도 없었으며, 모시는 주인을 반드시 패자로 만들고 나라를 강하게 하는 일이라면 화禍나 흉凶도 마다하지 않겠다고 나섰었소.

한편 대부 문종文種은 월왕越王을 섬기면서 임금이 오나라에 쫓겨 흩어지고 곤욕을 당할 때, 그 충성을 다하되 조금도 해이함이 없었소. 주인이 비록 망하고 끊어졌지만 자신의 능력을 끝까지 써서 그 곁을 떠나지 않았으며, 많은 공을 세우고도 자랑하지 아니하고, 부귀해서도 교만하거나 나태하지 않았소.

이 세 사람은 의는 지극한 데까지 갔으며, 충은 절개를 끝까지 지킨 인물들이오. 그래서 군자는 제 몸을 죽여 그 이름을 이루는 것이니 의로움이 있는 곳이라면 몸이 비록 죽더라도 조금도 후회를 않는 법. 그러니 어찌 그들이 원하는 대로하지 못하였다고 할 수 있겠소?"

채택은 이렇게 반박하였다.

"천자 된 자가 성스럽고 그 신하 된 자가 어질다면 이는 천하의 복입니다. 또 임금이 현명하고 신하가 충성을 다 한다면 이는 그 나라의 복입니다.

다음으로 어진 아버지와 효성스러운 아들이 있고 믿음직한 지아비에 정숙한 아내가 있다면 이는 그 가정의 복입니다. 그러나 비간比干이 충성되기는 하였지만 은殷나라를 존속시키지는 못하였고, 오자서伍子胥도 지혜롭기는 하였지만 오나라를 지켜주지는 못하였습니다. 또 태자太子 신생申生이 효성스럽기는 하였지만 진晉나라는 끝내 미혹한 혼란에 빠지고 말았습니다.

이렇게 충신과 효자가 있었음에도 국가가 멸망하고 혼란에 빠지고 말았으니 이는 어찌 된 연유이겠습니까? 이는 바로 아랫사람의 충간이나 건의를 들어 줄 명석한 군주·어진 아버지가 없었기 때문입니다. 따라서 천하에 그 임금이나 아버지가 어질지 못해 살육을 당하게 되면 그 신하나 아들도 불쌍해지는 법입니다.

또 만약 반드시 죽어야만 그 충성을 다한 것이고 이름을 이루는 것이 된다면 아마 죽지 않은 미자微子 같은 이는 인을 이루었다 할 수 없을 것이며, 공자孔子 또한 성인이라 할 수 없으며, 관중管仲도 큰 인물이라 할 수 없을 것입니다.”

응후는 훌륭한 말이라고 칭찬하였다. 채택은 잠시 쉬었다가 다시 이렇게 말하였다.

“상앙·오기·대부 문종, 이 세 사람이 남의 신하가 되어 충성을 다하고 힘을 모두 바치게 된 것은 그들이 가히 원하였던 일이기 때문이었습니다.

그러면 굉요閎夭는 문왕文王을 섬기고 주공周公 단旦이 성왕成王을 보필한 것도 그 어찌 충忠이 아니겠습니까? 그러나 군신관계로 본다면 상앙·오기·문종처럼 원해서 하였던 충성이 굉요나 주공에 비교하여 어떻다고 보십니까?”

응후가 대답하였다.

“상앙·오기·문종은 굉요나 주공에게 미치지 못하지요.”

채택은 다시 물었다.

“그렇다면 그대 임금이신 진왕은 인자하고 충성을 믿어 주며 옛 정의를 배반하지 않을까 하는 면에서 진효공秦孝公·초도왕楚悼王·월왕越王에 비교하면 어떻다고 보십니까?”

난처해진 응후는 이렇게 대답하였다.

“어떨지 모르겠소!”

채택은 이렇게 말하였다.

“그대의 군주는 진실로 충신을 친히 여기는 면에서는 진효공·초도왕·월왕에게 미치지 못합니다. 그러나 그대는 그러한 임금을 위해서 어지러움을 바르게 해주고, 근심거리를 없애 주며, 어려움을 물리치고, 땅을 넓혀 주며, 식량생산이 늘어나도록 하였으며, 나라를 부강하게, 가정들을 풍족하게 해주어 임금을 강하게 해주었습니다. 그리하여 그 위세가 해내를 덮을 지경이며, 그 공은 1만 리 밖까지 드날리고 있습니다. 그러나 그 공도 사실 상앙·오기·문종을 넘지는 못합니다. 그러면서도 그대의 작록과 위치는 지극히 귀하고 풍성하여, 사사로이 집에 저장한 재물의 풍부함은 앞에 든 세 사람보다 많습니다. 그러나 몸은 물러설 줄 모르시니 이것이 제가 그대를 위해 위험하지 않을까 염려하는 바입니다.

속담에 '해는 한낮이 지나면 지는 일밖에 없고, 달은 차면 기울 수밖에 없다'라 하였습니다. 만물이 성하면 쇠하는 법이니 이것은 하늘의 정상적인 도리입니다. 따라서 진퇴·영축盈縮·변화를 성인은 상도常道라고 불렀던 것입니다.

옛날, 제齊 환공桓公이 아홉 번 제후를 모으고 한 번 천하를 바로잡았지만 규구葵丘에서 회맹을 할 때에 이르러서는 교만하고 긍지가 지나치자 그에게 등을 돌린 나라가 아홉이나 되었습니다.

또 오왕 부차夫差는 천하에 상대가 없을 만큼 강하였으나 제후를 멸시하고 제齊나라와 진晉나라를 능멸하여 결국 몸도 죽고 나라도 망치고 말았습니다. 그리고 하육夏育·태사太師 계啓 같은 이는 역시 호령 하나로 삼군을 움직였지만 끝내 졸병의 손에 죽고 말았습니다.

이는 모두가 권위의 지극히 성함만 믿고 바른 도리에는 눈을 돌리지 않았기 때문입니다. 다음으로 그들 신하들의 성공과 말로를 볼까요?

상앙은 효공을 위하여 저울대를 공평히 하고, 도량을 바르게 하였으며, 경중을 조절하여 천맥阡陌을 없애 버리고, 백성들로 하여금 일하면서 싸우도록 가르쳤습니다.

이리하여 이들 병사들은 싸웠다 하면 땅을 넓혔고, 평시였다 하면 나라를 살찌웠습니다. 이를 힘입어 진나라는 천하무적의 대국이 되어 그 위세를 제후들에게 세웠습니다. 그런데 상앙은 공이 다 이루어지자 끝내 거열형에 처해지고 말았습니다.

다음으로 백기白起를 봅시다.

당시 초楚나라는 창을 쥔 병사가 1백만이었지만 백기는 수만 명밖에 되지 않은 군사를 이끌고 초나라와 싸움이 붙었을 때 일거에 언鄢·영郢을 들어내고, 두 번째에 이릉夷陵까지 불질러 버렸습니다. 그리고 내친 김에 촉蜀과 한중漢中까지 집어삼켰고 다시 한韓·위魏 두 나라를 넘어 강한 조趙나라까지 쳐서 마복군馬服君을 항복시키고 그 군대 40만을 생매장시켰습니다. 그때의 피는 강물처럼 흘렀고 들끓는 곡성은 우레소리 같았습니다. 이렇게 하여 진나라가 패업을 이루도록 하였습니다.

이때부터 조趙·초楚 두 나라는 그 위세에 복종하여 감히 진나라를 공격한다는 것은 꿈도 꾸지 못하게 되었습니다. 이것이 모두 백기의 공이었습니다.

게다가 그가 직접 탈취한 땅도 70여 성이나 됩니다. 이렇게 큰 공을 이룬 그도 결국 두우杜郵에서 진왕의 사약을 받고 죽고 말았습니다.

다음은 오기를 봅시다.

오기는 초나라 도왕悼王을 위하여 무능한 자를 물리치고 쓸데없는 자리를 폐지시켰으며, 급하지 않은 관료는 덜어 버리고, 사문私門의 청탁을 막고 초나라의 풍속을 하나같이 개혁시켰습니다.

그리고는 남으로 양월楊越을 쳐서 위세를 드날리고, 북으로는 진陳·채蔡를 집어삼켜 당시 유행하던 연횡連橫이고 합종合從이고 모두 파기하여 말 잘한다는 자들의 입을 틀어막아 버렸습니다. 그러나 그가 공을 이룬 후에 그 역시 끝내 사지가 찢어지는 죽임을 당하고 말았습니다.

다음 대부 문종은 월왕을 위하여 어려움을 뚫고 나라를 개척하여 땅을 넓히고 식량을 증산하였으며, 사방의 선비들과 상하의 힘을 모아 그 질긴 오나라를 굴복시켜 그 왕을 사로잡았습니다. 그렇지만 그 역시 공을 이룬 후에 임금 구천勾踐은 끝내 그를 배반하고 죽여 버렸습니다.

이 네 사람은 공을 이룬 다음 물러설 줄 몰랐기 때문에 그러한 화를 당하게 된 것입니다. 이것이 곧 펴놓고는 굽힐 줄 모르고 가 놓고는 돌아올 줄 모른다는 말입니다. 그렇지만 범려范蠡만은 이를 알고 초연히 세상을 피해 도주공陶朱公으로 천수를 다하였습니다.

그대는 도박하는 것을 보지 못하였습니까? 어떤 때는 혼자 이겼으면 하면서도 또 어떤 때는 남이 이긴 것을 나누어 가지기라도 하였으면 하지요. 이는 그대가 아주 잘 알고 있는 일일 겁니다. 그런데 지금 그대는 진나라의 재상이 되어 국가 대사를 위해 종일토록 자리에 앉을 틈도 없지요. 그 계책이 조정 밖으로 나오기도 전에 앉아서 이미 제후들을 제압할 정도입니다. 그리하여 삼천三川까지 이익이 넘치고 저 의양宜陽까지 그 공이 채워지며, 양장羊腸의 험로를 열어 태항산太行山 입구를 봉쇄하였습니다.

그리고 범씨范氏·중항씨中行氏의 땅을 지나 잔도栈道로 1천 리나 뻗쳐 촉과 한중까지 통하게 하여 천하 제후로 하여금 진나라를 두렵게 하도록 만들었습니다. 이처럼 진나라가 얻고 싶어하는 것이면 그대가 다 이루어 주었습니다. 그러니 그대의 공은 지극합니다. 지금이 바로 진나라의 극성시기로써 그 공을 나누어 줄 때입니다. 만약 이 때 그대가 용퇴하지 않으면 그대도 결국 저 상앙·백기·오기·문종처럼 되고 말 것입니다. 왜 그대는 지금 이때에 재상의 도장을 풀어 다른 어진 이에게 넘겨주지 않습니까? 그렇게만 하면 그대는 반드시 백이伯夷처럼 청렴하다고 칭찬을 받게 될 것이며, 그대의 봉지인 응應 땅의 후侯를 누리며 세세토록 고孤를 칭하며, 저 왕자교王子喬나 적송자赤松子 같은 선인처럼 영원히 장수할 수 있을 텐데요. 지금 제가 말한 것과 최후에 잘못되어 화를 입는 것을 비교하면 어떻습니까? 여기에서 그대는 어떻게 처신할 것입니까?"

이야기를 듣고 난 응후는 한마디로 말하였다.

"좋소!"

그리고는 채택을 안으로 모시고 들어가 상객上客으로 삼았다.

그리고 며칠이 지나 범저는 입조하여 진왕에게 아뢰었다.

"저의 빈객 중에 방금 산동山東으로부터 온 채택이라는 자가 있습니다. 이는 대단한 웅변가로서 제가 이제껏 많은 사람을 보아왔지만 이 보다도 뛰어난 인물은 본 적이 없습니다. 저는 그보다 훨씬 못합니다."

이런 소개를 받은 진왕은 채택을 불러 만나서 여러 가지 이야기 끝에 크게 기뻐하며 그를 객경客卿으로 삼았다.

응후는 병을 핑계로 재상의 도장을 풀어 반납하였다. 왕이 끝까지 응후를 만류하였지만 응후는 끝내 자기 말대로 하여 재상의 직을 면하게 되었다. 소왕은 새로이 채택의 계획에 기뻐하며 드디어 그를 진나라 재상으로 삼고 동쪽의 주周나라를 거두어들였다.

채택이 진나라 재상이 된 지 수 개월이 되자 역시 사람들이 채택에 대해 비방하는 말이 들어왔다.

채택은 주살을 당할까 두려워 이에 즉시 병을 핑계로 역시 재상의 도장을 반납하였다. 왕은 이 채택을 강성군剛成君으로 봉하게 되었고,

그 뒤에도 채택은 여전히 진나라에 10여 년 더 거주하였다.

뒤에 소왕昭王·효문왕孝文王·장양왕莊襄王을 거쳐 마침내 진시황秦始皇을 섬기게 되었으며 진나라를 위해 연燕나라에 사신으로 가서 3년 후에 연나라 태자太子 단丹을 진나라 인질로 오도록 하였다.

蔡澤見逐於趙, 而入韓·魏, 遇奪釜鬲於塗. 聞應侯任鄭安平·王稽, 皆負重罪, 應侯內慙, 乃西入秦. 將見昭王, 使人宣言以感怒應侯曰:「燕客蔡澤, 天下駿雄弘辯之士也. 彼一見秦王, 秦王必相之而奪君位.」

應侯聞之, 使人召蔡澤. 蔡澤入, 則揖應侯, 應侯固不快, 及見之, 又倨. 應侯因讓之曰:「子常宣言代我相秦, 豈有此乎?」對曰:「然.」應侯曰:「請聞其說」蔡澤曰:「吁! 何君見之晚也? 夫四時之序, 成功者去. 夫人生手足堅強, 耳目聰明聖知, 豈非士之所願與?」應侯曰:「然.」蔡澤曰:「質仁秉義, 行道施德於天下, 天下懷樂敬愛, 願以爲君王, 豈不辯智之期與?」應侯曰:「然.」蔡澤復曰:「富貴顯榮, 成理萬物, 萬物各得其所; 生命壽長, 終其年而不夭傷; 天下繼其統, 守其業, 傳之無窮, 名實純粹, 澤流千世, 稱之而毋絶, 與天下終. 豈非道之符, 而聖人所謂吉祥善事與?」應侯曰:「然.」澤曰:「若秦之商君, 楚之吳起, 越之大夫種, 其卒亦可願矣.」應侯知蔡澤之欲困己以說, 復曰:「何爲不可? 夫公孫鞅事孝公, 極身毋二, 盡公不還私, 信賞罰以致治, 竭智能, 示情素, 蒙怨咎, 欺舊交, 虜魏公子卬, 卒爲秦禽將, 破敵軍, 攘地千里. 吳起事悼王, 使私不害公, 讒不蔽忠, 言不取苟合, 行不取苟容, 行義不固毀譽, 必有伯主強國, 不辭禍凶. 大夫種事越王, 主離困辱, 悉忠而不解, 主雖亡絶, 盡能而不離, 多功而不矜, 貴富不驕怠. 若此三子者, 義之至, 忠之節也. 故君子殺身以成名, 義之所在, 身雖死, 無憾悔, 何爲不可哉?」蔡澤曰:「主聖臣賢, 天下之福也; 君明臣忠, 國之福也; 父慈子孝, 夫信婦貞, 家之福也. 故比干忠, 不能存殷; 子胥知, 不能存吳; 申生孝, 而晉惑亂. 是有忠臣孝子, 國家滅亂, 何也? 無明君賢父以聽之. 故天下以其君父爲戮辱, 憐其臣子. 夫待死而後可以立忠成名, 是微子不足仁, 孔子不足聖, 管仲不足大也.」於是應侯稱善.

蔡澤得少間, 因曰:「商君·吳起·大夫種, 其爲人臣, 盡忠致功, 則可願矣.

閎夭事文王, 周公輔成王也, 豈不亦忠乎? 以君臣論之, 商君·吳起·大夫種, 其可願孰與閎夭·周公哉?」應侯曰:「商君·吳起·大夫種不若也.」蔡澤曰: 「然則君之主, 慈仁任忠, 不欺舊故, 孰與秦孝公·楚悼王·越王乎?」應侯曰: 「未知何如也.」蔡澤曰:「主固親忠臣, 不過秦孝·越王·楚悼; 君之爲主, 正亂·批患·折難·廣地·殖穀·富國·足家·强主, 威蓋海內, 功章萬里之外, 不過商君·吳起·大夫種. 而君之祿位貴盛, 私家之富過於三子, 而身不退, 竊爲君危之. 語曰:『日中則移, 月滿則虧.』物盛則衰, 天之常數也; 進退· 盈縮·變化, 聖人之常道也. 昔者, 齊桓公九合諸侯, 一匡天下, 至葵丘之會, 有驕矜之色, 畔者九國. 吳王夫差無適於天下, 輕諸侯, 凌齊·晉, 遂以殺身 亡國. 夏育·太史啓叱呼駭三軍, 然而身死於庸夫. 此皆乘至盛不及道理也. 夫商君爲孝公平權衡·正度量·調輕重, 決裂阡陌, 敎民耕戰, 是以兵動而地廣, 兵休而國富, 故秦無敵於天下, 立威諸侯. 功已成, 遂以車裂. 楚地持戟百萬, 白起率數萬之師, 以與楚戰, 一戰擧鄢·郢, 再戰燒夷陵, 南幷蜀·漢, 又越韓· 魏攻强趙, 北坑馬服, 誅屠四十餘萬之衆, 流血成川, 沸聲若雷, 使秦業帝. 自是之後, 趙·楚懾服, 不敢攻秦者, 白起之勢也. 身所服者, 七十餘城. 功已 成矣, 賜死於杜郵. 吳起爲楚悼罷無能, 廢無用, 損不急之官, 塞私門之請, 壹楚國之俗, 南攻楊越, 北幷陳·蔡, 破橫散從, 使馳說之士無所開其口. 功已 成矣, 卒支解. 大夫種爲越王墾草刱邑, 辟地殖穀, 率四方士, 上下之力, 以禽 勁吳, 成霸功. 勾踐終棓而殺之. 此四子者, 成功而不去, 禍至於此. 此所謂信而 不能詘, 往而不能反者也. 范蠡知之, 超然避世, 長爲陶朱. 君獨不觀博者乎? 或欲分大投, 或欲分功. 此皆君之所明知也. 今君相秦, 計不下席, 謀不出廊廟, 坐制諸侯, 利施三川, 以實宜陽, 決羊腸之險, 塞太行之口, 又斬范·中行之途, 棧道千里於蜀·漢, 使天下皆畏秦. 秦之欲得矣, 君之功極矣. 此亦秦之分功 之時也! 如是不退, 則商君·白公·吳起·大夫種是也. 君何不以此時歸相印, 讓賢者授之? 必有伯夷之廉, 長爲應侯, 世世稱孤, 而有喬·松之壽, 孰與以 禍終哉? 此則君何居焉?」應侯曰:「善.」乃延入坐爲上客.

後數日, 入朝, 言於秦昭王曰:「客新有從山東來者蔡澤, 其人辯士. 臣之 見人甚衆, 莫有及者, 臣不如也.」秦昭王召見, 與語, 大說之, 拜爲客卿.

應侯因謝病, 請歸相印. 昭王彊起應侯, 應侯遂稱篤, 因免相. 昭王新說蔡澤計畫, 遂拜爲秦相, 東收周室.

　蔡澤相秦王數月, 人或惡之, 懼誅, 乃謝病歸相印, 號爲剛成君. 秦十餘年,
昭王·孝文王·莊襄王, 卒事始皇帝. 爲秦使於燕, 三年而燕使太子丹入質
於秦.

【蔡澤】燕나라 출신으로 진나라에 들어와 (應侯范雎)의 뒤를 이어 재상이
　되었다. 昭王·孝文王·莊襄王·始皇을 섬겼다. 본장의 내용과 ≪史記≫ 范雎
　蔡澤列傳 참조. 108장 참조.
【遇奪釜鬲】매우 곤궁하였음을 말한다.
【應侯】范雎.
【鄭安平】범저가 추천하였던 인물. 091장 참조.
【王稽】역시 범저가 추천하였던 인물. 082·091장 참조. 趙나라에게 항복였음.
【應侯因讓之】‘讓’은 ‘嚷’과 같다. ‘큰 소리로 꾸짖다’의 뜻.
【商鞅】衛鞅·公孫鞅·商君·秦 孝公 때 秦나라에 들어와 오로지 법으로 개혁
　정책을 성공시킨 인물. ‘徙木’·‘商鞅之法’의 고사를 남겼다. ≪史記≫ 商君列傳
　및 046장, ≪商君書≫ 등 참조.
【吳起】衛나라 출신의 병법가. 楚悼王을 섬겨 재상이 되었다. 뒤에 도왕이
　孫子吳子列傳 참조.죽자 귀족들에게 미움을 받아 죽은 다음 그 시신을 분해하였
　다고 한다. ≪史記≫
【文種】越나라의 賢臣. 范蠡와 함께 월왕 勾踐을 도와 끝내 吳나라를 멸망시켰다.
　(B.C. 473년) ≪史記≫ 越王勾踐世家 참조.
【公子卬】魏나라의 公子.
【越王】勾踐(句踐)을 말한다. 춘추 말기 吳越抗爭의 많은 고사를 남겼다.
　그의 상대는 吳王 夫差였으며 그 부차의 大臣 伍子胥·伯嚭와 자신의 大臣
　文種·范蠡 등의 대립도 많은 고사를 남기고 있다. ≪史記≫ 吳太伯世家
　및 越王勾踐世家 참조. 본 ≪戰國策≫ 101·103·297·254·500장 등 참조.
【比干】殷나라 마지막 임금 紂의 숙부. 여러 번 간언을 하다가 끝내 죽음을
　당하였다.
【伍子胥】楚나라 출신. 집안이 楚王에게 핍박을 받자 吳로 도망하여 夫差를
　도왔다. 자신의 원한도 갚고 越나라를 쳐서 이기기도 하였으나 끝내 참살당하
　였다. ≪史記≫ 伍子胥列傳 참조.

【太子申生】 춘추시대 晉獻公의 태자. 헌공이 驪姬에 빠져 신생이 참언을
입게 되자 자살하였다. 헌공이 죽은 후 申生의 아우인 重耳가 망명 끝에
돌아와 왕이 되었다. 이가 춘추오패 중의 晉文公이다.

【微子】 殷 紂王의 庶兄. 이름은 啓. 紂王에게 간언을 하였으나 듣지 않자
은나라를 떠났다.

【閔夭】 周의 文王을 섬겼던 인물.

【周公輔成王】 文王의 아들 周公 旦이 자신의 형(武王)이 죽고, 그 아들 成王
(誦)이 어린 나이에 왕이 되자 이를 보필하였다. ≪史記≫ 周本紀 참조.

【齊桓公】 춘추오패 중의 첫째인 齊나라 桓公이 당시 제후를 모아 회맹하였다.
≪論語≫에 '九合諸侯, 一匡天下'라 하였다. ≪史記≫ 齊太公世家 및 管子·晏子
列傳 참조.

【葵丘】 地名. 齊桓公이 제후를 모아 회맹하였던 곳. 당시 宋나라 땅. 지금의
河南省 考城縣.

【夫差】 吳나라 왕. 越王 勾踐과 싸워 이겼으나 뒤에 다시 패하여 나라를
잃었다.(B.C. 473년) ≪史記≫ 吳太伯世家 참조.

【夏育】 孟賁과 함께 힘센 장사로 알려졌던 인물.

【太師啓】 ≪史記≫ 蔡澤傳에는 '太史嗷'로 되어 있다. 고대의 용사. 자세한
사적은 알 수 없다.

【白起】 秦나라 장수. 武安君. ≪史記≫ 白起王翦列傳 참조.

【鄢·郢】 楚나라의 수도.

【夷陵】 초나라 陵墓 이름. 지금의 胡北省 宜昌縣 동쪽. 이 사건은 B.C. 278년의
일이다.

【馬服君】 趙나라 장군 趙奢. ≪史記≫ 廉頗藺相如列傳 참조. 089장 참조.

【杜郵】 지명. 秦나라 읍. 지금의 陝西省 咸陽縣 동쪽.

【楊越】 揚越, 揚州는 고대 九州의 하나. 越은 중국 남쪽지역.

【范蠡】 越王 勾踐을 도와 吳나라를 물리친 후, 즉시 文種에게 '功成身退'의
뜻을 편지로 전하고 越나라를 떠나 陶 땅에 이르러 다시 장사로 큰 부자가
되었다. 그리하여 '陶朱公'이라 불렀다. 명철보신의 대가로 널리 회자되었다.
≪史記≫ 越王勾踐世家에 이 일화가 자세히 실려있다.

【陶朱公】 범려가 陶 땅에서 성공하였을 때 붙여진 호.

【羊腸】 坂名·關名 요새. 매우 험한 길이어서 붙여진 이름.

【范·中行氏】 춘추시대 晉나라 대부들로 范 땅에 봉해져서 姓이 되었으며,

또 荀林甫가 中行의 벼슬을 하였었다가 성씨로 되었다. 둘 모두 魏氏·趙氏·
韓氏·智氏와 같이 晉나라 분할작전에 휘말렸다가 망하였다. 여기서는 三晉의
范氏·中行氏의 땅이었던 곳을 말한다.

【伯夷】 周나라가 들어설 때 孤竹國의 왕자. 叔齊와 함께 周나라에 들어왔다가
  文王을 꾸짖고 수양산에 은거하였다. ≪史記≫ 伯夷列傳 참조.

【王子喬】 고대의 신선 이름. 周靈王의 태자로 浮丘公을 만나 嵩山에 올랐다가
  같이 신선이 되었다고 한다.

【赤松子】 역시 고대의 신선.

【山東】 崤山의 동쪽. 즉 燕나라 출신임을 말한다.

【客卿】 자기 나라 출신이 아닌 경우의 벼슬. 羈旅之臣 중에 정식 벼슬을
  얻은 자. 그 벼슬 이름.

【剛成君】 蔡澤이 昭王으로부터 받은 작호·봉호. ≪史記≫에는 '綱成君'으로
  되어있다.

【莊襄王】 조나라 邯鄲에 인질로 와 있던 秦의 왕자 子楚. 呂不韋의 작전에
  의해 秦나라로 돌아가 왕이 되었다. 여불위에 의해 이미 임신된 여자를 얻어
  왕후로 삼았으며 그 여자가 낳은 아들이 곧 秦始皇(嬴政)이다. 107장 참조.
  ≪史記≫ 秦始皇本紀 참조.

【太子丹】 燕나라의 마지막 태자로 秦始皇을 상대로 자객 荊軻를 보냈다가
  실패하였다. ≪史記≫ 燕召公世家 및 刺客列傳, 그리고 본 ≪戰國策≫ 475장
  참조.

참고 및 관련 자료

1. ≪史記≫ 范雎蔡澤列傳의 蔡澤傳의 거의 전체이다. 한편 周나라가 멸망된
것은 ≪史記≫와 ≪資治通鑑≫ 등에 모두 B.C. 255년으로 되어 있다.

2. ≪史記≫ 范雎蔡澤列傳

蔡澤者, 燕人也. 游學干諸侯小大甚衆, 不遇. 而從唐擧相, 曰:「吾聞先生相李兌,
曰『百日之內持國秉』, 有之乎?」曰:「有之」曰:「若臣者何如?」唐擧孰視而笑曰:
「先生曷鼻, 巨肩, 魋顏, 蹙齃, 膝攣. 吾聞聖人不相, 殆先生乎?」蔡澤知唐擧戲之,
乃曰:「富貴吾所自有, 吾所不知者壽也, 願聞之」唐擧曰:「先生之壽, 從今以往者
四十三歲.」蔡澤笑謝而去, 謂其御者曰:「吾持粱刺齒肥, 躍馬疾驅, 懷黃金之印,
結紫綬於要, 揖讓人主之前, 食肉富貴, 四十三年足矣.」去之趙, 見逐. 之韓·魏,

遇奪釜鬲於塗. 聞應侯任鄭安平・王稽皆負重罪於秦, 應侯內慙, 蔡澤乃西入秦.
將見昭王, 使人宣言以感怒應侯曰:「燕客蔡澤, 天下雄俊弘辯智士也. 彼一見秦王,
秦王必困君而奪君之位.」應侯聞, 曰:「吾帝三代之事, 百家之說, 吾旣知之, 衆口
之辯, 吾皆摧之, 是惡能困我而奪我位乎?」使人召蔡澤. 蔡澤入, 則揖應侯. 應侯
固不快, 及見之, 又倨, 應侯因讓之曰:「子嘗宣言欲代我相秦, 寧有之乎?」對曰:
「然.」應侯曰:「請聞其說.」蔡澤曰:「吁, 君何見之晚也! 夫四時之序, 成功者去.
夫人生百體堅彊, 手足便利, 耳目聰明而心聖智, 豈非士之願與?」應侯曰:「然.」
蔡澤曰:「質仁秉義, 行道施德, 得志於天下, 天下懷樂敬愛而尊慕之, 皆願以爲君王,
豈不辯智之期與?」應侯曰:「然.」蔡澤復曰:「富貴顯榮, 成理萬物, 使各得其所;
性命壽長, 終其天年而不夭傷; 天下繼其統, 守其業, 傳之無窮; 名實純粹, 澤流千里,
世世稱之而無絶, 與天地終始:豈道德之符而聖人所謂吉祥善事者與?」應侯曰:
「然.」蔡澤曰:「若夫秦之商君, 楚之吳起, 越之大夫種, 其卒然亦可願與?」應侯
知蔡澤之欲困己以說, 復謬曰:「何爲不可? 夫公孫鞅之事孝公也, 極身無貳慮,
盡公而不顧私; 設刀鋸以禁姦邪, 信賞罰以致治; 披腹心, 示情素, 蒙怨咎, 欺舊友,
奪魏公子卬, 安秦社稷, 利百姓, 卒爲秦禽將破敵, 攘地千里. 吳起之事悼王也,
使私不得害公, 讒不得蔽忠, 言不取苟合, 行不取苟容, 不爲危易行, 行義不辟難,
然爲霸主強國, 不辭禍凶. 大夫種之事越王也, 主雖困辱, 悉忠而不解, 主雖絶亡,
盡能而弗離, 成功而弗矜, 貴富而不驕怠. 若此三子者, 固義之至也, 忠之節也.
是故君子以義死難, 視死如歸; 生而辱不如死而榮. 士固有殺身以成名, 唯義之
所在, 雖死無所恨. 何爲不可哉?」
蔡澤曰:「主聖臣賢, 天下之盛福也; 君明臣直, 國之福也; 父慈子孝, 夫信妻貞,
家之福也. 故比干忠而不能存殷, 子胥智而不能完吳, 申生孝而晉國亂. 是皆有忠
臣孝子, 而國家滅亂者, 何也? 無明君賢父以聽之, 故天下以其君父爲僇辱而憐
其臣子. 今商君・吳起・大夫種之爲人臣, 是也; 其君, 非也. 故世稱三子致功而不
見德, 豈慕不遇世死乎? 夫待死而後可以立忠成名, 是微子不足仁, 孔子不足聖,
管仲不足大也. 夫人之立功, 豈不期於成全邪? 身與名俱全者, 上也. 名可法而身
死者, 其次也. 名在僇辱而身全者, 下也.」於是應侯稱善.
蔡澤少得閒, 因曰:「夫商君・吳起・大夫種, 其爲人臣盡忠致功則可願矣, 閎夭
事文王, 周公輔成王也, 豈不亦忠聖乎? 以君臣論之, 商君・吳起・大夫種其可願
孰與閎夭・周公哉?」應侯曰:「商君・吳起・大夫種弗若也.」蔡澤曰:「然則君之
主慈仁任忠, 惇厚舊故, 其賢智與有道之士爲膠漆, 義不倍功臣, 孰與秦孝公・
楚悼王・越王乎?」應侯曰:「未知何如也.」蔡澤曰:「今主親忠臣, 不過秦孝公・

楚悼王・越王, 君之設智, 能爲主安危修政, 治亂彊兵, 批患折難, 廣地殖穀, 富國足家, 彊主, 尊社稷, 顯宗廟, 天下莫敢欺犯其主, 主之威蓋震海內, 功彰萬里之外, 聲名光輝傳於千世, 君孰與商君・吳起・大夫種?」應侯曰:「不若.」蔡澤曰:「今主之親忠臣不忘舊故不若孝公・悼王・勾踐, 而君之功績愛信親幸又不若商君・吳起・大夫種, 然而君之祿位貴盛, 私家之富過於三子, 而身不退者, 恐患之甚於三子, 竊爲君危之. 語曰『日中則移, 月滿則虧』. 物盛則衰, 天地之常數也. 進退盈縮, 與時變化, 聖人之常道也. 故『國有道則仕, 國無道則隱』. 聖人曰『飛龍在天, 利見大人』.『不義而富且貴, 於我如浮雲』. 今君之怨已讎而德已報, 意欲至矣, 而無變計, 竊爲君不取也. 且夫翠・鵠・犀・象, 其處勢非不遠死也, 而所以死者, 惑於餌也. 蘇秦・智伯之智, 非不足以辟辱遠死也, 而所以死者, 惑於貪利不止也. 是以聖人制禮節欲, 取於民有度, 使之以時, 用之有止, 故志不溢, 行不驕, 常與道俱而不失, 故天下承而不絶. 昔者, 齊桓公九合諸侯, 一匡天下, 至於葵丘之會, 有驕矜之志, 畔者九國. 吳王夫差兵無敵於天下. 勇彊以輕諸侯, 陵齊晉, 故遂以殺身亡國. 夏育・太史噭叱呼駭三軍, 然而身死於庸夫. 此皆乘至盛而不返道理, 不居卑退處儉約之患也. 夫商君爲秦孝公明法令, 禁姦本, 尊爵必賞, 有罪必罰, 平權衡, 正度量, 調輕重, 決裂阡陌, 以靜生民之業而一其俗, 勸民耕農利土, 一室無二事, 力田稸積, 習戰陳之事, 是以兵動而地廣, 兵休而國富, 故秦無敵於天下, 立威諸侯, 成秦國之業. 功已成矣, 而遂以車裂. 楚地方數千里, 持戟百萬, 白起率數萬之師以與楚戰, 一戰舉鄢郢以燒夷陵, 再戰南幷蜀漢. 又越韓・魏而攻彊趙, 北阬馬服, 誅屠四十餘萬之衆, 盡之于長平之下, 流血成川, 沸聲若雷, 遂入圍邯鄲, 使秦有帝業. 楚・趙天下之彊國而秦之仇敵也, 自是之後, 楚・趙皆懾伏不敢攻秦者, 白起之勢也. 身所服者七十餘城, 功已成矣, 而遂賜劍死於杜郵. 吳起爲楚悼王立法, 卑減大臣之威重, 罷無能, 廢無用, 損不急之官, 塞私門之請, 一楚國之俗, 禁游客之民, 精耕戰之士, 南收楊越, 北幷陳・蔡, 破橫散從, 使馳說之士無所開其口, 禁朋黨以勵百姓, 定楚國之政, 兵震天下, 威服諸侯. 功已成矣, 而卒枝解. 大夫種爲越王深謀遠計, 免會稽之危, 以亡爲存, 因辱爲榮, 墾草入邑, 辟地殖穀, 率四方之士, 專上下之力, 輔勾踐之賢, 報夫差之讎, 卒擒勁吳, 令越成霸. 功已彰而信矣, 勾踐終負而殺之. 此四子者, 功成不去, 禍至於此. 此所謂信而不能詘, 往而不能返者也. 范蠡知之, 超然辟世, 長爲陶朱公. 君獨不觀夫博者乎? 或欲大投, 或欲分功, 此皆君之所明知也. 今君相秦, 計不下席, 謀不出廊廟, 坐制諸侯, 利施三川, 以實宜陽, 決羊腸之險, 塞太行之道, 又斬范・中行之塗, 六國不得合從, 棧道千里, 通於蜀漢, 使天下皆畏秦, 秦之欲得矣, 君之功極矣, 此亦秦之

分功之時也. 如是而不退, 則商君·白公·吳起·大夫種是也. 吾聞之:『鑒於水者
見面之容, 鑒於人者知吉與凶』. 書曰:『成功之下, 不可久處』. 四子之禍, 君何居焉?
君何不以此時歸相印, 讓賢者而授之, 退而巖居川觀, 必有伯夷之廉, 長爲應侯,
世世稱孤, 而有許由·延陵季子之讓, 喬松之壽, 孰與以禍終哉? 卽君何居焉?
忍不能自離, 疑不能自決, 必有四子之禍矣. 易曰:『亢龍有悔』, 此言上而不能下,
信而不能詘, 往而不能自返者也. 願君孰計之!」應侯曰:「善. 吾聞:『欲而不知
(止)(足), 失其所以欲; 有而不知(足)(止), 失其所以有』. 先生幸教, 唯敬受命.」
於是乃延入坐, 爲上客.

後數日, 入朝, 言於秦昭王曰:「客新有從山東來者曰蔡澤, 其人辯士, 明於三王之事,
五伯之業, 世俗之變, 足以寄秦國之政. 臣之見人甚衆, 莫及, 臣不如也. 臣敢以聞.」
秦昭王召見, 與語, 大說之, 拜爲客卿. 應侯因謝病請歸相印. 昭王彊起應侯, 應侯
遂稱病篤. 范雎免相, 昭王新說蔡澤計畫, 遂拜爲秦相, 東收周室.

蔡澤相秦數月, 人或惡之, 懼誅, 乃謝病歸相印, 號爲綱成君. 居秦十餘年, 事昭王·
孝文王·莊襄王. 卒事始皇帝, 爲秦使於燕, 三年而燕使太子丹入質於秦.

3. 鮑本의 結語

『彪謂: 周衰, 辯士皆矜材豐智, 趣於利而已. 唯澤爲近道德明哲保身之策, 故其得
位不數月引去, 優游於秦, 以封君令終, 美矣!〈非苟知之, 亦允蹈之〉, 澤之謂乎!
正曰: 澤知范雎內愬, 故西入秦, 志在奪相. 揚雄所謂〈搤其咽, 抗其氣, 拊其背,
而奪其位〉, 乃矜材角智, 趣利之尤者: 相秦數月, 懼誅歸印, 亦智巧之尤. 無功而退,
旣無當於道德之旨, 明哲保身之義, 彼何足以知之哉!』

권6 진책 秦策 (四)

총10장(093~102)

093(6-1)　秦取楚漢中
진나라의 초나라 공략

진秦나라는 초楚나라 한중漢中
땅을 탈취하고 다시 남전藍田에서
초나라 군사를 대패시켰다. 한韓·
위魏 두 나라는 초나라의 이러한
곤궁함을 듣고 남으로 등읍鄧邑
까지 습격해 왔다. 초楚 회왕懷王
은 할 수 없이 철수하고 말았다.

그 후 삼국(齊·韓·魏)이 함께
초나라를 공격하려 하였지만
이번엔 진나라가 초나라를 구원
해 줄까 걱정스러웠다. 그때 어떤
자가 제齊나라 재상 설공(薛公,
孟嘗君, 田文)에게 책략을 일러
주었다.

〈秦始皇像〉

"사신을 초나라에 보내어 이렇게 말하십시오. '지금 삼국의 군대는
모두 초나라에서 철수한다. 초나라가 응해 준다면 함께 진나라를 공격하여
당신이 잃은 남전 땅을 찾는 것이 어찌 어렵겠는가? 하물며 초나라의
옛 땅쯤은 완전하지 않겠는가?'라고요. 그러면 초나라는 진나라가 도와
줄 것이라고 아직 확신을 하지 못하고 있는 터에 세 나라의 군대가 철수한다는
말을 믿고 틀림없이 더욱 적극 나설 것입니다.

이렇게 네 나라가 진나라를 공격하려 한다는 것을 진나라에게 알리면
진나라는 초나라를 도우려던 마음이 사라질 것입니다. 이때를 놓치지
않고 급히 초나라를 공격하는 것입니다. 그러면 초나라는 진나라에게로
달려가 급하다고 하겠지만 진나라는 감히 출병하지는 못할 것입니다.
이렇게 되면 우리는 진나라를 이간시켜 초나라를 공격하는 것이 되어
반드시 승리를 거두게 될 것입니다."

설공이 허락하였다.

"좋소."

그리고는 큰 인물을 사신으로 초나라로 보냈다.

과연 초나라는 적극 응해 왔다. 이에 삼국이 힘을 합쳐 초나라를 공격하자 초나라는 과연 진나라에게 구원을 요청하였지만 진나라는 감히 출병하지는 못하였다. 삼국은 마침내 대승을 거두었다.

秦取楚漢中, 再戰於藍田, 大敗楚軍. 韓·魏聞楚之困, 乃南襲至鄧, 楚王引歸. 後三國謀攻楚, 恐秦之救也. 或說薛公:「可發使告楚曰:『今三國之兵且去楚, 楚能應而共攻秦, 雖藍田豈難得哉! 況於楚之故地?』楚疑於秦之未心救己也, 而今三國之辭去, 則楚之應之也必勸, 是楚與三國謀出秦兵矣. 秦爲知之, 必不救也. 三國疾攻楚, 楚必走秦以急; 秦愈不敢出, 則是我離秦而攻楚也, 兵必有功.」薛公曰:「善.」遂發重使之楚, 楚之應之果勸. 於是三國并力攻楚, 楚果告急於秦, 秦遂不敢出兵. 大臣有功.

【秦取楚漢中, 再戰於藍田】 周赧王 3년(B.C. 312년)에 張儀에게 속은 楚懷王이 丹陽에서 秦나라와 싸워 대패하였다. 다음 더욱 노한 懷王이 楚軍을 모두 모아 藍田(지금의 陝西省 藍田縣)에서 싸웠으나 역시 크게 패하고 말았다.

【鄧】 고대 소국명. 춘추시대 楚나라에게 망하였다. 지금의 河南省 鄧縣.

【薛公】 孟嘗君 田文. 당시 齊湣王을 돕고 있었다.

【大臣有功】 '大勝有功'의 오기이다.

1. B.C. 301년에 齊宣王이 죽고 湣王이 즉위하자 韓·魏 두 나라와 합종을 강화하여 이 작전을 편 것이다. 齊·韓·魏가 楚나라 方城을 공격하여 초나라 장수 唐昧를 죽이고(185장), 韓·魏 두 나라는 苑·葉 이북의 땅을 차지하게 된다.

2. 鮑本의 설명

『此章應屬齊若魏, 然附之齊, 則薛公時在魏: 附之魏, 則無薛公事. 以其事不完不明, 而齊·魏無所適屬也, 故次之此. 正曰: 秦惠王後十三年, 取楚漢中, 非薛公在魏時事. 鮑不見脫簡文, 故其說妄謬而次之此.』

094(6-2) 薛公入魏
왕후의 이혼 문제

설공薛公이 위魏나라에 갔다. 제齊나라 출신으로 위나라 왕후가 된 여자의 이혼문제를 해결하기 위해서였다. 이때 한춘韓春이란 자가 진왕秦王에게 일렀다.

"어찌 그 여자를 처로 삼지 않습니까? 제나라와 진나라가 혼인관계를 맺어 위나라를 협박하면 상당上黨은 우리 진나라 소유가 될 것입니다. 제나라와 진나라가 합하여 부추負蒭를 위나라 왕으로 즉위시켜 주는 겁니다. 부추가 왕이 되고 그의 어머니가 이 진나라 왕비가 된다면 그 위나라는 바로 이 진나라의 한 개 현縣처럼 될 것입니다.

또 지금 마침 한문韓呡이 제나라와 진나라의 힘을 빌어 위나라를 협박, 설공을 곤궁에 몰아넣으려 하고 있고, 또 위나라 공자公子 좌佐는 자신의 아우 부추를 왕으로 세워 주려고 하고 있습니다. 제가 청하건대 왕께서는 한민과 공자 좌를 잘 이용하십시오. 위나라는 두려운 나머지 그 제녀齊女를 다시 받아들일 것이며, 이렇게 되면 부추는 그 고마움으로 평생 위나라의 모든 것을 바쳐 우리 진나라를 섬길 것입니다. 제녀는 제녀대로 위나라로 다시 되돌아가게 된 것이 설공 때문이라 믿고 설공을 지극히 미워하면서 제나라로써 종신토록 대왕을 섬길 것입니다."

薛公入魏而出齊女. 韓春謂秦王曰:「何不取爲妻? 以齊·秦劫魏, 則上黨, 秦之有也. 齊·秦合而立負蒭, 負蒭立, 其母在秦; 則魏, 秦之縣也已. 呡欲以齊·秦劫魏而困薛公, 佐欲定其弟, 臣請爲王因呡與佐也. 魏懼而復之, 負蒭必以魏歿世事秦. 齊女入魏而怨薛公, 終以齊奉事王矣.」

【薛公】齊나라 孟嘗君 田文.(前出)
【齊女】齊나라 여자로 魏昭王의 부인이 되었으며 負蒭의 어머니이다. 姚注에는 "婦人大歸曰出"이라 하였고, 鮑注에는 "魏公子負蒭之母, 薛公惡齊, 故逐之"라 하였다.

【韓春】 당시의 說客.

【秦劫魏】 姚注에 "秦王, 昭王也. 勸使取魏所出齊女以爲妻. 而與齊幷勢攻魏"라
 하였다.

【上黨】 魏나라 땅.

【負芻】 齊女가 낳은 魏나라 公子. '負芻'로도 쓴다.

【韓呡】 '韓珉'으로도 쓰며 韓나라의 신하. 270・272장 참조.

【公子佐】 魏나라 公子. 負芻의 형. 姚注에 "制欲困薛, 故言請爲王因制與佐也"라
 하였고 鮑注에는 "因二人可以劫魏困薛"이라 하였다.

참고 및 관련 자료

1. ≪**史記**≫ 孟嘗君列傳에 의하면 孟嘗君(薛公, 田文)은 자신의 堂兄인 湣王
(閔王)이 자신을 괴롭히자 분연히 魏나라로 가버렸다.(B.C. 286년) 그러자
魏昭王은 그를 승상으로 삼아 국정을 맡기게 된다. 본장의 사실은 이때쯤의
일로 여겨진다.

2. 姚注의 평어

『韓春設此言, 言齊女以齊奉事王矣. 秦王不慷韓春計, 故其事無效.』

3. 鮑注의 평어

『齊女德秦, 而齊其父母國也, 齊又與薛公隙, 故女能得之以事秦.』

095(6-3) 三國攻秦
세 나라가 진나라를 공격하다

　제齊·한韓·위魏 세 나라가 연합하여 진秦나라 함곡관函谷關까지 공격해
왔다. 소왕昭王은 겁이 나서 누완樓緩에게 물었다.

　"삼국이 너무 깊이 들어왔습니다. 아무래도 하동河東 땅을 떼어 주고
강화를 해야겠습니다."

　그러자 누완이 이렇게 대답하였다.

　"하동을 떼어 주다니 너무 큽니다. 어떻게 해서든 이 위험을 면하자고
하는 일인데요. 이 일은 이 나라 공족대부들의 책임입니다. 대왕께서는
어찌하여 공자公子 지池를 불러 물어보시지 않으십니까?"

　왕은 공자 지를 불러 물었다. 지는 이렇게 대답하였다.

　"강화를 해도 후회할 것이요, 강화를 하지 않아도 후회할 것입니다."

　왕이 물었다.

　"무슨 뜻인가?"

　지는 이렇게 설명하였다.

　"왕께서 하동을 떼어 주고 강화를 맺어서 삼국이 철수하고 나면 '아깝도다.
삼국이 물러갈 줄 알았으면 세 개의 성만 떼어 줄 걸'하실 것이고, 만약
강화를 하지 않고 있다가 삼국이 함곡관에 들어서면 함양咸陽까지 위험해
질 것입니다. 그 때는 왕께서 '아깝도다. 내가 세 개의 성을 아껴 강화를
하지 않았다가 이 꼴이 되었구나'라고 하실 것입니다. 그래서 이번 강화는
어떻게 하든 모두 후회한다는 것입니다."

　진왕은 이렇게 말하였다.

　"어떻게 해도 모두 후회할 일이라면 차라리 세 개의 성을 잃고 후회할지
언정 함양이 위험해진 다음에 후회하진 않겠다."

　그리하여 왕은 공자 지를 사신으로 하여 세 성으로 강화를 맺었다.
세 나라 군대는 마침내 물러났다.

三國攻秦, 入函谷. 秦王謂樓緩曰:「三國之兵深矣, 寡人欲割河東而講.」
對曰:「割河東, 大費也; 免於國患, 大利也. 此父兄之任也. 王何不召公子池
而問焉?」王召公子池而問焉, 對曰:「講亦悔, 不講亦悔.」王曰:「何也?」
對曰:「王割河東而講, 三國雖去, 王必曰:『惜矣! 三國且去, 吾特以三城從之.』
此講之悔也. 王不講, 三國入函谷, 咸陽必危, 王又曰:『惜矣! 吾愛三城而
不講.』此又不講之悔也.」王曰:「釣吾悔也, 寧亡三城而悔, 無危咸陽而悔也.
寡人決講矣.」卒使公子池以三城講於三國, 之兵乃退.

【三國攻秦】秦나라에 갔다가 죽을 뻔한 孟嘗君이 '鷄鳴狗盜'로 살아 나와
그 원한으로 韓・魏 두 나라와 연합하여 진나라를 공격한 일.(周赧王 17年,
B.C. 298년)

【入函谷】≪史記≫에 의하면 函谷關에 이르기 전에 蘇代를 시켜서 秦王에게
東國(淮夷 땅)을 떼어 줄 것과 張儀의 계략으로 秦나라에 잡혀 있던 楚懷王을
석방할 것 등을 요구한 것으로 되어 있다. ≪史記≫ 孟嘗君列傳.

【樓緩】원래 趙나라 출신. 秦昭王의 신하.

【父兄之任】高注에 "大利, 不入三國; 大費, 失土, 大利, 不亡國, 故曰父兄之任也"
라 하였다.

【咸陽】秦나라 도읍. 지금의 陝西省 咸陽縣.

【釣】均과 같다. '한결같이, 모두'의 뜻.

【之兵乃退】"三國之兵乃退"로 보아야한다.(鮑彪)

■ 참고 및 관련 자료

1. 029・044장 참조. B.C. 296년의 일.

2. ≪史記≫ 孟嘗君列傳

孟嘗君怨秦, 將以齊爲韓・魏攻楚, 因與韓・魏攻秦, 而借兵食於西周. 蘇代爲西
周謂曰:「君以齊爲韓・魏攻楚九年, 取宛・葉以北以彊韓・魏, 今復攻秦以益之.
韓・魏南無楚憂, 西無秦患, 則齊危矣. 韓・魏必輕齊畏秦, 臣爲君危之. 君不如令
敝邑深合於秦, 而君無攻, 又無借兵食. 君臨函谷而無攻, 令敝邑以君之情謂秦昭
王曰:『薛公必不破秦以彊韓・魏. 其攻秦也, 欲王之令楚王割東國以與齊, 而秦
出楚懷王以爲和』. 君令敝邑以此惠秦, 秦得無破而以東國自免也, 秦必欲之.

楚王得出, 必德齊. 齊得東國益彊, 而薛世世無患矣. 秦不大弱, 而處三晉之西, 三晉必重齊.」薛公曰:「善.」因令韓·魏賀秦, 使三國無攻, 而不借兵食於西周矣. 是時, 楚懷王入秦, 秦留之, 故欲必出之. 秦不果出楚懷王.

3. 鮑本의 평어

『緩時相秦, 對以池之言, 豈爲侵官哉! 而曰「此父兄之任」, 焉用彼相矣. 補曰: 緩之不自言, 池以兩悔言, 皆箝其主之術也. 周策, 韓慶爲西周說薛公, 令臨函谷 而無攻楚, 割東國以與齊, 而秦出楚王以爲和, 薛公從之, 會公子池來媾, 遂罷兵. 大事記說見彼章, 當參照. 按三城者, 武遂與韓, 封陵與魏, 齊城與齊. 武遂·封陵 在河東, 齊城無考. 事在年表秦昭九年. 下十一年, 書韓與齊魏擊秦, 與我武遂. 大事記謂卽此年事, 誤分也. 通鑑綱目以爲樓緩, 公子池之對者, 誤.』

〈銅馬車〉 1980년 陝西 秦始皇陵 발굴

096(6-4) 秦昭王謂左右
옛날만 못한 국력

진秦 소왕昭王이 좌우에게 물었다.

"지금 한韓·위魏 두 나라는 처음보다 더 강해졌습니까?"

좌우가 대답하였다.

"옛날만 못합니다."

왕이 다시 물었다.

"여이如耳·위제魏齊와 맹상군孟嘗君·망묘芒卯를 비교하면 누가 훌륭합니까?"

좌우가 대답하였다.

"맹상군과 망묘만 못하지요."

왕이 물었다.

"그렇다면 옛날 그 뛰어나던 맹상군과 망묘가 한·위 두 나라의 강한 군대로써 우리 진나라를 공격하였을 때 과인에게 어쩌지 못하였는데, 지금 여이·위제 같이 못난 무리가 약해진 한·위 두 나라의 군대를 몰고 우리 진나라를 공격한다 해도 어쩌지 못함은 분명하군!"

좌우가 모두 수긍하였다.

"옳으신 말씀입니다."

그때 중기中期라는 자가 거문고를 옆으로 밀쳐 놓고 이렇게 말하였다.

"대왕께서 천하를 헤아리심이 잘못 되었습니다. 옛날 육진六晉 때에 처음 지씨智氏가 가장 강하였습니다. 그래서 우선 먼저 범씨范氏와 중항씨中行氏를 쳐 없애버리고, 한·위와 연합하여 조양자趙襄子를 진양晉陽에서 포위하였습니다. 그리고는 진수晉水를 터뜨려 진양을 물바다로 만들어 삼판三板 정도 남기고 다 물에 잠겼습니다. 지백이 한강자韓康子에게는 수레를 몰게 하고 위환자魏桓子에게는 곁에 타게 하여 더불어 순시를 나가 그 모습을 보고는 이렇게 말하였지요. '처음에는 물의 힘이 이렇게 센 줄 몰랐소. 이렇게 보면 분수汾水를 터뜨리면 안읍(安邑, 魏 땅)이 물바다가 될 것이요, 강수絳水를 터뜨리면 평양(平陽, 韓 땅)도 물바다가 되겠군요.'

이 말을 듣자 위환자와 한강자는 자기들도 지백智伯에게 결국 망하리라고 여겨 환자桓子가 강자康子의 팔뚝을 쳐서 신호를 보냈습니다. 강자역시 환자의 발을 밟아 동의를 표하였습니다. 이렇게 팔꿈치와 발이수레에서 접촉하는 것으로써 지백의 땅이 삼분되고 지백은 신사망국身死亡國하여 천하의 웃음거리가 되고 말았습니다.

지금 진나라가 강하다고는 하나 당시 지백을 넘어설 수 없으며, 한·위두 나라가 약하다고는 하나 그래도 조양자를 진양에서 포위하였던 나라만은합니다. 이는 진나라에 대해 팔뚝이나 발로 신호를 보낼 시기입니다.왕께서는 쉽게 여기지 않으시기를 바랍니다.”

秦昭王謂左右曰:「今日韓·魏, 孰與始强?」對曰:「弗如也.」王曰:「今之如耳·魏齊, 孰與孟嘗·芒卯之賢?」對曰:「弗如也.」王曰:「以孟嘗·芒卯之賢, 帥强韓·魏之兵以伐秦, 猶無奈寡人何也; 今以無能之如耳·魏齊, 帥弱韓·魏以攻秦, 其無奈寡人何, 亦明矣!」左右皆曰:「甚然.」中期推琴對曰:「三(王)之料天下過矣. 昔者, 六晉之時, 智氏最强, 滅破范·中行, 帥韓·魏以圍趙襄子於晉陽. 決晉水以灌晉陽, 城不沉者三板耳. 智伯出行水, 韓康子御, 魏桓子驂乘. 智伯曰:『始, 吾不知水之可亡人之國也, 乃今知之. 汾水利以灌安邑, 絳水利以灌平陽.』魏桓子肘韓康子, 康子履魏桓子, 蹴其踵. 肘足接於車上, 而智氏分矣. 身死國亡, 爲天下笑. 今秦之强, 不能過智伯; 韓·魏雖弱, 尙賢在晉陽之下也. 此乃方其用肘足時也, 願王之勿易也.」

【如耳】 인명. 韓나라 신하. ≪史記≫ 正義에는 魏나라 대부로 되어 있다.
【魏齊】 魏昭王을 돕고 있던 公子. 일찍이 范雎를 고문하였던 사람. 范雎가
  秦나라 재상이 되자 두려워 자살해 버렸다.
【芒卯】 ‘孟卯’라고도 쓰며 齊나라 사람. 魏나라 장수가 되었으며 용병에 능하였다.
【中期推琴】 中期는 전국시대 秦나라 변사. ≪史記≫에는 ‘中旗憑琴’, ≪韓非子≫
  에는 ‘推瑟’, ≪說苑≫에는 ‘申旗伏瑟’로 되어있어 ‘申旗’는 ‘中旗’의 오기가
  아닌가 한다.

【六晉】춘추 말기의 晉나라 여섯 명의 대부를 말한다. 즉 智·范·中行·魏·韓·趙. 그 후 韓·魏·趙가 삼분(三晉)하여 전국칠웅이 되었다. 姚注에는 "六卿分晉. 智氏, 范, 中行氏, 魏, 韓氏, 趙氏, 乘周之衰, 僭號皆曰諸侯, 謂六晉也. 曾·劉皆作六晉者, 無咎滅趙氏·魏氏"라 하였고, 鮑注에는 "智, 范, 中行, 韓, 魏, 趙, 晉卿也, 實分晉國"이라 하였다.

【范氏】范 땅에 봉해졌던 晉나라 卿. 범길야(范吉射).

【中行氏】원래 晉文公 때 관직 이름이었다. 당시 순림보(荀林父)가 中行軍의 장군이었기 때문에 성씨로 삼았다. 중항문자(荀寅)가 재위하고 있었다. 이 范氏·中行氏는 모두 智氏에게 멸망당하였다.

【三板】高注에 "廣二尺曰板"이라 하였고, ≪史記≫ 趙世家 正義에 "八尺王版"이라 하였다.

【安邑】당시 魏氏 땅(지금의 山西省 夏縣). 그 곁에 汾水가 흐른다.

【平陽】당시 韓氏 땅(지금의 山西省 臨汾縣). 그 곁에 絳水가 흐른다.

1. ≪史記≫ 魏世家에 실려 있으며, B.C. 274년의 일이다. 033·041장 참조. 智伯이 晉陽城을 포위하였다가 망한 이야기는 한·위·조책을 참고할 것.

2. ≪史記≫ 魏世家

秦昭王謂左右曰:「今時韓·魏與始孰彊?」對曰:「不如始彊.」王曰:「今時如耳·魏齊與孟嘗·芒卯孰賢?」對曰:「不如.」王曰:「以孟嘗·芒卯之賢, 率彊韓·魏以攻秦, 猶無奈寡人何也. 今以無能之如耳·魏齊而率弱韓·魏以伐秦, 其無奈寡人何亦明矣.」左右皆曰:「甚然.」中旗馮琴而對曰:「王之料天下過矣. 當晉六卿之時, 知氏最彊, 滅范·中行, 又率韓·魏之兵以圍趙襄子於晉陽, 決晉水以灌晉陽之城, 不湛者三版. 知伯行水, 魏桓子御, 韓康子爲參乘. 知伯曰:『吾始不知水之可以亡人之國也, 乃今知之. 汾水可以灌安邑, 絳水可以灌平陽.』魏桓子肘韓康子, 韓康子履魏桓子, 肘足接於車上, 而知氏地分, 身死國亡, 爲天下笑. 今秦兵雖彊, 不能過知氏; 韓·魏雖弱, 尚賢其在晉陽之下也. 此方其用肘足之時也, 願王之勿易也!」於是秦王恐.

3. ≪韓非子≫ 難三

秦昭王問於左右曰:「今時韓·魏孰與始强?」左右對曰:「弱於始也」「今之如耳·魏齊孰與曩之孟嘗·芒卯?」對曰:「不及也.」王曰:「孟嘗·芒卯率强韓·魏猶無

奈寡人何也!」左右對曰:「甚然!」中期推琴而對曰:「王之料天下過矣! 夫六晉之時,
知氏最强, 滅范‧中行而後韓‧魏之兵以伐趙, 灌以晉水, 城之未沈者三板. 知伯出,
魏宣子御, 韓康子爲驂乘, 知伯曰:『始吾不知水可以滅人之國, 吾乃今知之. 汾水
可以灌安邑, 絳水可以灌平陽.』魏宣子肘韓康子, 康子踐宣子之足, 肘足接乎車上,
而知氏分於晉陽之下. 今足下强, 未若知氏; 韓‧魏雖弱, 未至如其在晉陽之下也也.
此天下方用肘足之時, 願王勿易也.」

4. ≪說苑≫ 敬愼篇

魏安釐王十一年, 秦昭王謂左右曰:「今時韓‧魏與秦孰强?」對曰:「不如秦强.」
王曰:「今時如耳‧魏齊與孟嘗‧芒卯孰賢?」對曰:「不如孟嘗‧芒卯之賢.」王曰:
「以孟嘗‧芒卯之賢, 率强韓魏以攻秦, 猶無奈寡人何也? 今以無能如耳‧魏齊而
率弱韓‧魏以伐秦, 其無奈寡人何, 亦明矣!」左右皆曰:「然.」中旗伏瑟而對曰:
「王之料天下過矣. 當六晉之時, 智氏最强, 滅范‧中行氏, 又率韓‧魏之兵以圍趙
襄子於晉陽, 決晉水以灌晉陽之城, 不滿者三板, 智伯行水, 魏宣子御, 韓康子爲
驂乘, 智伯曰:『吾始不知水可以亡人國也, 乃今知之; 汾水可以灌安邑, 絳水可以
灌平陽.』魏宣子肘韓康子, 康子履魏宣子之足, 肘足接於車上, 而智氏分, 身死國亡,
爲天下笑. 今秦雖强不過智氏, 韓‧魏雖弱, 尙賢其在晉陽之下也, 此方其用肘足
之時, 願王之必勿易也.」於是秦王恐.

5. 鮑本의 평어

『此賢人君子之言也, 人君閒暇, 宜數聞之. 魏釐十一年有, 此四十一年也. 以在取
邢丘下, 故不可先范雎事. 正曰: 秦自孝公商鞅以來, 政俗彌惡, 當時動以遺禮義,
棄仁恩, 虎狼目之. 是以魯連‧孔順義所不臣, 蓋聖賢之徒之所絶也. 凡委質於其
國者, 雖有忠言嘉謨, 皆不得在君子之科.』

두 나라의 형산 전투

초楚·위魏 두 나라가 형산陘山에서 전투를 벌였다. 이때 위나라는
진秦나라에게 상락上洛 땅을 주기로 하고 초나라와 연합을 끊어 달라고
부탁하였다. 그런데 이 싸움에서 위나라가 이겨 초나라가 남양南陽에서
패배하고 말았다. 그러나 진나라는 위나라에게 약속하였던 땅을 달라고
하였다. 위나라는 생각이 달라져 결국 내놓지 않고 버티었다. 이때
영천營淺이란 자가 진왕秦王에게 일렀다.

"임금께서는 어찌 초왕에게 이렇게 말하지 않습니까? '위나라가 나에게
땅을 주겠다고 약속하여 놓고 지금 승리하고 나서 나와의 약속을 저버리고
있다. 그런데 그대 초왕은 어찌 우리와 연맹을 맺으려 아니 하는가?
위나라가 두려워하는 바는 바로 그대 초나라와 우리가 결합하는 것이다.
우리가 결합하면 위나라는 두려워 틀림없이 우리 진나라에게 땅을 줄
것이다. 이는 위나라가 초나라에게 전쟁에는 승리해 놓고 땅은 도리어
진나라에게 잃는 꼴이 되고 만다. 이렇게 보면 초왕 그대는 위나라 땅으로
우리 진나라에게 준 것과 같다. 우리는 대신 많은 재물을 그대 초나라에
줄 것이다. 위나라가 약해지면서 토지를 우리에게 주지 않는다면 그대
초나라는 다시 위나라 남쪽을 공격하고 우리 진나라는 그 서쪽을 끊겠다.
위나라는 틀림없이 위험해질 것이다'라고요."

진왕이 말하였다.

"좋다."

그리고는 곧 사신을 초나라에 보내어 이 말을 전하도록 하였다. 그러자
초나라는 진나라와 연합이 되었다고 크게 떠들었다. 위왕이 이 소식을
듣자 대단히 두려워 상락 땅을 진나라에게 주고 말았다.

楚·魏戰於陘山. 魏許秦以上洛, 以絕秦於楚. 魏戰勝, 楚敗於南陽. 秦責
賂於魏, 魏不與. 營淺謂秦王曰:「王何不謂楚王曰:『魏許寡人以地, 今戰勝,
魏王倍寡人也. 王何不與寡人遇? 魏畏秦·楚之合, 必與秦地矣. 是魏勝楚

而亡地於秦也; 是王以魏地德寡人, 秦之楚者多資矣. 魏弱, 若不出地, 則王攻其南, 寡人絶其西, 魏必危』?」秦王曰:「善.」以是告楚. 楚王揚言與秦遇, 魏王聞之恐, 效上洛於秦.

【陘山】 지명. 지금의 河南省 新鄭縣 서남.

【上洛】 魏나라 땅. 지금의 陝西省 商縣. 혹은 上郡의 오기로 보기도 한다. 上郡은 지금의 陝西省 延安, 榆林 일대이다.

【南陽】 지명. 지금의 河南省 南陽縣.

【營淺】 秦나라의 세객. 다른 본에는 '管淺'으로 되어 있다.

【秦王】 秦惠王.

【楚王】 楚懷王.

【魏王】 魏惠王. ≪史記≫ 六國表에는 襄王으로 되어 있다.

참고 및 관련 자료

1. 당시의 상황과 관련 있는 장은 048·052장이다.
2. B.C. 329년의 일임.

098(6-6) 楚使者景鯉在秦
국경에서의 회담

초楚나라의 사신 경리景鯉가 진秦나라에 있을 때, 진왕秦王과 위왕魏王이 국경에서의 회담에 참석하게 되었다.

이를 안 초나라는 진나라와 위나라가 연합하려는 데에 자기 나라 사신 경리가 끼어 든 것을 의심하고 크게 화를 내었다. 이에 진나라는 주최周最를 초왕에게 보내어 이렇게 말하도록 하였다.

"위魏나라는 초나라와 관계를 끊을 테니 우리 진나라와 연합하자고 요청해 왔습니다. 이에 우리 진나라에서는 귀국 초나라와의 관계를 드러내어 보이기 위해 귀국의 사신 경리를 그 회담에 나타나도록 한 것입니다. 이는 우리 진나라가 귀국 초나라와 좋은 외교 관계를 유지하고 있음을 보이기 위한 것이었습니다. 그 때문에 제齊나라조차도 우리와 연합하지 않으려 하고 있습니다."

그러자 초왕은 경리에게 죄를 묻지 않고 주최와 진나라에 대해 고맙게 여겼다.

楚使者景鯉在秦, 從秦王與魏王遇於境. 楚怒, 秦合周最爲楚曰:「魏請無與楚遇而合於秦, 是以鯉與之遇也. 弊邑之於與遇善之, 故齊不合也.」楚王因不罪景鯉而德周‧秦.

【景鯉】 楚나라의 公族. 秦나라에 사신으로 와 있었다. 099‧136‧191‧197‧391‧
  414장 등 참조.
【秦王】 秦昭王. 혹은 惠王으로 보기도 한다.
【魏王】 魏哀王.
【秦合周最】 '秦令周最'의 오기로 본다.
【周最】 秦나라의 사신 임무를 띠었다. 009‧014‧019‧020‧021장 등 참조.
【楚王】 楚나라 頃襄王. 혹은 楚懷王으로 보기도 한다.
【故齊不合】 秦나라가 景鯉를 우대함을 알고 齊나라 조차도 秦‧楚 두 나라가
  밀약이 있는 줄로 여겨 秦나라와 연합을 망설인 것으로 여겨진다.

1. 본장은 錯字가 많으며 그 내용도 확실히 알기가 어렵다. B.C. 313년쯤의 일로 여겨지나 사건의 원인과 결과 등이 확실히 밝혀지지 않고 문장도 생략이 심한 편이다.

2. 鮑本의 평어

『齊, 魏讎也, 好魏故齊不合. 齊, 楚敵也, 齊不合故楚說. 正曰: 以齊·楚交善章考之, 其失可見..』

인질과 토지를 교환

초왕楚王이 경리景鯉를 진秦나라에 보냈다. 이때 어떤 객이 진왕秦王에게 일렀다.

"경리는 초왕이 가장 아끼는 신하로서 이 진나라에 사신으로 온 것입니다. 대왕께서는 그를 붙잡아 두고 토지와 바꾸자고 제의함만 못합니다. 초왕이 들어주면 전쟁을 하지 않고도 땅을 얻게 되는 것이며, 들어주지 않으면 경리를 죽여 버리면 됩니다. 그리고 다시 경리만 못한 자와 협상을 벌이는 것입니다. 이것은 훌륭한 묘책입니다."

진왕은 이 말대로 경리를 진나라에 묶어 두었다. 이에 경리는 사람을 시켜 진왕에게 이렇게 전하도록 하였다.

"제가 보기에는 이번 일은 진왕께서 천하 제후들로부터 경박하다는 얘기만 들을 뿐 토지도 얻지 못할 것입니다. 제가 이 나라에 사신으로 오면서 듣건대 제·위 두 나라가 모두 땅을 할양하여 귀국 진나라를 섬기겠다고 하더군요. 이 두 나라가 그렇게 하는 이유는 바로 진나라와 우리 초나라가 형제처럼 연합해 있기 때문입니다. 그런데 지금 왕께서 저를 붙들어 두시니 이는 진나라에게 초나라는 전혀 필요 없다는 것을 천하에 알리는 일입니다.

그러니 제·초 두 나라가 무엇을 보고 고립된 귀국을 중시하겠습니까? 또 초나라도 진나라가 고립된 것을 알게 되면 땅을 주기는커녕 도리어 다른 제후국들과 연합하여 진나라를 넘볼 계획을 세울 것이니 그렇게 되면 귀국의 사직은 틀림없이 위험해지고 말 것입니다. 저를 풀어 주는 것만 같지 못합니다."

왕은 경리를 석방해 주고 말았다.

楚王使景鯉如秦. 客謂秦王曰: 「景鯉, 楚王使景所甚愛, 王不如留之以市地. 楚王聽, 則不用兵而得地; 楚王不聽, 則殺景鯉, 更不與不如景鯉留, 是便計也.」 秦王乃留景鯉. 景鯉使人說秦王曰: 「臣見王之權輕天下, 而地不可得也. 臣之來使也, 聞齊·魏皆且割地以事秦. 所以然者, 以秦與楚爲昆弟國. 今大王留臣, 是示天下無楚也, 齊·魏有何重於孤國也? 楚知秦之孤, 不與地, 而外結交諸侯以圖, 則社稷必危, 不如出臣.」秦王乃出之.

【楚王】楚懷王.
【景鯉】楚나라의 공족. 098·136·191·197·391·414장 참조.
【秦王】秦惠王.
【更不與不如景鯉留】이에 대해 王念孫은 "更與不如景鯉市"로 보아야 한다고 하였다.

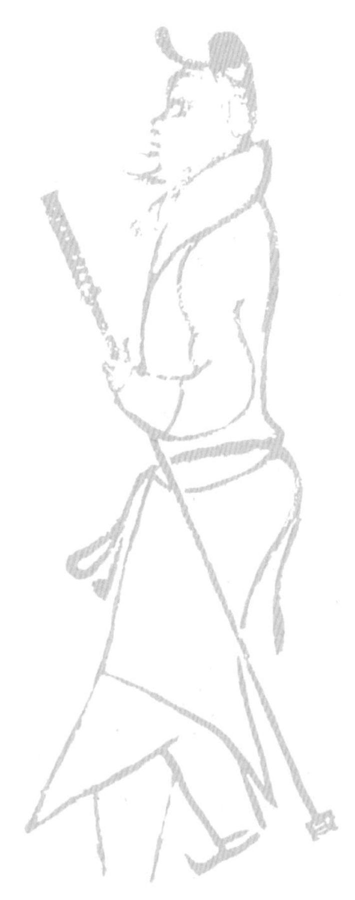

임금에게 절하지 않는다

진왕秦王이 진秦나라 처사 돈약頓弱을 만나보고자 하였다. 돈약은 이렇게 조건을 붙였다.

"저는 제왕帝王에게 절을 하지 않는 것을 의로 삼고 있습니다. 그러므로 절하는 것을 강요하지 않는다면 만나드릴 수 있으나 그렇지 않다면 만날 수가 없습니다."

진왕이 이를 허락하였다. 돈약이 왕을 만나 말하였다.

"천하에는 실질이 있으나 이름이 없는 자가 있고, 실질이 없으면서 이름만 있는 자가 있고, 또 그 이름도 그 실질도 없는 자가 있습니다. 왕께서는 이것이 무엇인지 아십니까?"

진왕이 말하였다.

"모르겠습니다."

돈약이 다시 말을 이었다.

"실질은 있으되 이름이 없는 자는 장사꾼입니다. 그들은 쟁기를 잡고 김을 매는 일이 없으면서도 창고에는 식량이 가득합니다. 이를 일컬어 실속은 있으나 그 이름이 없다고 하는 것입니다. 다음, 실질은 없으면서 이름만 있는 자란 바로 농사꾼입니다. 그들은 봄에 날이 풀리자 마자 곧 밭을 갈아야 하고 여름에는 폭염을 등에 진 채 김을 매어야 하지만 실제 쌓아 놓은 곡식은 없습니다. 이는 실은 있으나 명분이 없다고 볼 수 있지요.

끝으로 실질도 이름도 없는 자가 있으니 바로 왕입니다. 비록 만승의 높은 자리에 있지만 효도라는 명분도 날리지 못하고, 천 리 단위로 세는 광대한 땅을 가지고 있으면서 도리어 어머니를 봉양한다는 실질도 없습니다."

진왕이 발끈하고 화를 내자 돈약이 말하였다.

"지금 산동山東에는 여섯 나라가 싸우고 있지만 대왕의 위엄은 그 산동에 미치지도 못하면서 먼저 어머니에게만 그 위엄을 부리고 있습니다.

제 생각으로는 그렇게 해서는 안될 것이라 여깁니다."

진왕은 얼른 말을 바꾸어 이렇게 물었다.

"우리가 산동의 여섯 나라를 모두 겸병할 수 있겠소?"

돈약이 말하였다.

"한韓나라는 천하의 목구멍에 해당하고, 위魏나라는 가슴과 배에 해당합니다. 이에 대왕께서는 저에게 1만 금을 주어 한·위 두 나라의 인물들에게 유세를 펼치게 해 보십시오. 그들이 듣게 되면 한·위 두 나라의 사직의 신하들이 모두 진나라로 몰려올 것이며 진나라는 한·위 두나라와 합하게 되는 것입니다. 한·위 두 나라만 끌어들이면 천하를 한 번 도모해 볼 만합니다."

진왕은 난색을 표하였다.

"우리나라는 가난하여 그 많은 돈을 마련할 수 없을 것 같은데요."

돈약이 말하였다.

"천하가 탈 없이 무사한 때란 없었습니다. 합종合從이냐 연횡連橫이냐 하는 판입니다. 연횡이 성립되면 진나라가 제업帝業을 이루는 것이요, 합종이 성립되면 초나라가 왕업을 이루게 되는 것입니다. 진나라가 제업을 이루면 천하가 모두 대왕을 받들어 모실 것이요, 초나라가 왕업을 이루면 그때는 비록 1만 금이 있다 할지라도 왕께서 사사로이 쓸 수 없을 것입니다."

진왕은 허락하였다.

"좋소."

그리고는 1만 금을 마련하여 동쪽으로는 한·위 두 나라를 유세하여 그 나라의 장군과 승상들을 끌어들이고, 북쪽으로는 연燕·조趙 두 나라에 유세하여 이목李牧을 죽여 버렸다. 이리하여 제왕齊王이 직접 진나라에 입조하였고, 나머지 네 나라도 모두 진에 복종해 버렸다. 이는 모두가 돈약의 유세에 의한 성과이다.

秦王欲見頓弱, 頓弱曰:「臣之義不參拜, 王能使臣無拜, 卽可矣. 不, 卽不見也.」秦王許之. 於是頓子曰:「天下有其實而無其名者, 有無其實而有其名者, 有無其名又無其實者. 王知之乎?」王曰:「弗知.」頓子曰:「有其實而無其名者, 商人是也. 無把銚推耨之勢, 而有積粟之實, 此有其實而無其名者也. 無其實而有其名者, 農夫是也. 解凍而耕, 暴背而耨, 無積粟之實, 此無其實而有其名者也. 無其名又無其實者, 王乃是也. 已立爲萬乘, 無孝之名; 以千里養, 無孝之實.」秦王悖然而怒.

頓弱曰:「山東戰國有六, 威不掩於山東, 而掩於母, 臣竊爲大王不取也.」秦王曰:「山東之建國可兼與?」頓子曰:「韓, 天下之咽喉; 魏, 天下之胸腹. 王資臣萬金而遊, 聽之韓·魏, 入其社稷之臣於秦, 卽韓·魏從. 韓·魏從, 而天下可圖也.」秦王曰:「寡人之國貧, 恐不能給也.」頓子曰:「天下未嘗無事也, 非從卽橫也. 橫成, 則秦帝; 從成, 卽楚王. 秦帝, 卽以天下恭養; 楚王, 卽王雖有萬金, 弗得私也.」秦王曰:「善.」乃資萬金, 使東遊韓·魏, 入其將相; 北遊於燕·趙, 而殺李牧. 齊王入朝, 四國必從, 頓子之說也.

【秦王】秦始皇. 莊襄王의 아들. 실제는 呂不韋의 아들. 전국을 마감하고 천하 통일을 이루었다. 嬴政. ≪史記≫ 秦始皇本紀 참조.

【頓弱】당시 秦나라의 處士.

【無孝之實】秦始皇이 어머니를 잘 모시지 않음을 두고 한 말. 진시황의 어머니 (원래 呂不韋의 첩. 이름은 嬈)는 태후가 노애嫪毐라는 남자와 계속 사통하다가 진시황 20세 때 발각되고 말았다. 이리하여 노애는 이에 반란을 일으켰다가 사형을 당하고 태후는 雍門宮에 유폐당한 사건이 있었다. 돈약이 이를 두고 진시황을 나무라는 이야기다. 姚注에는 "秦王, 名正(政)也. 以母嬈通於嫪毐. 閉之於雍門宮, 故頓弱曰: 不能掩威於六國, 而掩威於母也"라 하였고 鮑注에는 "始皇母, 帝太后也. 本呂不韋姬, 通不韋, 又通嫪毐, 人告之, 王怒, 九年遷雍"이라 하였다. ≪史記≫ 呂不韋傳 및 본 ≪戰國策≫ 107장 참조.

【山東】崤山의 동쪽. 즉 전국칠웅 중 진나라를 제외한 齊·楚·燕·韓·魏·趙를 말한다. 흔히 '山東六國'이라 한다.

【李牧】趙나라의 장수. 287장 참조.

【齊王】B.C. 237년 齊王 建이 秦나라에 왔다.

【四國】燕·趙·韓·魏.

1. B.C. 238년 노애(嫪毒) 사건과 이듬해 齊王 建이 秦나라에 온 이야기가 바탕이 되어 있다.

2. 鮑本의 평어

『彪謂: 頓子之義高於范雎, 而其說過之遠矣, 惜其不知擇木! 焉有仁人君子而爲始皇用哉? 魯連視之蔑矣! 正曰: 大事記, 茅焦說秦王曰, 秦方以天下爲事, 而大王有遷母太后之名, 恐諸侯聞之由此倍秦. 頓子告始皇, 山東戰國有六, 威不掩於山東, 而掩於母. 始皇所重者獨兼幷諸侯耳, 茅焦所以能復太后者, 特以諸侯背秦恐之, 非能以母子天性感悟之也. 愚按: 頓弱雖有'威掩於母'之一言, 其下卽說以'兼幷'行許, 未嘗正諫遷母之失, 又非茅焦比. 二人雖異於范雎, 於義皆不足取.』

〈調兵憑證〉 "甲兵之符, 右在皇帝, 左在陽陵"

101(6-9) 頃襄王二十年
두 마리 호랑이의 싸움

초楚나라 경양왕頃襄王 20년에 진秦나라 장수 백기白起가 초나라 서릉西陵 땅을 점령하고 다시 언鄢·영郢·이릉夷陵을 정복하여 초나라 선왕의 묘까지 불을 질러 버렸다. 초왕은 할 수 없이 동북쪽으로 옮겨 진성陳城을 지키고 있었다. 이렇게 초나라는 국토가 깎이고 약해져서 진나라의 경멸 대상이 되고 말았다. 이에 백기는 또다시 군대를 일으켜 초나라를 공격해 왔다.

초나라 황헐(黃歇, 春申君)은 유학박문游學博文하였다. 경양왕이 그의 능변을 인정하여 사신으로 삼아 진나라로 보냈다. 그가 진나라에 이르러 소왕昭王을 만났다.

"천하에 진·초 두 나라보다 강한 자는 없습니다. 이런 두 나라가 싸우는 것은 두 마리 호랑이가 싸우는 꼴과 같아 오히려 늙은 개가 그 지친 틈을 이용하여 이익을 보게 될 것이니 두 나라는 서로 친하게 지내느니만 못합니다. 제가 듣건대 '사물이 극에 달하면 다시 돌아오는 법, 여름·겨울이 이와 같다. 지극히 쌓이면 위험이 오는 법, 바둑돌 쌓는 것과 같다'라고 하였습니다. 지금 진나라는 천하의 반이나 되는 넓은 국토로 세상의 두 귀퉁이를 다 차지하고 있습니다.

이는 백성이 생겨난 이래 처음 있던 일로 만승천자도 이렇게 해 보지 못하였습니다. 진나라는 선제 효문왕孝文王·장양왕莊襄王으로부터 대왕에 이르는 3대에 걸쳐 국토를 제齊나라까지 넓히지도 못하였고 종친(從親, 合從)으로 길이 끊겨 있습니다. 그러다가 대왕께서는 세 번이나 성교盛橋를 시켜 한韓나라에 벼슬하게 해서 그가 한나라 땅을 귀국 진(秦, 본문 燕은 秦의 誤記)나라에 바치도록 계략을 썼습니다. 이것은 싸움 없이 위세도 펴지 않고 1백 리의 땅을 얻은 것이니 정말 능란한 솜씨입니다.

또 위魏나라를 공략하실 때 대량大梁을 막아 버리고 하내河內를 들이쳐서 연燕·산조酸棗를 허虛 도인성桃人城을 점령하여 초楚·연燕 두 나라의 원군을 구름처럼 흩어, 귀국 진나라와는 대적할 수 없도록 만들었으니 왕의 공이 역시 크십니다.

그리고 2년 동안 군대를 휴식시키신 후, 다시 포蒲·연衍·수원首垣 등을 탈취하시고, 군대를 인仁·평구平丘·소황小黃·제양濟陽으로 진격시켜 포위하시니 위나라가 굴복하고 만 것입니다.

또 대왕께서 복濮·마지麿地의 북쪽을 할거하여 먼 연燕나라에 국경이 닿아 제·진 두 나라 사이의 허리와 초楚·위魏 두 나라 사이의 등뼈를 잘라 버린 셈이 되었습니다.

이에 천하의 제후들이 다섯 차례, 여섯 번씩이나 연합하였지만 구해 줄 수 없었습니다. 대왕의 위세가 정말 끝까지 다한 셈입니다.

그러나 이제 대왕께서 능히 공적을 지속하고 위력을 지키시려면 공격과 침벌의 욕심을 줄이시고 인의의 도리를 써서 후환이 없도록 하셔야 합니다. 그렇게만 하신다면 대왕 같은 경우 삼왕이 넷이라 해도 부족하고 오패가 여섯이라 해도 부족할 것입니다.

그러나 대왕께서 만약 이 진나라의 많은 민중과 강한 재물과 병력을 믿는다거나 옛날 단번에 위나라를 무찔렀던 위세를 믿고 천하의 제후를 모두 힘으로써 신하로 삼겠다고 하셨다가는 후환이 있을 것입니다. 《시詩》 에 '처음부터 잘해 보려 하지 않은 것은 아니건만 끝이 모두 좋은 것만은 아닐 수도 있네(靡不有初, 鮮克有終)'라 하였습니다. 또 《역易》에는 '여우가 물을 건너다 다 건너놓고 꼬리를 적신다(狐濡其尾)'라 하였습니다. 이는 바로 처음은 쉬우나 끝이 어렵다는 말입니다. 어떻게 이를 아느냐고요? 지씨智氏가 조趙나라를 벌하여 얻을 이익만 알았지 뒤에 올 유차楡次의 화근은 알지 못하였고, 오吳나라가 제齊나라를 공격하여 얻을 익익만 알았지 뒤에 간수干隧의 패배는 생각지 않았습니다. 이 두 나라는 공이 없는 것은 아닙니다. 다만 목전의 이익에 눈이 어두워 뒤에 올 화근을 가벼이 본 데 있는 것입니다.

오나라가 월나라를 믿고 제나라를 쳤습니다. 그리하여 애릉艾陵에서 크게 이기고 돌아오다가 삼강三江가에서 월나라에게 발목을 잡히고 말았습니다.

또 지씨가 한·위를 믿고 조趙를 진양晉陽에서 포위하여 승리가 눈앞에 있는데 한·위가 반기를 들어 지백 요瑤는 착대鑿臺에서 죽음을 당하고 말았습니다.

지금 대왕께서는 초나라가 아직 망하지 않고 버티는 것을 미워할 줄만
알았지 초나라가 망하고 나면 위나라가 강해진다는 사실을 모르고 계십니다.
제가 대왕을 대신하여 걱정해 드리건대 그러한 방법은 취할 것이 못됩니다.
《시詩》에 '대군은 먼길을 건너 공격하지 않는다(大武遠宅不涉)'라 하였으니
이로 보면 초나라는 오히려 진나라의 도움이 되고 이웃 나라들이 바로
진나라의 적이 되는 것입니다. 《시詩》에 '남이 품은 생각, 미루어보면 알
수 있지. 잘 뛰는 토끼도 사냥개 만나면 잡히리라(他人有心, 予忖度之. 躍躍毚兎,
遇犬獲之)'라 하였으니 지금 대왕께선 한·위 두 나라가 잘 받들어 주는 것을
믿고 있으나 이는 마치 오나라가 월나라를을 믿었던 것과 같습니다.

제가 듣건대 적국은 가벼이 보아서는 안 되고 시기는 놓쳐서는 안
된다고 합니다. 제가 생각하기는 한·위 두 나라가 귀국에게 공손한
것은 바로 귀국을 크게 속이고 있는 것이 아닌가 하는 걱정입니다.

어찌 그렇겠습니까? 왕께서는 한·위 두 나라에 대하여 은덕이라고는
베푼 것이 하나도 없고 몇 대代에 걸쳐 원한만 심어 왔습니다. 한·위
두 나라의 부자 형제들이 귀국 진나라 때문에 끝없이 죽어간 지가 이미
1백 세가 되었습니다. 그로 인해 나라는 잔폐하고 사직은 파괴되고 종묘는
허물어지고 배가 갈라지고 턱이 깨지고, 머리와 몸이 각각 떨어지고,
해골은 묻어주는 사람도 없이 풀밭이나 못에서 드러나 뒹굴고, 머리는
거꾸로 엎어져 국경까지 서로 마주 보고 있습니다. 부자와 노약자들은
서로 묶여 포로가 된 채 길을 메워 끌려 다니고 귀신들은 여우가 요괴가
되듯이 제삿밥 얻어먹을 데도 없는 꼴이 되고, 백성은 애오라지 살길을
잃고 말았습니다. 그래서 가족이 다 흩어져 유랑하다가 남의 종이나
첩으로 전락하는 예가 해내에 가득 합니다.

이런 참상을 입고도 아직 망하지 않은 한·위 두 나라는 바로 귀국 진나라
사직에 지극히 위험한 존재입니다. 이런 것을 제쳐놓고 초나라를 친다니
역시 과실이 아닙니까! 그래도 굳이 왕께서 초나라를 치시겠다면 어느
길로 출병하겠습니까? 원한을 품고 있는 한·위 두 나라의 길을 빌리겠습니까?
그렇게 해서 출병하는 날엔 살아 돌아올 수 없음을 걱정하셔야 합니다.

이는 원수 나라인 한·위 두 나라에 군대를 대어 주는 것입니다. 그러나

그 원수 사이인 한·위 두 나라를 통과하지 않으려면 수수隋水의 북쪽, 오른쪽 땅을 공격할 수밖에 없을 것입니다.

이곳은 광활한 물구덩이에 산림이 깊은 황무지여서 빼앗는다 해도 아무 쓸모가 없는 땅입니다. 그러니 진나라가 초나라를 쳤다는 악명만 높아갈 뿐 진나라에게는 아무런 땅도 얻지 못하는 꼴이 됩니다.

또 장차 왕이 초나라를 공격하는 날엔 한·위·조·제, 네 나라도 틀림없이 연합하여 대왕에게 응전할 것입니다. 즉 진·초 두 나라가 싸움에 얽혀 풀어지지 않는 동안 위나라는 유留·방여方與·질銍·호릉胡陵·탕碭·소蕭· 상相 등을 다 점거해 버릴 것이니, 이렇게 되면 옛날 송宋나라 고지(故地, 현재 楚 땅)는 모두 빼앗기고 말 것입니다.

제나라는 남쪽으로 사수泗水 북쪽의 초나라 땅을 빼앗을 것이니 이곳은 넓은 평원에 사통팔달하는 비옥한 땅입니다. 왕은 오히려 그들로 하여금 홀로 간섭 없이 마음놓고 공격하도록 해주는 것입니다. 왕께서 초나라를 깨뜨림으로써 한·위 두 나라를 중국中國에서 살찌게 하는 것이며 그 틈에 제나라의 세력을 더욱 강하게 해주는 셈이 됩니다.

한·위 두 나라가 강해지면 진나라에 맞서기에 충분합니다. 또 제나라는 남쪽 사수를 경계로 하여 동쪽으로는 바다를 등지고, 북쪽으로는 황하를 의지하여 후환이 없는 나라가 될 것이며 천하 여러 나라 중에 제나라가 가장 막강한 나라가 됩니다. 그리하여 제나라와 위나라가 땅을 얻고 유리한 고지를 점령해서 1년 동안 국사를 잘 다스리고 나면 제왕帝王까지는 힘들겠지만 진나라에게 제帝란 말을 쓰지 말라고 위협할 정도의 힘을 충분히 기르게 될 겁니다.

대왕께서는 넓은 토지, 많은 백성, 강한 병력을 믿고 일거에 군사를 일으켜 초나라를 쳐서 한·위 두 나라를 굴복시켰다가는 오히려 그 귀한 제업帝業을 모두 제나라에게 돌려주어야 될 때를 만날 것입니다. 그러니 초나라를 친다는 것은 결국 실책이 되고 맙니다.

다시 대왕을 위해 염려해 드리건대 초나라와 우의를 맺느니만 못합니다. 진나라와 초나라가 하나로 연합해서 한나라를 누르는 것입니다. 그렇게 되면 한나라는 틀림없이 목을 바칠 것입니다. 이리하여 대왕께서는 효산

동쪽의 험요함을 옷깃으로 삼고, 하곡河曲의 이익을 허리띠로 삼게 되어 한나라는 진나라의 관중지후關中之侯가 되고 말 것입니다.

그런 후에 10만 대군으로 정鄭 땅에 주둔만 하면 위(魏, 梁)나라는 겁을 먹고 허虛·언릉鄢陵에서 나오지 못할 것입니다. 그리고 상채上蔡·소릉召陵은 왕래를 할 수 없어, 위나라도 역시 대왕의 관내지후關內之侯가 되고 맙니다. 왕이 한 번만 초나라와 연합하면 2만 승의 임금들이 당신의 관내후關內侯가 되고 그 다음 제나라에 한 번 몰려가면 제나라의 오른쪽 땅은 팔짱을 끼고 얻어들일 수 있습니다. 이리하여 진나라 영토는 서해에서 동해까지 천하를 하나로 가로질러 천하의 허리가 잘리고 맙니다. 이렇게 되면 연·조는 두 나라는 제·초 두 나라의 도움을 받을 수 없고 제·초 역시 연·조의 도움을 받을 수 없게 됩니다. 그런 연후에 연·조 두 나라를 뒤흔들고 제·초 두 나라를 거머쥐게 되면 이 네 나라는 급히 서두르지 않아도 대왕께 복종해 올 것입니다."

頃襄王二十年, 秦白起拔楚西陵, 或拔鄢·郢·夷陵, 燒先王之墓. 王徙東北, 保于陳城. 楚遂削弱, 爲秦所輕. 於是白起又將兵來伐. 楚人有黃歇者, 游學博聞, 襄王以爲辯, 故使於秦. 說昭王曰:「天下莫强於秦·楚, 今聞大王欲伐楚, 此猶兩虎相鬪而駑犬受其弊, 不如善楚. 臣請言其說. 臣聞之: 『物至而反, 冬夏是也; 致至而危, 累碁是也.』今大國之地半天下, 有二垂, 此從生民以來, 萬乘之地未嘗有也. 先帝文王·莊王, 王之身, 三世而不接地於齊, 以絶從親之要. 今王三使盛橋守事於韓, 成橋以北入燕. 是王不用甲, 不伸威, 而出百里之地, 王可謂能矣. 王又擧甲兵而攻魏, 杜大梁之門, 擧河內, 拔燕·酸棗·虛·桃人, 楚·燕之兵云翔不敢校, 王之功亦多矣. 王申息衆二年, 然後復之, 又取蒲·衍·首垣, 以臨仁·平丘, 小黃·濟陽嬰城, 而魏氏服矣. 王又割濮·磨之北屬之燕, 斷齊·秦之要, 絶楚·魏之脊. 天下五合·六聚而不敢救也, 王之威亦憚矣. 王若能持功守威, 省攻伐之心而肥仁義之誠, 使無復後患, 三王不足四, 五伯不足六也.

王若負人徒之衆, 材兵甲之强, 壹毀魏氏之威, 而欲以力臣天下之主, 臣恐有後患. 詩云:『靡不有初, 鮮克有終.』易曰:『狐濡其尾.』此言始之易,終之難也. 何以知其然也? 智氏見伐趙之利, 而不知楡次之禍也; 吳見伐齊之便, 而不知干隧之敗也. 此二國者, 非無大功也. 設利於前, 而易患於後也. 吳之信越也, 從而伐齊, 旣勝齊人於艾陵, 還爲越王禽於三江之浦. 智氏信韓·魏, 從而伐趙, 攻晉陽之城, 勝有日矣, 韓·魏反之, 殺智伯瑤於鑿臺之上. 今王妬楚之不毁也, 而忘毁楚之强魏也. 臣爲大王慮而不取. 詩云:『大武遠宅不涉.』從此觀之, 楚國, 援也; 鄰國, 敵也. 詩云:『他人有心, 予忖度之. 躍躍毚兔, 遇犬獲之.』今王中道而信韓·魏之善王也, 此正吳信越也. 臣聞: 敵不可易, 時不可失. 臣恐韓·魏之卑辭慮患, 而實欺大國也. 此何也? 王旣無重世之德於韓·魏, 而有累世之怨矣. 韓·魏父子兄弟接踵而死於秦者, 百世矣. 本國殘, 社稷壞, 宗廟隳, 刳腹折頤, 首身分離, 暴骨草澤, 頭顱僵仆, 相望於境; 父子老弱係虜, 相隨於路; 鬼神狐祥, 無所食. 百姓不聊生, 族類離散, 流亡爲臣妾, 滿海內矣. 韓·魏之不亡, 秦社稷之憂也. 今王之攻楚, 不亦失乎! 是王攻楚之日, 則惡出兵? 王將藉路於仇讎之韓·魏乎? 兵出之日而王憂其不反也, 是王以兵資於仇讎之韓·魏. 王若不藉路於仇讎之韓·魏, 必攻陽·右壤. 隨陽·右壤, 此皆廣川大水, 山林谿谷不食之地, 王雖有之, 不爲得地. 是王有毁楚之名, 無得地之實也.

且王攻楚之日, 四國必應悉起應王. 秦·楚之構而不離, 魏氏將出兵而攻留·方與·銍·胡陵·碭·蕭·相, 故宋必盡. 齊人南面, 泗北必擧. 此皆平原四達, 膏腴之地也, 而王使之獨攻. 王破楚於以肥韓·魏於中國而勁齊, 韓·魏之强足以校於秦矣. 齊南以泗爲境, 東負海, 北倚河, 而無後患, 天下之國, 莫强於齊. 齊·魏得地葆利, 而詳事下吏, 一年之後, 爲帝若未能, 於以禁王之爲帝有餘. 夫以王壤土之博, 人徒之衆, 兵革之强, 一擧衆而注地於楚, 詘令韓·魏, 歸帝重於齊, 是王失計也.

臣爲王慮, 莫若善楚. 秦·楚合而爲一, 臨以韓, 韓必授首. 王襟以山東之險, 帶以河曲之利, 韓必爲關中之候(侯). 若是, 王以十成鄭, 梁氏寒心, 許·鄢陵嬰城, 上蔡·召陵不往來也. 如此, 而魏亦關內候(侯)矣. 王一善楚, 而關內二萬乘之主注地於齊, 齊之右壤可拱手而取也. 是王之地一任兩海, 要絕天下也. 是燕·趙無齊·楚, 無燕·趙也. 然後危動燕·趙, 持齊·楚, 此四國者, 不待痛而服矣.」

【頃襄王】頃襄王은 楚懷王의 아들. 이름은 橫. 그 20년은 周赧王 37년(B.C. 278년)에 해당함.

【白起】秦나라 장수 무안군. ≪史記≫ 白起王翦列傳≫ 참조.

【鄢】鄢陵.

【郢】楚나라 도읍. 지금의 胡北省 江陵縣.

【夷陵】楚나라 선조 묘가 있는 곳. 胡北省 宜昌縣.

【陳城】춘추시대 陳나라 舊地(宛丘). 지금의 河南省 淮陽縣. 楚나라가 秦나라와 싸울 때 피해 잠시 도읍으로 정하였었다.

【白起又將兵來伐】≪史記≫ 春申君列傳에 “秦昭王方令白起與韓魏共伐楚, 未行而楚使黃歇適至於秦”이라 하였다.

【黃歇】楚나라의 春申君. 일찍이 楚나라 태자(完)와 秦나라 볼모로 갔었으며, 뒤에 完이 돌아와 즉위(考烈王)하자 이를 도와 春申君이 되었다. 전국 四公子 중의 하나. 식객 수천을 거느렸다. 뒤에 幽王 때 李園에게 참살당하였다. ≪史記≫ 春申君列傳 참조.

【駑犬受其弊】劣犬이 두 호랑이가 피폐해진 틈에 덤벼들거나 살아남을 말한다.

【物至而反, 冬夏是也】≪史記≫ 春申君列傳 正義에 “至, 極也, 極則反也, 冬, 至陰之極; 夏, 至陽之極”이라 하였다.

【致至而危, 累棋是也】≪史記≫ 集解에 “致或作安”이라 하였다.

【先帝……於齊】高注에는 “文王, 始皇祖, 莊王, 始皇父, 故曰三世. 今之王 古之帝, 故咸言帝”라 하였으나 이 셋은 모두 昭襄王의 자손이므로 잘못되었다. 마땅히 惠文王(昭王의 父)·武王(昭王의 兄)·昭王이어야 한다. 또 이 문장 내에서 衍漏字가 있는 것으로 보고 있다. 즉 ≪史記≫에는 “先帝文王, 莊王之身, 三世不忘接地於齊”라 하였다.

【盛橋】秦나라 신하.

【燕】여기서는 南燕을 가리킴. 원래 작은 나라로 周나라가 黃帝의 후손을 봉해 주었던 곳. 지금의 河南省 汲縣.

【酸棗】韓나라 읍. 지금의 河南省 延津縣.

【虛桃人】高注에 “虛, 空也, 桃人, 邑名, 處則未聞”이라 하였고, ≪史記≫ 春申君 列傳 集解에 “燕縣有桃城”이라 하였다. 또는 ‘虛’를 별개의 지명으로 보기도 한다. 혹 ‘殷虛’가 아닌가 한다.

【云翔而不敢校】高氏 注에 “云翔, 史作雲翔, 猶解散不擧秦校戰”이라 하였다. ‘云’은 ‘雲’, ‘校’는 ‘較’의 假借字.

【蒲·衍·首垣】 모두 전국시대 魏나라 읍. ≪史記≫ 索隱에 "蒲在衛之長垣蒲鄉也, 衍在河南與卷近, 首蓋牛首, 垣則長垣, 非河東之垣也"라 하였다.

【仁·平丘·小黃】 모두 魏나라 읍.

【嬰城】 성을 포위하는 것. '嬰'은 '縈'의 通假字.

【濮·磨地】 濮은 水名. 磨는 地名. 다른 기록에는 '歷'으로 되어 있다.

【殫】 殫과 같다. '끝까지 다함'의 뜻. 盡과 같은 뜻이다.

【材】 어떤 본에는 이 글자가 없다. ≪史記≫에는 '仗'으로 되어 있음.

【靡不有初·鮮克有終】 ≪詩經≫ 大雅의 구절. 姚注에 "詩·巧言之四章. 他人有毀害之心, 己忖度之. 躍躍, 跳走也. 毚, 狡也. 喩狡兎騰躍躍, 以爲難得也, 或時遇犬獲之. 喩讒人如毀傷人, 遇明君則治女罪也"라 하였고, 鮑注에는 "大雅·巧言詩. 忖, 亦度也. 躍躍是也. 毚, 狡也. 言兎雖善走, 或時遇犬, 犬能得之: 人心難知, 或可忖度"이라 하였다.

【狐濡其尾】 ≪周易≫ 未濟卦(마지막 괘, 64)의 구절. 새끼 여우가 강을 거의 다 건너가서 꼬리에 물이 젖었다는 뜻으로 '小才로서는 큰 일을 감당하기 어렵다, 혹은 처음은 쉽고 끝은 어렵다'는 것을 비유한 말. "未濟, 亨, 小狐汔濟, 濡其尾, 無攸利"라 함.

【智氏……禍也】 智伯 瑤가 趙를 탐내다가 죽은 곳. 지금의 山西省 楡次縣.

【吳見……敗也】 周 元王 元年(B.C. 475년)에 오왕 부차가 제나라를 치게 되었다. 이때 子貢(孔子 弟子)의 계략을 들은 越王 勾踐이 3천 병사로 吳나라를 돕는 척하면서 오나라를 干隧 땅에서 쳐버렸다. ≪史記≫ 吳太伯世家·越王勾踐世家·仲尼弟子列傳 등 참조.

【設利於前】 '設'字를 '沒'字의 잘못으로 본다. '몰두하다'의 뜻.

【艾陵】 춘추시대 齊나라 邑. 山東省 泰安縣.

【三江】 이설이 많다. 浙江省 근처로 보고 있다.

【鑿臺】 高氏 注에 "晉陽下臺名, 鑿地作渠, 以灌晉陽城, 因聚土爲臺而止其上, 故曰鑿臺"라 하였다. 또 ≪史記≫ 正義에 "鑿臺在楡次"라 하였고, 姚注에 "一本無'也'字. 智伯瑤但貪趙襄子晉陽之地, 而不知襄子與韓·魏之陰謀, 卒殺于鑿臺之上, 葬之於楡次. 謂設利於前, 而禍隨其後也"라 하였다.

【大武遠宅不涉】 逸詩. 지금의 ≪詩經≫에는 없다.

【躍躍】 '교활한 토끼(아첨하는 자)도 사냥개에게 잡힌다'는 뜻. 즉 명주성왕 앞에 간신배가 없어진다는 뜻.

【隨陽右壤】 隨는 물 이름. 陽은 북. ≪史記≫에는 "隨水右壤"이라 하였고,

索隱에 "楚都陳, 隨水之右壤, 右壤, 右地"라 하였다.

【留·方與·定·胡陵·峴·蕭·相】 모두 춘추시대 宋나라 읍. 당시 楚나라가 점령하였었다.

【泗】 淮水의 지류. 지금은 운하로 들어간다.

【河曲】 지금의 山西城 永濟縣.

【鄭】 당시 韓나라의 속지. 지금의 河南省 新鄭縣.

【關中侯·關內侯】 모두 자신의 복속 아래에 부릴 수 있는 속국이 된다는 뜻. 원문 '候'는 '侯'의 오기이다.

【十成鄭】 "十萬成鄭"의 오기이다.

【不待痛】 여기서의 '痛'은 '급하게 서둘러 공격하다'의 뜻이다.

참고 및 관련 자료

1. ≪**史記**≫ 春申君列傳의 기록과 같다. B.C. 279년쯤의 일이며 그 유세는 B.C. 276~273년쯤으로 보인다.

2. ≪**新序**≫ 善謀(上)

楚使黃歇於秦, 秦昭王使白起攻韓·魏, 韓·魏服事秦, 昭王方令白起與韓·魏共伐楚. 黃歇適至, 聞其計. 是時, 秦已使白起攻楚取數縣, 楚頃襄王東徙. 黃歇上書於秦昭王, 欲使秦遠交楚而攻韓·魏以解楚. 其書曰:「天下莫强於秦·楚, 今聞王欲伐楚, 此猶兩虎相與鬪. 兩虎相與鬪, 而駑犬受其弊也. 不如善楚. 臣請言其說: 臣聞之: 物至則反, 冬夏是也; 致高則危, 累棊是也. 今大國之地徧天下, 有其二垂, 此從生民以來, 萬乘之地, 未嘗有也. 今王使盛橋守事於韓, 盛橋以其地入秦, 是王不用甲不信威, 而得百里之地也, 王可謂能矣. 王又擧甲而攻魏, 杜大梁之門, 擧河內, 攻燕·酸棗·虛·桃, 入邢, 魏之兵雲翔而不敢救, 王之功亦多矣. 王休甲息衆, 二年而復之, 有取滿·衍·首垣, 以臨仁·平丘·黃·濟陽·甄城, 而魏氏服, 王又割濮歷之北, 注之秦·齊之要, 絶楚·趙之脊, 天下五合六聚而不敢相救, 王之威亦單矣. 王若能持功守威, 挾戰功之心, 而肥仁義之地, 使無後患, 三王不足四, 五伯不足六也. 王若負人徒之衆, 兵革之彊, 乘毀魏之威, 而欲以力臣天下之主, 臣恐其有後患也. 詩曰:『靡不有初, 鮮克有終.』易曰:『狐涉水, 濡其尾.』此言始之易, 終之難也. 何以知其然也? 智伯見伐趙之利, 不知楡次之禍; 吳見伐齊之便, 而不知干遂之敗. 此二國者, 非無大功也, 沒利於前, 而易患於後也. 吳之親越也, 從而伐齊, 旣勝齊人於艾陵, 爲越人所禽於三渚之浦. 知伯之信韓·魏也,

從而伐趙, 攻晉陽之城, 勝有日矣, 韓・魏畔之, 殺知伯瑤於叢臺之上. 今王妒楚之
不毀也, 而忘毀楚之強韓・魏也, 臣爲王慮而不取也. 詩曰: 『大武遠宅而不涉.』
從此觀之, 楚國, 援也; 鄰國, 敵也. 詩曰: 『躍躍毚兔, 遇犬獲之. 他人有心, 予忖度之.』
今王中道而信韓・魏之善王也, 此吳之親越也. 臣聞之: 敵不可假, 時不可失.
臣恐韓・魏卑辭除患, 而實欺大國也. 何則? 王無重世之德於韓・魏, 而有累世之
怨焉. 夫韓・魏父子兄弟, 接踵而死于秦者, 將十世矣, 本國殘, 社稷壞, 宗廟隳,
刳腹絶腸, 折頸摺頸, 身首分離, 暴骨草澤, 頭顱僵仆, 相望于境, 係臣束子爲羣虜者,
相及於路, 鬼神潢洋無所食, 民不聊生, 族類離散, 流亡爲僕妾者, 盈海內矣.
故韓・魏之不亡, 秦社稷之憂也. 今王齎之與攻楚, 不亦過乎? 且王攻楚, 將惡出兵?
王將藉路於仇讎之韓・魏乎? 出兵之日, 而王憂其不反也. 是王以兵資於仇讎之
韓・魏也. 王若不藉路於仇讎之韓・魏, 必攻隨水右壤, 此皆廣川大水, 山林谿谷,
不食之地也. 王雖有之, 不爲得地, 是王有毀楚之名, 而無得地之實也. 且王攻楚
之日, 四國必悉起兵以應王, 秦楚之兵構而不離, 韓・魏氏將出兵而攻留・方與・
銍・胡陵・碭・蕭・相, 故宋必盡; 齊人南面, 泗北必擧, 此皆平原四達膏腴之地也,
而使獨攻. 王破楚以肥韓・魏於中國而勁齊. 韓・魏之彊, 足以枝於秦, 齊南以泗
水爲境, 東負海, 北倚河而無後患. 天下之國, 莫彊於齊・魏, 齊・魏得地保利而詳
事下吏, 一年之後, 爲帝未能, 其於禁王之爲帝有餘矣. 夫以王壤土之博, 人徒之衆,
兵革之彊, 一擧事而樹怨於楚, 出令韓・魏歸帝重齊, 是王失計也. 臣爲王慮,
莫若善楚, 秦・楚合爲一而以臨韓, 韓必拱手. 王施之以東山之險, 帶以曲河之利,
韓必爲關內之侯, 若是而王以十萬伐鄭, 梁氏寒心, 許・鄢陵嬰城, 而上蔡・召陵
不往來也. 如此而魏亦關內侯矣. 王一善楚而關內兩萬乘之王, 注入地於齊, 齊右
壤可拱手而取也. 王之地一經兩海, 要約天下, 是燕・趙無齊・楚; 齊・楚無燕・趙,
然後危動燕・趙, 直搖齊・楚, 此四國者, 不待痛而服也.」昭王曰:「善.」於是乃止
白起, 謝韓・魏, 發使賂楚, 約爲與國. 黃歇受約歸楚, 解弱楚之禍, 全彊秦之兵,
黃歇之謀也.

3. ≪史記≫ 春申君列傳

春申君者, 楚人也, 名歇, 姓黃氏. 游學博聞, 事楚頃襄王. 頃襄王以歇爲辯, 使於秦.
秦昭王使白起攻韓・魏, 敗之於華陽, 禽魏將芒卯, 韓・魏服而事秦. 秦昭王方令
白起與韓・魏共伐楚, 未行, 而楚使黃歇適至於秦, 聞秦之計. 當是之時, 秦已前
使白起攻楚, 取巫・黔中之郡, 拔鄢郢, 東至竟陵, 楚頃襄王東徙治於陳縣. 黃歇
見楚懷王之爲秦所誘而入朝, 遂見欺, 留死於秦. 頃襄王, 其子也, 秦輕之, 恐壹擧
兵而滅楚. 歇乃上書說秦昭王曰:

「天下莫彊於秦・楚. 今聞大王欲伐楚, 此猶兩虎相與鬪. 兩虎相與鬪而駑犬受其獘, 不如善楚. 臣請言其說: 臣聞物至則反, 冬夏是也; 致至則危, 累棊是也. 今大國之地, 徧天下有其二垂, 此從生民已來, 萬乘之地未嘗有也. 先帝文王・莊王之身, 三世不妄接地於齊, 以絶從親之要. 今王使盛橋守事於韓, 盛橋以其地入秦, 是王不用甲, 不信威, 而得百里之地. 王可謂能矣. 王又舉甲而攻魏, 杜大梁之門, 舉河內, 拔燕・酸棗・虛・桃, 入邢, 魏之兵雲翔而不敢捄. 王之功亦多矣. 王休甲息衆, 二年而後復之; 又幷蒲・衍・首垣, 以臨仁・平丘, 黃・濟陽嬰城而魏氏服; 王又割濮磨之北, 注齊秦之要, 絶楚趙之脊, 天下五合六聚而不敢救. 王之威亦單矣. 王若能持功守威, 絀攻取之心而肥仁義之地, 使無後患, 三王不足四, 五伯不足六也. 王若負人徒之衆, 仗兵革之彊, 乘毀魏之威, 而欲以力臣天下之主, 臣恐其有後患也. 詩曰: 『靡不有初, 鮮克有終』. 易曰: 『狐涉水, 濡其尾』. 此言始之易, 終之難也. 何以知其然也? 昔智氏見伐趙之利而不知楡次之禍, 吳見伐齊之便而不知干隧之敗. 此二國者, 非無大功也, 沒利於前而易患於後也. 吳之信越也, 從而伐齊, 旣勝齊人於艾陵, 還爲越王禽三渚之浦. 智氏之信韓・魏也, 從而伐趙, 攻晉陽城, 勝有日矣, 韓・魏叛之, 殺智伯瑤於鑿臺之下. 今王妒楚之不毀也, 而忘毀楚之彊韓・魏也, 臣爲王慮而不取也. 詩曰: 『大武遠宅而不涉』. 從此觀之, 楚國, 援也; 鄰國, 敵也. 詩云: 『趯趯毚兔, 遇犬獲之. 他人有心, 余忖度之』. 今王中道而信韓・魏之善王也, 此正吳之信越也. 臣聞之: 敵不可假, 時不可失. 臣恐韓・魏卑辭除患而實欲欺大國也. 何則? 王無重世之德於韓・魏, 而有累世之怨焉. 夫韓・魏父子兄弟接踵而死於秦者將十世矣. 本國殘, 社稷壞, 宗廟毀. 剔腹絶腸, 折頸摺頤, 首身分離, 暴骸骨於草澤, 頭顱僵仆, 相望於境, 父子老弱係脰束手爲羣虜者相及於路. 鬼神孤傷, 無所血食. 人民不聊生, 族類離散, 流亡爲僕妾者, 盈滿海內矣. 故韓・魏之不亡, 秦社稷之憂也, 今王資之與攻楚, 不亦過乎!且王攻楚將惡出兵? 王將借路於仇讎之韓・魏乎? 兵出之日而王憂其不返也, 是王以兵資於仇讎之韓・魏也. 王若不借路於仇讎之韓・魏, 必攻隨水右壤. 隨水右壤, 此皆廣川大水, 山林谿谷, 不食之地也, 王雖有之, 不爲得地. 是王有毀楚之名而無得地之實也. 且王攻楚之日, 四國必悉起兵以應王. 秦・楚之兵構而不離, 魏氏將出而攻留・方與・銍・湖陵・碭・蕭・相, 故宋必盡. 齊人南面攻楚, 泗上必舉. 此皆平原四達, 膏腴之地, 而使獨攻. 王破楚以肥韓・魏於中國而勁齊. 韓・魏之彊, 足以校於秦. 齊南以泗水爲境, 東負海, 北倚河, 而無後患, 天下之國莫彊於齊・魏, 齊・魏得地葆利而詳事下吏, 一年之後, 爲帝未能, 其於禁王之爲帝有餘矣. 夫以王壤土之博, 人徒之衆, 兵革之彊, 壹舉事而樹怨於楚, 遲令韓・魏歸帝重於齊, 是王失計也.

臣爲王慮, 莫若善楚. 秦·楚合而爲一以臨韓, 韓必斂手. 王施以東山之險, 帶以
曲河之利, 韓必爲關內之侯. 若是而王以十萬戍鄭, 梁氏寒心, 許·鄢陵嬰城, 而
上蔡·召陵不往來也, 如此而魏亦關內侯矣. 王壹善楚, 而關內兩萬乘之主注地
於齊, 齊右壤可拱手而取也. 王之地一經兩海, 要約天下, 是燕·趙無齊·楚, 齊·楚
無燕·趙也. 然後危動燕·趙, 直搖齊·楚, 此四國者不待痛而服矣.」
昭王曰:「善.」於是乃止白起而謝韓·魏. 發使賂楚, 約爲與國.

102(6-10) 或爲六國說秦王
땅이 넓다고 안전한가

어떤 사람이 여섯 나라를 위하여 진秦 시황始皇에게 말하였다.

"땅이 넓다고 안전한 것이 아니며, 사람이 많다고 강한 것은 아닙니다. 만약 땅이 넓으면 안전하고 사람이 많으면 곧 강한 것이라면 저 걸桀·주紂의 후손들이 지금까지 왕 노릇을 하고 있을 것입니다. 옛날 조趙나라가 아주 강하였던 시절이 있었습니다. 얼마나 강하였냐구요? 왼쪽으로는 제齊나라를 마음대로 하고 오른쪽으로는 위魏나라를 멋대로 부렸지요. 이렇게 두 개의 만승지국萬乘之國과 하나의 천승지국千乘之國인 송宋나라까지 눌렀습니다.

게다가 위衛나라 곁에 강평剛平이라는 성을 쌓자 위나라의 동쪽이 조나라 판도에 들어가 그들은 나무도 목초도 마음대로 할 수 없어 감히 자신들의 동문東門을 엿보지도 못하였습니다.

그때 위衛나라는 정말 누란지위累卵之危에 처하였었습니다. 이에 천하의 모사들이 서로 모여서 의논한 끝에 '우리 이제 모든 선물을 가지고 저 조나라 한단邯鄲의 임금에게 조알하러 가자'라 굴복하였습니다. 이처럼 당시 천하에 조나라 한단을 쳐야 한다고 입을 모았던 모든 이들이 누구 하나 조나라 명령을 들으러 가지 않는 자가 없었습니다.

이번에는 위魏나라가 강하였을 때를 볼까요? 위나라가 조나라 한단을 정벌하고 물러서서 봉택逢澤이란 곳에서 제후들과 회맹하였습니다. 이때 위나라 왕은 붉은 무늬의 하거夏車를 타고 하왕夏王이라 칭하며 천자를 조알하러 가게 되었습니다. 천하가 모두 그에 따랐습니다. 그러나 이 소식을 들은 제齊나라 태공(太公, 齊 威王의 오기)이 군대를 일으켜 그 위나라를 쳐서 국토를 반으로 나누어 버렸습니다. 나라가 크게 위급해졌지요. 이에 위왕(魏王, 梁王·魏惠王)이 할 수 없이 몸소 포질집벽抱質執璧하여 진후(陳侯, 즉 齊王)의 신하가 되겠다고 빌었습니다. 그제야 천하의 용서를 받았습니다.

다음 초楚나라 위왕威王이 이 소식을 들은 후 밥도 먹지 못하고 잠도 이루지 못하다가 마침내 천하의 병사를 모아 제나라와 맞붙어 사수泗水에서 제나라 장수 신박申縛의 군대를 대패시켰지요.

그러자 조나라가 이를 듣고 군대를 지상枝桑으로 보냈고, 연燕나라
역시 군대를 격도格道로 진격시켰습니다. 이렇게 하여 제나라는 격도로
통할 수 없어 평제平際로 나갔지만 그곳도 역시 끊어지고 말았습니다.
  제나라는 싸움에 이기지도 못하였고 계획대로 성공도 하지 못하자
진모陳毛로 하여금 칼을 풀고 남방의 초나라에게 용서를 빌도록 하였습니다.
게다가 서쪽으로는 조나라를 달래고 북쪽으로는 연나라를 설득한 다음,
국내에서는 백성을 위무慰撫하는 등 고통을 당한 후에야 천하의 용서를
받았습니다. 얇은 것도 쌓이면 두터워 지고, 적은 것도 모이면 많아지는
법입니다. 지금 천하가 창가에 모여 앉으면 서로 속삭이기를 초楚 위왕威王을
공벌해야 한다고 입을 모으고 있습니다. 제가 생각건대 이 어찌 초나라의
정치가 부패해서 이런 지경에 이른 것이겠습니까? 초나라가 강대해져서
온 천하 제후에게 군림할까 두려워 다른 제후들이 말끝마다 초나라를
치자고 하는 것입니다.”

  或爲六國說秦王曰:「土廣不足以爲安, 人衆不足以爲强. 若土廣者安,
人衆者强, 則桀·紂之後將存. 昔者, 趙氏亦嘗强矣. 曰趙强何若? 擧左案齊,
擧右案魏, 厭案萬乘之國二, 國千乘之宋也. 築剛平, 衛無東野, 芻牧薪采莫
敢闚東門. 當是時, 衛危於累卵, 天下之士相從謀曰:『吾將還其委質, 而朝
於邯鄲之君乎!』於是天下有稱伐邯鄲者, 莫不令朝行. 魏伐邯鄲, 因退爲
逢澤之遇, 乘夏車, 稱夏王, 朝爲天子, 天下皆從. 齊太公聞之, 擧兵伐魏,
壤地兩分, 國家大危. 梁王身抱質執璧, 請爲陳侯臣, 天下乃釋梁. 郢威王
聞之, 寢不寐, 食不飽, 帥天下百姓, 以與申縛遇於泗水之上, 而大敗申縛.
趙人聞之至枝桑, 燕人聞之至格道. 格道不通, 平際絶. 齊戰敗不勝, 謀則
不得, 使陳毛釋劍撥, 委南聽罪, 西說趙, 北說燕, 內喩其百姓, 而天下乃齊釋.
於是夫積薄而爲厚, 聚少而爲多, 以同言郢威王於側紂之間. 臣豈以郢威王
爲政衰謀亂以至於此哉? 郢爲强, 臨天下諸侯, 故天下樂伐之也!」

【六國】 즉 山東의 여섯 나라. 즉 崤山 동쪽의 韓·魏·趙·燕·齊·楚 나라를
  함께 일컫는 말.

【秦王】 秦始皇. 嬴政.

【桀】 夏나라 마지막 임금. 폭군. 湯에게 망하였다.

【紂】 殷나라 마지막 임금. 폭군. 周에게 망하였다.

【宋】 周初 殷나라 후예로 남았던 나라. 商丘를 도읍으로 하였으며 전국시대에 이르러 B.C. 286년 齊나라에게 멸망당하였다.

【衛】 수도는 濮陽. B.C. 254년 魏나라에게 멸망하였다.

【邯鄲】 전국시대 趙나라의 도읍.

【逢澤】 지금의 河南省 開封縣 남쪽.

【夏車】 붉은 수레. 鮑本에 "夏, 取其文. 禮有夏篆. 正曰: 乘夏車者, 言中夏之車, 下文可徵. 夏, 亥雅反. 禮注, 夏, 赤也. 孤東·夏篆, 非天子之車"라 하였다.

【齊 太公】 太公 呂尙이 아니라 田和, 즉 齊莊公의 아들. 그러나 이 또한 시간적으로 맞지 않아 齊威王으로 보는 것이 가장 타당하다.

【梁王】 魏王. 魏나라의 수도가 大梁이여서 梁나라라고도 불렀다.

【陳侯】 齊王을 가리킨다. 전국시대의 齊나라는 田氏(원래 陳氏가 성을 바꾼 것)가 왕이 되었었다.

【泗水】 산동의 泗水縣.

【申縛】 齊나라 장수. '申縛'으로도 쓴다. 111장 참조.

【枝桑·格道·平際】 모두 지명이다.

【陳毛】 齊나라 사람. 성씨로 보아 齊나라 田氏의 公族으로 여겨진다.

【側紂之間】 紂王 옆에 있을 정도로 악하므로 정벌해야 한다는 뜻. 혹은 紂를 '牖'로 보아 '사람들이 모여 창가에서 이를 화제로 삼다'의 뜻.(高誘)

참고 및 관련 자료

1. B.C. 220년쯤에 秦始皇에게 한 말이라는 주장과 그보다 훨씬 전 B.C. 333년 秦惠王에게 한 말일 것이라는 등의 설이 있다.

2. 鮑本의 평어

『補曰: '同言郢威王'云云, 言天下又欲謀楚也. 此章先言趙强而魏伐之, 魏强而齊伐之, 齊强而楚伐之, 楚强而諸侯又謀之. 言强者之不足恃, 召天下之所惡, 而欲共攻之者也. 言此欲以止秦之攻, 故云'爲六國說也'.』

戰國策

권7 진책 秦策 (五)

총8장(103~110)

〈秦始皇像〉

백 리 길 가는 자

어떤 이가 진왕秦王에게 말
하였다.

"제가 생각건대 대왕께서 제
齊·초楚 두 나라는 마구 대하고
한韓나라는 개·닭 취급하는 이유
가 무엇인지 의심스럽습니다.
제가 듣기에 왕자王者는 싸움에
이겨도 교만하지 아니하고, 패자
霸者는 맹주가 되고도 원망을

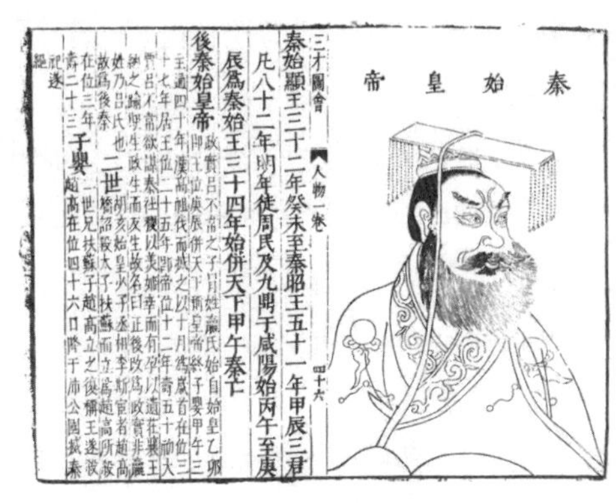

〈秦始皇像〉《三才圖會》

사지 않는다 하였습니다. 이기고도 교만하지 않기 때문에 세상 사람이
복종하는 것이요, 맹주가 되고도 원망을 사지 않기 때문에 이웃 나라가
복종해 오는 것입니다. 지금 대왕께서는 위魏·조趙 두 나라에게는 크게
은덕을 베풀면서 왕에게 땅을 빼앗긴 제나라에 대해서는 가볍게 여기시니
이것이 곧 교만입니다. 의양宜陽 싸움에 이긴 후 그때 우방이었던 초나라와의
외교는 긍휼히 여기지 않으시니 이것은 곧 원망을 사는 일입니다. 교만과
원망은 패업을 이룬 군주가 할 일이 아닙니다. 제가 대왕을 위해 대신
걱정해 드리건대 그렇게 하시면 안 됩니다.《시詩》에 '처음에 미덥게
하지 않은 것은 아니지만 끝이 모두 좋은 것은 아닐세(靡不有初, 鮮克有終)'라
하였습니다. 그 때문에 고대 선왕들께서 중하게 여겼던 바는 바로 시작과
마무리였습니다. 이를 어떻게 아느냐구요?

옛날 지백智伯 요瑤가 범씨范氏·중항씨中行氏를 멸한 후에 조씨趙氏를
진양晉陽에서 공격하다가 오히려 한·위의 배반으로 대패하고 삼국의
웃음거리가 되었습니다.

또 오왕吳王 부차夫差가 월왕越王 구천勾踐을 회계산會稽山에 몰아넣고는
애릉艾陵에서 제나라를 크게 이기고, 황지黃池에서 패자의 맹약을 위해
모였을 때 송宋나라에게 무례하게 굴었다가 그만 월왕 구천에게 뒷덜미를

잡혀 간수干隧에서 죽고 말았습니다.

양(梁, 魏) 혜왕惠王이 초·제 두 나라를 쳐 이기고, 조·한 두 나라의 군대를 제압한 후 열두 제후를 거느리고 맹진孟津에서 천자를 알현하였습니다. 그러나 그의 태자는 죽고 서민으로 전락하여 진(秦, 齊의 오기)나라에 묶이고 말았습니다.

지백 요나 오왕 부차·양혜왕 셋은 공이 없는 게 아닙니다. 다만 시작은 능란하였으나 끝을 미숙하게 하였기 때문에 그러한 종말을 맞은 것입니다.

지금 대왕의 업적을 보면 의양宜陽을 깨뜨리고 삼천三川을 잔폐시켜 천하의 선비들로 하여금 입을 벌리지 못하게 해놓으셨습니다. 그리고 천하 영토를 옹유하여 두 주周나라의 땅을 옮겨 놓아 제후들로 하여금 감히 양후陽侯의 요새는 엿보지도 못하게 만들어 놓으셨습니다. 또 황조黃棗 땅을 점령하여 한·초 두 나라의 병사들이 감히 들어오지 못하게 해버렸습니다.

대왕께서 능히 이의 마무리를 잘 처리하신다면 삼왕이 넷이라도 부족하고, 오패가 여섯이라도 부족하다 할 것입니다. 그러나 만약 마무리를 잘못하여 후환이 생긴다면 제후의 임금들과 하河·제濟 근처의 나라 사람들이 왕을 옛날 오왕 부차나 지백 요의 일로 만들어 버리지나 않을까 하는 것이 저의 걱정입니다.

《시詩》에 '백 리를 가는 사람은 90리를 가서 반 왔다고 여겨라(行百里者, 半於九十)'라 하였습니다. 이것은 마지막 마무리가 어려움을 말하는 것입니다. 지금 대왕께서는 교만한 표정을 짓고 계신데, 이로 보면 천하의 장래가 제후들의 각오에 따라 초나라 아니면 진나라 두 나라 중 하나가 반드시 병화를 입게 될 것입니다. 어떻게 그것을 아느냐구요? 진나라가 위나라를 도와주면서 초나라를 거절하면 초나라는 한나라를 도와 진나라에 대항할 것입니다.

이 네 나라는 서로 비슷하여 능히 서로 두 번 싸울 수는 없습니다. 그때 제나라나 송나라는 먹줄 밖의 권한을 누리게 되지요. 그러므로 먼저 제·송 두 나라를 끌어들이는 나라가 진나라를 쳐들어올 것입니다. 그러나 진나라가 먼저 제·송 두 나라를 끌어들이면 한나라가 사그러들고, 한나라가 사그러들면 초나라가 고립되어 병화를 입을 것입니다. 초나라가 먼저 제나라를 끌어들이면 위나라가 사그러들고, 위나라가 사그러들면 진나라는 고립되어 병화를 입게 될 것입니다. 만약 이런 계략이 사실대로 실행된다면 진·초 두 나라는 틀림없이 처하의 웃음거리가 되고 말 것입니다."

謂秦王曰:「臣竊惑王之輕齊易楚, 而卑畜韓也. 臣聞, 王兵勝而不驕, 伯主約而不忿. 勝而不驕, 故能服世; 約而不忿, 故能從鄰. 今王廣德魏·趙, 而輕失齊, 驕也; 戰勝宜陽, 不恤楚交, 忿也. 驕忿非伯主之業也. 臣竊爲大王慮之而不取也.

詩云:『靡不有初, 鮮克有終.』故先王之所重者, 唯始與終. 何以知其然? 昔智伯瑤殘范·中行, 圍逼晉陽, 卒爲三家笑; 吳王夫差棲越於會稽, 勝齊於艾陵, 爲黃池之遇, 無禮於宋, 遂與勾踐禽, 死於干隧; 梁君伐楚勝齊, 制趙·韓之兵, 驅十二諸侯, 以朝天子於孟津, 後子死, 身布冠而拘於秦. 三者非無功也, 能始而不能終也.

今王破宜陽, 殘三川, 而使天下之士不敢言; 雍天下之國, 徙兩周之疆, 而世主不敢交(窺)陽侯之塞; 取黃棘, 而韓·楚之兵不敢進. 王若能爲此尾, 則三王不足四, 五伯不足六. 王若不能爲此尾, 而有後患, 則臣恐諸侯之君, 河·濟之士, 以王爲吳·智之事也.

詩云:『行百里者, 半於九十.』此言末路之難. 今大王皆有驕色, 以臣之心觀之, 天下之事, 依世主之心, 非楚受兵, 必秦也. 何以知其然也? 秦人援魏以拒楚, 楚人援韓以拒秦, 四國之兵敵, 而未能復戰也. 齊·宋在繩墨之外以爲權, 故曰先得齊·宋者伐秦. 秦先得齊·宋, 則韓氏鑠; 韓氏鑠, 則楚孤而受兵也; 楚先得齊, 則魏氏鑠; 魏氏鑠, 則秦孤而受兵矣. 若隨此計而行之, 則兩國者, 必爲天下笑矣.」

【秦王】 高注에는 "秦始皇也"라 하였지만 내용으로 보아 武王이나 昭王이어야 한다는 주장도 있다.

【卑畜韓】 韓나라를 천하게 여김. 소, 닭기르 듯 천시함을 말함.

【先王】 聖王. 堯·舜·禹·湯·文·武.

【棲越於會稽】 周敬王 26년(B.C. 494년)에 越王 勾踐이 吳나라를 공격하였으나

오히려 夫椒山에서 오나라에게 대패하였다. 이에 월왕 勾踐은 會稽山(折江省 紹興縣)으로 피하였다. 그 후 周元王 3년(B.C. 473년)에 吳나라가 齊나라를 치고, 晉·宋 두 나라와 다투는 사이에 越나라가 다시 공략하여 결국 오나라는 망하고 만다.

【梁君……孟津……於齊】 梁나라(魏. 도읍이 大梁이었기 때문에 梁이라고도 칭한다) 惠王이 楚·齊 두 나라를 쳐 이기고 趙·韓을 누른 다음, 魯·衛·曹· 宋·鄭·陳·許 등을 거느리고 周 天子를 孟津(지금의 河南省 孟縣 河陽渡)에서 朝見하였다. 그 후 周顯王 16년(B.C. 353년) 齊나라가 田忌·孫臏 등으로 하여금 趙나라를 구하게 하였다. 魏나라는 太子 申과 龐涓 등으로 馬陵(지금의 河北省 大名縣)에서 막아 싸웠지만 크게 패하여 龐涓은 자살하고 太子 申도 포로가 되었다가 자살하고 만다. 《史記》 孫子吳起列傳 참조. 姚注에는 "梁君, 梁惠王也. 伐楚·齊, 勝之, 制御趙·韓之兵, 驅使十二諸侯魯·衛·曹· 宋·鄭·陳·許之君, 朝天子于孟津"이라 하였다.

【陽侯之塞】 陽侯는 古代 諸侯國 이름. 孟津 근처에 있었다. 여기서는 그 땅의 위치를 말한다.

【三王不足四, 五伯不足六】 高注에 "言王若能策討之始得之矣, 如能終卒沒, 則王伯之道也"라 하였다.

【河濟之士】 黃河와 濟水 유역의 나라. 즉, 齊·趙·韓·魏.

【詩】 두 곳 인용된 시 구절은 지금의 《詩經》에는 없다. 逸詩이다.

1. 이는 宜陽之戰(002·031·064·068·207·234·384·385·386장) 조금 뒤로 보인다. 101·102·159장 등 참조. "行百里者, 半於九十"은 逸詩로 이 《戰國策》에 의해 널리 알려진 구절이기도 하다.

2. 鮑本의 평어

『彪謂: 此策, 孟軻之徒也, 惜其不名. 正曰: 孟子曰: 仲尼之徒, 無道桓·文之事者, 五伯者三王之罪人. 今策云伯王之業, 五伯不足六, 孟子而有是言歟? 驕者必敗, 亦論之常. 其言先得齊·宋與失之, 揣量事勢, 計較强弱, 不過以力服人而已! 豈可與孟子同日語哉?』

104(7-2) 秦王與中期爭論
폭군을 만났더라면

진왕秦王이 중기中期와 쟁론하였으나 이길 수가 없었다. 마침내 왕이 화를 내자 중기는 슬며시 나가 버리고 말았다. 어떤 사람이 중기 대신 왕에게 말하였다.

"못된 인간이군요. 중기란 놈은! 그가 조금 전에 마침 대왕 같은 명군을 만났기에 망정이지, 걸桀·주紂 같은 폭군을 만났더라면 반드시 죽임을 당하고 말았을 것입니다."

이 말을 듣고 왕은 중기를 견책하지 않았다.

秦王與中期爭論, 不勝. 秦王大怒, 中期徐行而去. 或爲中期說秦王曰:
「悍人也. 中期! 適遇明君故也, 向者遇桀·紂, 必殺之矣.」秦王因不罪.

【秦王】秦昭王.
【中期】인명. 秦나라 辯士.
【桀紂】桀은 夏나라 末王, 湯에게 망하였다. 紂는 商나라 末王, 周(文武)에게 망하였다. 모든 악한 것은 다 이들에게 귀속시켜 비유하였다.
【必殺之矣】姚注에 "有人爲中期說, 言遭遇明君, 不罪勝己臣, 故不見誅也. 若其遇桀·紂, 則必(一下有'誅'字)殺也"라 하였다.
【秦王因不罪】姚注에 "言桀殺逢蒙, 紂殺比干, 惡其勝己也. 秦王恥襲桀·紂之闕, 故不罪"라 하였다.

漢, 畫像磚

105(7-3) 獻則謂公孫消
그대가 재상이 되리라

헌칙獻則이라는 사람이 진秦나라 공손소公孫消에게 말하였다.

"그대는 진나라 대신들 중에서도 높은 분이며, 여러 차례 정벌에 공을
세웠습니다. 그러면서도 재상의 자리에 오르지 못한 것은 선태후宣太后께서
그대를 좋아하지 않기 때문입니다. 신융辛戎이란 자는 태후의 친척이면서
지금은 초楚나라로 도망갔다가 다시 동주東周에 머물러 있습니다. 공께서는
어찌 진·초 두 나라에게 중함을 받는 것을 바탕으로 동주의 재상이 되도록
후원하지 않으십니까? 초나라도 이에 이롭게 여길 것입니다. 이렇게
신융이 진·초 두 나라의 중시를 받는다는 것을 보면 늘 그 신융을 걱정하던
태후께서 틀림없이 그대를 좋아할 것입니다. 그때는 그대가 틀림없이
재상자리에 오를 수 있을 것입니다."

獻則謂公孫消曰:「公, 大臣之尊者也, 數伐有功. 所以不爲相者, 太后不
善公也. 辛戎者, 太后之所親也. 今亡於楚, 在東周. 公何不以秦·楚之重,
資而相之於周乎? 楚必便之矣. 是辛戎有秦·楚之重, 太后必悅公, 公相必矣.」

【獻則】 楚나라의 策士로 秦나라에 와 있던 자.
【公孫消】 내용으로 보아 秦나라의 公族大夫인 듯하다.
【太后】 楚나라 출신으로 孝文王의 황후. 莊襄王의 어머니. 곧 華陽 부인.
姚注에 "大后, 楚女, 孝文皇后. 莊襄王母也. 號華陽夫人者也"라 하였다.
【辛戎】 宣太后의 同父弟이며 魏冉의 異父弟(084·215·412장 참조) 이름을
혹 미융(芈戎)이라고도 쓴다. '芈'는 楚나라 성씨이다.
【楚必便之】 鮑注에 "戎雖以罪去楚, 楚旣與秦共資之, 必爲楚用, 故楚利之"라
하였다.

106(7-4) 樓啎　　　約秦魏
변화무쌍한 국제관계

누오樓啎가 진秦나라를 위魏나라와 결합시키고, 위나라 태자를 진나라에
인질로 보내게 되었다. 그러나 위나라 신하 분강紛彊은 맹약을 파기하자고
주장하면서 태후에게 이렇게 말하였다.

"두 나라의 결합이란 돌고돌아 그 변화무쌍합니다. 만약 진나라를
포기하는 것이 우리 위나라에 유리하다면 우리는 그 진나라를 배신할
수밖에 없을 수도 있습니다. 우리가 진나라를 거부하는 날에는 태자의
목숨은 분토처럼 됩니다."

이를 들은 위태후魏太后는 왕을 앉혀 놓고 흐느꼈다. 이에 왕도 태자의
앞날이 의심스러워 그를 보내지 않고 중간에 위나라의 산조酸棗 땅에
머무르게 하였다. 겁이 난 것은 누오였다. 이때 마침 소연昭衍이라는
자가 주周나라 사신으로 위나라에 와 있었다. 누오는 이 소연을 찾아
의견을 물었다. 소연이 위왕을 알현하자 왕이 먼저 소연에게 물었다.

"무슨 소식 못 들었소?"

소연이 말하였다.

"진나라가 장차 이 위나라를 친다고 합니다."

위왕이 다시 물었다.

"진나라는 이미 우리와 맹약을 맺기로 기약이 되어 있소."

소연은 이렇게 설명하였다.

"진나라는 귀국 위왕과의 맹약에 의심을 품고 있습니다. 태자를 산조에
머물게 하고 진나라에 보내지 않고 있는 것에 대해서 말입니다. 그래서
진왕은 '위나라가 우리와의 맹약을 파기하고 나면 틀림없이 우리를 공격해
올 것이다. 우리가 앉아서 공격을 기다리느니 차라리 먼저 공격하리라'라
하였다는 것입니다. 그 진나라가 그렇게 강하면서도 몸을 굽혀 우리 동주東周
에게 동맹을 맺자고 하면 제 생각으로는 그 화가 엉뚱하게 우리 동주에
미치지 않을까 걱정입니다."

樓辞約秦・魏, 魏太子爲質, 紛彊欲敗之. 謂太后曰:「國與還者也, 敗秦而利魏, 魏必負之. 負秦之日, 太子爲糞矣.」太后坐王而泣. 王因疑於太子, 令之留於酸棗. 樓子患之. 昭衍爲周之梁, 樓子告之. 昭衍見梁王, 梁王曰:「何聞?」曰:「聞秦且伐魏.」王曰:「爲期與我約矣.」曰:「秦疑於王之約, 以太子之留酸棗而不之秦. 秦王之計曰:『魏不與我約, 必攻我; 我與其處而待之見攻, 不如先伐之.』以秦彊折節而下與國, 臣恐其害於東周.」

【樓辞】 樓悟・樓梧 등으로도 표기되며, 魏나라 신하. 354장 참조.
【太子】 魏나라 태자 公子 政. 鮑注에는 '哀王'으로 되어 있다.
【魏王】 魏나라 襄王.
【紛彊】 魏나라 신하. 자세한 사적은 알 수 없다.
【酸棗】 땅 이름. 魏地.
【昭衍】 東周의 신하.
【爲周之梁】 魏나라 사신으로 梁(魏)나라로 가다. '之'는 실사.
【持節】 신분을 낮추어 남에게 겸양히 구는 것.
【其害於東周】 姚注에 "昭衍不欲正言害魏也, 故詭言恐害東周也. 秦來伐, 必徑東周故也"라 하였고, 鮑本에는 "不欲正言魏受伐. 魏與周隣, 言周, 則魏可知. 元在秦策. 正曰: 交載秦・魏事, 從舊可"라 하였다.

1. ≪史記≫ 魏世家에에 의하면 魏 哀襄王 12년(B.C. 307년 혹은 266년) 때의 일이다.

沂南 漢墓 門楣 畫像

107(7-5) 濮陽人呂不韋
여불위의 계략

복양濮陽 사람 여불위呂不韋가 조趙나라 서울 한단邯鄲에서 장사를 하고 있었다. 그때 진秦나라에서 인질로 와 있던 이인異人을 알게 되었다. 여불위는 집에 돌아가 그 아버지에게 여쭈었다.

"농사를 지으면 이익이 몇 배나 남습니까?"

"열 배지."

"주옥珠玉의 이익은 몇 배입니까?"

"1백 배는 되겠지."

"그러면 나라를 세워 임금이 될 자를 사두면 이익이 몇 배나 됩니까?"

"그야 셀 수 없지."

그러자 여불위는 말하였다.

"지금 힘써 농사를 짓거나 힘들여 일을 해서 얻는 이익이란 그저 추위에 떨지 않고 배곯지 않는 정도도 어렵지만, 나라를 일으킬 왕을 세워 주면 그 혜택이 대대로 남을 테니 저는 가서 이 일을 하겠습니다."

당시 진나라에서 인질로 와있던 이 이인은 각성(廓城, 聊城)에 살고 있었다. 여불위는 고의로 그를 찾아가 달래기 시작하였다.

"당신 이복형 자혜子傒는 나라를 이어갈 것이며, 진나라 궁 안에는 그의 어머니조차 힘을 써주고 있습니다. 그러나 지금 그대는 도와줄 어머니도 없으며 게다가 앞일을 알 수 없는 이 외국에 인질로 와 있으니, 만약 하루아침에 진나라와 조나라 사이의 조약이 깨어져 싸움이라도 벌어지는 날에는 당신이 제일 먼저 분토가 되고 맙니다. 그러나 내 계책대로만 하면 진나라에 돌아가 왕이 될 수 있습니다. 내가 그대를 위하여 진나라에 가겠습니다. 그래서 진나라로 하여금 틀림없이 그대를 모셔가게 하겠습니다."

이에 여불위는 진나라로 들어가 왕후(王后, 孝文王의 妃 華陽夫人)의 동생 양천군陽泉君을 만났다.

"그대의 죄는 사형에 해당하오. 알고 있소? 그대 문하 사람들은 관직과 작위가 높은 위치에 오르지 않은 자가 없지만 태자子傒의 문하 사람들은 귀하게 된 자가 하나도 없소. 게다가 그대의 창고에는 진주, 보옥이 가득하고 그대의 마구간에 준마들이 넘쳐나고 있으며, 그대의 뒤뜰에는 미녀들이 우글거리고 있소. 지금 임금이 연세가 높아 하루아침에 죽고 나면 태자가 권력을 쥐게 될 것이오. 그때 그대의 위험이란 달걀을 쌓아놓은 것과 같고 목숨은 아침에 피어 저녁에 지는 꽃만도 못하오. 그대에 대해 일체를 천만세 부귀하게 해주고 태산에 사유四維보다 편안히 해서 영원히 후환이 없게 해줄 수 있는 계책을 말씀해 드리겠소."

놀란 양천군이 자리를 옮겨 앉으며 간청을 하였다. 여불위는 계속 말을 이었다.

"효문왕孝文王께서는 이미 늙었소. 그러나 그가 총애하는 당신 누이 화양 부인은 아들이 없소. 자혜가 나라의 대업을 잇게 되어 있고 게다가 당신과 알력이 있는 사창士倉이 보좌하게 될 것이오. 왕이 죽고 나서 자혜가 왕이 되고 사창이 국사를 맡게 되면, 그대 왕후의 문전은 쑥밭이 되고 마는 거요. 그런데 조나라에 인질로 가 있는 이인子楚은 어진 인물이외다. 몸은 조나라에 버려졌고 안에서는 어머니의 도움도 없어, 목을 빼고 서쪽을 바라보며 한 번 고국으로 돌아왔으면 하는 생각에 잠겨 있소. 이럴 때 왕후께서 임금에게 청하여 그를 세워 주는 거요. 이렇게 되면 그 이인은 나라 없던 자가 나라를 얻게 되는 것이 되고 왕후는 아들 없던 자가 아들을 얻게 되는 것이외다."

양천군이 말하였다.

"옳소."

그리고는 곧 왕후에게 들어가 알렸다. 화양 부인 역시 즉시 승락을 하고 조나라에 청해 그를 귀국시키도록 하였다.

그러나 조나라는 자초子楚를 놓아주려 하지 않았다. 여불위는 조왕趙王을 설득하였다.

"자초는 진나라가 총애하는 왕자입니다. 그의 어머니가 이미 죽었기 때문에 화양 부인이 그를 아들로 삼으려 하고 있습니다. 진나라가 조나라를 도륙하고자 한다면 까짓 왕자 하나 인질로 있다고 해서 계책을 유보하지는 않을 것입니다. 이렇게 보면 조나라는 가치 없는 인질을 헛되이 껴안고 있는 셈입니다.

그러나 지금 자초가 돌아가 왕이 되도록 조나라는 오히려 많은 예물을 주어 보내십시오. 그렇게 되면 그는 돌아가서 절대로 조나라의 은덕과 시혜를 배반하지 않을 것입니다. 이렇게 되면 저절로 덕으로 강화를 맺는 셈이 됩니다. 지금 진나라 효문왕은 늙었습니다. 어느 날 죽고 났을 때, 자초 같은 왕자 하나 보내지 않고 붙들어 둔다고 해서 진나라와 조나라의 조약이 계속 이어진다고 볼 수는 없습니다.”

조나라는 자초를 귀국시켜 주었다.

자초가 진나라에 이르자 여불위는 그에게 초나라 옷을 입히고 왕후를 접견하게 하였다. 왕후가 이 모습을 보고 대단히 기뻐 칭찬하면서 물었다.

“내가 바로 초나라 사람임을 어찌 알았지?”

그리고는 아들로 삼고 이름도 초(楚, 子楚)라고 바꿔 부르게 하였다.

왕孝文王이 그에게 책을 읽어보라고 하였다. 그러자 자초는 이렇게 말하였다.

“저는 어려서부터 외국에 버려져, 일찍이 스승에게 학문을 배워본 적이 없기 때문에 책을 읽을 줄 모릅니다.”

왕은 실망하여 그대로 두었고 그런 채로 자초는 버려져 있었다. 얼마 후 자초는 왕에게 진언할 기회가 있었다.

“폐하께서도 옛날 조나라에 머물렀던 적이 있었지요. 그때 조나라의 호걸들로서 폐하와 사귀어 이름을 알고 지낸 자가 적지 않을 것입니다. 그런데 지금 폐하께서 돌아와 왕이 되고 난 후에는 그들이 서쪽을 바라보며 늘 폐하의 덕을 생각하고 있는데 폐하께서는 한 번도 사자를 보내 그들을 위로한 적이 없습니다. 저는 아마 지금 그들이 오히려 원한을 갖고 있지 않나 두렵습니다. 그러니 국경의 관문을 저녁 일찍 닫고 아침 늦게 여는 것이 안전할 것이라 생각됩니다.”

왕이 이 말을 듣자 그렇다고 여기며 그의 계책을 기이하다고 생각하였다. 그때부터 왕후華陽夫人는 자초의 태자 책립을 왕에게 권하기 시작하였다. 왕은 드디어 재상을 불러 명령을 내렸다.

“내 아들 중에 자초만 한 자가 없다. 이를 태자에 책봉한다.”

그리고 즉시 그를 태자로 삼게 되었다. 그 후 자초가 왕이 되자 여불위를 승상으로 삼고 호를 문신후文信侯라 하였으며 남전藍田 땅 12현을 식읍으로 주었다. 왕후는 화양태후華陽太后로 승격되고 제후들이 모두 진나라에게 토지를 헌납하여 축하하였다.

濮陽人呂不韋賈於邯鄲, 見秦質子異人, 歸而謂父曰:「耕田之利幾倍?」曰:「十倍.」「珠玉之贏幾倍?」曰:「百倍.」「立國家之主贏幾倍?」曰:「無數.」曰:「今力田疾作, 不得煖衣餘食; 今建國立君, 澤可以遺世. 願往事之.」

秦子異人質於趙, 處於厠(聊)城. 故往說之曰:「子傒有承國之業, 又有母在中. 今子無母於中, 外託於不可知之國, 一日倍約, 身爲糞土. 今子聽吾計事, 求歸, 可以有秦國. 吾爲子使秦, 必來請子.」

乃說秦王后弟陽泉君曰:「君之罪至死, 君知之乎? 君之門下無不居高尊位, 太子門下無貴者. 君之府藏珍珠寶玉, 君之駿馬盈外廐, 美女充後庭. 王之春秋高, 一日山陵崩, 太子用事, 君危於累卵, 而不壽於朝生. 說有可以一切, 而使君富貴千萬歲, 其寧於太山四維, 必無危亡之患矣.」陽泉君避席, 請聞其說. 不韋曰:「王年高矣, 王后無子, 子傒有承國之業, 士倉又輔之. 王一日山陵崩, 子傒立, 士倉用事, 王后之門, 必生蓬蒿. 子異人賢材也, 棄在於趙, 無母於內, 引領西望, 而願一得歸. 王后誠請而立之, 是子異人無國而有國, 王后無子而有子也.」陽泉君曰:「然.」入說王后, 王后乃請趙而歸之.

趙未之遣, 不韋說趙曰:「子異人, 秦之寵子也, 無母於中, 王后欲取而子之. 使秦而欲屠趙, 不顧一子以留計, 是抱空質也. 若使子異人歸而得立, 趙厚送遣之, 是不敢倍德畔施, 是自爲德講. 秦王老矣, 一日晏駕, 雖有子異人, 不足以結秦.」趙乃遣之.

異人至, 不韋使楚服而見. 王后悅其狀, 高其知, 曰:「吾楚人也.」而自子之, 乃變其名曰楚. 王使子誦, 子曰:「少棄捐在外, 嘗無師傅所教學, 不習於誦.」王罷之, 乃留止. 間曰:「陛下嘗軔車於趙矣, 趙之豪桀, 得知名者不少. 今大王反國, 皆西面而望. 大王無一介之使以存之, 臣恐其皆有怨心. 使邊境早閉晚開.」王以爲然, 奇其計. 王后勸立之. 王乃召相, 令之曰:「寡人子莫若楚」立以爲太子.

子楚立, 以不韋爲相, 號曰文信侯, 食藍田十二縣. 王后爲華陽太后, 諸侯皆致秦邑.

【濮陽】≪史記≫에는 陽翟人으로 되어 있다. 濮陽은 원래 衛나라의 서울로 지금의 河南省 濮陽縣 경내.

【呂不韋】秦나라 큰 상인이었다. 秦始皇(政)의 사실상 아버지인 셈이다. 趙나라 서울 邯鄲에 갔을 때 그곳에 인질로 와 있던 왕자(子楚)를 자금을 털어 공작을 꾸민 끝에 秦나라에 가서 왕이 되게 한다. 아울러 자기의 첩(뒤에 王后가 되었다)을 자초에게 준다. 그러나 이 첩은 이미 여불위의 아이(뒤에 秦始皇)를 잉태하고 있었다. 여자는 그를 숨기고 있었다. 결국 왕이 된 子楚(莊 襄王)에 의해 여불위는 재상이 되어 문신후의 칭호를 얻는다. 그리고 그는 당시 같은 시대의 전국 四公子를 능가하는 식객을 거느렸으며 학자를 모아 ≪呂氏春秋≫를 지어 "이 책에서 한 자라도 잘못된 곳을 찾아내는 자에게는 천금을 주겠다"라고 자신하였다. 政이 열세 살 때 莊襄王은 죽고 왕위(始皇帝)에 오르자 여불위는 태후(政의 母. 원래 呂不韋 妾)와 계속 사통하는 등 정권을 농단하다가 시황이 커서 그의 권력이 너무 큰 것과 어머니와의 관계를 알자 추방해 버린다. 그래서 그는 결국 蜀에서 음독자살하고 만다. ≪史記≫ 呂不韋 列傳 참조.

❀ 참고로 秦 昭王 때부터 秦 始皇의 출생에 이르기까지의 계보관계를 표로 보이면 다음과 같다. (숫자는 왕위 순서임)

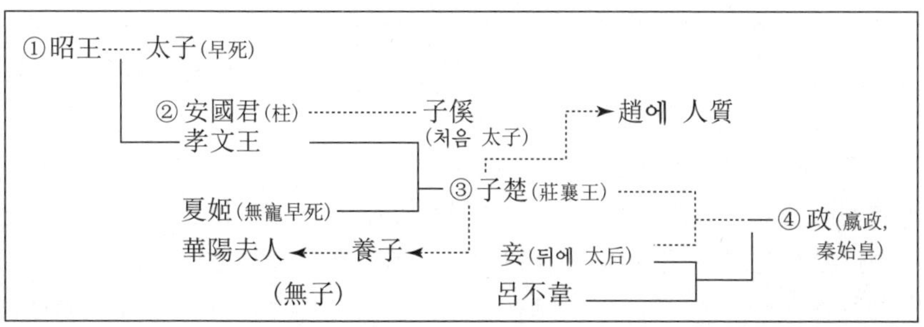

【異人】異人은 인질로 와 있는 사람. 異邦人이라는 뜻. 뒤에 정식으로 '子楚'로 불리게 된다.

【扃城】趙나라 읍 이름. ≪史記≫ 呂不韋傳의 張守節 集解에는 '聊城'으로 되어 있다. 聊城은 지금의 山東省 聊城市. 당시 趙나라 땅이었다.

【願往事之】 장사꾼답게 왕자를 기이한 상품(奇貨)으로 본 것. ≪史記≫에는 "呂不韋賈邯鄲, 見而憐之曰: '此奇貨可居.' 乃往見子楚"라 하여 '奇貨'라는 성어를 남겼다.

【子傒】 子楚가 인질로 와 있을 때 태자였던 安國君(柱)의 장자. 高注에 "秦太子也, 異人之異母兄弟"라 하였다. 당시 昭王이 재위 중이었고 子楚의 아버지 柱(安國君)가 태자였으므로 사실상 그의 아들을 가리킨다.

【朝生】 아침에 피었다가 저녁에 지는 꽃.

【陽泉君】 華陽 부인의 동생.

【士倉】 秦나라 신하.

【晏駕】 왕의 죽음을 말한다. ≪史記≫ 范雎傳 集解에 "凡初崩爲晏駕者, 臣子之心, 猶謂宮車當駕而晚出"이라 하였다.

1. ≪史記≫ 呂不韋列傳에도 실려 있으며 내용도 비슷하다. 呂不韋가 文信侯에 봉해진 것은 秦王政(秦始皇) 元年(B.C. 246년)이며, 노애(嫪毐) 사건에 연루되어 상국에서 면직된 것은 始皇 4년(B.C. 242년)이다.

2. ≪史記≫ 呂不韋列傳

呂不韋者, 陽翟大賈人也. 往來販賤賣貴, 家累千金. 秦昭王四十年, 太子死. 其四十二年, 以其次子安國君爲太子. 安國君有子二十餘人. 安國君有所甚愛姬, 立以爲正夫人, 號曰華陽夫人. 華陽夫人無子. 安國君中男名子楚, 子楚母曰夏姬, 母愛. 子楚爲秦質子於趙. 秦數攻趙, 趙不甚禮子楚.

子楚, 秦諸庶孽孫, 質於諸侯, 車乘進用不饒, 居處困, 不得意. 呂不韋賈邯鄲, 見而憐之, 曰『此奇貨可居』. 乃往見子楚, 說曰：「吾能大子之門.」子楚笑曰：「且自大君之門, 而乃大吾門!」呂不韋曰：「子不知也, 吾門待子門而大.」子楚心知所謂, 乃引與坐, 深語. 呂不韋曰：「秦王老矣, 安國君得爲太子. 竊聞安國君愛幸華陽夫人, 華陽夫人無子, 能立適嗣者獨華陽夫人耳. 今子兄弟二十餘人, 子又居中, 不甚見幸, 久質諸侯. 卽大王薨, 安國君立爲王, 則子毋幾得與長子及諸子旦暮在前者爭爲太子矣.」子楚曰：「然. 爲之奈何?」呂不韋曰：「子貧, 客於此, 非有以奉獻於親及結賓客也. 不韋雖貧, 請以千金爲子西游, 事安國君及華陽夫人, 立子爲適嗣.」子楚乃頓首曰：「必如君策, 請得分秦國與君共之.」

呂不韋乃以五百金與子楚, 爲進用, 結賓客; 而復以五百金買奇物玩好, 自奉而

西游秦, 求見華陽夫人姊, 而皆以其物獻華陽夫人. 因言子楚賢智, 結諸侯賓客徧
天下, 常曰:「楚也以夫人爲天, 日夜泣思太子及夫人」. 夫人大喜. 不韋因使其姊
說夫人曰:「吾聞之, 以色事人者, 色衰而愛弛. 今夫人事太子, 甚愛而無子, 不以
此時蚤自結於諸子中賢孝者, 舉立以爲適而子之, 夫在則重尊, 夫百歲之後, 所子
者爲王, 終不失勢, 此所謂一言而萬世之利也. 不以繁華時樹本, 卽色衰愛弛後,
雖欲開一語, 尙可得乎? 今子楚賢, 而自知中男也, 次不得爲適, 其母又不得幸,
自附夫人, 夫人誠以此時拔以爲適, 夫人則竟世有寵於秦矣.」華陽夫人以爲然,
承太子閒, 從容言子楚質於趙者絶賢, 來往者皆稱譽之. 乃因涕泣曰:「妾幸得充
後宮, 不幸無子, 願得子楚立以爲適嗣, 以託妾身.」安國君許之, 乃與夫人刻玉符,
約以爲適嗣. 安國君及夫人因厚餽遺子楚, 而請呂不韋傅之, 子楚以此名譽益盛
於諸侯.

呂不韋取邯鄲諸姬絶好善舞者與居, 知有身. 子楚從不韋飲, 見而說之, 因起爲壽,
請之. 呂不韋怒, 念業已破家爲子楚, 欲以釣奇, 乃遂獻其姬. 姬自匿有身, 至大期時,
生子政. 子楚遂立姬爲夫人.

秦昭王五十年, 使王齮圍邯鄲, 急, 趙欲殺子楚. 子楚與呂不韋謀, 行金六百斤予
守者吏, 得脫, 亡赴秦軍, 遂以得歸. 趙欲殺子楚妻子, 子楚夫人趙豪家女也, 得匿,
以故母子竟得活. 秦昭王五十六年, 薨, 太子安國君立爲王, 華陽夫人爲王后,
子楚爲太子. 趙亦奉子楚夫人及子政歸秦.

秦王立一年, 薨, 諡爲孝文王. 太子子楚代立, 是爲莊襄王. 莊襄王所母華陽后爲
華陽太后, 眞母夏姬尊以爲夏太后. 莊襄王元年, 以呂不韋爲丞相, 封爲文信侯,
食河南雒陽十萬戶.

莊襄王卽位三年, 薨, 太子政立爲王, 尊呂不韋爲相國, 號稱仲父. 秦王年少, 太后
時時竊私通呂不韋. 不韋家僮萬人.

3. 鮑注의 평어

『彪謂: 不韋, 賈人也, 彼安能知義? 欲圖嬴而奪嫡立庶, 秦國之不亂敗者幸也!
以是得嬴, 而飮酖於蜀, 於是知有天道矣! 凡不韋所立, 於時皆喪身滅國之事.
周衰, 士之陰險傾邪, 無輩於不韋者. 不足算也, 不足算也! 子楚之計平平耳, 孝文
稱爲奇而立之, 非老悖乎?』

공자의 스승 항탁

　문신후文信侯 여불위呂不韋가 조趙나라를 공략하여 하간河間 땅을 넓히려고 먼저 강성군剛成君 채택蔡澤을 연燕나라에 보내어 3년 동안 연나라를 섬기는 대신, 연나라 태자 단丹을 진나라에 인질로 오도록 하였다. 여불위는 이에 장당張唐을 연나라 상국을 시켜 놓고, 연나라와 함께 조나라를 공격하여 하간을 넓힐 계획이었다. 그러나 장당이 난색을 표하였다.

　"연나라에 가자면 조나라 땅을 거쳐야 합니다. 조나라에서는 저를 잡는 자에게 1백 리의 상금을 주겠다고 되어 있습니다."

　장당의 집을 나온 여불위는 불쾌하였다. 이를 본 소서자少庶子 감라甘羅가 물었다.

　"그대께서는 기분이 언짢으심이 어찌 그리 심하십니까?"

　문신후가 설명하였다.

　"내가 강성군 채택을 연나라에 보내어 3년 동안 섬기는 대신, 그 나라 태자 단이 인질로 오도록 하였다. 그래서 이번에 장당에게 연나라에 가서 상국이 되어 달라고 하였더니 가기 싫다고 하고 있다."

　감라가 제의하였다.

　"그렇다면 제가 설득해서 가도록 하겠습니다."

　여불위는 버럭 화를 내며 내쫓았다.

　"내가 해도 가지 않으려 않는데 네가 어찌 그를 가게 할 수가 있겠느냐?"

　감라는 이렇게 말하였다.

　"무릇 항탁項橐은 일곱 살에 이미 공자孔子의 스승이 되었습니다. 지금 제가 벌써 열두 살인데 군께서는 나를 시험해 볼 것이지 어찌 급하게 꾸짖기만 하십니까?"

　그리하여 감라가 장당을 만났다.

　"그대의 공과 무안군(武安君, 白起)의 공은 누가 큽니까?"

　장당이 말하였다.

　"무안군은 전승공취戰勝攻取함이 헤아릴 수 없고 공성타읍攻城墮邑도

헤아릴 수가 없지. 나의 공은 무안군에 미칠 수 없지."

감라가 말하였다.

"그렇다면 그대는 공이 무안군만 못함을 확실히 알고 있는 것입니까?"

장당이 말하였다.

"알고 있지."

감라가 말하였다.

"응후(應侯, 范睢)가 진나라에 등용되었을 때와 문신후가 진나라를 다스릴 때 권력에 대한 전권은 어떻습니까?"

장당이 말하였다.

"응후가 아무래도 문신후만 못하지."

감라가 물었다.

"응후도 문신후만 못함을 알고있는 것입니까?"

장당이 말하였다.

"알고 있지."

그러자 감라가 이렇게 말하였다.

"그렇다면 그 당시 응후가 조趙나라를 치려할 때 문안군 백기가 비난 하였습니다. 그 때문에 응후는 무안군 백기를 함양咸陽의 7리 밖에서 목을 졸라죽이고 말았습니다. 지금 문신후呂不韋가 그대를 연나라 재상으로 삼고자 하는데 그대는 가지 못하겠다고 버티고 있습니다. 이렇게 되면 그대는 어디에서 죽게 될지 저는 잘 모르겠습니다!"

이에 장당은 이렇게 말하였다.

"좋다. 그럼 내가 어린 너의 말대로 연나라로 가리라!"

그리하여 명령을 내려 곳간에 수레를 준비하고, 마구간의 말을 준비하며, 창고에서 재물을 갖추게 하여 떠날 날도 정하게 하였다. 그때 감라가 문신후에게 이렇게 요구하였다.

"저에게 다섯 대의 수레를 주십시오. 장당을 위해 대신 먼저 제가 조왕趙王을 만나 보겠습니다."

감라는 조나라로 향하였다. 조왕은 교외에까지 나와 그를 영접하였다. 감라가 물었다.

"대왕께서는 연나라 태자 단이 진나라에 인질로 가 있는 사실을 들으셨습니까?"

왕이 말하였다.

"들었소."

감라가 말하였다.

"그러면 장당이 연나라에 가서 상국이 된다는 얘기는 들으셨습니까?"

왕이 대답하였다.

"그것도 들었소."

감라가 말하였다.

"연나라가 태자 단을 진나라에 보낸 것은 연나라가 진나라를 속이지 않겠다는 약속이요, 장당을 연나라에 보내어 상국을 시키는 것은 연나라를 배반하지 않겠다는 약속입니다. 진나라와 연나라가 서로 속이지 아니하면 조나라를 치게 되고 그렇게 되면 귀국 조나라는 위험해집니다. 연나라와 진나라가 서로 속이지 않겠다고 한 것은 다른 이유에서가 아니라 바로 조나라를 공격하여 하간 땅을 넓히겠다는 데에 있습니다. 그러니 대왕께서는 5개의 성을 저에게 주어 진나라로 하여금 하간의 국토를 넓히게 해주시면 제가 진나라에 청하여 태자 단을 돌려보내도록 하고 강한 당신 조나라와 힘을 합쳐 약한 연나라를 치게 하겠습니다."

왕은 그 자리에서 5개 성을 떼어 주어 하간의 땅을 넓히게 해주었다. 과연 태자 단도 연나라로 귀국하게 되었다. 그래서 조나라는 연나라의 상곡上谷 땅 36개 현을 탈취하여 그 중 십분의 일을 진나라에게 주었다.

文信侯欲攻趙以廣河間, 使剛成君蔡澤事燕三年, 而燕太子質於秦. 文信侯因請張唐相燕, 欲與燕共伐趙, 以廣河間之地. 張唐辭曰:「燕者必徑於趙, 趙人得唐者, 受百里之地.」文信侯去而不快. 少庶子甘羅曰:「君侯何不快甚也?」文信侯曰:「吾令剛成君蔡澤事燕三年, 而燕太子已入質矣. 今吾自請張卿相燕, 而不肯行.」甘羅曰:「臣行之.」文信君叱去曰:「我自行之而不肯, 汝安能行之也?」甘羅曰:「夫項囊生七歲而爲孔子師, 今臣生十二歲於茲矣! 君其試臣, 奚以遽言叱也?」

甘羅見張唐曰:「卿之功, 孰與武安君?」唐曰:「武安君戰勝攻取, 不知其數; 攻城墮邑, 不知其數. 臣之功不如武安君也.」甘羅曰:「卿明知功之不如武安君歟?」曰:「知之.」「應侯之用秦也, 孰與文信侯專?」曰:「應侯不如文信侯專.」曰:「卿明知爲不如文信侯專歟?」曰:「知之.」甘羅曰:「應侯欲伐趙, 武安君難之, 去咸陽七里, 絞而殺之. 今文信侯自請卿相燕, 而卿不肯行, 臣不知卿所死之處矣!」唐曰:「請因孺子而行!」令庫具車, 厩具馬, 府具幣, 行有日矣.

甘羅謂文信侯曰:「借臣車五乘, 請爲張唐先報趙.」見趙王, 趙王郊迎. 謂趙王曰:「聞燕太子丹之入秦與?」曰:「聞之.」「聞張唐之相燕與?」曰: 「聞之.」「燕太子入秦者, 燕不欺秦也. 張唐相燕者, 秦不欺燕也; 秦·燕不相欺, 則伐趙, 危矣. 燕·秦所以不相欺者, 無異故, 欲攻趙而廣河間也. 今王齎臣五城以廣河間, 請歸燕太子, 與强趙攻弱燕.」趙王立割五城以廣河間, 歸燕太子. 趙攻燕, 得上谷三十六縣, 與秦什一.

【河間】읍 이름. 혹은 지역 이름. 지금의 河北省 河間縣. 혹은 河水 사이의
　　땅을 말하기도 한다.
【剛成君蔡澤】燕나라 출신의 변사. 秦나라에 와서 昭襄王·孝文王·莊襄王·
　　始皇을 섬겼다.
【太子丹】始皇帝 때에 蔡澤이 燕나라에 가서 설득한 끝에 3년 후 태자 丹을
　　인질로 秦나라에 보냈다. 太子 丹이 秦나라에 와서 秦始皇이 장차 六國을
　　병합할 야욕이 있음을 알고 도망쳐 귀국한 후에 荊軻를 시켜 시황을 咸陽宮에서
　　암살하려다 실패하였다. ≪史記≫ 刺客列傳 및 ≪戰國策≫ 燕策 475장 참조.
【張唐】秦나라 장군. 字는 卿. ≪史記≫에는 '張卿'으로 되어있다.
【趙人得唐者, 受百里之地】張唐이 일찍이 昭王 때 趙나라를 쳤기 때문에
　　현상금이 붙었다.
【甘羅】少庶子는 관직 이름. 甘羅는 甘茂의 손자.
【項橐生七歲而爲孔子師】공자가 어린아이 말에서도 배울 게 있다고 그를
　　스승으로 여겼다 한다. 項橐은 아이의 이름. 項託으로도 쓴다. ≪淮南子≫
　　高誘 註에 "項託七歲, 窮難孔子, 而爲之師, 小兒聞之, 咸自矜大, 是其證也"라
　　하였다.

【應侯欲伐趙……絞而殺之】 일찍이 白起가 趙나라 강병 40만을 생매장시킨 후 趙나라 서울 邯鄲을 포위하였다. 應侯(范雎)가 白起의 커지는 공을 시기하여 불러들였다. 白起는 應侯를 원망하고 그 다음 邯鄲 공격 때 병을 핑계로 출전하지 않았다. 과연 秦나라는 크게 패하였고 范雎는 그 책임이 白起에게 있다고 昭王에게 참소하여 白起는 사병으로 강등되고 결국 근처의 杜郵에서 賜死당하고 만다.

【趙王】 趙襄王, 혹은 悼襄王이라고도 칭한다. 孝成王의 아들이며 이름은 偃이다.

1. ≪史記≫ 甘茂列傳과 대체로 같다.

2. ≪史記≫ 甘茂列傳

甘羅者, 甘茂孫也. 茂旣死後, 甘羅年十二, 事秦相文信侯呂不韋. 秦始皇帝使剛成君蔡澤於燕, 三年而燕王喜使太子丹入質於秦. 秦使張唐往相燕, 欲與燕共伐趙以廣河閒之地. 張唐謂文信侯曰:「臣嘗爲秦昭王伐趙, 趙怨臣, 曰:『得唐者與百里之地.』今之燕必經趙, 臣不可以行.」文信侯不快, 未有以彊也. 甘羅曰:「君侯何不快之甚也?」文信侯曰:「吾令剛成君蔡澤事燕三年, 燕太子丹已入質矣, 吾自請張卿相燕而不肯行.」甘羅曰:「臣請行之.」文信侯叱曰:「去! 我身自請之而不肯, 女焉能行之?」甘羅曰:「大項橐生七歲爲孔子師. 今臣生十二歲於玆矣, 君其試臣, 何遽叱乎?」於是甘羅見張卿曰:「卿之功孰與武安君?」卿曰:「武安君南挫彊楚, 北威燕·趙, 戰勝攻取, 破城墮邑, 不知其數, 臣之功不如也.」甘羅曰:「應侯之用於秦也, 孰與文信侯專?」張卿曰:「應侯不如文信侯專.」甘羅曰:「卿明知其不如文信侯專與?」曰:「知之.」甘羅曰:「應侯欲攻趙, 武安君難之, 去咸陽七里而立死於杜郵. 今文信侯自請卿相燕而不肯行, 臣不知卿所死處矣.」張唐曰:「請因孺子行.」令裝治行.

行有日, 甘羅謂文信侯曰:「借臣車五乘, 請爲張唐先報趙.」文信侯乃入言之於始皇曰:「昔甘茂之孫甘羅, 年少耳, 然名家之子孫, 諸侯皆聞之. 今者張唐欲稱疾不肯行, 甘羅說而行之. 今願先報趙, 請許遣之.」始皇召見, 使甘羅於趙. 趙襄王郊迎甘羅. 甘羅說趙王曰:「王聞燕太子丹入質秦歟?」曰:「聞之.」曰:「聞張唐相燕歟?」曰:「聞之.」「燕太子丹入秦者, 燕不欺秦也. 張唐相燕者, 秦不欺燕也. 燕·秦不相欺者, 伐趙, 危矣. 燕·秦不相欺無異故, 欲攻趙而廣河閒. 王不如齎臣五城以廣河閒, 請歸燕太子, 與彊趙攻弱燕.」趙王立自割五城以廣河閒. 秦歸燕太子. 趙攻燕, 得上谷三十城, 令秦有十一.

109(7-7) 文信侯出走
당연히 망할 나라

문신후文信侯 여불위呂不韋가 진秦나라에서 도망 나와 사공마司空馬와
함께 조趙나라로 들어갔다. 조왕趙王은 그를 수상守相에 임명하였다.
그러자 진나라가 군대를 일으켜 조나라를 공격해 왔다. 그러자 사공마가
조왕에게 말하였다.

"문신후 여불위가 진나라의 재상이었을 때, 저는 그를 모셔 상서尙書를
하였습니다. 그 때문에 진나라 일에 대해서는 익히 알고 있지요. 지금
대왕께서 저에게 작은 벼슬자리 하나 주셔서 저는 조나라에 대해서도
익히 알게 되었습니다. 진나라와 조나라의 싸움에서 대왕께서 친히
보시기에 어느 쪽이 이기리라고 생각하십니까? 또 조나라와 진나라는
어느 쪽이 강합니까?"

왕이 말하였다.

"물론 우리가 진나라만 못하지요."

"백성은 어느 쪽이 많습니까?"

"물론 우리가 진나라만 못하지요."

"돈이나 식량으로 보면 어느 쪽이 부유합니까?"

"그것도 물론 우리가 못하지요."

"정치는 어느 쪽이 더 엄정합니까?"

"그것도 진나라만 못하오."

"어느 나라 재상이 더 현명합니까?"

"우리 재상이 그만 못하오."

"장군들을 보면 어느 쪽이 더 무용武勇이 있습니까?"

"그 역시 우리가 못하오."

"그렇다면 법령은 어느 쪽이 더 명확합니까?"

"그도 진나라만 못합니다."

여기까지 묻고 난 사공마는 이렇게 단언하였다.

"그렇다면 대왕의 나라는 1백 가지를 들어도 진나라에 미치지 못하니

망하고 말겠군요."

조왕은 놀라 말하였다.

"경卿은 우리 조나라를 멀다 아니하시고 저희나라 국사에 대하여 가르쳐 주셨습니다. 원컨대 일러주시는 대로 하겠습니다."

사공마는 이렇게 계책을 일러주었다.

"대왕께서는 이 조나라 땅 반을 떼어 진나라에게 바치십시오. 진나라는 싸움도 없이 조나라의 반을 얻게 되어 틀림없이 기뻐할 것입니다. 그들은 안으로는 조나라에 대한 수비에 골머리를 앓아왔고, 또 제후들이 조나라를 도울까 걱정하고 있던 차이므로 틀림없이 받을 것입니다. 진나라가 땅을 받고 군대를 퇴각시키면 조나라는 그 반이나마 잘 지켜 스스로 보존할 수 있게 됩니다. 또 진나라가 그 땅의 뇌물을 받아 스스로 강성해지면 산동의 각 나라들은 틀림없이 진나라를 두려워할 것입니다. 이유는 조나라가 망하면 그 다음 차례로 자신들이 위험해지기 때문입니다. 제후들이 두려워하면서 결국은 서로 돕지 않으면 안 된다고 느낄 테고, 그렇게 되면 합종合從은 저절로 이루어질 수 있습니다.

제가 청하건대 대왕께서는 합종을 서두르시고 그 합종이 이루어지면 명분상으로는 나라의 반을 잃었지만 실질적으로는 산동 여러 나라의 반진反秦세력을 얻는 것입니다. 그때가 되면 진나라는 조나라를 멸망시키기에 부족합니다."

그러나 조왕은 이렇게 말하였다.

"지난번에 진나라가 병사를 풀어 우리를 공격해 왔을 때, 우리 조나라는 하간河間의 12개 현을 바쳤습니다. 이렇게 땅이 깎이고 병력이 약해졌지만 끝내 진나라에 대한 환난은 면할 수가 없었습니다. 그런데 지금 또다시 조나라의 반을 떼어 그 강한 진나라에게 준다면 우리는 더 이상 스스로 보존할 힘이 없게 되며, 이로써 우리 조나라는 망하고 말 것입니다. 청컨대 그대는 다른 계책을 일러주십시오."

사공마는 다시 이렇게 말하였다.

"저는 어려서 진나라의 도필刀筆이라는 낮은 관리를 하였으며 그 후 관장官長의 도움으로 겨우 소관小官자리를 지킬 수 있었습니다. 그래서 군대를 맡은 우두머리는 해보지 못하였습니다. 청컨대 대왕께서는 이 조나라 병사를 모두 저에게 맡겨 제가 나가 싸우게 해 주십시오!”

그렇다고 조왕은 그에게 장군자리를 줄 수도 없었다. 다시 사공마는 이렇게 말하였다.

“저의 어리석은 계책을 다 바쳤건만 대왕께서는 들어주시지 않는군요. 저 또한 더 이상 대왕을 섬길 수 없습니다. 원컨대 스스로 돌아가기를 청합니다.”

사공마가 조나라를 떠나 평원진平原津이란 곳에 다다랐을 때였다. 이때 그곳의 진령津令 곽유郭遺라는 자가 이 사공마를 위로하면서 이렇게 물었다.

“지금 진나라 군대가 조나라를 치고 있다던데 그대께서는 조나라 서울에서부터 오시니 조나라 일이 지금 어떻게 돌아가고 있는지 알고 있겠지요?”

사공마는 자신이 조왕에게 계책을 일러주었던 내용과 그가 받아 주지 않았던 일, 조나라가 반드시 망하리라고 하였던 일을 갖추어 설명해 주었다. 그러자 평원진의 영이 물었다.

“그러면 이상으로 그대께서 헤아려 보건대 이 조나라는 언제 망하리라고 여기십니까?”

사공마는 이렇게 예견하였다.

“조나라가 무안군(武安君, 李牧, 繼)을 장군으로 삼으면 1년 정도는 버틴 다음 망할 것이요, 만약 참언으로 그 무안군을 죽이게 되면 반년을 넘기지 못할 것입니다. 또 조왕 신하 중에 한창韓倉이란 자가 있습니다. 아첨으로 조왕과 투합 되어 그들 둘 사이가 아주 친밀합니다. 그는 사람됨이 현인을 미워하고 공을 이룬 신하를 질투하는 놈입니다. 지금 이처럼 나라가 위험한 데도 왕은 틀림없이 그의 말만 듣고 있을 것입니다. 그렇게 되면 무안군은 틀림없이 참살을 당할 것입니다.”

한창은 과연 무안군을 험담하였고 조왕은 그 무안군의 직위를 다른 사람으로 대치시켰다. 무안군이 돌아오자 왕은 한창을 시켜 이렇게 심문토록 하였다.

"장군은 싸움에 이겨 왕이 축배를 내릴 때에 임금 앞에서 축수를 하면서 그대로 비수를 차고 있었소. 이는 사형에 해당하는 죄목이오."

그러자 무안군은 이렇게 설명하였다.

"나繼는 팔 굽은 병을 앓은 데다가 키는 크고 팔이 짧아 무릎을 땅에 꿇을 수 없었소. 그래서 서거나 앉는 행동에 임금에게 크게 죄를 지은 것입니다. 나는 이 일로 인해 임금 앞에서 죽을 죄를 짓지나 않을까 하여 장인匠人을 시켜 나무로 가짜 팔뚝을 만들어 붙이고 다닐 뿐이었소. 임금이 못 믿으시면 소매 속의 묶은 모습을 보여드리겠다고 이르시오."

그리고 소매를 풀어 한창에게 보여 주었다. 그 모습은 정말 팔뚝에 헝겊을 칭칭 감은 것이었다.

"원컨대 그대는 입조하거든 임금께 사실대로 보고해 주시오!"

이 말에 한창은 이렇게 말하였다.

"임금님의 명을 받고 그대에게 사형을 내리기 위해 왔소. 사면은 불가하오. 또 나는 감히 그러한 말을 임금께 하고 싶지도 않소."

이 말에 무안군은 북쪽을 향해 재배하고 사형을 받겠다고 하였다. 그리고 칼을 빼어 자살을 준비하면서 이렇게 말하였다.

"남의 신하로 태어나서 궁중에서 자살할 수는 없다."

그리고는 사공마司空馬의 문을 나서서 아주 급하게 빠른 걸음으로 숙문誄門을 나왔다. 그리고 오른손으로 칼을 잡고 찔러 죽으려 하였으나 팔이 짧아 미치지를 못하였다. 이에 무안군은 칼을 물고 손으로는 죽을 수 없다는 것을 증명하고 기둥으로 내달아 스스로의 목을 찔렀다.

이렇게 무안군이 죽고 5개월만에 조나라는 망하고 말았다. 평원진의 영은 여러 사람을 만날 때마다 반드시 이렇게 말하였다.

"아! 사공마여!"

그리고 이렇게 생각하였다. 사공마가 진나라에서 쫓겨난 것은 지혜롭지 못하였기 때문이 아니며, 조나라를 떠난 것은 불초하였기 때문이 아니다. 결국 조나라는 사공마를 떠나 보냈기 때문에 망한 것이다. 이는 현자가 없기 때문이 아니라 그런 현자를 등용하지 않았기 때문이다라고.

文信侯出走, 與司空馬之趙, 趙以爲守相. 秦下甲而攻趙. 司空馬說趙王曰:
「文信侯相秦, 臣事之, 爲尚書, 習秦事. 今大王使守小官, 習趙事. 請爲大王
設秦・趙之戰, 而親觀其孰勝? 趙孰與秦大?」曰:「不如.」「民孰與之衆?」
曰:「不如.」「金錢粟孰與之富?」曰:「弗如.」「國孰與之治?」曰:「不如.」
「相孰與之賢?」曰:「不如.」「將孰與之武?」曰:「不如.」「律令孰與之明?」
曰:「不如.」司空馬曰:「然則大王之國, 百擧而無及秦者, 大王之國亡.」
趙王曰:「卿不遠趙, 而悉敎以國事, 願於因計.」司空馬曰:「大王裂趙之半以
賂秦, 秦不接刃而得趙之半, 秦必悅. 內惡趙之守, 外恐諸侯之救, 秦必受之.
秦受地而郄(却)兵, 趙守半國以自存. 秦銜賂以自强, 山東必恐; 亡趙自危,
諸侯必懼. 懼而相救, 則從事可成. 臣請大王約從. 從事成, 則是大王名亡趙
之半, 實得山東以敝秦, 秦不足亡.」趙王曰:「前日秦下甲攻趙, 趙賂以河間
十二縣, 地削兵弱, 卒不免秦患. 今又割趙之半以强秦, 力不能自存, 因以亡矣.
願卿之更計.」司空馬曰:「臣少爲秦刀筆, 以官長而守小官, 未嘗爲兵首,
請爲大王悉趙兵以遇.」趙王不能將. 司空馬曰:「臣效愚計, 大王不用, 是臣
無以事大王, 願自請.」

司空馬去趙, 渡平原. 平原津令郭遺勞而問:「秦兵下趙, 上客從趙來,
趙事何如?」司空馬言其爲趙王計而弗用, 趙必亡. 平原令曰:「以上客料之,
趙何時亡?」司空馬曰:「趙將武安君, 期年而亡; 若殺武安君, 不過半年.
趙王之臣有韓倉者, 以曲合於趙王, 其交甚親, 其爲人疾賢妒功臣. 今國危亡,
王必用其言, 武安君必死.」

韓倉果惡之, 王使人代. 武安君至, 使韓倉數之曰:「將軍戰勝, 王觴將軍.
將軍爲壽於前而捍匕首, 當死.」武安君曰:「繵病鉤, 身大臂短, 不能及地,
起居不敬, 恐懼死罪於前, 故使工人爲木材以接手. 上若不信, 繵請以出示.」
出之袖中, 以示韓倉, 狀如振捆(捆), 纏之以布.「願公入明之.」韓倉曰:
「受命於王, 賜將軍死, 不赦. 臣不敢言.」武安君北面再拜賜死, 縮劍將自誅,
乃曰:「人臣不得自殺宮中.」遇司空馬門, 趣(趨)甚疾, 出諏門也. 右擧劍將
自誅, 臂短不能及, 銜劍徵之於柱以自刺. 武安君死. 五月趙亡.

平原令見諸公, 必爲言之曰:「嗟嗞乎, 司空馬!」又以爲: 司空馬逐於秦,
非不知也; 去趙, 非不肖也. 趙去司空馬而國亡. 國亡者, 非無賢人, 不能用也.

【文信侯出走】《史記》呂不韋列傳에는 이런 기록이 없으며, 다만 '六國表'에 呂不韋가 재상 직에서 물러난 2년(B.C. 226년)에 자신의 봉지인 河南으로 쫓겨난 것으로만 나온다. 따라서 본문의 '與'자를 衍文으로 보아 '文信侯가 쫓겨나자 司空馬는 趙나라로 갔다', 즉 司空馬가 국내 사정상 자신이 모시던 呂不韋가 위험해지자 자신도 국외로 도망친 것으로 보아야 한다.

【司空馬】 본문대로 진나라에 벼슬하다가 趙나라에 갔던 인물.

【趙王】 조나라 末王인 趙幽王, 또는 幽繆王이라고도 쓰며 이름은 遷. B.C. 228년 秦나라에게 망하였다. 그러나 이 사건은 趙悼襄王 때의 일로 보고있다.

【守相】 代理 宰相. 鮑彪 注에 "守, 假官也"라 하였다.

【山東】 秦나라를 제외한 崤山 동쪽의 여섯 나라.

【河間十二縣】 이 사건은 108장 참조.

【刀筆】 문서 담당. 혹 문구 제조의 낮은 관리. 당시 붓이 없어 칼로 목간이나 죽간에 기록하여 그 담당자를 '刀筆吏'라 하였다.

【平原津】 平原의 나루. 지금의 山東省 平原縣의 남쪽. 당시 趙나라 땅.

【郭遺】 인명. 平原津의 令.

【武安君】 趙나라 장수 李牧. 이름은 繓. 秦나라 武安君 白起와는 다른 인물이다.

【韓倉】 趙王의 측근.

【捍匕首】 鮑注에 "捍, 衛也. 誣其以匕首自衛, 如欲刺王然"이라 하였다.

【遇司空馬門】 '司空馬를 門에서 만나다'의 뜻으로 하여 전체 문맥상 그 문을 나선 것으로 해석하였다. 오히려 전체적인 문장을 武安君 李牧이 죽을 때 그 현장에서 司空馬가 목격한 것으로 보아 이 구절을 '그가 나오다가 나 司空馬를 만났지만 그 길로 誠門까지 내달았다'고 보는 것도 타당할 듯 하다. 그러나 高誘의 注에는 "過司馬門"으로 되어 있다.

【誠門】 궁궐의 문인 듯하다. '誠'은 《集韻》에 '昌六切'로 되어 있다. 원음은 '축', 또 같은 《集韻》에 '之六切'(죽)로도 되어 있다. 우리 자전의 음에 의해 '숙'으로 읽었다.

1. 조나라 武安君 李牧(繓)이 죽은 B.C. 229년. 그리고 趙나라가 망한 B.C. 228년쯤의 일로 여겨진다.

2. 鮑本의 평어

『彪謂: 從橫之說, 皆有所偏, 而從人欲合六弱, 以攻一强, 其勢若可爲也, 患諸侯
之不一耳! 使諸侯而明於事變, 不惑小利, 不修小怨, 幷力合慮而西, 雖不可以大
有爲, 其於斃秦有餘. 惜乎當時不知此也! 自蘇秦死, 從終不堅, 秦兵四出, 諸侯挫
於走北, 其氣奪矣. 司空馬欲以此時割趙之半說秦, 而反其兵, 因以復合天下之從,
豈不謬哉! 夫以全趙猶揣揣不自保, 安能守半趙以自存乎? 秦有幷呑天下之心,
雖得半趙, 不盡不止, 而何以說之? 諸侯勢去, 自春申不能從以難秦, 司空馬獨能
之乎? 故趙幽之亡, 罪在用韓倉而殺李牧, 無與司空馬. 平原令非篤論也. 補曰:
秦策, 秦王資頓弱以金, 北遊燕·趙, 而殺李牧. 史稱, 秦多與趙王寵臣郭開金,
爲反間, 而殺牧. 而廉頗傳稱, 頗之仇郭開, 與使者金, 使毁頗. 及張釋之傳云:
趙用李牧幾霸, 會趙王遷立, 其母倡也, 遷用郭開讒, 卒誅李牧. 列女傳云: 趙悼后者,
邯鄲倡女, 前嫁, 亂一宗族. 旣寡, 悼襄王以其美而娶之, 李牧諫云云, 不聽. 後生
子遷, 立爲幽閔王. 后通於春平君, 多受秦賂, 而使王誅其良將李牧. 趙亡後, 大夫
怨倡后之讒太子喜殺李牧, 乃殺倡后, 滅其家. 諸說皆可互考. 但史因廉頗不受代
事而誤以爲牧, 恐郭開·韓倉亦有差互耳.』

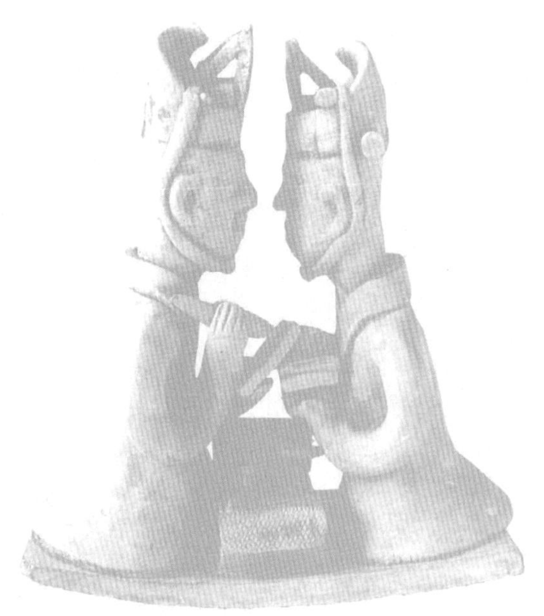

110(7-8) 四國爲一
네 나라가 하나가 되어

연燕·조趙·오吳·초楚 등 네 나라가 연합하여 장차 진秦나라를 공격하려 하였다. 진왕秦王은 서둘러 신하들과 빈객 등 60여 명을 불러놓고 물었다.

"네 나라가 하나가 되어 우리 진나라를 쳐들어오려 하오. 과인은 국내는 국내대로 재정이 모자라고 백성은 백성대로 외침

廿六年，皇帝盡并
兼天下諸侯，黔首大
安。立號爲皇帝，乃詔
丞相狀、綰，法度量則
不一，歉疑者皆明
壹之。

秦나라 조판(詔版)과 판독문

을 막기 위해 고통을 당해야 할 것 같은데 어찌하면 좋겠소?"

그러나 그 많은 사람 누구 하나 의견을 내놓지 못하고 있었다. 이때 요가姚賈가 나섰다.

"제가 사신으로 가서 그 네 나라의 계획을 끊고 그 병사들을 움직이지 못하게 하겠습니다."

이에 왕은 곧 수레 1백 승乘과 황금 1천 근斤에 자신이 직접 옷을 내려 입히고 칼을 내려 차고 가도록 크게 대우를 해주었다.

요가가 왕에게 아뢰고 떠나서는 과연 네 나라의 진나라 공격 모의를 무산시키고 군대의 출동을 막았을 뿐 아니라 오히려 그 네 나라와 교류를 맺어 진나라에 보답하도록 하는 성과를 얻고 돌아왔다. 진왕은 크게 기뻐하여 요가에게 1천 호戶를 그에게 주고 상경上卿으로 삼았다.

한비韓非가 이 소식을 듣고 왕에게 이렇게 험담하였다.

"요가는 진주·중보를 모두 풀어 남으로 형荊·오吳를, 그리고 북으로 연燕·대代를 돌아다니며 3년 동안 애썼지만 그렇다고 국교가 굳어진 것도 아닙니다. 오히려 안으로 나라의 진주·중보를 다 탕진하였을 뿐입니다. 이는 요가란 자가 대왕의 권위와 나라의 보물을 써서 밖으로 사사로이 제후들에게 자신의 잇속만 채운 것입니다. 원컨대 대왕께서는 잘 살펴

주시기 바랍니다. 더구나 요가는 위(魏, 梁)나라 문지기의 아들로 태어나 일찍이 양나라에서 도둑질을 한 죄도 있고, 또 조趙나라에 신하로 있을 때는 축출 당하기도 한 인물입니다. 이렇게 대대로 문지기를 하던 천한 집안의 아들이며 양나라의 큰 도둑이요, 조나라에서 쫓겨난 신하를 이 나라에 불러 국가 사직을 함께 도모토록 하시니 이는 이 나라 많은 신하들을 격려하는 시책이 될 수 없습니다.”

왕은 요가를 직접 불러 물어보았다.

“듣자 하니 그대는 나의 재물을 가지고 사사로이 제후들을 사귀었다는 데 사실이오?”

요가가 말하였다.

“그렇습니다.”

왕이 다시 물었다.

“그럼 무슨 면목으로 다시 나를 볼 수 있소?”

요가는 이렇게 대답하였다.

“증삼曾參이 그렇게 효성이 지극하자 천하에 부모 된 자가 모두 그런 아들 하나 있었으면 하였고, 오자서伍子胥가 그토록 충성이 지극하자 천하에 임금 된 자들이 모두 그런 자를 신하로 두고 싶어하였습니다. 또 정숙하면서 솜씨도 뛰어난 여자를 보면 천하의 장부들은 바로 그런 여자를 아내로 삼고 싶어합니다. 그런데 저는 지금 대왕께 충성을 다하고 있건만 대왕께서는 이를 모르고 계십니다. 제가 그 네 나라에 가서 그런 일을 하지 않으면 어디에 가서 그런 일을 하겠습니까? 즉 저로 하여금 대왕께 불충하였다면 그 네 나라인들 저를 믿고 받아 주었겠습니까? 옛날 걸桀은 참언을 듣고 자신의 뛰어난 장군을 죽였고, 주紂 역시 참언을 믿고 충신을 죽였습니다. 그리하여 몸을 망치고 나라를 망치는 지경에 이르고 말았습니다. 지금 대왕께서도 참언을 곧이 들으신다면 충신은 더 이상 곁에 있을 수 없습니다.”

왕은 다시 의심쩍어 물었다.

“그대는 문지기의 아들이며, 양나라에서는 도둑질을 한 적이 있고, 조나라에서는 신하로 있다가 쫓겨났다고 하던데.”

요가는 이렇게 설명하였다.

"태공망太公望은 제齊나라에서 아내에게 쫓겨난 필부였으며 조가朝歌에서 도살장을 하였으나 고기 썩는 것도 모를 정도로 멍청하여 그곳에서도 자량子良에게 쫓겨났습니다. 그 뒤 극진棘津에서 품팔이라도 하고자 하였지만 누구 하나 부려 주는 자가 없었습니다. 그런데 문왕文王만은 이를 알아보고 등용하여 문왕은 패자가 될 수 있었습니다. 또 관중管仲은 비鄙 땅의 장사꾼에 불과하였습니다. 남양南陽에서 궁핍한 생활도 하였었고, 노魯나라에서 중죄를 지었으나 겨우 사형을 면하기도 하였습니다. 그러나 환공桓公이 이를 알아보고 등용한 끝에 환공은 춘추 오패五霸 중에 첫 인물이 된 것입니다.

다음 백리해百里奚는 처음 우虞나라의 거지로서 다섯 마리 검은 염소가죽 값에 팔려 나갔습니다. 그러자 진秦 목공穆公이 이를 알아보고 재상으로 삼아 서융西戎을 제패하여 패자가 되었습니다.

또 진晉 문공文公은 중산中山의 도적의 힘을 빌어 성복城濮 싸움에서 대승을 거둘 수 있었습니다. 이 네 명의 선비는 모두가 다 비천한 출신으로 천하의 놀림거리였습니다. 그러나 명석한 군주에 의해 등용됨으로써 더불어 공을 세울 수 있었다는 것을 알 수 있습니다.

만약 제가 변수卞隨나 무광務光, 신도적申屠狄처럼 그저 처사로 숨어살기를 원하였다면 임금께서 저를 어찌 알고 등용시켰겠습니까? 따라서 현명한 군주란 신하의 출신의 미천 여부를 따지지 않으며, 더구나 옛날의 잘못을 듣고 판단하지 않습니다. 자기를 위해 쓸 만한가를 살필 뿐입니다.

그러므로 사직을 보존하려면 비록 외부에서 그 자에 대한 비방이 들어오더라도 듣지 않으며 아무리 고매한 명성이 있는 인물일지라도 한치의 공이라도 없으면 상을 내리지 않는 법입니다. 그래야 군신들이 임금에 대해 허황된 희망을 감히 가지지 않게 되는 것입니다."

왕이 말하였다.

"옳습니다."

그리고는 요가의 직위를 복권시키고 한비는 죽여 버렸다.

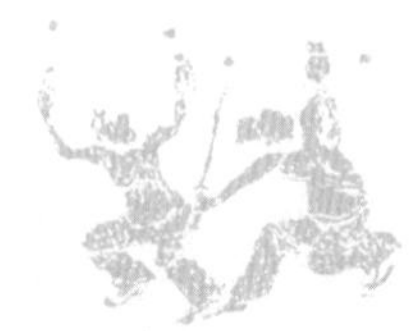

四國爲一, 將以攻秦. 秦王召羣臣賓客六十人而問焉, 曰:「四國爲一, 將以圖秦, 寡人屈於內, 而百姓靡於外, 爲之奈何?」羣臣莫對. 姚賈對曰: 「賈願出使四國, 必絶其謀, 而安其兵.」乃資車百乘, 金千斤, 衣以其衣冠, 舞(帶)以其劍. 姚賈辭行, 絶其謀, 止其兵, 與之爲交以報秦. 秦王大悅. 賈封千戶, 以爲上卿.

韓非知(短)之, 曰:「賈以珍珠重寶, 南使荊・吳, 北使燕・代之間三年, 四國之交未必合也, 而珍珠重寶盡於內. 是賈以王之權, 國之寶, 外自交於諸侯, 願王察之. 且梁監門子, 嘗盜於梁, 臣於趙而逐. 取世監門子, 梁之大盜, 趙之逐臣, 與同知社稷之計, 非所以厲羣臣也.」

王召姚賈而問曰:「吾聞子以寡人財交於諸侯, 有諸?」對曰:「有.」王曰: 「有何面目復見寡人?」對曰:「曾參孝其親, 天下願以爲子; 子胥忠於君, 天下願以爲臣; 貞女工巧, 天下願以爲妃. 今賈忠王而王不知也. 賈不歸四國, 尚焉之? 使賈不忠於君, 四國之王尚焉用賈之身? 桀聽讒而誅其良將, 紂聞讒而殺其忠臣, 至身死國亡. 今王聽讒, 則無忠臣矣.」王曰:「子監門子, 梁之大盜, 趙之逐臣.」姚賈曰:「太公望, 齊之逐夫, 朝歌之廢屠, 子良之逐臣, 棘津之讎不庸, 文王用之而王. 管仲, 其鄙人之賈人也, 南陽之弊幽, 魯之免囚, 桓公用之而伯. 百里奚, 虞之乞人, 傳賣以五羊之皮, 穆公相之而朝西戎. 文公用中山盜, 而勝於城濮. 此四士者, 皆有詬醜, 大誹天下, 明主用之, 知其可與立功. 使若卞隨・務光・申屠狄, 人主豈得其用哉! 故明主不取其汙, 不聽其非, 察其爲己用. 故可以存社稷者, 雖有外誹者不聽; 雖有高世之名, 無咫尺之功者不賞. 是以羣臣莫敢以虛願望於上.」秦王曰:「然.」乃可復使姚賈而誅韓非.

【秦王】秦始皇 嬴政.

【姚賈】본문대로 魏나라 출신으로 秦始皇에 봉사한 인물. 283・364장 참조.

【上卿】客卿 중에 높은 벼슬.

【韓非】원래 韓나라 公子 중의 하나. 秦나라에서 유세하였다. ≪韓非子≫는 그의 저술로 법가사상의 총결산이다. ≪史記≫ 老莊申韓列傳 참조. 鮑注에 "韓之諸公子, 秦王見其書, 恨不及見之. 攻韓, 韓遣之使秦, 秦王說之, 賈與李斯毀之死"라 하였다.

【荊】 楚나라의 별칭.

【曾參】 효성으로 널리 알려진 공자의 제자. '曾參殺人'의 고사를 남겼다. 064장 참조.

【伍子胥】 楚나라 출신으로 춘추 말기 吳王 夫差를 섬겼던 인물. 《史記》 伍子胥列傳 참조. 057장 참조.

【太公望】 姜太公, 呂尙. 文王을 섬겨 殷을 멸하였다.

【齊】 뒤에 呂尙이 齊나라의 시조가 되었다. 《史記》 齊太公世家 참조.

【朝歌】 殷의 도시. 지금의 河北省 淇縣의 북쪽.

【子良之逐臣】 高誘 注에 "賣肉於朝歌, 肉上生臭不售, 故曰廢屠. 子良不用而斥逐也"라 하였다. 여기서 '售'는 '팔리다'의 뜻.

【棘津】 姜太公의 출생지. 《史記》에는 "東海之濱"이라 하였다. 한편 高誘 注에는 "釣魚於棘津, 魚不食餌, 賣庸作又不能自售也"라 하였다. 원문 "棘津之讎不庸"에서의 '讎'는 '售'와 같다.

【管仲】 춘추시대 齊桓公을 도운 인물. 管鮑之交의 고사를 남겼다. 《史記》 管晏列傳 참조.

【南陽】 지금의 山東省 鄒縣. 처음 魯나라 땅이었으나 뒤에 齊나라 영토가 되었다.

【百里奚】 춘추시대 虞나라 사람. 五羖大夫(五羖大夫). 虞나라가 晉나라에게 망하자 포로가 되었다가 진나라 공주가 秦穆公에게 시집갈 때 몸종으로 따라갔다. 이에 부끄러움을 느낀 백리해는 楚나라로 도망하였다. 뒤에 秦穆公이 이를 어질게 보고 다섯 장의 羊皮 값으로 사들여 재상을 삼아 '五羖大夫'라 불렸다.

【虞】 춘추시대 山西城 平陸에 있던 작은 나라.

【秦穆公】 春秋 5패 중의 하나. 재위 B.C. 659~621년.

【西戎】 중국 서북부의 이민족.

【晉文公】 春秋 5패 중의 하나. 재위 B.C. 636~628년. 진문공이 중산의 도적을 이용하였다는 내용은 자세히 알 수 없다.

【城濮】 魏나라 읍(지금 山東省 濮縣 남쪽)으로 晉文公이 楚成王을 대패시킨 싸움이 일어났던 곳이다. B.C. 632년.

【卞隋‧務光‧申屠狄】 湯과 紂 때의 處士들. 姚注에 "卞隨‧務光, 湯時隱士. 湯伐桀以天下讓之, 二人曰: '爾爲不義, 欲以慢我也', 自沈於淸冷之淵. 申屠不忍見紂之無道, 抱石自沈於澗水. 故曰: '人主豈得用哉!'"라 하였다.

【誅韓非】≪史記≫에는 한비자가 李斯와 姚賈의 참소로 죽은 것으로 되어 있다. 李斯와 韓非는 모두 荀子의 제자였으나 李斯는 韓非의 능력을 질투하여 결국 그를 참살하도록 일을 꾸며 죽이고 말았다.

1. 노애(嫪毐) 사건(B.C. 238년) 이후 呂不韋가 이에 연루되어 파직되고(B.C. 237년), 秦王政(秦始皇)은 친정 체제로 들어간다. 이에 네 나라는 秦나라의 허술한 틈을 이용, 동맹을 맺었으며 이의 해결로 姚賈가 공을 세워 귀국하였을 때 마침 韓非가 韓나라의 사신으로 秦나라에 들어온다.(B.C. 233년) 한비는 이에 한나라 및 다른 제후들을 위해 요가를 축출시키도록 하였다가 도리어 자신의 죽음을 부른 사건이다. 그러나 다른 기록에는 韓非가 李斯의 참소를 입어 죽은 것으로 되어 있다.

2. 鮑彪의 평어

"高誘, 妄人也. 註此書, 謬妄非一處. 如此策以姚賈爲陳賈, 齊策以伐燕爲齊宣王, 初無考其歲月. 賈乃與李斯同時, 安得見於孟子之書? 宣·閔皆嘗伐燕, 而之· 噲之役, 實閔王也. 誘之率意如此, 愚天下後世甚矣. 彪之校注, 蓋爲此發憤, 故其 所稱皆必有依據, 懼獲罪於後人也. 正曰: 鮑注是書, 謂高氏以姚賈爲孟子書陳賈, 以伐燕爲齊宣王, 爲是憤發, 凡策之書宣者, 悉據史記改從閔, 大詆高氏, 而以此 爲稱首. 夫學者考訂於千載之上, 義理事徵而已. 歲月名字之差互者, 當博取徵驗, 而折以事理之是非, 信其可徵者. 或彼此有據, 則竝存之可也. 擇焉不精, 憑私臆決, 妄詆前人, 輒改舊文, 何鮑氏之果哉? 考之趙策, 趙使姚賈約韓·魏, 時雖不可考, 其云趙使, 則趙臣也. 魏策, 周最入齊, 秦王怒, 令姚賈讓魏王. 秦武·魏襄時也. 其云秦令, 則秦臣也. 此策姚賈, 梁監門子, 則魏人. 仕秦, 竝始皇, 李斯時者, 殆非一姚賈矣. 姚以舜姓得爲陳, 高不爲無據. 使誠孟子書所稱, 當與秦武·魏襄 相及, 竝始皇·李斯者, 則非. 然未知的爲一人? 而高輒以此姚賈爲孟子書譏周 公不仁不智者, 固非矣. 唯之·噲之役, 則有可言者. 史記·年表, 齊宣王立十九年, 卒, 湣王立. 燕噲七年, 當湣王十年, 書噲·子之皆死, 惟孟子以爲宣王, 而策之文 與之合. 此通鑑所據也. 通鑑, 宣王二十九年伐燕, 視史記下移十年. 宣王伐燕, 卽薨. 次年, 湣王立. 宣·閔之年, 或亂而失次. 通鑑必有所據. 而大事記亦從之. 伐燕之事, 莫詳於孟子, 莫著於國策. 史記·年表無明文, 齊世家不書, 特燕世家 剟取國策而易宣以湣耳. 安得據史記之略, 而廢孟子·國策之詳且明哉? 傳曰:

「所見異辭, 所聞異辭, 所傳聞異辭.」宣王伐燕, 孟子所見也, 史記所傳聞者也, 安得據所聞而廢所見者傳哉? 或謂荀卿嘗事宣王, 爲之諱也. 孟子之書, 幸有國策明徵, 不然, 則非孟之徒, 得以肆其說矣. 策文書宣, 非出高氏, 豈爲率意繆妄, 鮑之詆高氏, 乃所以自請也? 高注呂氏春秋陰康氏, 據漢書改爲陶唐氏, 昔人譏其不視古今人表, 妄改本文. 鮑之失正, 類此. 學者之所以愼於傳疑也.』

권8 제책 齊策 (一)

총17장(111~127)

戰國策

제齊

  제齊나라는 원래는 강성姜姓이다. 주문왕周文王이 태공망太公望 강상姜尙(呂尙, 子牙)을 봉하였던 곳으로 춘추시대에 가장 먼저 세력을 키워, 환공桓公 때 관중管仲을 등용, 춘추오패春秋五霸 중의 첫 패자가 된다. 그 당시 진陳(원래 嬀姓)나라 려공厲公 타佗의 아들 완完이 제齊나라로 도망하여(B.C 672년) 진성陳姓을 전성田姓으로 바꾸고 제 환공齊桓公을 섬겼다. 그의 후손인 전화田和가 당시 제나라 임금 강공康公을 바닷가로 쫓아 버리고(B.C 388년) 자립하여 제후가 되었으니, 역사적으로 이를 흔히 전씨제田氏齊 혹은 전제田齊라 하는데, 국도國都는 여전히 임치臨淄(지금의 山東省 淄博市 臨淄區 齊都鎭 일대)에 두었다. 그 때문에 《사기史記》에서는 〈제태공세가齊太公世家〉는 춘추春秋까지의 제齊나라 역사를, 〈전경중완세가田敬仲完世家〉(田完의 謚號가 敬仲이었음)는 전국시대戰國時代 제나라의 역사를 구분하여 기록한 것이다. 이렇게 전국시대를 맞이한 제나라는 전국칠웅戰國七雄 중의 동쪽 대국으로 해변의 어염魚鹽과 철 등을 생산하여 산업을 발전시켜 지금의 산둥반도山東半島를 포함한 중원中原 동쪽의 강국으로 군림하다가 159년 만에 진시황秦始皇의 천하통일 때 종말을 고한다(B.C 221).

  특히 이 제나라는 주초周初 무왕武王 때에, 유가儒家의 성인聖人이며 종실宗室이었던 주공周公 단旦은 노魯 땅에, 그리고 군사책략가로 최고였던 태공망太公望 여상呂尙은 그 이웃한 제나라 땅에 봉함으로써 초기부터 많은 일화와 서로 대비되는 역사발전 과정으로 걸어왔다. 그러나 춘추春秋 초기에 이미 제나라는 경제권을 장악하고 이웃 소국을 겸병, 급속히 발전하여 패자가 되었고, 그 세력은 춘추 말기까지 이어오면서 중국 역대 2대 재상인 관자管子(管仲)와 안자晏子(晏嬰)같은 걸출한 인물을 배출하기도 하였다. 전국시대 역성혁명으로 전씨제田氏齊가 된 후에도 더욱 발전을 거듭하여 서쪽 진秦나라와 대등한 세력으로 동제東帝·서제西帝를 칭할 정도로 강국의 면모를 과시하였다. 학술과 사상에 있어서도 노魯나라 공자孔子에 이어 전국시대에 맹자孟子가 제齊나라에서 나와 왕도정치를 부르짖고 유학儒學의 부흥을 꾀하는 등, 소위 공맹지학孔孟之學의 발원지로 자리잡아 한대漢代 유학儒學 건국이념의 기초를 제공하였다. 지금 우리가 일컫는 유학儒學은 바로 제로齊魯란 명칭으로 대치될 정도였으며 이는 제齊나라의 직하학사稷下學士라는 제도에서도 그 일맥을 찾을 수 있다.

그러나 전국시대 한 때 연燕나라에게 국토 전체에 해당하는 70여 개 성城을 잃었으며, 당시 거莒와 즉묵卽墨만을 기반으로 전단田單의 화우반공火牛反攻의 전술은 전국시대사戰國時代史에서 반드시 거론되는 큰 사건으로 역사의 한 장을 장식하기도 한다. 그 외에 전국戰國 사공자四公子의 하나인 맹상군孟嘗君의 일들은 〈제책齊策〉 전체를 덮을만큼 책략策略과 지모智謀, 일화逸話와 생존生存에 대한 전형처럼 회자膾炙되고 있다.

한편 포표鮑彪는 그 강역疆域에 대하여 이렇게 말했다.

"제齊나라는 동쪽으로는 치천菑川·동래東萊·랑사瑯邪·고밀高密·교동膠東이며, 남쪽으로는 태산泰山·성양城陽, 그리고 북쪽으로는 천승千乘·청하淸河이남과 발해勃海의 고악高樂·고성高城·중합重合·신양信陽이었으며, 서쪽으로는 제남濟南·평원平原을 옹유하고 있었다."(齊: 東有菑川·東萊·瑯邪·高密·膠東; 南有泰山·城陽; 北有千乘·淸河以南勃海之高樂·高城·重合·信陽; 西有濟南·平原.)

111(8-1) 楚威王戰勝於徐州
백성이 따르지 않아

초楚 위왕威王이 서주徐州에서 제齊나라 전영田嬰을 쳐부수어 전영이 제나라에서 쫓겨나기를 바라고 있었다. 전영은 겁이 났다. 그때 제나라 신하 장축張丑이 초왕楚王을 달래었다.

"대왕이 서주에서 전영을 이길 수 있었던 것은 전영이 전반田盼을 임용하지 않았기 때문입니다. 전반은 제나라에

〈人形銅燈〉戰國 齊. 1957 山東 諸城 출토

공이 큰 자로써 백성들이 모두 그를 따랐는데 전영이 그를 좋아하지 않았기 때문에 그 대신 신박申縛을 등용한 것입니다. 그러나 신박은 대신과 백성들이 모두 따르기를 거부하는 자로서 그 때문에 왕께서 이길 수 있었던 것입니다. 그러니 지금 전영을 물러나게 하면 틀림없이 전반이 다시 등용되어 사졸을 정리하여 대왕과 부딪치게 될텐데, 그렇게 되면 대왕에게 편할 것이 아무 것도 없습니다."

초왕은 이에 따라 전영을 내쫓으라는 요구를 철회하였다.

楚威王戰勝於徐州, 欲逐嬰子於齊. 嬰子恐, 張丑謂楚王曰:「王戰勝於徐州也, 盼子不用也. 盼子有功於國, 百姓爲之用. 嬰子不善, 而用申縛(縛). 申縛者, 大臣與百姓弗爲用, 故王勝之也. 今嬰子逐, 盼子必用. 復整其士卒以與王遇, 必不便於王也.」楚王因弗逐.

【楚威王】宣王의 子. 懷王의 父. 名은 熊商.
【徐州】고대 九州의 하나. 지금의 江蘇省 서북부.
【田嬰】薛公. 孟嘗君(田文)의 아버지 靖郭君이며 齊나라 王族. 이때 楚나라가

越나라를 멸망시키고 齊나라를 칠 때이다. 田嬰이 越나라 후손들을 시켜 楚나라를 공격하라고 사주하였다. 이 때문에 楚나라는 田嬰을 徐州에서 대패 시키고 齊王에게 그를 면직시키라고 요구한 것이다.

【張丑】齊나라 신하. ≪史記≫ 楚世家에는 "張丑僞謂楚王"이라고 되어 있다.

【田盼】齊나라의 공족. 盼子의 子는 남자의 美稱. ≪史記≫ 田完世家注에 "大夫皆稱子"라 하였다.

【申縛】齊나라 신하. ≪史記≫ 楚世家에는 '申紀'로 되어있다. 申縛(신전) 으로도 쓴다.

1. ≪史記≫ 楚世家와 비슷하다. 徐州之戰은 B.C. 333년의 일이다.

2. ≪史記≫ 楚世家

七年, 齊孟嘗君父田嬰欺楚, 楚威王伐齊, 敗之於徐州, 而令齊必逐田嬰. 田嬰恐, 張丑僞謂楚王曰:「王所以戰勝於徐州者, 田盼子不用也. 盼子者, 有功於國, 而百姓 爲之用. 嬰子弗善而用申紀. 申紀者, 大臣不附, 百姓不爲用, 故王勝之也. 今王逐 嬰子, 嬰子逐, 盼子必用矣. 復搏其士卒以與王遇, 必不便於王矣.」楚王因弗逐也.

112(8-2) 齊將封田嬰於薛
땅을 떼어줄수록

제齊나라가 전영田嬰을 설薛 땅에 봉하려 하자 초楚 회왕懷王이 이를 듣고 크게 노하여 장차 제나라를 치고자 하였다. 이에 제나라 왕은 전영을 봉하려던 일을 철회하려고 생각하였다. 이때 공손한公孫閈이 전영에게 말하였다.

"그대 책봉의 성패 여부는 제나라에 달려 있는 게 아니라 초나라에 달려 있습니다. 저를 초나라에 보내 주시면 초나라가 귀하를 설 땅에 봉하는 일을 서두르게 해줄 수 있을 뿐만 아니라 제나라보다 더 급하게 서두르도록 해드릴 수 있습니다."

전영이 말하였다.

"모든 것을 그대에게 맡기겠소."

공손한은 초나라로 들어가 초왕에게 이렇게 일렀다.

"노魯·송宋 두 나라는 그대 초나라를 섬기는데, 제나라가 그대 초나라를 섬기지 않는 이유를 아십니까? 제나라는 크고, 노·송은 작은 나라이기 때문입니다. 임금께서 노·송이 작기 때문에 이익이 되는 줄 아신다면 어찌 제나라가 너무 크다는 데 대해서는 걱정하지 않습니까? 무릇 제나라가 땅을 떼어 전영을 봉해 주고 나면 그 나라는 그만큼 약해지는 것입니다. 그러니 그 일을 제지하지 마십시오."

초왕이 말하였다.

"그렇군요."

그리고는 그의 책봉을 저지하지 않았다.

齊將封田嬰於薛. 楚王聞之, 大怒, 將伐齊. 齊王有報志. 公孫閈曰:「封之成與不, 非在齊也, 又將在楚. 閈說楚王, 令其欲封公也又甚於齊.」嬰子曰:「願委之於子.」公孫閈爲謂楚王曰:「魯·宋事楚而齊不事者, 齊大而魯·宋小. 王獨利魯·宋之小, 不惡齊大何也? 夫齊削地而封田嬰, 是其所以弱也. 願勿止.」楚王曰:「善.」因不止.

【田嬰】齊나라의 공족으로 靖郭君. 薛公. 孟嘗君(田文)의 아버지. 그가 薛
땅에 봉해진 것은 B.C. 323년이다.

【齊王】齊威王. ≪史記≫ 田敬仲完世家에는 閔(湣)王으로 되어 있다.

【公孫閈】齊나라의 공족.

【願勿止】姚注에 "齊分薛以封田嬰, 則所以使齊小, 故曰'勿止.'"라 하였다.

1. 鮑本의 평어

『此說不可行也. 嬰, 齊相也, 雖得薛, 不決裂於外, 猶齊地耳. 齊·薛爲一, 如穰
侯·應侯之於秦也, 何弱小乎其初哉! 正曰: 史, 齊襄王立, 而孟嘗君中立爲諸侯.
王畏君, 與連和. 後卒, 諸子爭立, 齊·魏共滅之. 鮑謂分封不足以弱齊, 未睹末流
之害也.』

바다의 큰 물고기

정곽군靖郭君 전영田嬰이 설薛에다 성을 쌓으려 하자 많은 문객들이 반대하고 나섰다. 정곽군이 알자謁者에게 이렇게 일러놓았다.

"객들을 더 이상 들여보내지 말라."

그런데도 제齊나라의 어떤 사람이 와서 이렇게 요청하는 것이었다.

"나는 세 글자의 말이면 된다! 만약 한 글자라도 더 한다면 나를 삶아죽여도 좋다."

이리하여 전영은 그를 불러들였다. 그 객이 쫓아 들어오며 말하였다.

"해대어海大魚!"

그리고는 다시 나가 버렸다. 놀란 전영이 소리쳤다.

"이것보다 더 할 말이 있을 텐데."

그러자 그 문객은 이렇게 대답하였다.

"저는 감히 죽는 것을 놀이로 삼을 수 없습니다."

정곽군이 말하였다.

"그럴 리 없소. 다시 설명해 보시오."

그제야 객이 대답하였다.

"군께서는 대어大魚에 대해 들어보지 못하셨습니까? 그물로도 잡을 수 없고 낚시로도 끌어낼 수 없습니다. 그러나 제멋대로 놀다가 일단 물을 떠나는 날엔 땅강아지나 개미조차도 마음대로 그를 뜯어먹을 수 있습니다. 지금 이 제나라는 역시 당신의 물입니다. 그대가 장차 길이 이 그늘 밑에 살고자 한다면 설薛 땅에 성은 쌓아서 무엇 하려 하십니까? 만약 제나라를 잃는다면 설성薛城의 높이가 하늘에 닿은들 아무런 이익이 없습니다."

정곽군은 축성계획을 거두어 버렸다.

靖郭君將城薛, 客多以諫. 靖郭君謂謁者:「无爲客通.」齊人有請者曰: 「臣請三言而已矣! 益一言, 臣請烹.」靖郭君因見之. 客趨而進曰:「海大魚.」 因反走. 君曰:「客有於此.」客曰:「鄙臣不敢以死爲戲.」君曰:「亡, 更言之.」

對曰:「君不聞大魚乎? 網不能止, 鉤不能牽, 蕩而失水, 則螻蟻得意焉.
今夫齊, 亦君之水也. 君長有齊陰, 奚以薛爲? 夫齊, 雖隆薛之城到於天,
猶之無益也.」 君曰:「善.」 乃輟城薛.

【薛】田嬰 靖郭君(孟嘗君의 아버지)의 봉지. 지금의 山東省 滕縣.
【謁者】관직 이름. 賓客을 안내해 君에게 접견시키는 일을 맡았다.
【客有於此】"객은 여기에 있으라". 즉 "잠깐 멈추라"는 뜻으로 풀이하기도
  한다. 그러나 鮑彪의 주에 "言此言外應復有"라 하여 이 풀이를 따랐다.

1. ≪韓非子≫ 說林(下)

靖郭君將城薛, 客多以諫者. 靖郭君謂謁者曰:「毋爲客通.」 齊人有請見者曰:
「臣請三言而已. 過三言, 臣請烹.」 靖郭君因見之. 客趨進曰:「海大魚.」 因反走.
靖郭君曰:「請聞其說.」 客曰:「臣不敢以死爲戲.」 靖郭君曰:「願爲寡人言之.」
答曰:「君聞大魚乎? 網不能止, 繳不能絓也, 蕩而失水, 螻蟻得意焉. 今夫齊亦君
之海也. 君長有齊, 奚以薛爲君? 失齊, 雖隆薛城至於天, 猶無益也.」 靖郭君曰:
「善.」 乃輟, 不城薛.

2. ≪新序≫ 雜事(二)

靖郭君欲城薛, 而客多以諫, 君告謁者, 無爲客通事. 於是有一齊人曰:「臣願一言,
過一言, 臣請烹.」 謁者贊客. 客曰:「海大魚」 因反走. 靖郭君曰:「請少進.」 客曰:
「否. 臣不敢以死戲」 靖郭君曰:「嘻! 寡人毋得已, 試復道之」 客曰:「君獨不聞海
大魚乎? 網弗能止, 繳不能牽, 碭而失水, 陸居則螻蟻得意焉. 且夫齊, 亦君之水也,
君已有齊, 奚以薛爲? 君若無齊, 城薛, 猶且無益也.」 靖郭君大悅, 罷民, 弗城薛也.

3. ≪淮南子≫ 人間訓

靖郭君將城薛, 賓客多止之, 弗聽. 靖郭君謂謁者曰:「無爲賓通言.」 齊人有請見
者曰:「臣請道三言而已, 過三言請烹.」 靖郭君聞而見之. 賓趨而進, 再拜而興,
因稱曰:「海大魚.」 則反走. 靖郭君止之曰:「願聞其說.」 賓曰:「臣不敢以死爲熙.」
靖郭君曰:「先生不遠道而至此, 爲寡人稱之.」 賓曰:「海大魚. 網弗能止也, 釣弗
能牽也. 蕩而失水, 則螻螘皆得志焉. 今夫齊, 君之淵也. 君失齊, 則薛能自存乎?」
靖郭君曰:「善」 乃止不城薛. 此所謂麗於耳, 忕於心, 而得事實者也. 夫以無城薛
止城薛, 其於以行說, 乃不若海大魚.

114(8-4) 靖郭君謂齊王
감독권을 넘겨주다

정곽군靖郭君이 제왕齊王에게 말하였다.

"오관五官의 부기簿記 기록에 대해서 반드시 매일 듣고 자주 열람해 보아야 합니다."

왕이 말하였다.

"알았소."

그러나 얼마 뒤 왕은 이일에 싫증이 났다. 그래서 오관의 감독권을 정곽군에게 넘겨주고 말았다.

靖郭君謂齊王曰:「五官之計, 不可不日聽也而數覽.」王曰:「說.」五(已) 而厭之. 今(令)與靖郭君.

【齊王】 齊威王. ≪史記≫에는 閔(湣王)으로 되어 있다.

【五官】 齊나라 정무를 보던 5명의 대부. 姚注에 "計, 簿書也"라 하였고, 鮑本에는 "曲禮: 司徒・司空・司馬・司士・司寇, 典司五衆, 計其事之凡也. 正曰: 注家謂 此爲殷制, 非策所指. 按記・曾子問, 諸侯出, 命國家五官而後行. 注云: 五官, 五大夫典事者"라 하였다.

【說五而厭之】 姚注에 "一本作'王曰: 日說五官吾厭之.'"라 하였고, 鮑本에 "五 作吾. 言汝旣說我, 則不得自厭, 故以委之. 正曰: '王曰說吾'有缺誤. 通鑑云: '不可不日聽而數覽也. 王從之, 已而厭之, 悉以委嬰. 嬰由是得專齊權.'"라 하였다.

【與靖郭君】 '이때부터 재정의 권한을 잡게 되었다'는 뜻이며 정곽군이 이를 위해 미리 그렇게 말한 것.

参고 및 관련 자료

1. ≪通鑑≫ 周紀(二)

靖郭君言於齊王曰:「五官之計, 不可不日聽而數覽也.」王從之. 已而厭之. 悉以 委靖郭君. 靖郭君由是得專齊之權.

가장 미운 식객

정곽군靖郭君 전영田嬰이 식객 중의 하나인 제모변齊貌辨이란 자를 우대하고 있었다. 그런데 이 제모변이란 자는 흠이 많아 식객들 누구 하나 그를 좋아하는 자가 없었다. 그래서 식객 중의 사위士尉라는 자가 정곽군에게 그를 내쫓을 것을 건의하였다. 정곽군이 들어주지 않자 사위는 그만 떠나버리고 말았다. 맹상군孟嘗君조차도 아버지 정곽군에게 속뜻을 내세워 간언하기에 이르렀다. 그러자 정곽군은 크게 노하여 이렇게 말하였다.

"너희들을 다 없애고 우리 집이 깨어지는 한이 있더라도 구차스럽게 제모변을 싫어하는 자들에 대해 나는 그 어떤 일에도 사양하지 않겠다."

그리고는 도리어 그 제모변을 상사上舍의 집에 거하게 하면서 장자長子를 보내어 아침저녁으로 식사까지 갖다 바치게 하였다.

몇 년이 흘렀다. 제 위왕威王이 죽고 선왕宣王이 들어섰다. 정곽군은 평소 선왕과 사이가 아주 좋지 않았으므로 그가 왕이 되자 사직을 고하고 자신의 봉지 설薛로 돌아가 제모변과 함께 그곳에 머무르고 있었다. 얼마 지나지 않아 제모변이 정곽군에게 선왕을 만나보러 가겠다고 인사차 들렀다. 놀란 정곽군이 말렸다.

"왕은 나를 아주 미워하고 있소. 그대가 가면 죽음을 면치 못할 것이오."

제모변은 이렇게 말하였다.

"구차스럽게 살기를 원하지 않습니다. 저는 반드시 가겠습니다."

정곽군도 더 이상 제지할 수가 없었다. 제모변이 제 땅에 이르자 선왕이 이 소식을 듣고 노기를 감춘 채 그를 맞이하였다. 제모변이 왕 앞에 나타나자 왕은 짐짓 이렇게 물었다.

"그대는 정곽군이 무엇이든지 들어주는 아끼는 인물이라 하던데!"

제모변은 이렇게 대답하였다.

"그분이 저를 사랑하는 것만은 틀림없습니다. 그러나 무엇이든지 들어주는 것은 아닙니다. 이를테면 대왕께서 태자가 되셨을 때 제가 정곽군에게 이렇게 말하였었습니다. '태자는 그 관상을 보니 어진 상이 못됩니다.

턱이 너무 크고 돼지 눈처럼 생겼습니다. 이런 얼굴은 대개 신의를 배반합니다. 태자를 폐위시키고 다시 위희衛姬의 어린 아들 교사矯師를 세우니만 못합니다' 라고요. 그러자 정곽군께서는 울면서 '안 되오. 내 차마 그렇게는 못하오'라고 하더이다. 만약 저의 말을 무엇이든지 들었다면 그에게 오늘날 같은 환난은 없었을 텐데 말입니다. 이것이 그 하나의 예입니다.

또 설 땅으로 물러나 계실 때 초楚나라 소양昭陽이 몇 배의 땅으로 설 땅과 바꾸자고 제의를 해왔습니다. 저는 그때 '소양의 건의를 받아들이십시오'라고 하였습니다. 그러자 정곽군께서 '이 설 땅은 선왕으로부터 받은 것이오. 비록 지금 임금이 나를 미워한다고 해도 내 어찌 선왕에게 그렇게 할 수 있겠소! 게다가 선왕의 사당이 바로 이곳에 있소. 내 어찌 선왕의 사당을 초나라에게 넘겨 줄 수 있겠소?'라 하면서 저의 의견을 듣지 않으셨습니다. 이것이 그 두 번째 예입니다.”

선왕宣王은 크게 탄식하면서 얼굴 색이 바뀌었다.

“정곽군이 나에 대해서 한결같이 이와 같았구려! 내가 어려서 몰랐소이다. 그대가 나를 위해 정곽군을 모셔올 수 있겠소?”

제모변은 흔쾌히 허락하였다.

“말씀대로 준행하겠습니다.”

정곽군은 위왕이 내려준 옷을 입고 그 위왕에게 받았던 검을 찬 모습으로 설을 떠나 제나라로 향하였다. 선왕은 스스로 교외에까지 가서 정곽군을 맞으며 멀리서 보고 눈물을 흘렸다. 정곽군이 가까이 나타나자 즉시 재상자리를 맡아 줄 것을 부탁하였다. 정곽군이 사양하였지만 어쩔 수 없어 결국 수락하고 말았다. 그러나 7일 만에 병을 핑계로 사양하였다. 정곽군이 계속 사양한 끝에 사흘 만에야 겨우 허락을 얻어낼 수 있었다.

당시에 정곽군은 사람을 알아볼 줄 알았다. 그렇게 사람을 알아볼 줄 알았기 때문에 다른 사람의 비방에도 전혀 꺾일 줄 몰랐던 것이다. 이에 제모변도 구차스런 삶보다는 환난을 즐겨 처리하며 어려움에도 앞서 달려가 해결할 수 있었던 것이다.

靖郭君善齊貌辨. 齊貌辨之爲人也多疵, 門人弗說. 士尉以証靖郭君, 靖郭君不聽, 士尉辭而去. 孟嘗君又竊以諫, 靖郭君大怒曰:「劃而類, 破吾家. 苟可慊齊貌辨者, 吾無辭爲之.」於是舍之上舍, 令長子御, 旦暮進食.

數年, 威王薨, 宣王立. 靖郭君之交, 大不善於宣王, 辭而之薛, 與齊貌辨俱留. 無幾何, 齊貌辨辭而行, 請見宣王. 靖郭君曰:「王之不說嬰甚, 公往必得死焉.」齊貌辨曰:「固不求生也, 請必行.」靖郭君不能止.

齊貌辨行至齊, 宣王聞之, 藏怒以待之. 齊貌辨見宣王, 王曰:「子, 靖郭君之所聽愛夫!」齊貌辨曰:「愛則有之, 聽則無有. 王之方爲太子之時, 辨謂靖郭君曰:『太子相不仁, 過頤豕視, 若是者信反. 不若廢太子, 更立衛姬嬰兒郊師.』靖郭君泣而曰:『不可, 吾不忍也.』若聽辨而爲之, 必無今日之患也. 此爲一. 至於薛, 昭陽請以數倍之地易薛, 辨又曰:『必聽之.』靖郭君曰:『受薛於先王, 雖惡於後王, 吾獨謂先王何乎! 且先王之廟在薛, 吾豈可以先王之廟與楚乎!』又不肯聽辨. 此爲二.」宣王大息, 動於顏色, 曰:「靖郭君之於寡人一至此乎! 寡人少, 殊不知此. 客肯爲寡人來靖郭君乎?」齊貌辨對曰:「敬諾.」

靖郭君衣威王之衣冠, 舞(帶)其劍, 宣王自迎靖郭君於郊, 望之而泣. 靖郭君至, 因請相之. 靖郭君辭, 不得已而受. 七日, 謝病强辭. 靖郭君辭不得, 三日而聽.

當是時, 靖郭君可謂能自知人矣! 能自知人, 故人非之不爲沮. 此齊貌辨之所以外生樂患趣難者也.

【靖郭君】田嬰, 薛公, 孟嘗君 田文의 아버지. 威王의 아들이며 宣王과는 異母兄弟 사이였다.

【齊貌辨】靖郭君 田嬰의 식객. ≪呂氏春秋≫ 知士篇에는 '劑貌辨'으로 되어있다.

【士尉】역시 靖郭君 田嬰의 식객.

【証】'내쫓다. 혹은 그 사실을 증명하다'의 뜻.

【孟嘗君】田文. 田嬰(靖郭君)의 아들. 戰國 四公子 중의 하나. ≪史記≫ 孟嘗君 列傳 참조.

【上舍】옛날 식객을 모실 때 上舍·中舍·下舍로 그 숙소를 나누어 구분시켰다. 上舍는 공로와 덕이 있거나 뛰어난 재능이 있는 자들이 대접받는 숙소였다.

【長子】上舍를 관리하는 임무를 맡은 우두머리.

【郊師】威王과 衛姬 사이에 난 왕자. 宣王의 庶弟. 高誘 注에 "郊師, 衛姬之子. 宣王庶弟"라 하였다.

【昭陽】楚나라 장수. 058·131·171·205장 참조.

【先王之廟在薛】威王 때부터 사당을 薛 땅에 세웠다. 高誘 注에 "起威王之廟在薛"이라 하였다.

【外生樂患趣難者】高誘 注에 "外猶賤生, 謂觸難而行, 見宣王也. 樂解人之患, 趣救人之難, 令宣王相靖郭君也"라 하였다.

1. 齊威王이 죽은 B.C. 320년, 혹은 이듬해의 일이다.

2. ≪呂氏春秋≫ 知士篇

靜郭君善劑貌辨. 劑貌辨之爲人也多訾, 門人弗說. 士尉以証靜郭君, 靜郭君弗聽, 士尉辭而去. 孟嘗君竊以諫靜郭君, 靜郭君大怒曰:「剗而類! 揆吾家, 苟可以傔劑貌辨者, 吾無辭爲也.」於是舍之上舍, 令長子御, 朝暮進食. 數年, 威王薨, 宣王立, 靜郭君之交, 大不善於宣王, 辭而之薛, 與劑貌辨俱. 留無幾何, 劑貌辨辭而行, 請見宣王. 靜郭君曰:「王之不說嬰也甚, 公往, 必得死焉.」劑貌辨曰:「固非求生也. 請必行.」靜郭君不能止. 劑貌辨行, 至於齊, 宣王聞之, 藏怒以待之. 劑貌辨見, 宣王曰:「子靜郭君之所聽愛也?」劑貌辨答曰:「愛則有之, 聽則無有. 王方爲太子之時, 辨謂靜郭君曰:『太子之不仁, 過顑涿視, 若是者倍反. 不若革太子, 更立衛姬嬰兒校師.』靜郭君泫而曰:『不可, 吾弗忍爲也.』且靜郭君聽辨而爲之也, 必無今日之患也, 此爲一也. 至於薛, 昭陽請以數倍之地易薛, 辨又曰:『必聽之.』靜郭君曰:『受薛於先王, 雖惡於後王, 吾獨謂先王何乎? 且先王之廟在薛, 吾豈可以先王之廟予楚乎?』又不肯聽辨, 此爲二也. 宣王太息, 動於顏色, 曰:「靜郭君之於寡人一至此乎! 寡人少, 殊不知此. 客肯爲寡人少來靜郭君乎?」劑貌辨答曰:「敬諾.」靜郭君來, 衣威王之服, 冠其冠, 帶其劍. 宣王自迎靜郭君於郊, 望之而泣. 靜郭君至, 因請相之. 靜郭君辭, 不得已而受. 十日, 謝病, 彊辭, 三日而聽. 當是時也, 靜郭君可謂能自知人矣. 能自知人, 故非之弗爲阻. 此劑貌辨之所以外生樂趨患難故也.

3. 鮑本의 평어

『彪謂: 知人之難, 貴於知其心. 齊人曰: 辯之爲人多疵, 論其迹也; 靖郭君獨深善之不可奪, 知其心也. 士爲知己者死, 此辨所以不求生歟? 正曰: 心迹之論未當, 說見章首條下.』

116(8-6) 邯鄲之難
한단의 전투

위魏나라가 조趙나라의 서울 한단邯鄲을 포위하였다. 조나라는 급히 제齊나라에 구원을 요청하였다. 전후田侯는 대신들을 소집하여 의견을 물었다.

"구원병을 보내 조나라를 도와주는 것과 아니면 보내지 않는 것, 어느 것이 낫겠소?"

추기鄒忌가 나섰다.

"보내지 않는 것이 낫습니다."

그러자 단간륜段干綸이 반박하였다.

"구원해 주지 않으면 우리에게 불리합니다."

왕이 다시 물었다.

"무슨 뜻이오?"

단간륜은 이렇게 설명하였다.

"무릇 위나라가 한단을 겸병하면 우리 제나라에 어떤 이익이라고 있을 것기 때문입니다!"

왕은 허락하였다.

"좋소!"

그리고는 즉시 군대를 일으켜 조나라 수도 한단의 교외까지 진격하도록 하였다. 그러자 단간륜이 이렇게 말하였다.

"제가 말한 이로우니 이롭지 않으니 하는 것은 이런 것이 아닙니다. 조나라 한단을 구해 주겠다고 그 교외에 군대를 주둔시키게 되면 조나라는 한단을 빼앗기지 않게 되고, 위나라는 그 군대가 지치지도 않은 채 온전하게 버티게 됩니다. 따라서 우리는 남쪽으로 위나라 양릉襄陵을 공격하여 위나라를 피폐하게 만드는 것입니다. 한단이 그 사이 함락되면 위나라도 그만큼 피폐해지는 것입니다. 이는 조나라는 깨어지고 위나라는 약해진다는 사실입니다."

왕이 다시 허락하였다.

"좋소."

그리고는 군대를 일으켜 양릉을 쳤다. 7개월만에 한단은 위나라에게 함락되었고 제나라는 위나라가 피곤해진 틈을 이용하여 계릉桂陵에서 위군을 대패시켰다.

邯鄲之難, 趙求救於齊. 田侯召大臣而謀曰:「救趙孰與勿救?」鄒子曰: 「不如勿救.」段干綸曰:「弗救, 則我不利.」田侯曰:「何哉?」「夫魏氏兼邯鄲, 其於齊何利哉!」田侯曰:「善.」乃起兵, 曰:「軍於邯鄲之郊.」段干綸曰: 「臣之求利且不利者, 非此也. 夫救邯鄲, 軍於其郊, 是趙不拔而魏全也. 故不如南攻襄陵以弊魏. 邯鄲拔而承魏之弊, 是趙破而魏弱也.」田侯曰: 「善.」乃起兵南攻襄陵. 七月, 邯鄲拔. 齊因承魏之弊, 大破之桂陵.

【田侯】 전국시대 齊나라가 田氏 姓이므로 田氏의 侯라는 뜻. 구체적으로
　　姚注에는 宣王이라 하였고 ≪史記≫에는 威王이라 하였다. 姚注에는 "田侯,
　　齊侯也. 田成子殺簡公, 呂氏絕祀. 田氏有之. 故曰田侯, 宣王也"라 하였다.
【鄒忌】 당시 齊나라의 승상.
【段干綸】 段干은 複姓. ≪史記≫에는 '段干朋'으로 되어 있으며 '段干萌'으로도
　　쓴다.
【襄陵】 魏나라 땅. 지금의 河南省 睢縣 서쪽.
【桂陵】 魏나라 땅. 지금의 山東省 荷澤縣 동북.

[참고 및 관련 자료]

1. ≪史記≫ 田敬仲完世家에는 齊威王 4년(B.C. 353년)에 실려 있다.

2. ≪史記≫ 田敬仲完世家

齊侯太公和立二年, 和卒, 子桓公午立. 桓公午五年, 秦·魏攻韓, 韓求救於齊.
齊桓公召大臣而謀曰:「蚤救之孰與晚救之?」騶忌曰:「不若勿救.」段干朋曰:
「不救, 則韓且折而入於魏, 不若救之.」田臣思曰:「過矣君之謀也! 秦·魏攻韓·楚,
趙必救之, 是天以燕予齊也.」桓公曰:「善.」乃陰告韓使者而遣之. 韓自以爲得齊
之救, 因與秦·魏戰. 楚·趙聞之, 果起兵而救之. 齊因起兵襲燕國, 取桑丘.

3. ≪史記≫ 田敬仲完世家

二十六年, 魏惠王圍邯鄲, 趙求救於齊. 齊威王召大臣而謀曰:「救趙孰與勿救?」
騶忌子曰:「不如勿救.」段干朋曰:「不救則不義, 且不利.」威王曰:「何也?」對曰:
「夫魏氏幷邯鄲, 其於齊何利哉? 且夫救趙而軍其郊, 是趙不伐而魏全也. 故不如
南攻襄陵以弊魏, 邯鄲拔而乘魏之弊.」威王從其計

117(8-7) 南梁之難
남량의 전투

한韓나라와 위魏나라가 남량南梁에서 싸움을 벌이고 있었다. 한나라는 제齊나라에게 구원을 요청하였다. 제나라 전후田侯는 대신들을 소집하여 의견을 물었다.

"지금 당장 한나라를 구해 주는 것과 천천히 미루었다가 구해 주는 것, 둘 중 어느 것이 낫겠소?"

장개張丐가 말하였다.

"늦게 구원해 주었다가 한나라가 꺾이면 곧 위나라에 편입되고 말 것입니다. 당장 구원해 주느니만 못합니다."

전신사田臣思는 반대하였다.

"안 됩니다. 무릇 한·위 두 나라의 군대가 아직 지치지도 않았는데, 우리가 나서서 구해 주면 이는 우리가 한나라 대신 위나라의 병화를 입게 됩니다. 그렇게 되면 우리가 오히려 한나라의 명령을 들어야 되는 처지가 됩니다. 또 지금 위나라는 한나라를 깨겠다는 의지가 강합니다. 한나라가 장차 망하게 됨을 알게 되면 반드시 동쪽의 우리 제나라에게 간곡히 숙여올 것입니다. 우리가 그때 몰래 한나라와 결맹을 맺고 천천히 위나라가 피폐해졌을 때 나서면 나라도 중시를 받고 이익도 얻을 수 있으며 명분도 높일 수 있습니다."

전후가 말하였다.

"좋습니다."

그리고는 몰래 한나라 사신에게 고한 다음 이들을 돌려보내었다. 과연 한나라는 제나라가 오로지 자신들만을 위해 준다고 믿고 다섯 번 싸웠으나 다섯 번 모두 이기지 못하자 결국 동쪽의 제나라에게 간곡히 구원을 요청하였다.

제나라는 그제야 병력을 움직여 위나라를 쳐서 마릉馬陵에서 이들을 크게 패배시켰다. 이렇게 하여 위나라는 깨어지고 한나라는 약해졌다. 한·위의 두 임금은 전영田嬰을 통해 북면하여 전후를 모시겠다고 조공해 왔다.

南梁之難, 韓氏請救於齊. 田侯召大臣而謀曰:「早救之, 孰與晚救之便?」
張丐對曰:「晚救之, 韓且折而入於魏, 不如早救之.」田臣思曰:「不可.
夫韓·魏之兵未弊, 而我救之, 我代韓而受魏之兵, 顧反聽命於韓也. 且夫魏
有破韓之志, 韓見且亡, 必東愬於齊, 我因陰結韓之親, 而晚承魏之弊, 則國
可重, 利可得, 名可尊矣.」田侯曰:「善.」乃陰告韓使者而遣之. 韓自以專有
齊國, 五戰五不勝, 東愬於齊, 齊因起兵擊魏, 大破之馬陵. 魏破韓弱, 韓·魏
之君因田嬰北面而朝田侯.

【南梁】韓나라 읍. 지금의 河南省 臨汝縣 동쪽.

【田侯】齊나라 임금. 威王. ≪史記≫에는 '宣王'으로 되어있다.

【張丐】齊나라의 신하. 124장 참조. ≪史記≫에는 '田忌'로 되어있다.

【田臣思】역시 齊나라의 신하. '陳臣思'로도 쓴다. 128장 참조. ≪史記≫에는
 孫子가 말한 것으로 되어있다.

【馬陵】지금의 河北省 大名縣 동남쪽.

【田嬰】靖郭君.

【北面】南面의 상대어로 '신하가 되다, 굴복하다'의 뜻.

1. ≪史記≫ 田敬仲完世家의 齊宣王 16년(B.C. 341년)에 실려 있다. 馬陵의
 전투는 117·171·325장을 참조할 것.

2. ≪史記≫ 田敬仲完世家

二年, 魏伐趙. 趙與韓親, 共擊魏. 趙不利, 戰於南梁. 宣王召田忌復故位. 韓氏請
救於齊. 宣王召大臣而謀曰:「蚤救孰與晚救?」騶忌子曰:「不如勿救.」田忌曰:
「弗救, 則韓且折而入於魏, 不如蚤救之.」孫子曰:「夫韓·魏之兵未獘而救之,
是吾代韓受魏之兵, 顧反聽命於韓也. 且魏有破國之志, 韓見亡, 必東面而愬於齊矣.
吾因深結韓之親而晚承魏之獘, 則可重利而得尊名也.」宣王曰:「善.」乃陰告韓
之使者而遣之. 韓因恃齊, 五戰不勝, 而東委國於齊. 齊因起兵, 使田忌·田嬰將,
孫子爲(帥)(師), 救韓·趙以擊魏, 大敗之馬陵, 殺其將龐涓, 虜魏太子申. 其後
三晉之王皆因田嬰朝齊王於博望, 盟而去.

3. 鮑本의 평어

『臣思之策, 則幸中矣, 非仁義擧也. 孟子謂:「行一不義而得天下不爲也」, 況朝
韓・魏乎?』

〈詛盟장면 銅貯貝器〉 西漢, 雲南 晉寧縣 출토

118(8-8) 成侯鄒忌爲齊相
역모를 꿈꾸는 자

성후成侯 추기鄒忌가 제齊나라 재상이 되고 전기田忌가 장군이었을 때 서로 사이가 좋지 않았다. 이를 안 공손한公孫閈이 추기에게 물었다.

"그대는 왜 왕에게 위魏나라를 치자고 주장하지 않습니까? 이기면 그대의 계획에 의한 것이기 때문에 그대가 유공자가 될 것이요, 지면 전기가 싸움에 나가지 않거나 나가 죽지 않았다 하더라도 용기 있게 나서지 못한 책임을 물어 주살시킬 수 있을 텐 데요."

추기는 그럴듯하다고 여겨 왕에게 상책해서 전기로 하여금 위나라를 치게 하였다. 그런데 전기가 삼전삼승三戰三勝을 하는 것이었다. 겁이 난 추기가 공손한에게 알렸다. 공손한은 사람을 시켜 10 금金을 가지고 거리에 나가 점쟁이에게 이렇게 물어보도록 하였다.

"나는 전기의 부하이다. 우리 전기 장군이 삼전삼승을 하여 천하에 그 위세를 떨치고 있다. 장차 대사大事를 벌이려 하는데 역시 길하겠는가?"

점쟁이가 그 말을 듣자 사람을 시켜 점치러 온 자를 그 자리에서 붙들어 그가 증험해 보고자 한 말을 증거로 왕에게 보고하였다. 전기는 이를 듣자 도망가고 말았다.

成侯鄒忌爲齊相, 田忌爲將, 不相說. 公孫閈謂鄒忌曰:「公何不爲王謀伐魏? 勝, 則是君之謀也, 君可以有功; 戰不勝, 田忌不進, 戰而不死, 曲撓而誅.」鄒忌以爲然, 乃說王而使田忌伐魏.

田忌三戰三勝, 鄒忌以告公孫閈, 公孫閈乃使人操十金而往卜於市, 曰:「我田忌之人也, 吾三戰而三勝, 聲威天下, 欲爲大事, 亦吉否?」卜者出, 因令人捕爲人卜者, 亦驗其辭於王前. 田忌遂走.

【成侯 鄒忌】 齊威王 때 재상이 되었으며 下邳에 봉해졌다. 成侯는 시호. 鄒는 騶로도 쓴다.

【田忌】 齊나라 대부이며, 장군. 성후의 간계로 도망갔다가 宣王 때 다시 돌아왔다.

【公孫閈】≪史記≫ 田敬仲完世家에는 '公孫閱'로 되어있다.

【大事】역모를 뜻함.

1. ≪**史記**≫ 田敬仲完世家 威王 16년(B.C. 341년)에 실려 있다.

2. ≪**史記**≫ 田敬仲完世家

其後成侯騶忌與田忌不善, 公孫閱謂成侯忌曰:「公何不謀伐魏, 田忌必將. 戰勝有功, 則公之謀中也; 戰不勝, 非前死則後北, 而命在公矣.」於是成侯言威王, 使田忌南攻襄陵. 十月, 邯鄲拔, 齊因起兵擊魏, 大敗之桂陵. 於是齊最強於諸侯, 自稱爲王, 以令天下.

三十五年, 公孫閱又謂成侯忌曰:「公何不令人操十金卜於市, 曰:『我田忌之人也. 吾三戰而三勝, 聲威天下. 欲爲大事, 亦吉乎不吉乎』?」卜者出, 因令人捕爲之卜者, 驗其辭於王之所. 田忌聞之, 因率其徒襲攻臨淄, 求成侯, 不勝而奔.

3. 鮑本에 걸어

『彪謂: 齊威, 賢王也! 其知章子, 察阿‧卽墨大夫明矣, 獨於是失之. 然忌之走, 亦非威王譴之也. 正曰: 史以公孫閈爲鄒忌云云, 附戰桂陵之前, 文小異. 操十金卜市以下, 在威王三十五年. 下云, 田忌聞之, 率其徒襲攻臨淄, 求成侯, 不勝而奔, 宣王召復位, 遂有馬陵之戰. 按策言, 忌伐魏, 三戰三勝. 忌戰可見者桂陵‧馬陵二役, 策倂言之也. 後章記, 忌係太子申, 禽龐涓, 孫子謂忌曰, 「若是則齊君可正, 成侯可走.」忌不聽, 遂不入齊. 又記, 田忌亡齊之楚, 楚封之江南, 則忌之出奔, 在戰馬陵後宣王之世明矣. 史載其奔在前, 故謂召復位. 忌旣襲齊, 豈得再復? 成侯猶在, 豈宜竝列? 而馬陵後, 忌無可書之事, 知其必有誤也. 以威王之明, 成侯‧公孫閈之詐, 豈能行其間? 其爲宣王無疑也. 大事記謂桂陵‧馬陵二事, 多混而書, 忌出奔在威王時, 亦仍史之舊耳.』

119(8-9) 田忌爲齊將
큰일 하나 하고 싶소

전기田忌가 제齊나라 장수가 되어 위魏나라 태자太子 신申을 포로로 하고 위나라 장수 방연龐涓까지 사로잡았다. 그러자 손자孫子가 전기에게 말하였다.

"장군께서는 큰일 하나 하고 싶소?"

전기가 되물었다.

"무슨 말이오?"

손자가 이렇게 설명하였다.

"만약 장군께서 병사를 풀지 않은 채 제나라로 돌아가셔서 지쳐 힘없는 병사들로 하여금 노약자들도 지켜낼 수 있는 주主 땅을 지키게 하십시오. 주 땅은 수레 한 대 지나갈 정도의 좁은 길로써 전차戰車들이 모이면 서로 부딪치고 얽혀 꼼짝을 하지 못합니다. 따라서 제나라 군사 중 약한 사람을 시켜 주 땅을 지키게만 해도 일당 십, 십당 백, 백당 천으로 위나라를 막아낼 수 있습니다. 이쯤 해놓고 장군께서는 태산太山을 등지고 왼쪽으로는 제수濟水를, 오른쪽은 천당天唐을 자연 요새로 삼아 무기와 군량을 가지고 고완高宛에 이르러, 날랜 군대를 이끌고 제나라 옹문雍門으로 치고 들어가십시오. 이렇게 하면 제나라 임금에게 바르게 하라고 요구할 수 있고 당신을 못살게 구는 성후成侯도 축출시킬 수 있을 것입니다. 그렇지 않으면 장군께서는 제나라로 돌아갈 수 없을 것입니다."

전기는 손자의 이 말에 따르지 않았다. 과연 그는 제나라로 되돌아가지 못하게 되었다.

田忌爲齊將, 係梁太子申, 禽龐涓. 孫子謂田忌曰:「將軍可以爲大事乎?」田忌曰:「奈何?」孫子曰:「將軍無解兵而入齊. 使彼罷弊於先(老)弱守於主. 主者, 循軼之途也, 鎋擊摩車而相過. 使彼罷弊先(老)弱守於主, 必一而當十, 十而當百, 百而當千. 然後背太山, 左濟, 右天唐, 軍重踵高宛, 使輕軍銳騎衝雍門. 若是, 則齊君可正, 而成侯可走. 不然, 則將軍不得入於齊矣.」田忌不聽, 果不入齊.

【田忌】齊나라의 장수. 成侯 鄒忌와 적대관계였다. 앞장 참조.
【係梁太子申禽龐涓】梁은 魏나라. 馬陵 싸움에서 太子 申을 죽이고 龐涓을
사로잡았다. 係는 繫와 같으며 '묶다, 사로잡다, 포로로 잡다'의 뜻. 姚注에
"申, 梁惠王太子也. 龐涓, 魏將也. 田忌與戰於馬陵, 而係獲之也. 故梁惠王謂孟
子曰: '寡人東伐, 敗於馬陵, 太子死, 龐涓禽.' 此之謂也"라 하였다. 103·159·
224·325·482장 참조.
【孫子】孫臏. 병법가. 齊나라 장수였음. 高誘 注에 "孫子, 孫臏也, 齊將也"라
하였다.
【主】地名. 齊나라와 魏나라 사이의 요새인 듯하다.
【太山】泰山.
【濟水】齊나라 땅을 흐르는 강.
【天唐】高唐. 齊나라 도시. 지금의 山東省 禹城縣 서남.
【高宛】齊나라 읍. 지금의 山東省 博興縣 서남.
【雍門】齊나라 수도 臨淄의 서쪽 궁문 이름.
【齊王】齊의 威王.
【成侯】鄒忌. 齊나라의 재상. 田忌와 적대관계였다.

1. 이는 馬陵之戰(B.C. 434년)의 연속이다. 전기는 원래 齊威王 15년(B.C.
343년)에 도망갔다가 이 馬陵의 싸움에 재기용되었다.
2. 鮑本의 평어
『彪謂: 臏非武(孫武)流也. 武雖運奇用詭, 豈嘗語人以是乎? 忌不聽, 忌賢也.
補曰: 使田忌無間於齊, 孫子曷爲而有是言? 必公孫閈, 成侯讒搆之時也.』

演武 畫像

120(8-10) 田忌亡齊而之楚
이기를 쓰십시오

전기田忌가 제齊나라를 도망하여 초楚나라로 가버리자 추기鄒忌가 대신해서 재상이 되었다. 그러나 추기는 전기가 초나라 힘을 등에 업고 제나라에 다시 복귀하지 않을까 걱정이었다. 그러자 두혁杜赫이 말하였다.

"청컨대 신이 전기를 그대로 초나라에 머물러 있도록 해드리겠습니다."

두혁은 초왕楚王을 만나 이렇게 말하였다.

"추기가 귀국 초나라를 멀리하는 것은 전기가 제나라에 복귀할까 걱정스럽기 때문입니다. 그러니 왕께서는 전기를 강남江南 땅에 봉하여 전기를 제나라로 보낼 뜻이 없음을 보이십시오. 그러면 추기는 제나라를 다 들어 귀국 초나라를 받들 것입니다. 한편 전기는 도망쳐 나온 자입니다. 그런 자에게 왕께서 봉지까지 주시면 굉장히 은혜스럽게 여길 것입니다. 나중에 전기가 제나라에 돌아간다 해도 역시 귀국 초나라를 잘 모실 것입니다. 이것이 바로 이기(二忌, 田忌·鄒忌)를 쓰는 방법입니다."

초왕은 과연 전기를 강남에다 봉하였다.

田忌亡齊而之楚, 鄒忌代之相齊, 恐田忌欲以楚權復於齊, 杜赫曰:「臣請爲留楚.」謂楚王曰:「鄒忌所以不善楚者, 恐田忌之以楚權復於齊也. 王不如封田忌於江南, 以示田忌之不返齊也, 鄒忌以齊厚事楚. 田忌亡人也, 而得封, 必德王. 若復於齊, 必以齊事楚. 此用二忌之道也.」楚果封之於江南.

【鄒忌代之相齊】'之'는 대명사의 田忌를 가리키는 것은 아니다. 鮑本에 "補曰: 前云鄒忌爲相, 田忌爲將. 田忌走, 此云代之相, 恐有差誤"라 하였다.
【杜赫】齊나라 신하.
【江南】長江(揚子江) 남쪽.

참고 및 관련 자료

1. 본장은 118·119장과 관련된다.

121(8-11) 鄒忌事宣王
아들 하나의 효도

추기鄒忌가 제齊 선왕宣王을 섬길 때였다. 추기가 너무 많은 선비를
추천하자 선왕은 불쾌히 여겼다. 한편 안수晏首라는 자가 있어 스스로
귀한 직위였지만 그는 도리어 선비를 너무 적게 추천하는 편이었다.
제왕은 그 때문에 안수를 좋아하였다. 그러자 추기가 선왕에게 말하였다.

"제가 듣기로는 아들 하나의 효도가 다섯 아들의 효도만 못하다고
합니다. 지금 안수가 추천하여 선비 된 자가 그 몇이나 됩니까?"

그러자 선왕은 안수가 오히려 선비의 추천을 막고 있음을 알게 되었다.

鄒忌事宣王, 仕人衆, 宣王不悅. 晏首貴而仕人寡, 王悅之. 鄒忌謂宣王曰:
「忌聞以爲有一子之孝, 不如有五子之孝. 今首之所進仕者, 以幾何人矣?」
宣王因以晏首壅塞之.

【鄒忌】齊나라의 재상.
【晏首】齊나라의 신하.

1. 시기는 대체로 B.C. 320년쯤으로 보고 있다.

車騎畵像(東漢)

122(8-12) 鄒忌脩八尺有餘
천하의 미남

추기鄒忌는 키가 8척이 넘는 데다가 준수하고 건장하여 잘생긴 인물이었다. 마침 아침에 의관을 입으며 거울을 들여다보던 추기가 아내에게 물었다.

"나와 성북城北에 사는 서공徐公 둘 중 누가 더 미남이라고 느끼오?"

그의 처는 이렇게 대답하였다.

"아무렴 당신이지요. 서공이 어찌 감히 당신에게 미치겠소?"

그 서공이란 자는 바로 제齊나라에 미남이라고 소문난 자였다. 추기는 아무래도 자신이 없어 이번엔 다시 첩에게 물어보았다.

"나와 서공 중에 누가 더 미남이오?"

첩도 같은 대답을 하였다.

"서공이 어찌 당신에게 미치리오!"

이튿날 어떤 손님이 와서 추기와 좌담을 하고 있었다. 추기에 그 객에게 물었다.

"그대는 나와 서공 중에 누가 더 미남이라고 보는가?"

그러자 그 객도 역시 이렇게 말하는 것이었다.

"서공은 당신만 못합니다."

그 다음날 정말 서공이 추기 집에 오게 되었다. 추기는 그를 자세히 뜯어보았다. 자기는 아무래도 그만 못하였다. 가서 거울을 들여다보고 하였지만 역시 자기는 서공에 비하면 너무 멀었다. 잠자리에 들어서까지 그는 생각하였다.

"아내가 나를 아름답다고 한 것은 나를 사사롭게 여기기 때문이다. 첩이 나를 아름답다고 한 것은 나를 두려워하기 때문이다. 객이 나를 미남이라고 한 것은 내게 바라는 바가 있기 때문이다."

이에 추기는 궁궐에 들어가 위왕威王에게 이렇게 말하였다.

"제가 진실로 서공만큼 미남이 아닌 데도 저의 처는 저를 사사롭게 여기기 때문에, 그리고 저의 첩은 저를 두려워하기 때문에, 저를 찾아온 손님은 저에게 바라는 게 있기 때문에 한결같이 저를 서공보다 낫다고 한 것입니다. 지금 우리 제나라는 영토가 천 리나 되고, 성은 1백20개나 됩니다. 그러니 궁부宮婦·좌우左右가 왕을 사사롭게 여기지 않는 자가 없고, 조정의 신하들이 왕을 두려워하지 않는 자가 없고, 영토 내의 백성들이 왕에게 바라지 않는 자가 없습니다. 이렇게 보면 왕의 면모가 가려짐이 너무 심합니다."

왕이 대답하였다.

"옳습니다."

그리고는 이렇게 영令을 내렸다.

"신하들과 관리·백성들 중에 면전에서 나의 잘못을 지적해 주는 자는 상상上賞을 줄 것이요, 글을 올려 나의 잘못을 간하는 자는 중상中賞을, 거리에서나 조정에서 나의 잘못을 비방하는 말을 퍼뜨려 그 소문이 나의 귀에 들리게 하는 자에게는 하상下賞을 주리라."

이 영이 떨어지자 신하들이 다투어 몰려들어 문정약시門庭若市를 이루었다. 수개월 뒤에는 때때로 간간히 진언하는 자가 있게 되었고, 1년 후에는 비록 말하고 싶어도 말할 것이 없게 되었다.

연燕·조趙·한韓·위魏 등의 여러 나라들이 이 소식을 듣고 모두 제나라에 조알하였다. 이를 일러 승리는 조정에서라는 것이다.

鄒忌脩八尺有餘, 身體昳麗. 朝服衣冠, 窺鏡, 謂其妻曰:「我孰與城北徐公美?」其妻曰:「君美甚, 徐公何能及公也!」城北徐公, 齊國之美麗者也. 忌不自信, 而復問其妾曰:「吾孰與徐公美?」妾曰:「徐公何能及君也!」旦日客從外來, 與坐談, 問之客曰:「吾與徐公孰美?」客曰:「徐公不若君之美也!」

明日, 徐公來. 孰視之, 自以爲不如; 窺鏡而自視, 又弗如遠甚. 暮, 寢而思之曰:「吾妻之美我者, 私我也; 妾之美我者, 畏我也; 客之美我者, 欲有求於我也.」

於是入朝見威王曰:「臣誠知不如徐公美, 臣之妻私臣, 臣之妾畏臣, 臣之客欲有求於臣, 皆以美於徐公. 今齊地方千里, 百二十城, 宮婦左右, 莫不私王; 朝廷之臣, 莫不畏王; 四境之內, 莫不有求於王. 由此觀之, 王之蔽甚矣!」王曰:「善.」乃下令:「羣臣吏民, 能面刺寡人之過者, 受上賞; 上書諫寡人者, 受中賞; 能謗議於市朝, 聞寡人之耳者, 受下賞.」

令初下, 羣臣進諫, 門庭若市. 數月之後, 時時而間進. 期年之後, 雖欲言, 無可進者. 燕·趙·韓·魏聞之, 皆朝於齊. 此所謂戰勝於朝廷.

【城北徐公】城北은 齊나라 도읍 臨淄의 북쪽. 徐公은 당시 미남으로 이름났던 사람.

【門庭若市】궁정 뜰이 시장 같다는 뜻. 姚注에 "言與敵國戰勝之於朝廷之內也. 老子曰: '修之身, 其德乃眞', 此之謂也. 故能使四國盡來朝之"라 하였고, 鮑注에는 "坐朝廷之上, 四國朝之, 不待兵也. ……彪謂: 鄒忌嘗以詐走田忌, 則其人亦傾險耳. 唯此言者, 萬世之言也"라 하였다.

1. 鮑本의 평어

『彪謂: 鄒忌嘗以詐走田忌, 則其人亦傾險士耳. 唯此言者, 萬世之言也. 補曰: 大事記, 威烈王二十二年. 按外紀, 宋昭公出亡, 謂其御曰云云, 事與此類. 又新序: 齊有田巴先生, 賢, 王聘而問政, 巴改製新衣, 拂飾冠帶, 顧謂其妾云云. 恐與鄒忌事有訛舛.』

123(8-13) 秦假道韓魏以攻齊
광장은 배반하지 않는다

진秦나라가 한韓·위魏 두 나라의 길을 빌어 제齊나라를 공격해 왔다. 제나라 위왕威王은 광장匡章을 장군으로 삼아 맞서 싸우도록 하였다. 광장은 진나라와 우선 교화交和하고 서로 물러섰다. 양쪽의 사신이 자주 왕래하며 접전을 피하고 있을 때, 광장은 자신의 군대 깃발을 진나라 군대처럼 바꾸고 몰래 진나라 군대와 뒤섞이게 하였다. 이때 제나라 조정에서 보낸 감독자가 달려와 광장이 제나라 군대를 이끌고 진나라에 투항하려 한다고 알려왔다.

제위왕은 그 말에 아무런 응답을 하지 않았다. 잠시 후 또 다른 보고에도 역시 광장이 진나라에 투항하였다는 것이다. 왕은 역시 아무런 반응이 없었다. 똑같은 보고가 다시 세 번이나 들어왔다. 이때 군사 업무를 맡은 관리가 참다못해 왕에게 아뢰었다.

"광장이 패하였다는 소식은 그 보고자는 다르나 말은 모두 같은 것을 보면 틀림없는 사실입니다. 그런데 대왕께서는 어찌 군대를 풀어 그를 토벌하지 않습니까?"

왕은 이렇게 말하였다.

"광장이 나를 배반하지 않을 것임을 나는 확신하고 있는데 어찌 그를 토벌한단 말이오!"

잠시 후 제나라가 대승을 거두어 진나라 군대를 대패시켰다는 보고가 들어왔고 진왕秦王은 고개를 숙이고 서번지신西藩之臣이라 칭하며 용서를 빌었다. 좌우 신하가 임금에게 물었다.

"왕께서는 광장이 그렇게 하리라는 것을 어찌 아셨습니까?"

왕은 이렇게 설명하였다.

"광장의 어머니 계啓는 그 남편에게 죄를 지어 참살 당한 후 마구간 밑에 매장되었다. 내가 그를 장군으로 삼아보내면서 '선생께서 성공하고 군대를 온전히 하여 돌아오면 내가 장군 그대 어머니의 시신을 옮겨 묻어 주겠소'라 격려하였더니 이렇게 대답하였다. '제가 어머니의 시신을

옮길 줄 몰라서 그런 것이 아닙니다. 제 어머니 啓는 저의 부친께 죄를
얻어 죽은 후, 저의 부친께서 어떻게 하라는 당부 없이 돌아가셨습니다.
무릇 아버지의 가르침을 따르지 않고 어머니 묘를 옮기게 되면 이는
돌아가신 아버지를 속이는 것이 됩니다. 그래서 감히 옮기지 못하고 있는
것입니다'라고. 그러니 무릇 사람의 아들로 태어나 그 돌아가신 아버지도
속이지 않는 자가 어찌 남의 신하가 되어 살아 있는 임금을 속이겠는가?"

秦假道韓·魏以攻齊, 齊威王使章子將而應之. 與秦交和而舍, 使者數相
往來, 章子爲變其徽章, 以雜秦軍. 候者言章子以齊入秦, 威王不應. 頃之間,
候者復言章子以齊兵降秦, 威王不應. 而此者三. 有司請曰:「言章子之敗者,
異人而同辭. 王何不發將而擊之?」王曰:「此不叛寡人明矣, 曷爲擊之!」
　頃間, 言齊兵大勝, 秦軍大敗, 於是秦王拜西藩之臣而謝於齊. 左右曰:
「何以知之?」曰:「章子之母啓得罪其父, 其父殺之而埋馬棧之下. 吾使者章
子將也, 勉之曰:『夫子之强, 全兵而還, 必更葬將軍之母.』對曰:『臣非不能
更葬先妾也. 臣之母啓得罪臣之父. 臣之父未教而死. 夫不得父之教而更
葬母, 是欺死父也. 故不敢.』夫爲人子而不欺死父, 豈爲人臣欺生君哉?」

【假道韓魏】齊나라와 秦나라 사이의 땅이 韓·魏 두 나라 사이의 길이므로
　길을 빌었다고 표현한 것이다.
【章子】匡章.(166·450장 참조) ≪孟子≫ 참조.
【啓】匡章의 어머니.
【西藩之臣】秦나라가 서쪽에 있어 서쪽 藩屬의 신하라 낮춘 말.
【馬棧】마구간의 말 분비물을 걸러내기 위해 있는 판자 등. 鮑本에 "棧, 爲棚以
　立馬. 正曰: 高注, 棧床也"라 하였다.

1. 高誘 注에는 武王 때라 하였으나 齊威王 23년(B.C. 334년)은 秦惠王과 같은 시기임.

2. ≪孟子≫ 離婁(下)

公都子曰:「匡章, 通國皆稱不孝焉. 夫子與之遊, 又從而禮貌之, 敢問何也?」

孟子曰:「世俗所謂不孝者五: 惰其四支, 不顧父母之養, 一不孝也; 博弈好飮酒, 不顧父母之養, 二不孝也; 好貨財, 私妻子, 不顧父母之養, 三不孝也; 從耳目之欲, 以爲父母戮, 四不孝也; 好勇鬪很, 以危父母, 五不孝也. 章子有一於是乎? 夫章子, 子父責善而不相遇也. 責善, 朋友之道也; 父子責善, 賊恩之大者. 夫章子, 豈不欲有夫妻子母之屬哉? 爲得罪於父, 不得近. 出妻屛子, 終身不養焉. 其設心以爲不若是, 是則罪之大者, 是則章子已矣.」

3. 鮑注의 평어

『彪謂: 周衰, 齊威不世之主也. 列子曰: 君非自知我也, 以人之言賜我, 其罪我又將以人之言, 故人君於其臣, 欲其自知之也. 威王之於章子有焉. 夫如是, 雖百市虎不搖也, 豈以三告而投陽乎哉?』

124(8-14) 楚將伐齊
대왕을 조문하러 왔소

초楚나라가 제齊나라를 치려 하자, 노魯나라가 초나라에 연합해 버렸다. 제왕은 걱정이었다. 그러자 장개張丐가 나섰다.

"노나라로 하여금 중립을 지키게 해놓겠습니다."

그리고 그는 제나라를 위하여 노나라 임금을 만났다. 노나라 임금이 먼저 물었다.

"제나라 왕이 두려워하고 있던가요?"

장개는 대뜸 이렇게 대꾸하였다.

"이는 제가 알 바가 아닙니다. 그러나 제가 온 것은 대왕을 조문弔問하기 위해서입니다."

노나라 임금이 물었다.

"조문이라니?"

장개는 이렇게 물었다.

"임금의 계획이 틀리게 짜여졌기 때문입니다. 대왕은 이길 나라의 편을 들지 아니하고 패배할 나라와 연합하였으니 웬일입니까?"

노나라 임금이 물었다.

"그럼 그대는 제나라와 초나라 중에 어느 나라가 이기리라고 보십니까?"

장개는 이렇게 대답하였다.

"그건 귀신도 모르지요."

노나라 임금이 다시 물었다.

"그런데 그대는 어찌 나를 조문한단 말이오?"

장개는 이렇게 설명하였다.

"제나라는 초나라에게 저울대처럼 팽팽히 맞서있습니다. 이는 노나라를 자기의 편에 끌어들이느냐의 유무에 달린 것도 아닙니다. 그런데 임금께서는 어찌하여 먼저 노나라를 안전하게 한 다음, 두 나라가 싸우고 난 후에 어느 한 나라를 편드는 그러한 정책을 쓰지 않습니까? 초나라가 제나라를 이기고 나면 그 뛰어난 군사와 훌륭한 병졸이 모두 죽습니다. 그러나

그 나머지 군대로도 족히 천하를 대적할 수 있습니다. 제나라가 이기려
해도 역시 그 뛰어난 군사와 병졸들이 다 죽습니다. 그러니 노나라는
그때 병사를 이끌고 들어 이긴 나라를 편드는 것입니다. 그러면 그때
베풀어주는 덕도 클 것이요, 그 은혜를 입는 나라도 역시 크게 고맙게
여길 것입니다."

　노군은 그렇다고 여기고 몸소 나서서 군대를 퇴각시켰다.

　楚將伐齊, 魯親之, 齊王患之. 張丏曰:「臣請令魯中立.」乃爲齊見魯君.
魯君曰:「齊王懼乎?」曰:「非臣所知也, 臣來弔足下.」魯君曰:「何弔?」
曰:「君之謀過矣. 君不與勝者而與不勝者, 何故也?」魯君曰:「子以齊·楚
爲孰勝哉?」對曰:「鬼且不知也.」「然則子何以弔寡人?」曰:「齊, 楚之權敵也,
不用有魯與無魯. 足下豈如令衆而合二國之後哉! 楚大勝齊, 其良士選卒
必殫, 其餘兵足以待天下; 齊爲勝, 其良士選卒亦殫. 而君以魯衆合戰勝後,
此其爲德也亦大矣. 其見恩德亦其大也.」魯君以爲然, 身退師.

【張丏】齊나라 신하.
【權敵】저울대가 평형을 이루듯이 세력의 차이가 없음을 말함.

참고 및 관련 자료

1. 이는 徐州之戰이 아닌가 한다. 또 齊王은 威王, 魯王은 景公으로 보고 있다.
시기는 B.C. 333년쯤이다.

125(8-15) 秦伐魏
불난 곳에 자꾸 땔감을 대주면

진秦나라가 위魏나라를 치자 진진陳軫이 삼진三晉을 연합시켜 놓고 동쪽으로 가서 제齊 선왕宣王을 만났다.

"옛 성왕들이 싸움을 한 것은 천하를 바로잡아 이름을 세우고 후세를 염려하였기 때문입니다. 지금 제齊·초楚·연燕·조趙·한韓·양梁 등 여섯 자라의 싸움은 서로 물고 물리지만 그 누구도 공명을 세우기에는 부족합니다. 오히려 진秦나라만 강하게 해주고 스스로는 약해져 갈 뿐이니, 이것은 산동山東 여섯 나라들이 취할 상책이 아닙니다. 산동 여섯 나라를 위험하게 하는 것은 강한 진나라입니다. 그런데 진나라가 강해지는 것은 걱정하지 아니하고 여섯 나라가 서로 싸워 약해지고 있으니 그 싸우는 두 나라는 이기거나 지거나 결국 진나라에게로 넘어가고 말 것입니다. 저는 이것이 산동 여섯 나라가 걱정해야 할 일이라 여깁니다. 천하가 진나라를 위하여 땅을 조금씩 떼어 진나라에게 바치면 진나라는 싸움을 하지 않고도 땅을 얻을 것이요, 천하가 서로 삶고 죽이고 하면 진나라는 땔감을 보태지 않고도 다 타서 망한 다음에 쉽게 차지해 버릴 것입니다. 진나라는 이렇게 총명한데 여섯 나라들은 어찌 이리 어리석습니까? 대왕께서 잘 살펴보십시오.

옛날 오제五帝나 삼왕三王·오패五霸가 쳐 없앴던 것은 모두 무도한 나라들이었습니다. 그렇지만 지금 진나라가 천하를 삼키려고 하는 것은 그렇지 않습니다. 옛날 그들의 원칙과는 아주 상반되어 있습니다. 그러니 임금은 틀림없이 사욕死辱을 당할 것이요 백성은 죽거나 포로가 되고 말 것입니다.

지금 한韓·양梁은 진나라에 대한 원한의 눈물이 마를 날이 없는데 제나라만 아직 피해가 없습니다. 그것은 제나라와 진나라가 사이가 좋고, 진나라와 한·위魏 나라들은 관계가 나빠 그런 것이 아닙니다. 바로 제나라는 진나라로부터 거리가 멀고, 한·위 두 나라는 진나라와 국경이 맞닿아 있기 때문에 그런 것입니다.

그렇지만 이제 곧 제나라도 진나라와 국경을 접하게 될 것입니다! 지금 진나라는 양(梁, 魏)의 강絳 땅과 안읍安邑을 공격하려 하고 있습니다. 진나라가 강과 안읍을 얻은 다음에는 황하를 표리表裏로 삼아 동쪽으로 군대를 진출하여 제나라를 공격하게 될 것입니다. 그리고는 제나라의 동쪽 해변까지 꿰뚫어 남쪽으로는 초楚·한韓·양梁 세 나라를 고립시키고, 북쪽으로는 연燕·조趙 두 나라를 고립시킬 것입니다. 이렇게 되면 제나라는 더 이상 계책을 세울 수 없습니다. 그러니 잘 생각해 보십시오.

지금 삼진三晉이 이미 결합하여 다시 옛날 형제국처럼 뭉쳐졌습니다. 그래서 날랜 병사를 출진시켜 강, 안읍에서 진나라의 공격을 막아내고 있습니다. 이것이야말로 만세萬世를 지키는 계책입니다. 이 때 제나라가 어서 급히 날랜 군대를 보내어 삼진과 연합하지 않으면 반드시 후환이 있을 것입니다.

지금 삼진이 합하면 진나라는 틀림없이 감히 양梁나라를 공격하지 못하고, 방향을 바꿔 남으로 초나라를 공략할 것입니다. 초나라와 진나라가 그 싸움으로 풀려나지 못하고 있을 때 삼진은 제나라가 자신들의 편을 들어 주지 않은 원한을 품고 동쪽으로 당신 제나라를 공격할 것입니다. 저는 이 걱정 때문에 진언하는 것이니 지금 급히 삼진과 연합을 위하여 군대를 진출시키느니만 못합니다.”

제선왕은 그렇게 하겠다고 허락하였다. 과연 제나라는 삼진과 연합하였다.

秦伐魏, 陳軫合三晉而東謂齊王曰:「古之王者之伐也, 欲以正天下而立功名, 以爲後世也. 今齊·楚·燕·趙·韓·梁六國之遞甚也, 不足以立功名, 適足以强秦而自弱也, 非山東之上計也. 能危山東者, 强秦也. 不憂强秦, 而遞相罷弱, 而兩歸其國於秦, 此臣之所以爲山東之患. 天下爲秦相割, 秦曾不出力; 天下爲秦相烹, 秦曾不出薪. 何秦之智而山東之愚耶? 願大王之察也. 古之五帝·三王·五伯之伐也, 伐不道者. 今秦之伐天下不然, 必欲反之, 主必死辱, 民必死虜. 今韓·梁之目未嘗乾, 而齊民獨不也, 非齊親而韓·梁疏也, 齊遠秦而韓·梁近. 今齊將近矣! 今秦欲攻梁絳·安邑, 秦得絳·安邑以東下河, 必表裏河而東攻齊, 擧齊屬之海, 南面而孤楚·

韓·梁, 北向而孤燕·趙, 齊無所出其計矣. 願王熟慮之. 今三晉已合矣,
復爲兄弟約, 而出銳師以戍梁絳·安邑, 此萬世之計也. 齊非急以銳師合三晉,
必有後憂. 三晉合, 秦必不敢攻梁, 必南攻楚. 楚·秦構難, 三晉怒齊不與己也,
必東攻齊. 此臣之所謂齊必有大憂, 不如急以兵合於三晉.」齊王敬諾,
果以兵合於三晉.

【陳軫】人名. 高誘 注에 "軫時任魏, 故合三晉而東也"라 하였다.
【絳】춘추시대 晉나라 땅. 당시 魏(梁)나라 땅, 혹은 韓나라 땅이었다고도 함.
 지금의 山西城 翼城縣. 혹은 曲沃縣이라고도 한다.
【安邑】역시 絳과 같다. 지금의 山西城 夏縣.

126(8-16) 蘇秦爲趙合從
소진의 제나라 유세

소진蘇秦이 조趙나라와의 합종을 위하여 제齊 선왕宣王에게 유세하였다.
"제나라는 남쪽으로 태산太山, 동쪽으로 낭야琅邪, 서쪽으로는 청하淸河,
북쪽으로는 발해渤海가 있습니다. 이를 일컬어 사새지국四塞之國이라 합니다.
영토는 사방 2천 리, 병력은 수십 만, 양식은 산처럼 쌓여 있습니다.
제나라의 병거는 정량精良하고 오가제五家制로 결합된 병사들은 송곳화살
처럼 빠르고 전투에는 번개처럼 용맹하며 해산할 때는 풍우처럼 신속합니다.
그러니 비록 전쟁이 있었다 해도 그 누구 하나 태산을 넘거나 청하를
끊거나 발해를 건너온 적군이 없었습니다. 제나라 도읍 임치臨淄에는
7만 호나 되니 제가 생각건대 한 집에 장정 3인 이하는 아닐 것입니다.
그러면 장정만도 삼칠은 이십일, 21만 명이나 되니 먼 시골 현에서 모집해
오기를 기다리지 않아도 임치의 사졸만으로도 21만이나 됩니다. 임치는
심히 부유한 곳으로 사람들은 삶을 향유하고 있습니다. 즉 취우吹竽·고슬鼓瑟·
격축擊筑·탄금彈琴·투계鬪鷄·주견走犬·육박六博·답국蹹鞠 등의 놀이로
즐기지 않는 자가 없습니다. 또 거리는 얼마나 번화한지 수레는 서로
부딪치고 사람은 어깨가 닿아 걸을 수 없고, 옷깃은 이어져 휘장을 이루고,
소매는 들면 장막을 이루며, 땀을 뿌리면 비오 듯 할 정도입니다. 이렇게
시민의 집은 돈목敦睦하고 부유하며, 뜻은 높고 의기도 양양합니다. 이제
무릇 대왕의 현명하심과 제나라의 이처럼 부유함을 합하면 천하에 그
누구도 감히 당해낼 수가 없습니다. 그런데도 서쪽으로 진秦나라를 섬겨야
한다는 것은 생각건대 왕의 수치가 아닌가 합니다.
한韓·위魏 두 나라가 진나라를 두려워하는 것은 국경이 그 진나라와
접해 있고 진나라와 맞부딪쳐 봤자 열흘을 넘기지 못하고 존망이 기틀이
결판나고 말기 때문입니다. 한·위 두 나라가 진나라를 이기자면 병사는
반이 꺾여 이겼대 해도 그 다음엔 사방 국경을 지켜낼 수 없습니다.
그러나 싸워서 이겨내지 못하면 멸망이 그 뒤를 따르게 되어있습니다.
따라서 한·위 두 나라는 진나라와의 싸움은 너무 무거운 짐이라 여기고

그에게 신하가 되는 것이 차라리 쉬운 일이라 여기게 된 것입니다.

그러나 진나라가 귀국 제나라를 공격한다면 상황은 다릅니다. 배후에는 한·위 두 나라의 위험이 있고, 또한 위衛나라 양진陽晉과 제나라 항보亢父의 험한 지역을 통과해야 합니다. 이곳은 수레로 나란히 두 대가 지나갈 수가 없고 말도 두 줄로 지나갈 수가 없는 곳입니다. 1백 명만 지켜도 1천 명이 통과할 수 없습니다. 진나라가 비록 깊이 제나라 영토로 쳐들어오고 싶어도 이리가 뒤를 돌아보듯 하지 않을 수 없으니, 이는 한·위 두 나라가 뒤에서 자신들을 의논할까 겁이 나기 때문입니다. 이 때문에 감히 행동에 옮기지 못하고 허성虛聲으로 공갈을 퍼부어 발만 구를 뿐 진입은 하지 못하고 있는 것입니다.

그렇다면 진나라가 제나라에 해를 입힐 수 없는 것은 이미 명백한 것입니다. 무릇 이처럼 진나라가 귀국 제나라를 어찌할 수 없다는 사실을 깊이 헤아려 보지도 않고, 그저 서쪽으로 진나라를 섬기겠다고 하시니 이는 군신들의 계책에 과실 때문입니다. 그러니 지금 진나라 섬긴다는 명목을 없애 버리시고 강국의 실질을 내세우셔야 합니다. 저는 진실로 이 작은 계략을 대왕께서 참작해 주시기를 바라는 바입니다."

제왕齊王이 말하였다.

"나는 불민不敏하나 지금 그대가 조왕趙王의 가르침으로 내려 주셨으니 사직을 받들어 모두 따르겠습니다."

蘇秦爲趙合從, 說齊宣王曰:「齊南有太山, 東有琅邪, 西有淸河, 北有渤海, 此所謂四塞之國也. 齊地方二千里, 帶甲數十萬, 粟如丘山. 齊車之良, 五家之兵, 疾如錐矢, 戰如雷電, 解如風雨, 卽有軍役, 未嘗倍太山, 絶淸河, 涉渤海也. 臨淄之中七萬戶, 臣竊度之, 下戶三男子, 三七二十一萬, 不待發於遠縣, 而臨淄之卒, 固以二十一萬矣. 臨淄甚富而實, 其民無不吹竽·鼓瑟·擊筑·彈琴·鬪鷄·走犬·六博·蹹踘者; 臨淄之途, 車轂擊, 人肩摩, 連衽成帷, 擧袂成幕, 揮汗成雨; 家敦而富, 志高而揚. 夫以大王之賢與齊之强, 天下不能當. 今乃西面事秦, 竊爲大王羞之. 且夫韓·魏之所以畏秦者, 以與秦接界也. 兵出而相當, 不至十日, 而戰勝存亡之機決矣. 韓·魏戰而勝秦, 則兵半折,四境不守; 戰而不勝, 以亡隨其後. 是故韓·魏之所以重與秦戰而輕爲之臣也.
今秦攻齊則不然, 倍韓·魏之地, 至闈陽晉之道, 徑亢父之險, 車不得方軌,
馬不得並行, 百人守險, 千人不能過也. 秦雖欲深入, 則狼顧, 恐韓·魏之議
其後也. 是故恫疑虛猲, 高躍而不敢進, 則秦不能害齊, 亦已明矣. 夫不深料
秦之不奈我何也, 而欲西面事秦, 是羣臣之計過也. 今無臣事秦之名, 而有
强國之實, 臣固願大王之少留計.」齊王曰:「寡人不敏, 今主君以趙王之敎
詔之, 敬奉社稷以從.」

【蘇秦爲趙合從】蘇秦이 처음에 趙나라 肅侯를 만나 합종으로 秦나라에 대항할
  것을 주장하였다. 肅侯가 크게 기뻐하여 합종의 盟約長으로 삼아 나머지
  다섯 나라를 다니며 유세토록 하였다.

【太山】山東省의 泰山.

【琅邪】瑯琊라고도 쓴다. 지명·산명, 지금의 山東省 諸城縣.

【淸河】濟水, 혹은 大淸河.

【五家之兵】옛 齊桓公 때 재상 관중이 정한 兵制를 말한다. “五家爲軌, 故五人
  爲伍, 軌長率之, 十五鄕出三萬人, 以爲三軍”이라 하였다. ≪史記≫ 管晏列傳
  참조.

【下戶三男子】≪史記≫ 蘇秦列傳에는 “不下戶三男子”로 되어 있다. 즉 매
  가호마다 남자 셋 이하는 아님을 말함. 즉 최소한 세 명씩은 되리라는 뜻.

【六博】六博은 옛날 놀음(賭戲)의 일종. ≪博經≫에 “用十二棋, 六棋白 六棋黑”
  이라 하였다. 그래서 六博이라 한다.

【蹹踘】蹴鞠, 즉 축구를 겸한 무희의 일종.

【衛】나라 이름. 후작이었으나 전국 말에 君으로 貶位되었다가 秦二世 때
  멸망하였다.

【陽晉】古地名. 춘추 때 衛나라. 전국 때 魏나라 영토. 지금의 山東省 曹縣.

【亢父】齊나라 읍. 지금의 山東省 濟寧縣.

【狼顧】이리는 뒤를 겁내어 자꾸 돌아본다는 뜻으로 秦나라가 韓·魏 두
  나라를 겁낸다는 말.

【恫疑虛猲】≪史記≫ 蘇秦列傳 索隱에 “秦自疑懼不敢進兵, 虛作恐喝之詞以
  脅韓魏也”라 하였다.

【主君以趙王之敎】主君은 蘇秦, 趙王은 趙의 肅侯.

1. 이는 蘇秦이 처음 합종책으로 燕文侯에게 허락을 받은 후, 다시 그의 부탁으로 趙나라 肅侯에게도 환영을 받는다. 이에 조나라 숙후는 소진을 사절로 삼아 韓·魏·齊·楚 등 여러 나라를 돌며 이를 유세토록 하여 육국합종을 위해 활동한 내용이다.

2. ≪**史記**≫ 蘇秦列傳

因東說齊宣王曰:「齊南有泰山, 東有琅邪, 西有淸河, 北有勃海, 此所謂四塞之國也. 齊地方二千餘里, 帶甲數十萬, 粟如丘山. 三軍之良, 五家之兵, 進如鋒矢, 戰如雷霆, 解如風雨. 卽有軍役, 未嘗倍泰山, 絶淸河, 涉勃海也. 臨菑之中七萬戶, 臣竊度之, 不下戶三男子, 三七二十一萬, 不待發於遠縣, 而臨菑之卒固已二十一萬矣. 臨菑甚富而實, 其民無不吹竽鼓瑟, 彈琴擊筑, 鬪雞走狗, 六博蹋鞠者. 臨菑之塗, 車轂擊, 人肩摩, 連袵成帷, 擧袂成幕, 揮汗成雨, 家殷人足, 志高氣揚. 夫以大王之賢與齊之彊, 天下莫能當. 今乃西面而事秦, 臣竊爲大王羞之.

且夫韓·魏之所以重畏秦者, 爲與秦接境壤界也. 兵出而相當, 不出十日而戰勝存亡之機決矣. 韓·魏戰而勝秦, 則兵半折, 四境不守; 戰而不勝, 則國已危亡隨其後. 是故韓·魏之所以重與秦戰, 而輕爲之臣也. 今秦之攻齊則不然. 倍韓·魏之地, 過衛陽晉之道, 徑乎亢父之險, 車不得方軌, 騎不得比行, 百人守險, 千人不敢過也. 秦雖欲深入, 則狼顧, 恐韓·魏之議其後也. 是故恫疑虛猲, 驕矜而不敢進, 則秦之不能害齊亦明矣.

夫不深料秦之無奈齊何, 而欲西面而事之, 是羣臣之計過也. 今無臣事秦之名而有彊國之實, 臣是故願大王少留意計之.」

齊王曰:「寡人不敏, 僻遠守海, 窮道東境之國也, 未嘗得聞餘敎. 今足下以趙王詔詔之, 敬以國從.」

127(8-17) 張儀爲秦連橫
장의의 제나라 유세

장의張儀가 진秦나라를 위하여 연횡책連橫策을 쓰려고 제齊나라 민왕湣王을 만났다.

"천하 강국 중에 제나라를 넘어설 나라는 없습니다. 대신·부형이 무리는 많고 부유하여 즐겁게 사는 나라로서도 이 제나라만한 나라는 없습니다. 그러나 이런 제나라에 많은 책사들이 대왕을 위하여 계략을 일러주었겠지만 모두 일시를 위한 것일 뿐, 만세의 이익을 일러 준 자는 없을 것입니다.

아마 합종合從을 주장하는 자들이 모두 왕에게 와서 이렇게 말하였을 것입니다. 제나라는 서쪽으로 강한 조趙나라, 남으로는 한韓·위魏의 두 나라, 그리고 동쪽으로는 바다가 막아 주고 있는 안전한 곳, 거기다 토지는 넓고 백성도 많으며 군대는 강하고 병사는 용감하니 비록 진나라 같은 적이 1백 개 있다 해도 제나라를 어쩌겠는가라구요. 그런데 대왕께서는 그런 유세는 잘 받아들이면서 그 지극한 진실은 살피지 못하셨습니다.

합종을 주장하는 자들이 붕당을 이루어 몰려들면 합종이 옳지 않은 것이 없을 것입니다. 제가 듣건대 제나라와 노魯나라가 세 번 싸워 세 번 모두 노나라가 승리하였습니다. 그러나 노나라는 위험해졌고 그 뒤를 따라 오히려 나라가 망하고 말았습니다. 이렇게 보면 명분으로는 이겼지만 실제로는 망하고 만 것입니다. 무슨 까닭이겠습니까? 제나라는 크고 노나라는 작기 때문입니다. 지금 조趙나라와 진나라의 싸움에서 조나라는 마치 제나라에 있어서의 노나라의 경우와 같습니다. 진나라와 조나라가 하장河漳에서 싸울 때 조나라는 두 번 싸워 두 번 모두 진나라를 이겼습니다. 또 번오番吾에서의 싸움도 두 번 다 조나라가 이겼습니다. 그러나 그렇게 네 번 싸운 뒤에 조나라는 마침내 수십 만의 병졸을 잃고, 도읍 한단邯鄲만 겨우 남겨두고 모두 빼앗겨 버렸습니다. 진나라를 이겼다는 명목만 있을 뿐 나라는 깨지고 말았던 것입니다. 무슨 까닭이겠습니까? 진나라는 강하고 조나라는 약했기 때문입니다.

지금 진나라와 초나라는 서로 인척姻戚관계를 맺어 형제지국兄弟之國이 되었습니다. 또 한나라는 의양宜陽 땅을 바쳤고, 위나라는 하외河外를 바쳤으며, 조나라는 민지澠池에 가서 입조한 후 하간河間을 바치며 진나라를 섬길 것을 약속하였습니다.

이런 상황에 대왕께서 만약 진나라를 섬기지 않겠다고 하면 진나라는 한·위 두 나라를 몰아 제나라 남쪽을 공격할 것입니다. 조나라에게는 하관河關을 건너 단관(摶關, 博關)을 향하게 할 것입니다. 이렇게 되면 임치臨淄와 즉묵卽墨이 대왕의 소유로 남아 있을 수 없습니다. 만약 하루아침에 공격을 받아 그때서야 진나라를 섬기겠다고 한다면 이미 늦고 맙니다. 그러니 대왕께서는 깊이 헤아려 결정하시기 바랍니다."

민왕이 말하였다.

"이 제나라는 편벽한 곳, 동해 바닷가에 치우쳐 있어서 이제껏 사직을 길이 보전할 이로운 책략을 듣지 못하였습니다. 지금 대객大客께서 다행히 이렇게 가르쳐 주시니 청컨대 사직을 다 받들어 진나라를 섬기겠습니다."

그리고는 어염魚鹽의 산지産地인 3백 리를 진나라에게 헌납하였다.

張儀爲秦連橫齊王曰:「天下强國無過齊者, 大臣父兄殷衆富樂, 無過齊者. 然而爲大王計者, 皆爲一時說而不顧萬世之利. 從人說大王者, 必謂齊西有强趙, 南有韓·魏, 負海之國也, 地廣人衆, 兵强士勇, 雖有百秦, 將無奈我何! 大王覽其說, 而不察其至實. 夫從人朋黨比周, 莫不以從爲可. 臣聞之, 齊與魯三戰而魯三勝, 國以危, 亡隨其後, 雖有勝名而有亡之實, 是何故也? 齊大而魯小. 今趙之與秦也, 猶齊之於魯也. 秦·趙戰於河漳之上, 再戰而再勝秦; 戰於番吾之下, 再戰而再勝秦. 四戰之後, 趙亡卒數十萬, 邯鄲僅存. 雖有勝秦之名, 而國破矣! 是何故也? 秦强而趙弱也. 今秦·楚嫁子取婦, 爲昆弟之國; 韓獻宜陽, 魏效河外, 趙入朝澠池, 割河間以事秦. 大王不事秦, 秦驅韓·魏攻齊之南地, 悉趙涉河關, 指摶(博)關, 臨淄·卽墨非王之有也. 國一日被攻, 雖欲事秦, 不可得也. 是故願大王熟計之.」

齊王曰:「齊僻陋隱居, 託於東海之上, 未嘗聞社稷之長利. 今大客幸而敎之, 請奉社稷以事秦.」獻魚鹽之地三百於秦也.

【連橫】 蘇秦이 죽은 후 張儀가 秦 惠文王을 받들고 六國 連橫을 주장, 이를 설득하러 다녔다. 姚注에 "張儀, 魏氏之餘子, 仕爲秦相也. 連關中之謂橫, 合關東之謂從. 說齊王也"라 하였고, 鮑本에는 "張儀傳, 連橫, 在鄭袖出儀後, 說楚, 說韓·齊·趙, 卒說燕, 歸報而惠王死. 則此當秦十四年. 此十三年. 正曰: 湣王二年"이라 하였다.

【河漳】 高注에 "河漳, 漳水也"라 하였다.

【番吾】 古地名. 지금의 河北省 平山縣.

【秦楚嫁子取婦】 秦 惠文王이 육국 합종을 깨려고 楚나라와 친하기 위해 자신의 딸을 楚懷王의 少子 蘭에게 시집보내고 懷王의 딸을 자기의 태자 蕩의 妃로 맞이하였다.

【黽池】 원래 澠池. 澠池 회담은 趙 惠文王이 藺相如를 데리고 秦 昭襄王을 만난 일(《史記》 廉頗藺相如列傳》 참조)이 있으나 이때는 이미 張儀가 죽은 뒤였다.

【搏關】 博關의 오기. 《史記》 張儀列傳 正義에 "博關在博州, 趙兵從貝州度黃河指博關, 則溧河南臨淄, 卽墨危也"라 하였다.

1. 《史記》 張儀列傳

韓王聽儀計. 張儀歸報, 秦惠王封儀五邑, 號曰武信君. 使張儀東說齊湣王曰:「下彊國無過齊者, 大臣父兄殷衆富樂. 然而爲大王計者, 皆爲一時之說, 不顧百世之利. 從人說大王者, 必曰『齊西有彊趙, 南有韓與梁. 齊, 負海之國也, 地廣民衆, 兵彊士勇, 雖有百秦, 將無柰齊何』. 大王賢其說而不計其實. 夫從人朋黨比周, 莫不以從爲可. 臣聞之, 齊與魯三戰而魯三勝, 國以危亡隨其後, 雖有戰勝之名, 而有亡國之實. 是何也? 齊大而魯小也. 今秦之與齊也, 猶齊之與魯也. 秦·趙戰於河·漳之上, 再戰而趙再勝秦; 戰於番吾之下, 再戰又勝秦. 四戰之後, 趙之亡卒數十萬, 邯鄲僅存, 雖有戰勝之名而國已破矣. 是何也? 秦彊而趙弱. 今秦·楚嫁女娶婦, 爲昆弟之國. 韓獻宜陽; 梁效河外; 趙入朝澠池, 割河閒以事秦. 大王不事秦, 秦驅韓·梁攻齊之南地, 悉趙兵渡淸河, 指博關, 臨菑·卽墨非王之有也. 國一日見攻, 雖欲事秦, 不可得也. 是故願大王孰計之也.」

齊王曰:「齊僻陋, 隱居東海之上, 未嘗聞社稷之長利也.」乃許張儀.

임동석(茁浦 林東錫)

慶北 榮州 上茁에서 출생. 忠北 丹陽 德尙골에서 성장. 丹陽初中 졸업. 京東高 서울 敎大 國際大 建國大 대학원 졸업. 雨田 辛鎬烈 선생에게 漢學 배움. 臺灣 國立臺灣師 範大學 國文研究所(大學院) 博士班 졸업. 中華民國 國家文學博士(1983). 建國大學校 敎授. 文科大學長 역임. 成均館大 延世大 高麗大 外國語大 서울대 등 大學院 강의. 韓國中國言語學會 中國語文學研究會 韓國中語中文學會 會長 역임. 저서에 《朝鮮譯 學考》(中文) 《中國學術槪論》 《中韓對比語文論》. 편역서에 《수레를 밀기 위해 내린 사람들》 《栗谷先生詩文選》. 역서에 《漢語音韻學講義》 《廣開土王碑研究》 《東北民族 源流》 《龍鳳文化源流》 《論語心得》 〈漢語雙聲疊韻研究〉 등 학술 논문 50여 편.

임동석중국사상100

전국책戰國策

劉向 編 / 林東錫 譯註
1판 1쇄 발행/2009년 12월 12일
6쇄 발행/2020년 1월 10일
발행인 고정일
발행처 동서문화사
창업 1956. 12. 12. 등록 16-3799
서울 중구 마른내로 144 ☎546-0331~6 (FAX)545-0331
www.dongsuhbook.com
잘못 만들어진 책은 바꾸어 드립니다.

*

*

사업자등록번호 211-87-75330
ISBN 978-89-497-0557-6 04080
ISBN 978-89-497-0542-2 (세트)